SOCIÉTÉ FRANÇAISE D'ARCHÉOLOGIE

GUIDE
DU
CONGRÈS DE CAEN
EN 1908

Les Monuments du Calvados
Par M. Louis SERBAT

Coutances et Lessay
Par M. E. LEFÈVRE-PONTALIS

CAEN
HENRI DELESQUES, IMPRIMEUR-ÉDITEUR
34, RUE DEMOLOMBE, 34

1908

SOCIÉTÉ FRANÇAISE D'ARCHÉOLOGIE

GUIDE

DU

CONGRÈS DE CAEN

EN 1908

Les Monuments du Calvados

Par M. Louis SERBAT

Coutances et Lessay

Par M. E. LEFÈVRE-PONTALIS

CAEN

HENRI DELESQUES, IMPRIMEUR-ÉDITEUR

34, RUE DEMOLOMBE, 34

1908

GUIDE ARCHÉOLOGIQUE

DU

CONGRÈS DE CAEN EN 1908

CAEN

La ville de Caen, *Cadomum, Cathomum, Cathem, Cathum, Cadun, Caan,* dans les chroniques et les poèmes du moyen âge qui donnent encore bien d'autres formes de ce nom, paraît avoir été un poste saxon ; il fut établi sur un passage connu dès l'époque romaine, à en juger d'après la découverte de quelques objets mobiliers de ce temps. La ville avait déjà une certaine importance à la fin du X⁰ siècle ; elle prit tout son essor sous le règne du duc Guillaume, qui bâtit le château, les deux célèbres abbayes, deux palais et un hôpital. Au début et à la fin de la guerre de Cent ans, en 1346 et 1417, Caen subit de la part d'Édouard III et d'Henri V d'Angleterre deux sièges mémorables, qui causèrent de graves dégâts aux édifices. La ville fut reprise en 1450. En 1562, elle fut pillée par les calvinistes. Plusieurs des députés girondins s'y réfugièrent en 1793 ; deux représentants en mission furent emprisonnés par les fédéraux. En punition de cette injure la Convention décréta la destruction complète du château et l'érection, à la place, d'un poteau d'infamie. On se borna à démolir le donjon. Le reste du château subsista, comme la plupart des autres monuments de la ville, où la Révolution fit peu de dégâts.

ARCHITECTURE RELIGIEUSE

ÉGLISE DE LA TRINITÉ ET ABBAYE AUX DAMES

L'Abbaye aux Dames fut fondée en 1062. D'après la *Gallia Christiana*, l'église aurait été dédiée en 1066. En tout cas, dès 1083, une église existait : la reine Mathilde, fondatrice du monastère, y fut enterrée entre le chœur et l'autel.

Actuellement l'édifice comprend une façade flanquée de deux tours et adossée à une première travée; puis une nef de neuf travées, bordée de deux collatéraux. Le carré du transept est surmonté d'une tour; sur le croisillon sud s'ouvre une grande chapelle refaite à l'époque gothique, pour remplacer deux absidioles de profondeur décroissante, parallèles au chœur. Dans le croisillon nord, ces absidioles ont été rétablies à l'époque moderne. Le chœur se compose de deux travées, qui portent sur des murs pleins; il se termine par une abside en hémicycle. L'église, comme plusieurs autres dans la ville de Caen, est mal orientée; néanmoins, pour plus de clarté, les descriptions qui vont suivre supposeront toujours une orientation normale.

L'édifice, transformé au début du XIXe siècle en dépôt de mendicité et recoupé par des planchers, a été entièrement réparé, consolidé et remis à neuf par Ruprich-Robert. On peut cependant y discerner encore les importants remaniements qu'il a subis depuis sa fondation jusqu'à une époque du XIIe siècle difficile à fixer avec précision.

Que reste-t-il de l'église où fut enterrée la fondatrice ? La crypte, les murs des collatéraux, le bas du clocher sud, les

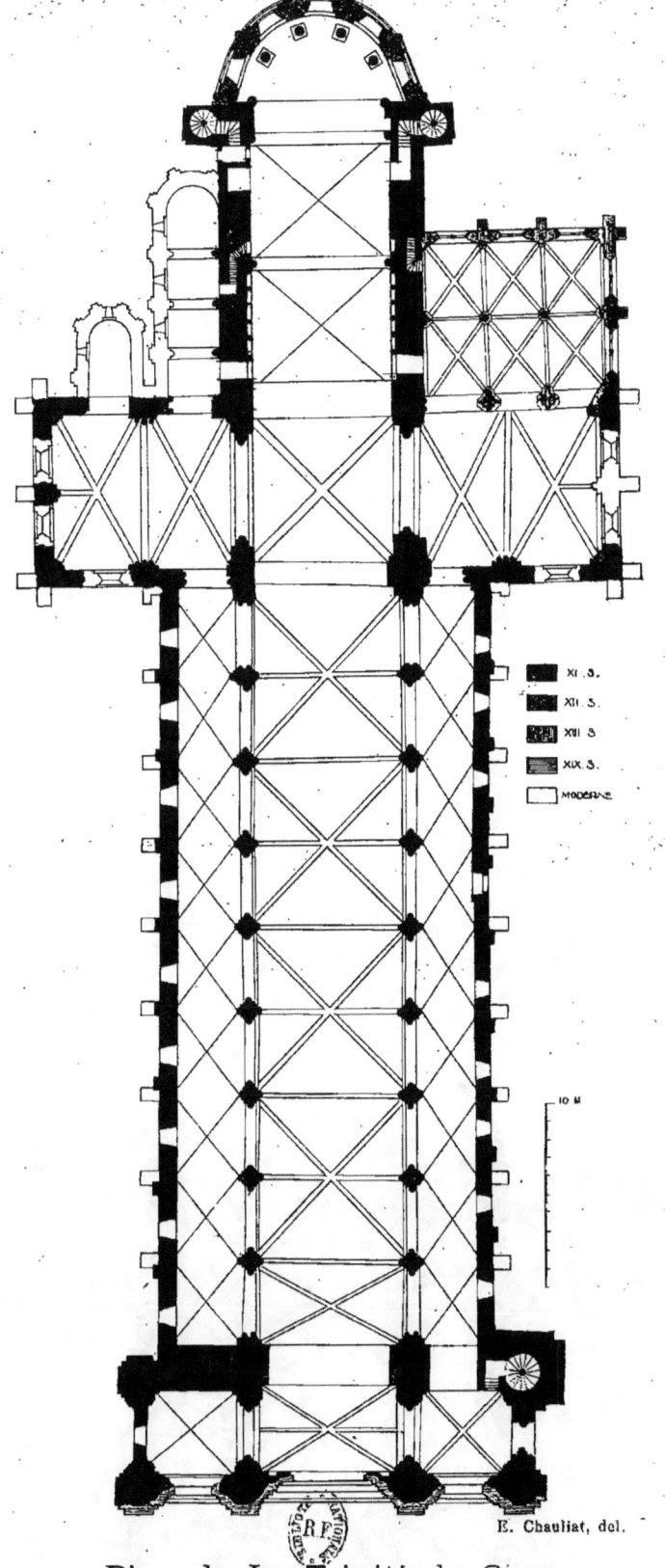

Plan de La Trinité de Caen.

parties inférieures du carré du transept et des murs des croisillons, les fondations des absidioles restituées par Ruprich-Robert. A cette même période peuvent aussi appartenir les piliers de la nef et les claveaux inférieurs des arcs qui surmontent ces piliers.

A la fin du XIe siècle ou au commencement du XIIe, on suréleva le chœur, qui fut recouvert de voûtes d'arêtes. Une semblable couverture fut ajoutée aussi aux collatéraux. En même temps, on renforça les maçonneries extérieures de la crypte pour y asseoir l'abside actuelle. On plaqua ensuite dans les croisillons une décoration composée de grands arcs et d'arcatures, sans avoir, à ce moment, l'intention de les couvrir de voûtes. Peu après, toutefois, des croisées d'ogives simples y furent établies, et enfin on construisit, sur la nef, des voûtes sexpartites. L'addition des voûtes amena la reconstruction et la surélévation des parties hautes de la nef et des croisillons.

Le bas du clocher sud forme une petite salle carrée couverte d'une voûte d'arêtes portant sur colonnes logées dans les angles. Le mur sud est aujourd'hui plein, mais primitivement il était percé d'un grand arc soutenu de chaque côté par une demi-colonne sur dosseret, accostée de deux autres demi-colonnes. C'était donc un clocher-porche. Ruprich-Robert a retrouvé cette disposition et pratiqué dans la maçonnerie une entaille qui permet de voir les chapiteaux de ces colonnes. A l'est, un arc, aujourd'hui bouché, s'applique contre l'extrémité du collatéral plus étroit; le reste de la paroi est occupé par une petite porte donnant accès à l'escalier du clocher. L'étage inférieur du clocher nord a été entièrement refait, ainsi que le mur de fond de la façade.

Deux grands arcs plein cintre établissent la communication entre les clochers et la travée d'avant-nef. Ces arcs, qui ne sont pas dans l'axe de la travée — ils se rapprochent de la façade — portent sur des demi-colonnes; leurs claveaux plats sont décorés extérieurement d'ornements géométriques gravés. Au-dessus règnent deux rangs superposés d'arcatures; les premières sont semblables à celles de la nef, les secondes forment deux groupes de petits arcs plein cintre portés par des colonnes.

Sur le pied-droit qui sépare les deux groupes, une colonnette appliquée porte la branche médiane d'une voûte sexpartite dont les ogives retombent sur des culs-de-lampe modernes : ils sont logés au niveau du bandeau régnant au-dessus des secondes arcatures, dans les angles formés par la rencontre des murs latéraux avec celui du fond de la façade et avec le doubleau qui précède la nef.

Les arcatures et les voûtes, entièrement restaurées et reprises par Ruprich-Robert, appartenaient, dans leur état original, à la même époque que les parties correspondantes de la nef. Les pieds-droits du large doubleau de la nef ne sont pas en liaison avec les maçonneries contre lesquelles ils s'appliquent; ils ont été remontés lors de la construction des voûtes et de la surélévation de la nef.

Nef. — En commençant l'étude de la nef, il convient de répéter la remarque très importante de Ruprich-Robert : « La nef est composée de deux rangs de piliers, et deux « murs latéraux forment les bas-côtés; la direction de ces « murs n'est pas parallèle à celle des piliers, le bas-côté « gauche, principalement, va se rétrécissant vers le tran- « sept, tandis que celui de droite s'en écarte sensible- « ment ». De plus, les murs des collatéraux « ont été percés, dès l'origine, de fenêtres en plein cintre dont les axes ne correspondent nullement avec ceux des voûtes des bas-côtés ». De ces faits, Ruprich-Robert se trouve porté à conclure « que les piliers de la nef n'ont pas été construits en même temps que les murs des bas-côtés, mais postérieurement ». Une fouille, qui ne paraît pas avoir été faite, aurait pu confirmer sans doute le bien ou le mal fondé de cette hypothèse. Il n'y a peut-être pas lieu non plus d'attacher une très grande importance à cette autre particularité : la retombée des arcs contre les tours et à la dernière travée avant le carré du transept se fait, non sur une simple colonne comme dans le reste de la nef, mais sur deux colonnes accouplées. Cette même disposition se rencontre encore ailleurs en Normandie, à l'église de Ryes, par exemple ; c'est donc un élément insuffisant pour en inférer l'existence d'un projet différent de celui qui a été suivi dans le corps de la nef.

Les piles de la nef, d'un type usité dans le roman normand, se composent de massifs cruciformes avec une demi-colonne appliquée sur chaque face. Les bases, formées la plupart du temps d'un simple glacis conique ou de deux cavets superposés, portent sur des socles qui paraissent de plus en plus élevés à mesure que l'on avance vers le chœur, à cause de la déclivité du sol, très prononcée dans ce sens. Les chapiteaux sont également du type usuel alors dans la région. Dérivés assez grossiers du corinthien, ils présentent aux angles la volute et, au milieu de chaque face, la petite console caractéristique. Cette console, dont l'équivalent est donné dans la sculpture de l'Ile-de-France par les deux échancrures pratiquées sous le tailloir, représente la fleur de la corbeille antique. On a même remarqué qu'à Vieux, près Caen, des chapiteaux gallo-romains remplaçaient déjà la fleur par la console sous le tailloir. Le tailloir, très simple, comprend un bandeau et un chanfrein. Ces piliers supportent des arcs en plein cintre formés de deux rangs de claveaux, légèrement outrepassés même, à considérer la coupe des sommiers de l'arc intérieur. Cet arc, aux claveaux plats avec remplissage de moellons entre chaque face, appartient, comme les piliers, à la construction primitive ou à celle qui l'a immédiatement suivie, si l'on se range à la théorie de Ruprich-Robert sur l'âge des piliers par rapport aux murs latéraux. Il faut encore ici remarquer avec lui que ces piliers ne sont pas plantés sur une ligne droite, mais suivant une ligne brisée plusieurs fois infléchie, notamment du côté sud.

Ces irrégularités, sans conséquence lorsque la nef était couverte de charpente, devenaient gênantes quand on voulut y adapter des voûtes qui devaient retomber sur la demi-colonne, face à la nef, surhaussée dans ce but : « On plaça alors, au point de départ des nouvelles constructions, une assise destinée à faire le raccordement nécessaire. Ainsi on peut remarquer, du côté droit de la nef, que sur certains piliers cette assise fait tantôt encorbellement et tantôt retraite. Cette assise nouvelle, avec la colonne engagée dont elle fait partie, donne lieu à un motif de décoration ».

L'archivolte extérieure, ajoutée en même temps que le reste des parties hautes et décorée de frettes crénelées, subit aussi le contre-coup de ces irrégularités, « son intrados étant plus ou moins large suivant que les piliers sont plus ou moins bien alignés ».

La nef comprend neuf travées, mais ses voûtes sexpartites sont au nombre de quatre. La première travée a reçu une croisée simple, ce qui, soit dit en passant, n'est pas un argument à l'appui de cette théorie vieillie qui prétend la voûte sexpartite antérieure à la simple croisée d'ogives. Les voûtes de la Trinité ont été refaites par Ruprich-Robert en matériaux légers : « les traces des anciennes voûtes qu'on apercevait sur les murs ont servi à guider dans la reconstruction des voûtes actuelles ». Dans les ogives et doubleaux, plusieurs claveaux anciens paraissent avoir été réemployés ; ils ont pour profil trois boudins, un gros et deux plus petits, accostés d'un filet et appliqués sur le plat du claveau. Les formerets, dont l'usage a été très tardif en Normandie, font défaut.

Ces voûtes sexpartites présentent la disposition particulière à quelques édifices de la région — Bernières, Saint-Gabriel. Ce sont, suivant l'heureuse expression de M. Bilson,

V. Ruprich-Robert, del.

Église de la Trinité de Caen.
Travées de la nef.

de « fausses voûtes sexpartites »; chacune d'elles n'est qu'une vaste croisée d'ogives que recoupe en son milieu l'arc (on pourrait dire le doubleau secondaire) formé par les deux branches médianes; sur les reins de cet arc s'élève une cloison droite, un « diaphragme », qui vient buter au milieu de chacun des voûtains latéraux. Le diaphragme coupe ces voûtains par le milieu; en réalité il n'y a donc que quatre voûtains et une lunette de chaque côté, et non, comme à Paris, à Sens ou à Saint-Étienne de Caen, six voûtains avec leurs courbes propres et quatre lunettes, deux de chaque côté.

Les doubleaux principaux et secondaires reposent ici, comme nous l'avons dit, sur la demi-colonne de la pile des grandes arcades, remontée à cet effet jusqu'au niveau des voûtes. Les arcs diagonaux retombent sur des colonnettes placées de trois quarts, de chaque côté du fût servant au doubleau principal. Elles partent d'un petit cul-de-lampe établi au niveau du cordon sculpté qui règne au-dessus des grandes arcades de la nef. Ce cordon sert de base, dans chaque demi-travée, à une série de six petites arcatures aveugles figurées par un boudin continu. Elles s'étendent tout le long de la nef en manière de faux triforium.

Un deuxième cordon, orné d'une double torsade, court au-dessus de ces arcatures et forme bague sur les colonnes des doubleaux comme sur celles des ogives. Le tailloir de ces dernières colonnes se présente de biais, normalement à l'arc; de plus il n'est mouluré que de ce seul côté, les deux autres restant absolument nus et taillés d'un seul plan. La même observation s'applique au tailloir du doubleau principal. Ce groupement des trois tailloirs, un de face, deux de biais, moulurés sur leur principal côté seulement, se retrouve en différents édifices, à Bernières par exemple.

Au niveau de la torsade s'ouvrent les fenêtres en plein cintre, très largement ébrasées. L'arc encadré d'un boudin et d'une gorge peu profonde retombe sur de courtes colonnettes. Leur tailloir se prolonge de biais dans le plan de l'ébrasement et sert de linteau pour laisser passer devant la fenêtre une galerie pratiquée dans l'épaisseur du mur, selon l'usage normand. Ce passage s'éclaire sur la nef par deux petites baies qui flanquent celle de la fenêtre. Elles sont formées d'un arc plein cintre avec moulures plates, évidé dans un linteau rectangulaire et reposant d'un côté sur la colonnette des fenêtres, et de l'autre, sur une petite colonnette accolée à celles qui reçoivent les ogives ou la branche médiane de la voûte. Tous les tailloirs se trouvent au même niveau.

Les fenêtres ne sont pas dans l'axe de chaque travée ; elles se rapprochent de la branche médiane. Autrement disposées, elles auraient été masquées en partie par les arcs diagonaux. En conséquence, les baies secondaires sont inégales : plus étroites du côté du doubleau intermédiaire, plus larges du côté des doubleaux principaux. La correspondance et le lien qui existent entre ces dispositions prouvent que murs et voûtes ont été exécutés en même temps. La taille des pierres l'indique aussi ; il est difficile de s'en rendre compte à cause des ravalements et des restaurations, mais, au moins, la sculpture des parties hautes, les chapiteaux particulièrement, démontre aussi leur homogénéité : au lieu de volutes comme en bas, c'est le chapiteau à godrons avec toutes ses variétés. Le tailloir, également plus fin, dénote un âge moins reculé. Quelle est la date du haut de la nef et de ces voûtes ? C'est un problème que l'absence de textes rend des plus obscurs. Comme l'a dit M. L. Régnier, les voûtes normandes peuvent aussi bien être de 1130 que de 1150. On peut seulement dire ici que celles de la Trinité, autant que l'on peut en juger, car elles sont fort refaites, paraissent un peu postérieures à celles de Saint-Étienne.

Les collatéraux sont éclairés par des fenêtres plein cintre, débouchées lors de la restauration ; ils sont couverts de petites voûtes d'arêtes sans doubleau, que Ruprich-Robert estime postérieures à la construction primitive, mais antérieures cependant au XIIe siècle. Sous les combles des collatéraux existent des arcs-boutants en quart de cercle qui portent ces combles. Ils auraient cependant été construits pour étayer les voûtes, mais ce but n'est pas atteint puisqu'ils sont bien au-dessous du point de poussée. Ce serait un essai d'arcs-boutants, postérieur au berceau continu de Saint-Étienne, destiné au même usage et d'une interprétation beaucoup plus claire.

Transept. — L'ordre logique appellerait d'abord l'étude du carré du transept. Comme les croisillons offrent dans leur histoire les mêmes faits qui se sont reproduits dans la nef, il est préférable de les examiner dès maintenant.

Le croisillon sud, bien que le mur de fond ait été rebâti par Ruprich-Robert, a moins souffert que l'autre ; on y distingue, mieux que partout ailleurs, le travail occasionné par l'adjonction des voûtes, qui consistent en deux croisées d'ogives ; la seconde est munie d'une cinquième branche allant de la clef jusqu'au milieu du mur de fond. Le profil des nervures est le même qu'à la nef : il faut remarquer que les lunettes décrivent des ellipses. Le bas des murs appartient à la construction primitive, de même que les fenêtres encadrées d'une archivolte sur deux colonnes et l'arc à claveaux plats qui ouvre sur le collatéral. Contre les murs on plaqua une décoration composée d'arcs avec frettes crénelées, portés sur de larges pilastres assez plats ; en même temps on établit, au-dessus, une galerie formée d'arcatures plein cintre creusées dans un linteau évidé ; des colonnettes servent de supports. Ruprich-Robert pense que cette galerie est antérieure aux grands arcs du rez-de-chaussée, et il en donne pour preuve que les chapiteaux des colonnettes les plus voisines des colonnes de la voûte sont à godrons et différents de tous les autres ; ils auraient donc été refaits lors de l'adjonction de ces colonnes. L'observation est exacte, mais la conséquence alléguée ne

paraît pas en découler nécessairement. Si on considère en
effet les trois colonnes du doubleau central et des ogives,
on voit qu'elles-mêmes ont été incrustées sur la surface plate
d'un des pilastres. Elles sont donc postérieures à ceux-ci,
construits sans que l'on eût tout d'abord l'idée de voûter les
parties hautes de l'édifice. De plus, on peut se demander
sur quoi eût reposé cette galerie, si elle avait existé avant
les arcs du rez-de-chaussée. C'est quand on monta les
colonnes — trois au milieu, une seule dans les angles —
que l'on remplaça ces colonnettes.

A cette époque, tout l'étage des fenêtres fut rebâti,
comme dans la nef. On remarquera principalement dans
l'angle nord-ouest, près de la tour centrale, le départ des
ogives : pour les loger, il a fallu entailler la maçonnerie,
soit que l'on ait conservé des maçonneries anciennes, soit
plutôt par inexpérience dans l'établissement de ces voûtes
assez reculées. Il ne semble pas inutile, à ce propos, de
faire observer que toutes ces transformations ont dû se
suivre de très près et sans longues interruptions. Ce fait
a dû être assez général dans l'histoire des premières voûtes
normandes : à Bernières, par exemple, le caractère de la
sculpture des parties primitives et celui des colonnes, chapiteaux et tailloirs relancés après coup pour porter les
voûtes d'ogives, est identique : il n'y a donc pas eu un long
intervalle entre les deux campagnes.

Sur le croisillon sud, s'ouvre une jolie chapelle du XIIIe
siècle, de forme rectangulaire, large de trois travées, profonde de deux. Les piliers portant les arcs brisés qui s'ouvrent
sur le croisillon sont formés de quatorze colonnes disposées
en trois groupes de trois et un de cinq, séparés par les
gorges profondes. Des faisceaux de colonnes avec chapiteaux
à crochets surmontés de tailloirs ronds portent les ogives
et les doubleaux intermédiaires, qui, sur les murs de fond, se
reçoivent sur trois colonnes avec tailloir à pans. Ogives
et doubleaux ont pour profil un tore aminci entre deux

Église de la Trinité de Caen.
Croisillon sud.

cavets très détachés. Le remplage des fenêtres est moderne.

Sous le pavé on a retrouvé la trace des absidioles primitives que Ruprich-Robert a rétablies dans le croisillon nord ; il a également, dans ce croisillon, refait toutes les saillies, défigurées au XVIIe et au XVIIIe siècle.

Au-dessus de l'arc qui limite au nord le carré du transept, on distingue des pieds-droits ayant fait partie d'arcatures de la tour centrale ; c'est une preuve que primitivement le transept et la nef étaient moins élevés. Les deux absidioles ont été remontées par Ruprich-Robert sur les fondations anciennes, seules subsistantes. L'une très longue, terminée en hémicycle, est tangente au chœur ; la seconde, beaucoup plus courte, est entièrement séparée de la précédente. Les colonnes qui supportent l'arc d'entrée de la première sont anciennes, ainsi que certaines bases.

Revenons au carré du transept, très irrégulier en plan et couvert d'une voûte d'ogives, sur colonnes logées en encorbellement dans les angles. Les arcs ouvrant sur les croisillons ont leurs claveaux décorés d'étoiles creuses ; ils sont assez bas. Il en était de même de celui donnant sur la nef : aujourd'hui c'est un arc brisé — le seul de cette forme dans l'édifice. Il est d'élévation proportionnée à celle des voûtes, mais dans les pieds-droits qui le soutiennent on distingue encore des claveaux, sommiers d'un arc beaucoup moins élevé et preuve nouvelle d'une moindre hauteur de la construction primitive. Cette même raison permet d'admettre que l'arc ouvrant sur le chœur a été pareillement surélevé lors de la reconstruction du chevet.

Chœur. — L'arc du chœur retombe sur deux larges pilastres flanqués chacun de deux quarts de colonne d'un gros diamètre. Cette disposition est insolite. Étant donnée la largeur du doubleau, ne peut-on supposer qu'avant l'exhaussement de cet arc, il existait sur la face du pilastre une demi-colonne portant une archivolte intérieure : on aurait eu en plan un type régulier qui peut se rencontrer ailleurs, sous la tour de Bernières, par exemple, où l'on retrouve ces quarts de colonnes. On aurait, par la suite, supprimé la demi-colonne et les claveaux intérieurs.

Le chœur s'élève sur deux murs pleins sans autre communication avec les absidioles que par de petites portes; le bas des murs est décoré d'arcatures. Au-dessus, la paroi reste absolument nue jusqu'aux fenêtres : l'église de Saint-Gervais, à Falaise, présente la même particularité. Le chœur est partagé en deux travées par une colonne sur dosseret portant un doubleau avec boudins sur les angles; ce doubleau est placé entre les deux voûtes qui couvrent les travées. Ce sont des voûtes d'arêtes sur plan à peu près carré; les murs sont épais pour les mieux supporter; elles sont contrebutées, d'une part par la tour-lanterne, et de l'autre par deux tourelles carrées élevées à la naissance de l'abside.

Les fenêtres plein cintre, larges, hautes et très ébrasées, montent à peu près jusqu'au haut de la lunette de la voûte; leur archivolte est portée sur deux longues et minces colonnettes engagées. Elles sont accostées de deux petites baies sous linteau évidé : un passage intérieur règne derrière elles et traverse l'ébrasement des fenêtres. La surélévation du chœur pourrait encore se prouver par le caractère de la sculpture : les arcatures du bas ont des chapiteaux à volutes, des claveaux plats ornés de gravures; les chapiteaux du doubleau et des fenêtres offrent des entrelacs contemporains de la galerie d'arcatures et des grands arcs des croisillons.

Les pierres tombales, très nombreuses autrefois dans l'église, ont disparu, les dernières vers 1820, sauf celle de la fondatrice, dont le tombeau fut violé en 1562 et détruit en 1793. Néanmoins, la partie supérieure de ce tombeau a été sauvée : c'est une grande dalle du XIe siècle, en forme de cercueil; on l'a replacée sur un socle au milieu du chœur des religieuses. On y lit l'inscription suivante, tout autour de la dalle et sur deux lignes verticales :

EGREGIE PULCHRI TEGIT HEC STRUCTURA SEPULCRI :
MORIBUS INSIGNEM, GERMEN REGALE, MATHILDEM :
DUX FLANDRITA PATER HUIC EXTITIT, ADALA MATER :
FRANCORUM GENTIS ROTBERTI FILIA REGIS :
ET SOROR HENRICI, REGALI SEDE POTITI :
REGI MAGNIFICO WILLELMO IUNCTA MARITO :
PRESENTEM SEDEM, PRESENTEM FECIT ET EDEM :
TAM MULTIS TERRIS QUAM MULTIS REBUS HONESTIS :
A SE DITATAM SE PROCURANTE DICATAM :
HEC CONSOLATRIX INOPUM, PIETATIS AMATRIX :
GAZIS DISPERSIS, PAUPER SIBI, DIVES EGENIS :
SIC INFINITE PETIIT CONSORTIA VITE :
IN PRIMA MENSIS, POST PRIMAM, LUCE NOVEMBRIS :

Abside. — A la même époque que le chœur appartient encore l'abside. Un large doubleau la sépare du chœur; il est porté sur un pilastre avec une colonne engagée en avant. Une seconde colonne marque l'entrée même de l'abside, plus étroite que le chœur. Le tailloir de ces deux colonnes fait retour sur le pilastre et se continue en bandeau tout autour de l'abside, à la naissance de la voûte en cul-de-four qui la couvre.

La forme de l'abside est loin d'être régulière. La courbe présente un demi-cercle très déformé, surtout du côté sud. Du sol à la voûte elle comprend deux étages. Au premier, on voit deux demi-colonnes appliquées par derrière l'arc d'entrée et quatre grosses colonnes cylindriques ; toutes les six, entièrement détachées du mur externe, figurent une sorte de faux déambulatoire. Les chapiteaux, d'une sculpture remarquable, présentent des animaux ou des entrelacs ; le tailloir se continue en linteau jusqu'au mur externe pour porter la voussure très profonde des arcs, dont les claveaux sont ornés, face à la nef, de frettes crénelées. Contre le mur externe, deux demi-colonnes montent jusqu'au point où le tailloir de la grosse colonne rencontre ce mur; leur utilité ne paraît pas évidente. A chaque travée correspond une fenêtre en plein cintre entourée d'une archivolte sur deux colonnes.

Le second étage est séparé du premier par un cordon mouluré; il est semblable au précédent, mais dans une proportion plus basse; en outre, il n'y existe pas de demi-colonnes contre le mur au droit des colonnes de l'hémicycle. Dans cet étage, la circulation s'établit depuis les extrémités, par des portes qui communiquent avec les escaliers flanquant l'abside. Cette disposition de deux étages de grandes arcades se retrouve à Saint-Nicolas, à Saint-Gabriel, à Boscherville; elle a peut-être existé au chœur de Notre-Dame de Guibray, à Falaise; mais, dans les exemples subsistants, elle est moins complète qu'ici, car le rez-de-chaussée n'a pas ce faux déambulatoire si remarquable. Les colonnes y sont collées au mur, et c'est seulement à l'étage supérieur qu'il y a passage entre elles et le mur.

Crypte. — L'abside et la moitié de la seconde travée du chœur s'élèvent sur une crypte préexistante, dont les maçonneries extérieures ont été doublées pour recevoir le poids de ces nouvelles constructions. Elle figure un rectangle terminé par un demi-cercle. Dans cet espace on a planté quatre files de quatre colonnes, et dix-huit demi-colonnes tout autour. Ces supports reçoivent de petites voûtes d'arêtes sans doubleaux. Les colonnes du pourtour, établies sur un banc, ont eu leurs bases refaites. La plupart des autres sont originales, ainsi que les chapiteaux avec volutes et consoles: un chapiteau présente des figures. Aux extrémités du mur de fond s'ouvrent deux escaliers venant des grandes absidioles. La crypte est éclairée par des fenêtres en plein cintre avec double ébrasement: l'un vers l'intérieur, l'autre vers l'extérieur, par suite du doublement des murs de ce côté. « Le chœur a été construit en retrait sur les murs de la crypte, d'une manière notable, sans aucun rapport comme il peut arriver quand on superpose des projets différents ». Pour d'autres raisons de construction, Ruprich-

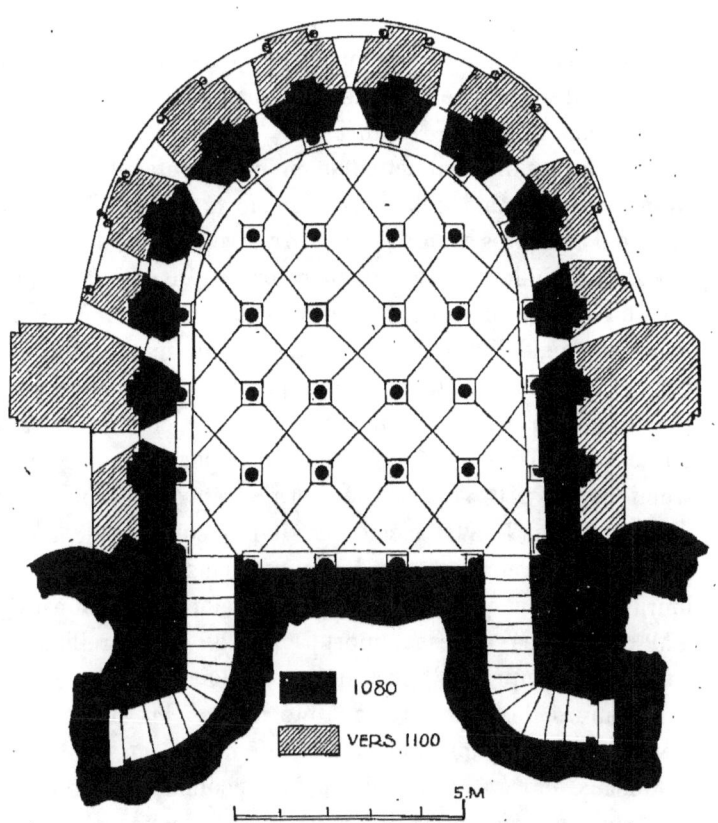

Crypte de la Trinité de Caen.

Robert a été amené à conclure que la crypte, œuvre primitive, a été précédée de bien peu de temps par les deux petites absides latérales. Le plan en fut même modifié, s'il était déjà arrêté, par la construction de ces absides ; car certaines pénétrations « eussent été prévues et sans doute évitées ».

Extérieur. — La façade entre les deux tours a été entièrement refaite. Elle comprend une grande porte plein cintre divisée par un trumeau et deux étages de fenêtres et d'arcatures. Une petite baie s'ouvre dans le pignon, orné d'imbrications restituées d'après des fragments subsistants. Les portes sous les tours sont modernes ; les maçonneries du bas de celles-ci ont été reprises. Le bas-relief du tympan a été imaginé lors de la restauration.

Les tours se divisent actuellement en cinq étages : les trois premiers sont épaulés par des contreforts ; le troisième est décoré d'arcatures aveugles dont le cintre est orné de gorges plates et de billettes. Les demi-colonnes, avec chapiteaux à volutes, sont accouplées sous un même tailloir. Au quatrième étage, délimité par un cordon au-dessus du glacis des contreforts, les arcatures sont semblables, mais elles sont plus nombreuses et portées sur une seule colonne devant un dosseret. Tous ces étages peuvent appartenir aux constructions du XIe siècle. Le dernier étage couronné de flèches, depuis le XIIIe siècle, paraît-il, jusqu'en 1369, a disparu ; il a été remplacé par des murs pleins sur lesquels de lourdes consoles portent une pesante galerie ; le tout est dû à Mme de Tessé, abbesse, morte en 1729. La tourelle a été reprise par Ruprich-Robert, qui en a refait le dernier étage.

Les murs des bas-côtés ont été repris ; les petits contreforts anciens, qui ne se trouvaient pas au droit des doubleaux, ont été, pour raison de consolidation, renforcés par ceux qui existent maintenant. Sur les murs de la nef sont appliqués, à chaque doubleau, un large contrefort plat ; il est accosté de colonnes dont les chapiteaux servent de support aux extrémités de la corniche à modillons qui règne entre chacun de ces contreforts. La baie des fenêtres est flanquée de deux baies secondaires, purement décoratives et dont le fond est orné d'imbrications, comme aux arcatures de la façade de Ouistreham. Dans la disposition de ces groupes de trois baies, on remarque la même irrégularité qu'à l'intérieur : les baies les plus rapprochées du contrefort correspondant au doubleau secondaire de la voûte sont plus étroites et encadrées d'un simple boudin continu. De l'autre côté, au contraire, elles ont pour support deux colonnes : l'une contre le contrefort, l'autre engagée dans le pied-droit qui la sépare de la fenêtre du milieu. Celle-ci est encadrée de deux colonnettes portant une archivolte.

Les croisillons ont été restaurés. La tour centrale comprend deux étages. Le premier est orné de petites arcatures plein cintre avec claveaux plats ; elles se continuent même sur la tourelle carrée flanquant l'angle sud-ouest de cette tour. Au-dessus s'élève sur un glacis, un étage datant du XIIIe siècle. Les deux faces latérales y présentent cinq lancettes, dont trois sont percées de baies redivisées par un meneau. Sur les deux autres faces, il n'y a que trois lancettes et celle du milieu reste aveugle. Dans le nu des maçonneries, entre ces lancettes et les angles de la construction, on a laissé des parties plus anciennes, comme le montrent les traces d'arcatures plein cintre que l'on y voit encore. Un bandeau de quatre-feuilles gravés en creux court sous une corniche plate, avec modillons carrés, qui supporte une galerie ajourée. La tour est couverte d'une flèche d'ardoises.

Les deux grandes fenêtres du chœur reposent sur un cordon qui entoure aussi le contrefort intermédiaire. Le tailloir des colonnettes se continue en bandeau le long du mur ; l'archivolte est décorée de bâtons brisés. La corniche est à modillons. Les tourelles carrées placées à la naissance de l'abside se terminent par un clocheton ; il est percé de baies en plein cintre redivisées en deux petits arcs ; la toiture de pierre est à quatre pans. Aux croisillons de Saint-Nicolas on voit de semblables clochetons plus archaïques et moins restaurés.

Le soubassement de l'abside est décoré d'arcatures séparées par de larges pieds-droits avec colonnettes engagées. Ces arcatures sont néanmoins plus nombreuses qu'aux étages supérieurs, puisque la circonférence est d'un plus large rayon. La différence est rachetée par un vaste glacis d'où sortent les fûts de cinq colonnes qui montent jusqu'à la corniche, soutenue par de nombreux et riches modillons. Dans chaque entre-colonnement, un premier rang de petites arcatures porte un cordon sur lequel repose la baie à claveaux plats des fenêtres du rez-de-chaussée ; ces fenêtres sont encadrées d'une archivolte sur deux colonnettes dont le tailloir se continue en cordon. Un nouveau cordon marque le second étage, percé également de larges baies pourvues du même encadrement.

Bâtiments de l'abbaye. — Ils ont été entièrement reconstruits au XVIIe siècle sur les plans du Fr. de la Tremblaye, dit-on, auteur de ceux de l'Abbaye aux Hommes. Il convient d'y signaler la coupe des pierres dans les voûtes du cloître et surtout dans celle de l'escalier grandiose avec vestibule, devant le croisillon nord. Jusqu'en 1830 environ, a existé la porte d'entrée de l'abbaye; heureusement elle a été gravée par Pugin. Son grand arc en plein cintre à deux rangs de claveaux plats, était porté sur des pilastres à ressauts. Au-dessus, trois arcatures décoratives à triple archivolte reposaient sur des colonnettes avec chapiteaux à volutes et consoles. Derrière l'arc d'entrée, un passage était couvert d'une croisée d'ogives sur chapiteaux à godrons. Des fragments de cette belle porte, dont la disparition est si regrettable, furent déposés dans les jardins de la préfecture.

ÉGLISE SAINT-ÉTIENNE ET ABBAYE AUX HOMMES

L'abbaye de Saint-Étienne fut fondée en 1064. Lanfranc en devint abbé en 1066. L'église fut consacrée en 1073, selon la chronique du monastère; en 1077, selon Ordéric Vital; en 1081, selon la chronique de Gouffern.

De cette époque, il reste la façade, la nef et ses collatéraux surmontés de tribunes, le carré du transept et les croisillons. Les parties supérieures de toutes ces constructions furent, comme à la Trinité, profondément modifiées au XIIe siècle par l'adjonction des voûtes. Les tours, jusqu'aux flèches, appartiennent au XIe siècle. Le chœur roman devait, comme celui de Saint-Nicolas et des autres édifices normands de la même époque, présenter des bas-côtés, des absidioles latérales ouvertes sur les croisillons et une abside en hémicycle. Au début du XIIIe siècle, il fut remplacé par le chœur gothique actuel, bordé d'un déambulatoire avec chapelles rayonnantes. Les tours furent alors couronnées de flèches. Pendant le XIVe siècle on borda le bas du collatéral nord d'une grande chapelle ouverte sur trois travées. En 1562, les protestants ravagèrent l'église. En 1566, la tour centrale s'écroula par accident. A la suite de ces désastres, l'édifice resta dans un complet état d'abandon. Marché fut même conclu en 1602 pour la démolition du chœur, quand l'énergie du prieur Dom J. de Baillehache arrêta l'exécution de ce projet. Ce religieux entreprit la restauration totale de l'église; il l'accomplit avec un sens archéologique rare pour cette époque, et même si éclairé qu'à première vue au moins, on ne distingue pas toujours les restitutions dues à ce précoce archéologue, dont aucun monument ne rappelle aujourd'hui le souvenir dans l'église qu'il a sauvée.

La nef est précédée d'une travée logée entre les souches des deux tours de façade. Comme l'a montré M. Bouet dans son « Analyse architecturale », indispensable pour la connaissance de Saint-Étienne, les bases de la tour nord et celle de la tour sud, dans la partie joignante aux collatéraux, sont en liaison avec ceux-ci, et, par conséquent, la façade paraît avoir été prévue dans le plan original. Le reste de cette façade décèle un manque de liaison, mais rien ne permet d'y supposer une longue interruption dans les travaux. Au rez-de-chaussée de la tour sud, un repentir semble indiqué par un pilastre qui aurait porté un arc divisant cette salle en deux, comme à la base de l'une des tours de la cathédrale de Bayeux.

La travée porche a été coupée en hauteur par l'établissement d'une tribune d'orgues. Ses faces latérales, pleines aujourd'hui, avaient déjà été modifiées lors de l'adjonction des voûtes. L'arc plein cintre correspondant à celui des tribunes est bouché. Au-dessus, mais hors d'axe, une baie également aveuglée, portée sur des colonnettes avec archivolte à frettes crénelées, date de la reconstruction des parties hautes de la nef. Dans les maçonneries supérieures, on distingue encore des claveaux; ils ont appartenu à un grand arc redivisé en deux baies, ouvert sur cette travée avant l'édification des voûtes. La voûte est ici une simple croisée d'ogives, munie de deux branches secondaires allant de la clef jusqu'au mur de fond de la façade : pareille disposition existe au chevet carré de plusieurs églises rurales de la région.

Les huit travées de nef sont couvertes de quatre voûtes sexpartites. L'élévation se divise en trois étages. Le rez-de-chaussée présente de grands arcs plein cintre à deux rangs de claveaux: ceux de l'archivolte intérieure sont plats; ceux de l'archivolte extérieure, formant saillie sur la précédente, sont garnis à l'angle d'un boudin dégagé par une gorge très peu profonde. Les piles qui supportent ces arcs offrent autour de leur massif cruciforme trois groupes d'une demi-colonne et de deux colonnes engagées, de moindre diamètre, correspondant aux archivoltes des grands arcs et aux doubleaux du bas-côté. Mais, à la face tournée vers la nef, les piles diffèrent de deux en deux travées : elles portent, soit une colonne appliquée contre un pilastre plus large formant saillie de chaque côté, soit une simple demi-colonne. C'est donc un exemple d'alternance comme à Jumièges, mais moins accusé. Aujourd'hui, la colonne et les pilastres de la pile forte se prolongent et reçoivent le doubleau et les ogives

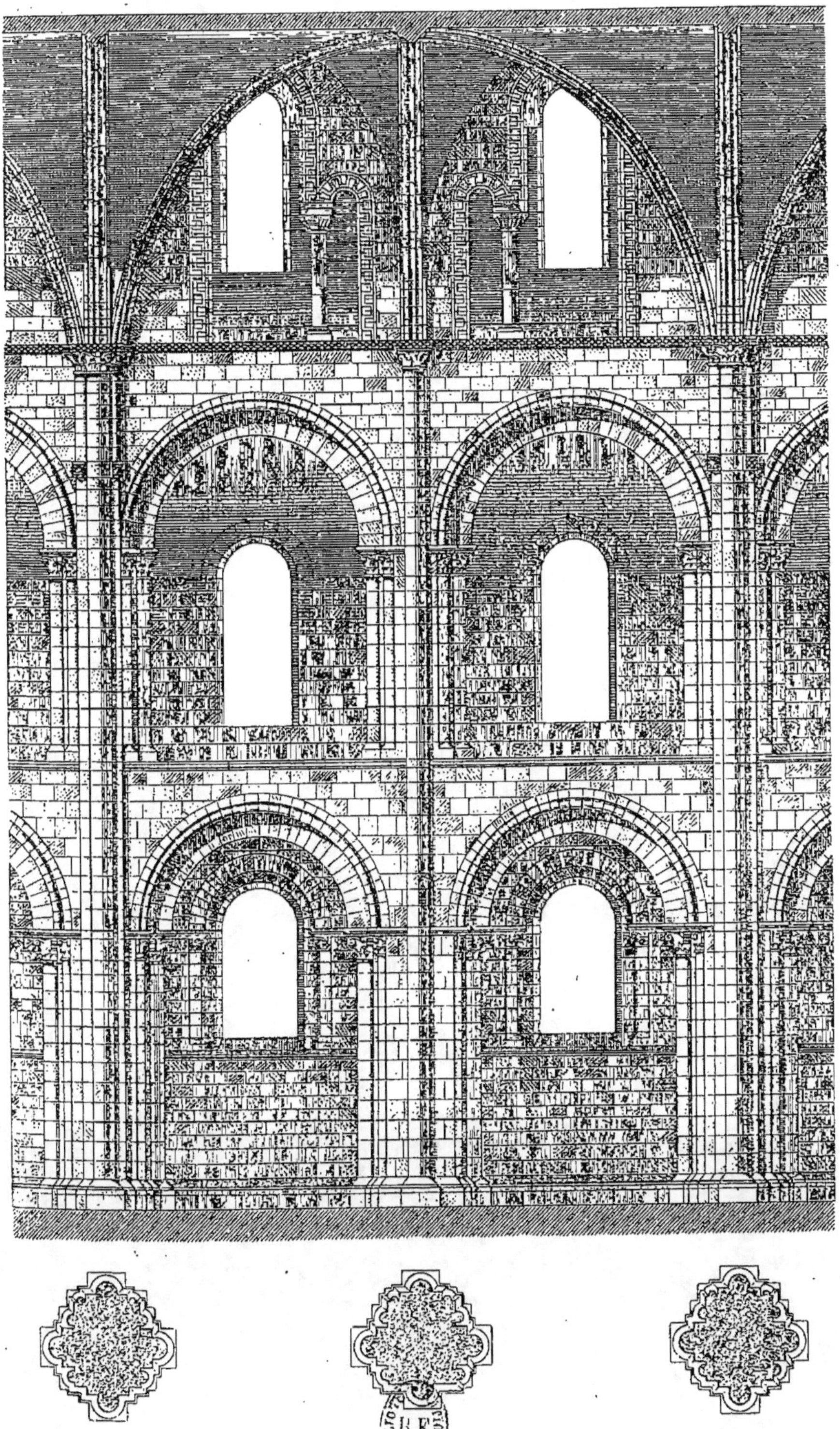

V. Ruprich-Robert, del.

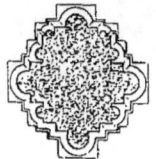

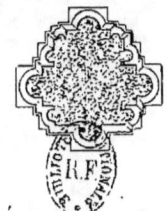

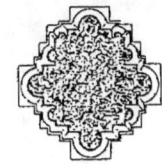

Saint-Étienne de Caen.

Travées de la nef.

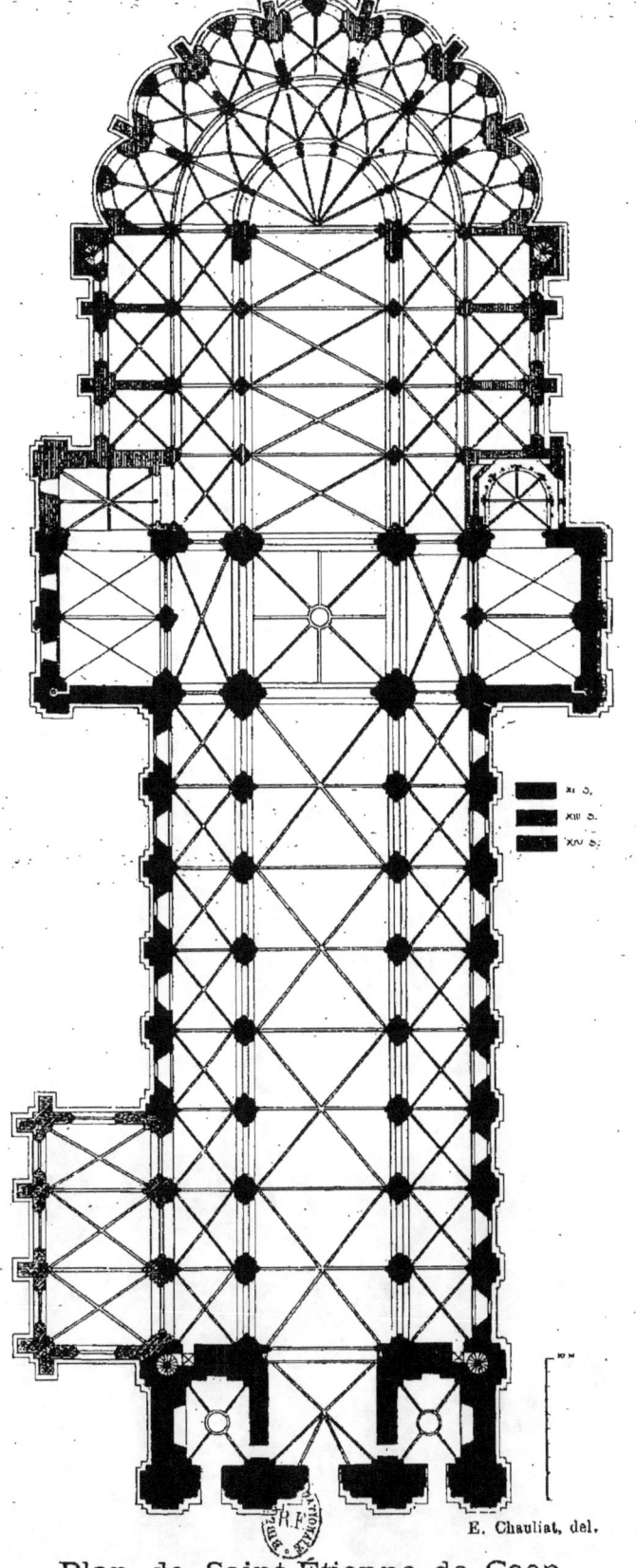

Plan de Saint-Étienne de Caen.

de la voûte sexpartite. La colonne isolée de la pile faible monte aussi jusqu'à la retombée de la branche médiane de chaque voûte.

Au premier étage s'ouvrent les baies des tribunes. Elles n'ont aucune subdivision intérieure et sont un peu plus larges que les arcades du rez-de-chaussée, mais de composition absolument identique pour les supports et l'archivolte. Une galerie de quatre-feuilles ajourés, qui n'est pas antérieure au XVIIe siècle, malgré son aspect, ferme ces tribunes, dont l'apparence est un peu écrasée parce que le sol a été rehaussé lors de la reconstruction des voûtes du bas-côté. Les bases des colonnes sont enterrées; elles étaient, comme à l'étage inférieur, formées d'un simple glacis. Les chapiteaux des deux étages rentrent dans le type signalé à la Trinité : grosses volutes aux angles, sortant d'une première couronne de feuillage; console sous le tailloir. Ce tailloir très simple consiste en un bandeau et un chanfrein.

Au-dessus des tribunes court un cordon de billettes; il se continue sur les tailloirs de toutes les colonnes servant aux voûtes : la colonne isolée de la branche médiane ou les trois colonnes du doubleau et des ogives. Il y a, en effet, à ce niveau, trois colonnes, parce que les pilastres flanquant la colonne principale ne montent pas jusqu'à la voûte; au dessus du niveau des colonnes des tribunes ils s'interrompent et reçoivent un corbeau qui porte les colonnettes dont il vient d'être parlé.

Le cordon de billettes marque l'étage des fenêtres hautes. A chaque demi-travée, une grande baie en plein cintre est flanquée d'une petite baie secondaire, mais du côté de la branche médiane de la voûte seulement : l'architecte n'a pas voulu affaiblir les maçonneries près des doubleaux principaux. La baie secondaire s'ouvre sur la galerie de circulation qui passe à travers l'ébrasement de la fenêtre : une frette crénelée borde l'arc et les pieds-droits externes de la fenêtre et de la baie secondaire. La retombée commune, entre l'arc très surhaussé de l'une et le petit arc de la seconde, se fait sur une courte colonnette avec chapiteau à godrons. Le tailloir est mouluré face à la nef; dans l'ébrasement de la fenêtre, il est coupé de biais, suivant le plan vertical de cet ébrasement. Il y aura lieu, tout à l'heure, de revenir sur la voûte elle-même.

Dans l'état actuel, la nef de Saint-Étienne peut paraître à première vue une construction homogène de bas en haut : les supports, avec leur alternance, paraissent faits pour la voûte sexpartite. Malgré ces apparences, les voûtes — et par suite les fenêtres hautes — ont été rajoutées après coup. Plusieurs faits le prouvent.

De la nef même, on peut se rendre compte que les pilastres flanquant la colonne du doubleau principal ont été coupés pour recevoir le corbeau portant les colonnettes de biais. La décoration à entrelacs de ce corbeau se retrouve dans les colonnes des parties hautes : nous y voyons, bien que quelques chapiteaux antérieurs y aient été réemployés, des entrelacs et des godrons tout à fait différents des volutes des deux étages inférieurs. De plus, si on se transporte à la travée-porche, on constate que, pour donner un support aux voûtes, le mur a été entaillé du côté est, afin d'y loger une colonne qui se perd dans ce mur sans descendre jusqu'au sol : trace indiscutable d'un relancement. Enfin, si l'on examine les maçonneries de près, dans les régions où elles ont échappé aux grattoirs et brosses modernes, on remarque une grande différence dans l'appareil. Les parties primitives offrent de gros joints et une taille grossière. Au XIIe siècle, au contraire, la taille diagonale est plus soignée ; les joints sont minces, comme l'indiquait déjà, dans un passage des plus curieux, le chroniqueur Guillaume de Malmesbury, à propos des édifices élevés par le célèbre Roger de Salisbury dans sa ville épiscopale et à Malmesbury, vers l'époque même où l'on modifiait les parties hautes de Saint-Étienne.

Mais ces modifications deviennent plus évidentes encore à considérer les traces de l'état primitif laissé sur les murs latéraux, derrière les voûtes actuelles. On y trouve les restes d'un bandeau intérieur qui régnait à la base de la toiture et, sous ce bandeau, des restes d'arcatures : quatre par chaque travée complète, de pile forte en pile forte. Ruprich-Robert avait d'abord jugé cet arrangement impossible parce que la prolongation de la colonne de la pile faible serait venue passer devant une de ces arcatures et la couper ; il restitue sur ses planches une simple baie par demi-travée. Néanmoins il a admis l'existence de ces quatre arcatures, par suite, à son avis, d'un premier remaniement qui n'est pas prouvé. Il reste acquis qu'avant les voûtes actuelles, l'église n'était pas voûtée, et qu'à la place des fenêtres, l'étage, beaucoup plus haut, était percé de groupes d'arcatures derrière lesquelles courait la galerie de circulation.

Que fit-on lors de l'adjonction des voûtes ? On coupa les demi-colonnes hautes au niveau de la retombée des voûtes projetées en réemployant, comme nous l'avons dit, plusieurs chapiteaux ; on baissa le niveau du passage supérieur ; on boucha les arcatures ; on les remplaça par le mur actuel, percé de baies en rapport avec les voûtes. Pour contrebuter la poussée, on renforça les maçonneries au droit des branches médianes de la voûte. « Au XIe siècle, un énorme massif, sorte de contrefort intérieur, relie les deux murs du clérestory (*étage des fenêtres*) au-dessus de chaque gros pilier, mais comme il n'y en avait pas au-dessus des petits piliers, lors de l'établissement des voûtes, il fallut construire des massifs secondaires au-dessus de chaque petit pilier pour résister à la poussée de la nervure. Dans la nef, la pierre inférieure de ce massif présente sur les deux faces un chanfrein placé sens dessus dessous, et elle conserve les traces de crampons qui les liaient primitivement, car cette pierre semble, ainsi que quelques autres, provenir de démolitions ».

Telle est vraisemblablement la marche des travaux occasionnés par l'adjonction des voûtes, mais on n'y trouve pas la solution de deux problèmes qui rendent particulièrement difficile l'étude de Saint-Étienne : puisqu'il n'y avait pas de voûtes, pourquoi l'alternance dans les piles, ce qui semble au contraire dénoter l'idée de construire des voûtes ? Pourquoi les colonnes et surtout celles des piles secondaires, montaient-elles jusqu'au niveau du toit ?

Plusieurs réponses ont été données à ces questions. Pour Ruprich-Robert, conformément à l'une de ses plus chères théories, l'influence lombarde explique tout. Lanfranc a voulu faire une église sur des plans importés de Lombardie, dans le goût de Saint-Ambroise de Milan ou de Saint-Michel de Pavie. Après son départ pour Cantorbéry, les Normands n'ont pas osé continuer les voûtes d'arêtes projetées et se sont contentés d'une couverture de bois. Des voûtes d'arêtes sur plan carré auraient couvert deux travées. Ne sachant trop que faire de la colonne médiane, ne l'arrêtant pas au niveau des tribunes, comme en Lombardie, Ruprich-Robert suppose qu'elle aurait pu recevoir des arcs jumeaux dans les lunettes des voûtes, comme dans certaines églises d'Allemagne. Mais cette influence lombarde est loin d'être démontrée ; il est douteux que Lanfranc, personnage politique avant tout, ait eu le temps, surtout dans les années qui suivirent la conquête de l'Angleterre, de s'occuper d'architecture. D'autant que Ruprich-Robert est amené à voir son influence et celle de ses disciples, non seulement à Caen, où d'ailleurs il fut abbé bien peu de temps, mais encore dans d'autres édifices où l'alternance est bien plus prononcée encore qu'à Saint-Étienne : à Graville et à Jumièges. Il est encore plus douteux que Lanfranc se soit occupé de ces églises, et, chose plus grave, les dates de ces édifices, du moins celles que l'on connaît pour Jumièges, en placent la construction avant Lanfranc ou au moment de son arrivée en Normandie.

Ruprich-Robert s'est donc trouvé forcé de renoncer à faire état de ces dates, « au risque de mécontenter les archéologues ». Il peut y avoir des analogies entre certains édifices lombards et normands, mais l'influence des uns sur les autres, surtout de la façon absolue qu'adopte Ruprich-Robert, reste encore à prouver. Il faudrait de plus remarquer que les églises normandes sont très élevées, présentent des fenêtres hautes dans la nef et sont d'aspect bien dissemblable de celles qui seraient leurs modèles directs. L'appareillage lombard enfin est aussi défectueux que celui des Normands est raisonnable. On ne peut donc croire non plus, de ce côté, que des moines ou des ouvriers lombards aient pris en Normandie des habitudes toutes différentes de celles qu'ils avaient dans leur pays. Puis, il faudrait encore tenir compte ici de monuments anglais, comme la cathédrale de Durham, qui présente avec Jumièges des ressemblances marquées.

Malgré l'absence de voûtes, les colonnes, ajoute Ruprich-Robert, ont trouvé un emploi : on les a prolongées jusqu'au toit pour porter des entraits, plus forts sur les colonnes à dosserets, plus faibles sur les autres. L'explication paraît peu conforme à la franchise qui distingue les œuvres normandes.

L'un de nos plus savants confrères qui a porté l'objet de ses études sur les voûtes, non seulement dans leur aspect, mais encore dans leur construction, a bien voulu, à l'occasion de la présente notice, émettre sur la nef et le transept de Saint-Étienne des réflexions dont il faut tout spécialement tenir compte. M. Bilson est d'avis que la première pensée de la colonne face à la nef jusqu'au toit, ne peut s'expliquer que par l'idée d'une voûte : les chœurs voûtés d'arêtes des églises normandes étaient probablement beaucoup plus nombreux qu'il n'en reste aujourd'hui. En outre de ceux de Saint-Nicolas, de Notre-Dame-sur-l'Eau, de Boscherville, on peut en supposer à Cerisy, à Saint-Étienne même, par l'arrachement de demi-berceaux visibles du côté du chœur actuel. Les demi-berceaux de Gloucester amènent à la même conclusion, ainsi que les arcs-boutants demi-circulaires sous les toitures des tribunes de Chichester, de Durham ou de Norwich. Dans un chœur voûté d'arêtes, il faut une colonne pour porter le doubleau intermédiaire : ainsi à la Trinité. Mais dans ce dernier exemple, il n'y a pas de collatéral. Dans une église qui en possède, comme Saint-Nicolas, le plan de la pile entre chœur et collatéral devient tout à fait symétrique : la colonne face à la nef correspond à celle qui reçoit le doubleau des voûtes d'arêtes sur le bas-côté. La fonction originelle de ces deux colonnes est absolument la même. Par extension, dans la suite, on employa le même plan de pile dans les nefs, même là où il n'était pas question de voûtes.

L'explication de M. Bilson est, comme on le voit, des plus ingénieuses. Une théorie, également soutenable, qui voit dans ces colonnes des contreforts intérieurs, pourrait même se concilier avec elle. On continue à dessiner des piles régulières avec colonne face à la nef, d'un aspect satisfaisant pour l'œil. Elles sont sans utilité pour des voûtes non existantes ; on les élève cependant pour renforcer de point en point les maçonneries.

Mais dans le cas particulier de Saint-Étienne, il n'en reste pas moins, remarque M. Bilson, une difficulté spéciale provenant de l'alternance entre les piles. La colonne face à la nef s'explique mal sur les piles faibles, puisque toutes les autres données dénoteraient une intention première de voûtes d'arêtes sur double travée, si toutefois le constructeur savait exactement ce qu'il voulait faire. La réserve n'est pas inutile, car, ainsi que le suggère M. Bilson, il ne faut pas juger les architectes du XIe siècle comme ceux du XXe. « Ce serait se méprendre que de demander une parfaite logique dans ces édifices primitifs, puisqu'il ne faut pas oublier que les architectes d'alors tentaient parfois de faire des choses qui n'avaient jamais été faites auparavant, à leur connaissance. De là, les inconséquences qui en résultent ».

M. Bilson pense aussi à une voûte d'arêtes sur chaque double travée. Cette opinion, qui a été émise avec autorité pour une autre nef où l'on a construit des voûtes sexpartites, ne sera peut-être point partagée par tous les archéologues. On ne pourra au moins manquer de tomber d'accord avec M. Bilson pour admettre comme lui que, dans l'esprit de ceux qui ont donné le plan de Saint-Étienne, il y a eu tout d'abord une « intention » de voûtes, — non exécutées d'ailleurs, cela est certain. Plusieurs faits le prouvent. Derrière la baie des tribunes existe un arc en décharge sur pilastres ; il porte le mur de la nef, élargi d'épaisseur à partir de ce niveau. Cet arrangement est très rare : on pourrait l'expliquer par la nécessité de rendre le mur assez large pour y pratiquer une galerie de circulation, mais aussi par le désir d'avoir un mur assez massif pour qu'il puisse contrebuter une voûte. Les demi-berceaux sur les tribunes sont un fait plus important encore. Nous y reviendrons, après avoir dit quelques mots des voûtes actuelles de Saint-Étienne.

Ce sont des voûtes sexpartites véritables, sans formerets bien entendu. Le profil des nervures consiste en trois boudins. Les arcs diagonaux ou ogives sont, d'après les relevés de Ruprich-Robert, « des segments d'un cercle dont le centre serait placé en dessous du niveau du départ des sommiers, de telle sorte que ce départ forme un angle aigu très accentué avec les tailloirs, ce qui est une mauvaise forme et accroît la poussée ». On remarque en outre, à Saint-Étienne, que « les courbes des arcs-doubleaux et des arcs de recoupement des voûtes sexpartites sont très sensiblement jarretées... non par suite de tassements, mais par défauts de tracé et de pose ». « On peut encore juger de ces défauts par la très grande retraite de la nervure sur le devant du chapiteau... Il faut admettre que les cintres en charpente, déjà mal construits, qui étaient destinés à la pose des claveaux, n'étaient que partiels, c'est-à-dire ne comprenaient pas tout le développement de ces arcs. Les claveaux du départ ont dû être placés au jugé sur une certaine longueur et avant la pose des cintres, car ils pouvaient déjà se tenir seuls ». Ruprich-Robert a donné une très curieuse figure, qui fait voir, par une coupe sur la voûte, une branche d'ogives à plusieurs cintres et une branche médiane.

Les voûtes de Saint-Étienne ont été beaucoup moins remaniées que celles de la Trinité. Il serait intéressant de leur donner une date certaine, qui formerait point de repère dans la chronologie des voûtes normandes. Il faut, malheureusement, se contenter, ici encore, de redire, après M. Régnier, que « les voûtes normandes peuvent tout aussi bien remonter à 1130 qu'à 1180; leur date exacte est un problème dont nous n'avons pas la solution ». L'étude des voûtes semblables dans les monuments normands de l'Angleterre, pour lesquels il y a surabondance de textes, y apportera quelques lumières.

M. Bilson pense que les voûtes de Lessay sont antérieures à celles du groupe de Caen. Ce sont de simples croisées d'ogives, car il est bien évident, malgré les allégations contraires, que la croisée simple a précédé la voûte sexpartite. Dans les voûtes sexpartites, on aurait d'abord inventé la « fausse voûte sexpartite », comme à la Trinité, puis enfin les véritables sexpartites, mais cet ordre est théorique ici et ne s'applique pas aux deux églises particulières que nous examinons. En exécution, la voûte sexpartite de Saint-Étienne, avec toutes ses gaucheries, dénote une époque moins avancée que celles de la Trinité, — si toutefois on peut encore se fier à ces dernières. En tout cas, la voûte de Saint-Étienne est plus ancienne que celle de Bernières.

Bas-côtés. — Les collatéraux sont voûtés d'ogives à nervures prismatiques, pénétrant directement dans le fût

Saint-Étienne de Caen.
Coupe du bas-côté sud et détails.

des colonnes appliquées contre les murs. Ces colonnes, avec leurs bases en glacis, appartiennent à la construction primitive; elles se groupent trois par trois : une demi-colonne sur un dosseret, accosté de deux autres demi-colonnes. La retombée des voûtes d'arêtes qui couvraient ce collatéral se faisait donc sur des colonnes : on voit, en Angleterre, des exemples semblables. Les fenêtres plein cintre sont encadrées d'une archivolte sur deux colonnettes.

La construction des voûtes actuelles, plus hautes que les précédentes, a fait exhausser le sol des tribunes. Celles-ci sont voûtées par un demi-berceau continu, soutenu par des demi-doubleaux qui portent d'un côté sur le mur de la nef, de l'autre sur des pilastres avec impostes moulurées d'un bandeau et d'un chanfrein. L'âge de ces voûtes a été une question très longtemps controversée. Dans les parties des tribunes avoisinant le transept, on remarque des colonnes avec chapiteaux qui peuvent faire croire à une première intention de voûtes d'arêtes. Ce projet fut abandonné, car les pilastres suivants, plaqués contre le mur, sont, de l'aveu de Ruprich-Robert, anciens comme le mur lui-même. Le long de ce mur, au niveau des pilastres, un retrait sur une assise de pierre marque le commencement du demi-berceau. Ruprich-Robert paraît incliné à croire que ce demi-berceau a été ajouté au XVIIe siècle. Il estime qu' « un demi-berceau continu, établi pour maintenir des voûtes d'ogives, dont les poussées ne sont qu'alternes, est absolument illogique. Aussi, cette disposition n'a-t-elle jamais été reproduite ailleurs en Normandie et en Angleterre ». C'est une erreur, car la cathédrale de Gloucester présente des demi-berceaux analogues et permet d'en induire l'ancienneté de ceux de Saint-Étienne, qui ont été refaits au XVIIe siècle, c'est vrai, mais conformément à l'état antérieur et primitif, comme le prouve d'ailleurs un texte très précis reproduit par M. Bouet.

La chapelle Halbout, ajoutée en 1317 au bas du collatéral nord, a été restaurée à plusieurs reprises ; elle est couverte de trois croisées d'ogives.

Transept et tour centrale. — La tour centrale s'élève sur quatre gros piliers formés de groupes de trois demi-colonnes, destinés à recevoir les quatre grands arcs du carré, aux claveaux ornés de boudins. Au-dessus de chacun de ces arcs, trois arcatures, portées par des colonnettes trapues, reposent sur un cordon continu ; le tailloir de leurs colonnes se continue jusqu'aux angles du carré, où on a logé, à l'époque de la construction des voûtes, une colonne sur cul-de-lampe ; elle est destinée à recevoir les ogives de la voûte qui couvrit la lanterne. Mais, des constructions des XIe et XIIe siècles, il ne reste plus guère que la partie voisine du chœur. Les deux piliers du côté de la nef ont été rétablis par Dom J. de Baillehache, en 1602, ainsi que le corps du clocher. On élargit alors les passages pratiqués au niveau des arcatures : « couloirs qui, dans les constructions primitives, sont fort étroits, et, comme on avait fait au XIIe siècle, on remplaça par des pierres plates les petites voûtes sur couchis que l'on voit encore dans les parties primitives. On reconstruisit les trois grosses colonnes de l'étage inférieur de la lanterne et on les surmonta de chapiteaux qui, sans être la copie exacte des anciens, produisent un effet assez semblable lorsqu'ils sont vus à distance. On ne chercha pas cependant à imiter les riches chapiteaux qui couronnent les deux colonnettes du XIIe siècle que l'on voit dans les angles du côté du chœur, mais leurs consoles sont d'assez bonnes imitations de celles qui sont en face ». Le départ des ogives de la voûte, avec ses trois tores inégaux, est d'un profil ancien ; la voûte elle-même, avec les fenêtres hautes, a été refaite.

Croisillons. — Les croisillons sont aujourd'hui couverts de deux croisées d'ogives. Sous la première travée s'ouvrent les arcs donnant accès au collatéral de la nef et au déambulatoire. Ces arcs appartiennent aux constructions du XIe siècle ; ils reposent du côté du carré sur un des groupes de trois colonnes qui forment les quatre grandes piles de ce carré.

La deuxième travée a tout son rez-de-chaussée occupé par une tribune, suivant une disposition que nous retrouvons à Saint-Nicolas, à Boscherville, à Cerisy-la-Forêt, et peut-être à Guibray. Au-dessous de ces tribunes, deux voûtes d'arêtes portent sur des colonnes logées dans les angles. Ces voûtes ont leurs naissances appareillées, comme à Winchester et à la crypte de la cathédrale d'Auxerre. Elles sont séparées par un doubleau retombant sur le mur de fond et sur le pilier qui porte également les deux arcs plein cintre ouverts sur le croisillon. Ce pilier est de forme régulière : de même que sur sa face arrière se voit une demi-colonne saillante destinée à supporter le doubleau, ainsi sur la face avant, on retrouve une demi-colonne semblable ; mais de ce côté, il est bien évident que la colonne ne porte rien : elle s'arrête au niveau de la plate-forme des tribunes. On a voulu expliquer cette singularité encore plus frappante ici qu'à la nef ; on a songé à en faire le support d'une grande chandelle de bois qui aurait soulagé le milieu de l'entrait de la charpente du toit. Comme le croisillon n'est pas plus large que la nef, on se demandera pourquoi les entraits, qui tenaient tout seuls sur le vaisseau central, n'auraient pu faire de même sur le croisillon. Il vaut mieux penser ici, conformément à l'explication suggérée par M. Bilson, que les architectes ont employé un plan qu'ils avaient adopté en d'autres points où il était plus rationnel et qu'ils l'ont reproduit en ce point sans trop se soucier de la logique.

Sur les murs latéraux du croisillon, au-dessus des tribunes, s'élèvent de chaque côté des pilastres appartenant à la construction primitive et dont le rôle exact n'est pas bien établi.

En tout cas, ils se sont trouvés à point pour recevoir les colonnes lancées au moment de l'adjonction des voûtes. A ce même moment aussi, on a détourné, derrière les piliers, les passages faisant communiquer les croisillons avec le chœur roman. Au mur est du croisillon sud, dans le groupe qui supporte le doubleau et les ogives, on distingue parfaitement les parties anciennes de celles qui ont été réappliquées au XIIe siècle. Y avait-il primitivement ici une colonne contrefort ?

Les ogives et doubleaux sont également garnis de trois tores. Les lunettes des voûtes sont elliptiques; dans chacune, a été percée une large fenêtre plein cintre, avec pieds-droits et archivolte décorés soit d'une frette crenelée, soit d'un simple boudin. Sur le mur de fond, au sud, deux baies égales sont flanquées vers les angles de plus petites baies décoratives. Au mur nord, les baies sont ornées de frettes crénelées. Bien entendu, toutes ces parties hautes sont, comme à la nef, contemporaines de la construction des voûtes. Derrière celles-ci on a retrouvé les traces des arcatures antérieures. Au croisillon nord s'ouvrent sur la plate-forme des tribunes de grandes niches demi-circulaires, percées d'une petite fenêtre. Dans le mur est, s'ouvrait un grand arc, aujourd'hui bouché, donnant sur une absidiole semblable à celle du rez-de-chaussée. En effet, comme à Saint-Ouen de Rouen, à Saint-Vigor de Bayeux, dans les cathédrales de Gloucester et de Tewkesbury, il y avait deux étages d'absidioles sur chaque croisillon. Cette disposition peut expliquer le rôle de la tribune, nécessaire pour accéder à ces absidioles en l'absence de tribunes autour du transept. Ces absidioles ont disparu. Au rez-de-chaussée du croisillon nord, on en voit encore l'entrée, formée d'un arc très large. Vers le fond, cet arc encadre un second arc formé de claveaux plats sur deux colonnes. La chapelle elle-même, de plan rectangulaire, est recouverte d'une voûte d'ogives à huit branches; elle communique avec le déambulatoire par un arc brisé très épais. Éclairée par deux lancettes trilobées, elle est contemporaine du chœur.

Dans le croisillon sud, on ne voit pas les niches mentionnées pour l'autre croisillon; en effet, ce croisillon est engagé dans des bâtiments; il n'y avait donc pas d'éclairage possible à ce niveau. L'absidiole supérieure a disparu. Celle du rez-de-chaussée également, mais du moins la forme demi-circulaire en a été conservée dans la jolie chapelle XIIIe siècle qui la remplace.

Dans un espace carré formé de murailles épaisses avec pans coupés dans les angles, on a inscrit en demi-cercle un soubassement terminé par un bandeau de petits festons de pierre. Ce soubassement est plein, sauf au droit des écoinçons laissés entre les lignes de la construction et la courbe de la demi-circonférence. En ces points, deux baies géminées profondes, dont les voussures portent sur des pieds-droits et pour la retombée commune, sur deux colonnes placées l'une derrière l'autre, encadrent des enfoncements, triangulaires en plan. De plus, à droite, il y a une petite porte. Sur le rebord interne du soubassement, on a planté de minces colonnettes avec chapiteaux à crochets, trois par trois, ou isolées. Les bases, de deux tores très inégaux séparés par une petite gorge, ont des griffes aux angles. Les chapiteaux, d'un beau travail, montrent, comme au chœur, des crochets primitifs. Les colonnes destinées au remplage sont détachées de celles des ogives. Des étrésillons partent du mur jusqu'aux colonnes communes aux arcs géminés du remplage. Ces arcs, ornés de boudins avec congé au départ, n'occupent pas tout le formeret, une moulure horizontale les surmonte, laissant entre elle et le sommet du formeret un tympan vide, en triangle convexe, derrière lequel on aperçoit aussi les murs externes. La voûte d'ogive est à six branches. Les ogives retombent sur un petit cul-de-lampe placé contre le tailloir du chapiteau de la colonne commune à deux formerets. Comme le soubassement est large, il laisse derrière les colonnes une sorte de galerie de circulation, ce qui ajoute à toute cette construction, contemporaine du chœur d'après les profils, beaucoup de légèreté et en même temps l'aspect particulier du gothique normand. Les deux fenêtres en lancette qui l'éclairent au sud, dans le mur externe, contribuent aussi à cet effet; elles sont entièrement indépendantes de la décoration et des arcs internes. Toutes ces dispositions si originales apparaissent plus tard dans les chapelles rayonnantes des cathédrales de Rouen, de Bayeux, de Lisieux, de Saint-Pierre-sur-Dives. Dans la paroi nord, très épaisse, ont été ménagés deux petits réduits faciles à dissimuler et qui ont dû servir de cachette. L'un d'eux prend un petit jour sur le déambulatoire, derrière une rosace ornementale appliquée dans la première travée de celui-ci.

Chœur. — Le chœur bâti par un architecte nommé Guillaume, son déambulatoire et ses chapelles ont remplacé, dans les premières années du XIIIe siècle, le chevet primitif, dont la forme devait être analogue à celle du chevet de Saint-Nicolas de Caen, de Boscherville ou des autres grandes églises normandes contemporaines. M. Bouet a constaté que les bas-côtés étaient surmontés de tribunes voûtées : les arrachements de leurs voûtes existent encore contre les murs du transept, au-dessus des voûtes des tribunes actuelles. Il serait intéressant de rechercher si les fondations du chevet primitif arrondi ne se retrouveraient pas sous celles de l'abside, qui est restée demi-circulaire. Le chœur se compose de quatre travées droites, terminées par un chevet en hémicycle de sept travées. Sur la partie droite du déambulatoire s'ouvrent trois chapelles rectangulaires, la première travée étant bordée par la chapelle des croisillons. La partie correspondant à l'abside est entourée de sept chapelles égales en hémicycle.

Aux piliers de la lanterne viennent s'appliquer cinq colonnes du XIIIe siècle, assez grosses, singulièrement accolées les unes aux autres pour supporter la première arcade du chœur. Cet arc retombe de l'autre côté sur un pilier cantonné, comme tous ceux de la partie droite du chœur, de seize colonnes, avec bases à deux tores, séparés par une gorge, et chapiteaux à crochets. Les tailloirs, hauts et carrés, dénotent déjà cependant le style gothique normand, par l'ombre d'un cavet profondément creusé. Des groupes de cinq colonnes, celle du milieu de plus grand diamètre, séparées par des parties légèrement convexes, avec une décoration continuant celle du chapiteau, supportent l'archivolte des grandes arcades. Les gorges et tores qui dessinent cette archivolte peuvent se décomposer en trois membres, formant ressaut les uns sur les autres. La partie médiane est décorée de bâtons brisés. Ce genre d'ornement, ainsi que quelques autres de la période romane, a survécu assez longtemps dans l'école gothique de Normandie, dont ce chœur marque les débuts.

Sur la face du pilier tournée vers la nef, la colonne descendant jusqu'au sol a été coupée au XVIIIe siècle. Son mince fût, auquel le tailloir des colonnes du pilier servait de bague, se prolonge jusqu'à un chapiteau, dont le tailloir rond règne avec le cordon qui surmonte les grandes arcades. Dans chacun des écoinçons des travées, une rosace est découpée en creux dans le nu du mur ; c'est encore un motif décoratif cher à l'école normande.

Au-dessus du cordon dont il vient d'être question s'ouvrent les baies des tribunes ; elles sont en plein cintre et redivisées en deux lancettes. Le tympan est percé d'un petit trèfle ajouré ; trois colonnettes de chaque côté et une colonne centrale, de diamètre égal à celui de la première, portent le plein cintre et les deux lancettes. Le tailloir se prolonge en bandeau jusqu'à la colonne unique, destinée aux retombées des voûtes. Elle s'élève sans base distincte sur le chapiteau du fût plus mince, appliqué entre les grandes arcades à l'étage inférieur; elle se termine par un chapiteau à corbeille et tailloir ronds, de même hauteur et de même décoration que le large bandeau feuillagé qui s'étend tout le long du chœur, sous les fenêtres, au niveau du départ des voûtes. Le feuillage, très régulier, consiste en une feuille d'eau échancrée ou deux feuilles vues de côté et dont les extrémités se recourbent en deux petites volutes tournées l'une vers l'autre. Ce dessin un peu conventionnel se retrouve sur bon nombre de chapiteaux gothiques normands.

Les voûtes du chœur ont été refaites au XVIIe siècle. Les ogives et doubleaux égaux paraissent reproduire, avec leurs deux tores séparés par une gorge, un profil ancien donné par les sommiers, originaux sans doute. Les formerets figurent un arc brisé, très surhaussé, sans colonnes et décoré sur tout son pourtour de petites ondulations. Sous ces formerets s'ouvrent les fenêtres hautes, donc l'arc en tiers-point encadre un arc trilobé soutenu par deux colonnettes engagées et par deux petits fûts isolés qui soutiennent les pointes du trilobe. A travers les pieds-droits court le passage de circulation. Deux simples lancettes s'ouvrent dans la muraille extérieure.

Au chevet, l'ordonnance est la même, sauf quelques petites modifications. Les piliers communs à la partie droite du chœur et au chevet, forment un massif allongé : on les a ainsi renforcés parce qu'ils supportent, à partir des tribunes, les escaliers qui montent jusqu'à la galerie haute. Les supports du chevet sont deux colonnes de diamètre inégal, placées l'une derrière l'autre et donnant en plan la pénétration de deux cercles, le plus grand du côté du déambulatoire. Les chapiteaux sont ronds, ornés de crochets; le tailloir est rond à l'un, polygonal à l'autre. Les moulurations des grandes arcades sont séparées par une gorge profonde ou plutôt par un arc à fond plat, très large, qui les divise en deux groupes parallèles; de plus, les sommiers de cet arc intérieur

Saint-Étienne de Caen.
Travée du chœur.

ont, de chaque côté, quelques assises encore perpendiculaires au tailloir, tandis que la courbe des moulures commence dès le tailloir. Cette disposition particulière se retrouve à la nef de Saint-Pierre-sur-Dives. Il n'y a pas de rosaces dans les écoinçons. La colonnette des voûtes repose sur le tailloir des grosses colonnes. L'arc des tribunes est brisé; il est bordé intérieurement d'une dentelure. Le tympan des deux lancettes de subdivision est percé d'un quatre-feuilles. Les archivoltes de ces arcs sortent de congés, comme en Bourgogne. A cet étage, il y a de petites rosaces variées dans les écoinçons, sous le bandeau sculpté dont la décoration a changé. Les formerets sont faits d'un boudin continu; ils encadrent absolument la baie intérieure de la fenêtre de chaque travée. Cette fenêtre est une lancette simple bordée d'ondulations de pierre et reposant sur deux colonnettes. Derrière le passage intérieur, il n'y a plus qu'une lancette simple, raccourcie par le bas au XVIIe siècle, dans la partie nord.

Le déambulatoire est voûté d'ogives, montées sur un trapèze dans la partie tournante. Les piliers entre les chapelles dans la partie droite, consistent en un faisceau de colonnes séparées par des gorges profondes et couronnées d'un tailloir rond commun. Ils ont été refaits au XVIIe siècle, comme le prouvent leurs chapiteaux, mais néanmoins sur un modèle ancien, car le pilier entre la première et la seconde chapelle nord paraît bien être l'original, copié plus ou moins exactement par Dom Baillehache. On le retrouve d'ailleurs à Norrey. Les doubleaux qui sont placés au commencement de la partie tournante du chevet sont décorés d'ondulations semblables à celles des formerets du chœur. Le départ des ogives se fait dans un petit congé en demi-cercle; il en est de même aux arcs brisés des fenêtres des chapelles. Ces fenêtres sans remplage sont portées sur des colonnes annelées. A la dernière chapelle vers l'est, de chaque côté, une porte donne accès à une tourelle renfermant un escalier.

Les piliers entre les chapelles du chevet présentent un noyau circulaire entouré de colonnes entièrement détachées, qui sont reliées au massif central par des bagues de pierre. On en rencontre d'analogues en Angleterre. Le soubassement, assez élevé, des chapelles en hémicycle s'arrête au niveau d'un cordon et de trois culots qui portent les colonnettes destinées aux trois branches d'ogives du fond. Ces colonnettes sont flanquées de deux autres colonnettes posées à l'aplomb du soubassement et destinées aux formerets. La circonférence de chaque chapelle est ainsi partagée en quatre parties. Sous les deux formerets du fond, s'ouvrent les fenêtres en arc brisé, largement ébrasé, sans autre ornement qu'un petit boudin qui souligne l'intrados de l'arc et repose sur deux petits culs-de-lampe normands : c'est une sorte d'entonnoir garni d'un feuillage et tenant au mur par son tailloir et par la queue recourbée qui le termine. Sous les deux autres formerets on a, dans le mur mitoyen entre chaque chapelle, percé un grand arc qui s'ouvre de l'une à l'autre, établissant ainsi pour l'œil, une communication très heureuse au point de vue de la perspective. On remarquera que la disposition de ce chevet se retrouve à Vézelay, mais à Caen, on s'est dispensé d'adopter ces colonnes purement décoratives, plaquées à Vézelay, de chaque côté de l'arc de communication, sur le massif plat qui forme culée entre les chapelles, du côté extérieur.

Il y a lieu de rapprocher ce fait de la présence de congés dans les parties hautes et le déambulatoire de Saint-Étienne, autre particularité bourguignonne. Comme de semblables congés se retrouvent au chevet de Lisieux, à Ouésy, il ne faut guère en tirer de conclusion, relativement à des influences venues de Bourgogne dans le plan du chœur de Saint-Étienne. Les ogives des chapelles sont décorées d'ondulations comme certains doubleaux du déambulatoire. La branche de l'axe se prolonge au delà de la clef en une petite branche qui vient buter dans le doubleau d'entrée.

Les tribunes élevées sur le déambulatoire sont voûtées d'ogives formées de claveaux chanfreinés, qui retombent sur des pilastres carrés. D'après M. Bouet, « la portion absidale des tribunes du XIIIe siècle est presque entièrement conservée, ainsi que toute la construction intérieure ouvrant sur le chœur » ; mais comme les formerets de ces tribunes viennent couper désagréablement les baies du XIIIe siècle, ouvertes sur le chœur, il est difficile d'y voir une disposition originale. En réalité, l'importance des remaniements du XVIIe siècle frappe tous les yeux.

Mobilier. — L'église a perdu ses monuments funéraires et la plus grande partie de son mobilier ancien. Le tombeau de Guillaume le Conquérant n'est qu'une dalle de marbre avec inscription moderne placée dans le chœur. Avant d'être violé en 1562, ce tombeau avait été ouvert, en 1522, paraît-il. C'est alors que l'on aurait dessiné un portrait du roi, dont celui de la sacristie serait une copie exécutée au XVIIIe siècle. Comme l'ouverture du tombeau avait eu lieu peu après le Camp du drap d'or, le peintre du XVIe siècle a vu le corps du Conquérant sous les traits et avec le costume de son successeur Henri VIII.

Les belles grilles du chœur, dont on voit encore l'arrachement, ont disparu : il en subsiste quelques fragments dans l'église actuelle de Notre-Dame. Les stalles, qui ont perdu leur dossier, remontent au début du XVIIe siècle. Leurs miséricordes sont encore historiées. L'autel, avec ses bronzes dorés, date de 1772. Les six chandeliers sont d'un très beau travail. La menuiserie de l'horloge occupe toute la tribune du croisillon nord ; elle date de 1735.

Extérieur. — Entre les portails et au bas des tours, le soubassement rectangulaire de la façade est flanqué de contreforts du type normand, formés d'un premier massif large et plat, et d'un second plus étroit : ils ne présentent aucun ressaut ; un simple glacis les recouvre. La porte centrale en plein cintre, avec tores et gorges peu profondes, s'ouvre entre quatre colonnes. Au-dessus, deux minces cordons en bandeau chanfreiné marquent deux étages de trois baies qui n'ont d'autre mouluration que le ressaut de leurs pieds-droits et des claveaux de leur arc. Sous chaque tour une porte est percée, plus petite que celle du milieu et sans une parfaite symétrie. Deux fenêtres superposées, semblables aux précédentes et régnant avec elles, indiquent la division des étages. Le pignon a été refait par Ruprich-Robert. Sur ce corps de façade, imposant par sa très grande simplicité, s'élèvent les deux tours : elles sont sur plan barlong, notamment celle du nord, les plus petits côtés étant ceux de l'ouest et de l'est.

Les tours comprennent trois étages : le premier commence par un cordon billeté qui fait tout le tour de la construction à ce niveau et passe sous le pignon moderne. Il montre de hautes et étroites arcatures aveugles, sans aucune mouluration sur les pieds-droits ou les claveaux. Sur le deuxième, séparé du précédent et du suivant par un cordon billeté, les arcatures en plein cintre ont l'angle des claveaux orné d'un boudin ; elles portent sur des colonnes accouplées, réunies sur un même tailloir, avec chapiteau à volutes et console. Sous deux des arcatures — il y en a cinq sur le pan de façade — ont été percées de longues ouvertures. Le troisième étage comprend deux larges baies géminées, dont la double archivolte, formant un grand ressaut, ornée de boudins et de gorges peu profondes, retombe sur des colonnettes engagées, deux de chaque côté. Ces baies sont divisées par deux petits arcs plein cintre ; ils portent sur une colonne isolée et deux demi-colonnes de même diamètre sur les côtés. Le tympan de la baie principale reste plein. L'archivolte externe des grandes baies est décorée d'un cordon billeté : entre celles-ci et sur les côtés externes des maçonneries se voient des moulures billetées figurant comme une sorte de chevron, dont l'intérieur est rempli d'imbrications en losange. Dans les angles de la construction ont été incrustées des colonnes qui montent jusqu'à la corniche à modillons. Les tourelles d'escalier présentent la même décoration et la même division que les tours avec qui elles font corps. Ces tours sont de bons types des clochers normands, comme on en a beaucoup élevé au XIIe siècle : montant droit, sans ressaut d'étage à autre et sans contreforts, disposition qui continuera pendant la période gothique pour un grand nombre de clochers.

Les flèches appartiennent au XIIIe siècle. Si la silhouette générale est la même, néanmoins chacune a son originalité. Toutes deux ont huit pans, des lucarnes sur les faces principales et des clochetons sur les angles. Leurs pans sont décorés alternativement soit de lignes horizontales, soit de petites dentelures en forme de petits arcs creusés dans la pierre, — les parties ainsi décorées étant plus larges que les autres.

La flèche du nord est un peu plus courte ; ses arêtes sont légèrement convexes. Des boudins retenus par des bagues garnissent ces arêtes. De plus, les pans nord et sud, plus larges à cause de la forme barlongue de la tour, sont divisés par un boudin semblable. Les lucarnes, de dimension moyenne, présentent en façade trois minces colonnettes entourées d'une bague au niveau de l'étrésillon de pierre qui les relie au pan de la flèche. Ces colonnes supportent un linteau plein dans lequel on a évidé deux petits arcs plein cintre sous un plus grand arc dessiné en creux. Sur ce linteau s'élève un glacis formant comme une souche de flèche à quatre pans avec bordures aux angles. Enfin sur ce glacis un petit étage carré, percé de deux petites baies en façade, est couvert d'une flèche à quatre pans, striée et décorée de boudins aux angles et au milieu, comme à l'étage précédent.

Les clochetons sur plan hexagone comportent un premier étage de soubassement : un tore continu forme sur chaque face une double arcature avec retombée commune sur cul-de-lampe. Un boudin garnit les angles de la construction jusqu'au second étage formé d'arcs brisés que redivisent deux arcs secondaires : ils sont portés par des groupes de trois colonnes et des colonnettes isolées. Ces colonnes sont reliées de l'une à l'autre, suivant un usage qui se répandra beaucoup en Normandie, par un meneau transversal au niveau de la bague qui orne le fût. Une flèche de pierre striée avec boudins aux arête couronne le tout. Cette flèche paraît un peu plus ancienne que celle du sud.

Les lucarnes à deux étages de la flèche sud sont en effet plus grandes et plus saillantes. Le premier s'ouvre de face par une haute baie géminée, dont la colonne centrale est également rattachée à celle des côtés par un meneau transversal. Ces deux baies s'inscrivent dans un arc brisé avec tympan ajouré. Un bandeau de bâtons brisés marque le second étage, dont les trois faces comportent trois petites baies trilobées, surmontées d'un cordon billeté. Sur cette ligne horizontale s'élève, à chaque face, un gâble triangulaire terminé par un fleuron et ajouré d'un quatre-feuilles et d'un petit oculus.

Les clochetons d'angle forment en plan une sorte de losange, c'est-à-dire que leurs deux faces vers l'angle extérieur de la tour, ne sont pas selon les plans verticaux de celle-ci, mais forment un angle aigu. Ces deux faces, à partir de l'angle de la plate-forme, se présentent donc un peu en retrait et dégagent le bas du pan de la flèche, ce qui donne plus de légèreté à la construction. Les clochetons, garnis sur les angles d'une haute colonne qui monte recevoir des gâbles de pierre, présentent un premier étage décoré d'arcatures trilobées sur de minces et hautes colonnettes. Le deuxième étage offre une baie en tiers-point avec archivolte décorée de bâtons brisés. Elle est divisée en deux lancettes. Deux meneaux horizontaux sous les lancettes, renforcent cet ensemble très ajouré, et des glacis qui séparent les gâbles extérieurs permettent de passer du plan losangé à l'octogone. A ce niveau s'élève une petite flèche avec stries, imbrications, boudins aux angles et fleuron au sommet.

Les murs extérieurs de la nef, au nord, avaient été modifiés au XVe siècle ; ils ont été rétablis dans leur état primitif par Ruprich-Robert. Au sud, du côté de l'abbaye, ils sont mieux conservés. Ils sont épaulés, pour les collatéraux et les tribunes, par de grands contreforts plats, qui encadrent des arcs de décharge peu profonds. Sous ces arcs s'ouvrent les fenêtres des bas-côtés et des tribunes, semblables à celles de la façade. Une corniche à modillons soutient la toiture, comme à l'étage des fenêtres hautes décoré, sans contreforts apparents, d'une série d'arcatures. Ces arcatures sont continues et portées sur deux colonnettes réunies sous le même tailloir, mais séparées par un mince pied-droit. Le croisillon sud du transept présente la même décoration. A l'angle sud-ouest s'élève une tourelle carrée analogue à celle de la Trinité ou de Saint-Nicolas ; des cordons marquent un soubassement et deux étages : l'un, de deux arcatures non moulurées ; l'autre, de petites baies avec linteau évidé ; une courte toiture de pierre à quatre pans les couronne. La tourelle symétrique, sur le croisillon nord, est octogone ; elle a été refaite à une époque moins ancienne. Le gâble du pignon de ce côté a été également refait.

La tour centrale comprend deux étages d'arcatures plates, non moulurées ; chacun est terminé par un cordon billeté. Au-dessus, une galerie de quatre-feuilles ajourés date du XVIIe siècle, comme l'étage octogone percé de lancettes redivisées et couvert d'une toiture d'ardoise. Ce couronnement remplace la tour centrale et sa flèche, écroulées en 1566 et plus élevées encore que les flèches de façade.

Toute la base du chœur et du chevet présente ces épais soubassements formés de glacis superposés, particuliers à l'architecture gothique normande et anglaise. Les fenêtres des chapelles sont entourées de boudins continus. Les arcs-boutants qui épaulent les tribunes et les voûtes hautes s'appuient sur des culées très minces. Les deux lancettes géminées de chaque travée sont entourées d'une archivolte sur colonnettes.

La naissance du chevet est marquée par des tourelles, tradition romane que l'on retrouve à Bayeux, à Coutances et dans plusieurs églises normandes. Au rez-de-chaussée, ces tourelles partent du sol entre la dernière chapelle droite et la première demi-circulaire : elles contiennent un escalier. Leurs deux derniers étages, très élevés, offrent d'abord des arcatures trilobées, chanfreinées sur les pieds-droits et le trilobe. Une sorte d'hémisphère creusé dans le nu du mur se voit entre chaque trilobe. Un cordon avec losanges creux marque le dernier étage, percé d'une baie que redivisent deux lancettes. Trois colonnes de chaque côté, deux colonnes jumelles au milieu, avec meneau horizontal, portent les archivoltes assez profondes, dont la dernière est ornée de pointes de diamant en creux. Entre cette baie et les colonnes engagées dans les angles de la tourelle s'élève toute une ligne d'ornements verticaux : des hémisphères dans un disque, comme précédemment. Une corniche ornée de même, reçoit une flèche à quatre pans avec boudins aux angles et sur le milieu. Cette tourelle renforce une longue culée qui sert de point d'appui à un arc-boutant, assez plat comme les autres, orné de fleurons sur son dos d'âne.

Les tourelles supérieures reposent, comme nous l'avons dit, sur les premiers piliers de l'hémicycle du rez-de-chaussée. Au-dessus des toits des tribunes, elles comprennent deux étages : l'un, orné d'arcatures aveugles, arrive au-dessus de la galerie qui entoure le toit de l'abside. Le second présente, comme l'autre, des colonnes aux angles ; une même flèche le couvre, mais la corniche est garnie de quatre-feuilles creux et, sur chaque face, il y a deux baies avec double archivolte, portées sur deux colonnes de chaque côté et sur trois pour la retombée commune. Derrière chacun de ces arcs s'ouvre la baie proprement dite, recoupée par un meneau horizontal.

Sur l'un des glacis qui forment le soubassement de la chapelle de l'axe on lit une inscription indiquant la sépulture de l'architecte du chœur ; malheureusement, elle ne porte pas de dates.

GUILLELMUS : JACET : HIC : PETRARUM : SUMMUS : IN : ARTE : ISTE : NOVUM : PERFECIT : OPUS : DET : PRAEMIA : CHRISTUS : AMEN.

Les chapelles arrondies n'ont point de contreforts extérieurs ; elles sont simplement séparées par les culées sur lesquelles s'élèvent les arcs-boutants des tribunes. Entre les points les plus saillants de chaque chapelle et la face extérieure des culées sont bandés toute une suite d'arcs plein cintre, très restaurés. Ils ont permis de couvrir toutes les chapelles d'un seul et même toit se développant sur un demi-cercle, comme celui des tribunes. Ce dispositif normand, que l'on voit à Saint-Paul de Narbonne avec ces arcs enjambant d'une chapelle sur l'autre, évite les pénétrations de toit. On le retrouve à Bayeux et à Coutances.

Les tribunes sont éclairées par de grandes roses aux rayons refaits ou encore, du côté des tourelles, par deux lancettes formées du recoupement d'un arc plein cintre par deux moitiés d'arc de même forme. C'est le motif bien connu, considéré comme très normand, bien qu'il soit moins fréquent ici qu'en Angleterre et surtout en Sicile. On sait que ce recoupement a été pris pendant longtemps pour l'origine de ce qu'on appelait alors l' « ogive », en réalité l'arc brisé. Le toit du déambulatoire ayant été relevé, la base des roses et des fenêtres se trouve cachée.

L'abside ne paraît pas avoir été munie d'arcs-boutants, comme les parties droites du chœur ; deux colonnes géminées entre chaque fenêtre tiennent lieu de contreforts. Ces fenêtres en lancette, encadrées de boudins continus, ont leur arc bordé d'un rang de dents de scie qui se continue en cordon d'une fenêtre à l'autre.

Les galeries et les balustrades de ce chœur, si nettement étagé en trois zones s'élevant les unes des autres, sont d'un aspect plus que singulier ; c'est par là que l'on a commencé, au début du XIXe siècle, la restauration de l'édifice.

Abbaye. — Les bâtiments de l'abbaye, reconstruits à partir de 1704 sur les plans du Fr. de la Tremblaye, né à Bernay, comme l'a montré M. le chanoine Porée, et auteur présumé des plans de l'abbaye de Saint-Denis, comprennent deux longs bâtiments parallèles, réunis par un corps de logis transversal. L'extrémité sud de l'aile ouest est moderne, ainsi que le prouve la sculpture qui n'a pas encore été ravalée ; elle fut élevée il y a soixante ans environ. Le cloître compris entre l'église et l'aile transversale, forme quatre galeries ouvertes avec pilastres carrés et voûtes d'arêtes ornées d'un caissonnage octogone en leur centre. On y remarque encore un curieux tableau ayant servi à régler l'office de chaque semaine, au temps des Bénédictins. En outre des escaliers, dont l'appareillage est remarquable, de leurs magnifiques rampes de fer forgé exécutées par Leclère, serrurier de Rouen, et des non moins belles grilles Louis XV qui ferment certains corridors, il faut encore citer le réfectoire, voûté de pierre en berceau surbaissé avec pénétrations. Le bas des murs est entièrement lambrissé de boiseries de chêne. Le haut des murs de fond et les lunettes de la voûte, opposées aux fenêtres, sont occupés par de grands tableaux, de sujets religieux ou historiques, exécutés par J. Restout et Bernard Lépicié. Le chapitre a conservé aussi ses boiseries; on y voit aux murs de fond deux tableaux attribués à Sébastien Bourdon et à Mignard. Dans la sacristie avoisinante se trouve un autre tableau, également attribué à Mignard. D'autres salles de l'abbaye, notamment le salon octogone, sont également dignes d'attention.

Des bâtiments anciens il reste : le long de l'aile ouest, une vaste construction rectangulaire, malheureusement très mutilée au XIXe siècle. Elle se termine par deux pignons à crochets derrière le rampant desquels court un escalier. Elle est flanquée sur trois angles d'une tourelle octogonale privée de sa flèche. Au pignon sud, on distingue encore l'encadrement de trois grandes lancettes avec remplage : sur les côtés, entre les contreforts, des traces de fenêtres deux par deux. C'est tout ce qui subsiste, car l'intérieur a été absolument détruit, d'un édifice que sa beauté avait fait conserver, même au XVIIIe siècle. Bien qu'il paraisse de la fin du XIIIe. on l'appelait Salle des Gardes du duc Guillaume. Il comprenait un premier étage voûté d'ogives, surmonté de deux grandes salles sous charpente apparente. Ces salles étaient pavées de carreaux émaillés sur lesquels on a beaucoup écrit. Une grosse tourelle carrée s'accolait au flanc est de l'édifice.

Hors de l'enceinte actuelle de l'abbaye, on voit encore un autre bâtiment qui en a fait partie : on le désignait sous le nom de Palais du duc Guillaume. L'extérieur, très restauré, présente encore de grands arcs en tiers-point, portés sur des colonnettes et formant décharge ou décoration depuis le sol jusqu'au toit, comme dans certains monuments cisterciens. Sous chacune de ces arcatures sont percées les fenêtres d'un rez-de-chaussée, puis des baies également en tiers-point, avec colonnettes et archivoltes moulurées, correspondant à un premier étage et enfin un oculus.

Le logis abbatial, jolie construction de la fin du XV® siècle, a été détruit vers 1840.

Enfin, il convient encore de signaler ici une dépendance de l'abbaye, située entre celle-ci et l'église Saint-Nicolas : l'aumônerie, dont la porte du XII® siècle est conservée. Ses deux pieds-droits sont garnis de contreforts et réunis par un arc surbaissé. Les claveaux sont décorés de deux rangs de petits demi-cercles tournés vers un filet. La construction a été couverte postérieurement d'une bâtière longitudinale en pierre.

ÉGLISE DE SAINT-NICOLAS

L'église de Saint-Nicolas servait de paroisse aux habitants du faubourg, soumis à la juridiction de l'Abbaye aux Hommes. Elle fut bâtie par les religieux pour cet usage, aussitôt que les travaux de leur église abbatiale furent assez avancés pour leur permettre d'autres occupations. Elle aurait été commencée vers 1083 et terminée, dit-on, dès 1093. « Les caractères que nous rencontrons dans la façade de l'église abbatiale sont ceux qui dominent dans la construction de Saint-Nicolas, ce qui s'accorde assez avec la date que l'on donne à cette église ; comme à Saint-Étienne, les ouvertures sont entourées d'archivoltes plates et le type habituel des chapiteaux de Saint-Nicolas est celui que nous rencontrons dans les étages supérieurs des clochers de Saint-Étienne ».

Malgré les dégradations causées par sa destination actuelle de grenier à fourrage, cette église est particulièrement précieuse, parce qu'elle nous est parvenue complète, ou peu s'en faut, dans son état primitif. La construction se serait vraisemblablement terminée par l'abside. Depuis lors, on n'y peut signaler que la modification du haut de la tour centrale, pour l'adjonction d'une voûte, la reprise de l'une des piles de cette tour au XV⁰ siècle, la construction d'un clocher à la même époque sur la souche de la tour sud, et le percement de grandes fenêtres au fond des collatéraux du chœur.

L'église de Saint-Nicolas comprend une nef de sept travées avec bas-côtés. Cette partie est précédée d'un porche ouvert entre deux tours barlongues. Le rez-de-chaussée du porche est séparé de l'église, mais le dessus forme tribune sur la nef. Le carré du transept est surmonté d'une tour-lanterne ; dans le fond des deux croisillons sont élevées des tribunes, comme à Saint-Étienne. Au dessous de ces tribunes, à l'ouest, s'ouvre une absidiole demi-circulaire. Un chœur de deux travées terminé en hémicycle est bordé de deux collatéraux dans la partie droite. On remarquera l'analogie frappante de ce plan avec celui de Saint-Georges de Boscherville.

Nef. — Les piles cruciformes de la nef sont cantonnées de huit demi-colonnes, quatre sur les faces, quatre dans les angles ; ces dernières ne sont pas, comme on peut s'en rendre compte, des colonnes engagées de biais, mais bien des demi-colonnes appliquées sur une des faces latérales du noyau. Cette disposition que l'on remarque dans plusieurs édifices normands doit être un caractère d'ancienneté relative, mais dans le transept de Winchester (1079), on voit déjà des colonnes engagées de biais. La demi-colonne face à la nef monte jusqu'au niveau du toit ; il n'y a pas d'alternance. Il faut donc bien expliquer ici la prolongation de cette colonne par l'application machinale du plan adopté pour le rez-de-chaussée sans raison d'être, ou plutôt par un motif de décoration sur les longues parois nues de la nef, comme à Saint-Gervais de Falaise. Les bases consistent en un simple glacis ; les chapiteaux présentent les deux volutes et la console sous le tailloir en bandeau chanfreiné. Les grands arcs plein cintre ont deux rangs de claveaux en retrait. L'arc inférieur est rempli de blocage entre les claveaux. Aux quatre premières travées, les claveaux restent sans aucun ornement. Aux trois dernières, l'angle de l'arc supérieur est garni d'un boudin.

Au-dessus de ces arcs court un bandeau chanfreiné coupé par les colonnes montantes. Dans chaque entre-colonnement s'ouvrent, en guise de triforium, deux étroites baies donnant sur le comble du collatéral; leurs pieds-droits sont nus ; l'arc est de cinq claveaux. Un bandeau passe sous les fenêtres hautes dont le ressaut correspond à un double rang de claveaux sans moulures. Le mur de fond, à la tribune, présente deux étages de baies semblables.

Les bas-côtés sont couverts de voûtes d'arêtes séparées par des doubleaux à claveaux nus qui reposent sur la pile de la nef et sur une demi-colonne avec dosseret appliquée contre les murs extérieurs. Ces voûtes d'arêtes gardent des traces de peinture du XVe siècle, mais sont-elles, elles-mêmes, aussi jeunes ? M. Bouet le pense. Il est permis d'en douter. En ce même siècle, quand on a refait celles des collatéraux de Saint-Étienne, on les a transformées en croisées d'ogives. Il est peu probable que les architectes d'alors eussent agi ici différemment et se soient astreints à recopier l'état primitif. D'ailleurs, la présence de voûtes d'arêtes sur les bas-côtés n'a rien d'anormal. Les fenêtres sont conformes au type déjà décrit. On remarque, au mur de fond du clocher nord, une porte bouchée avec linteau et arc de décharge et, à la dernière travée du collatéral nord, avant le transept, un chapiteau orné d'animaux.

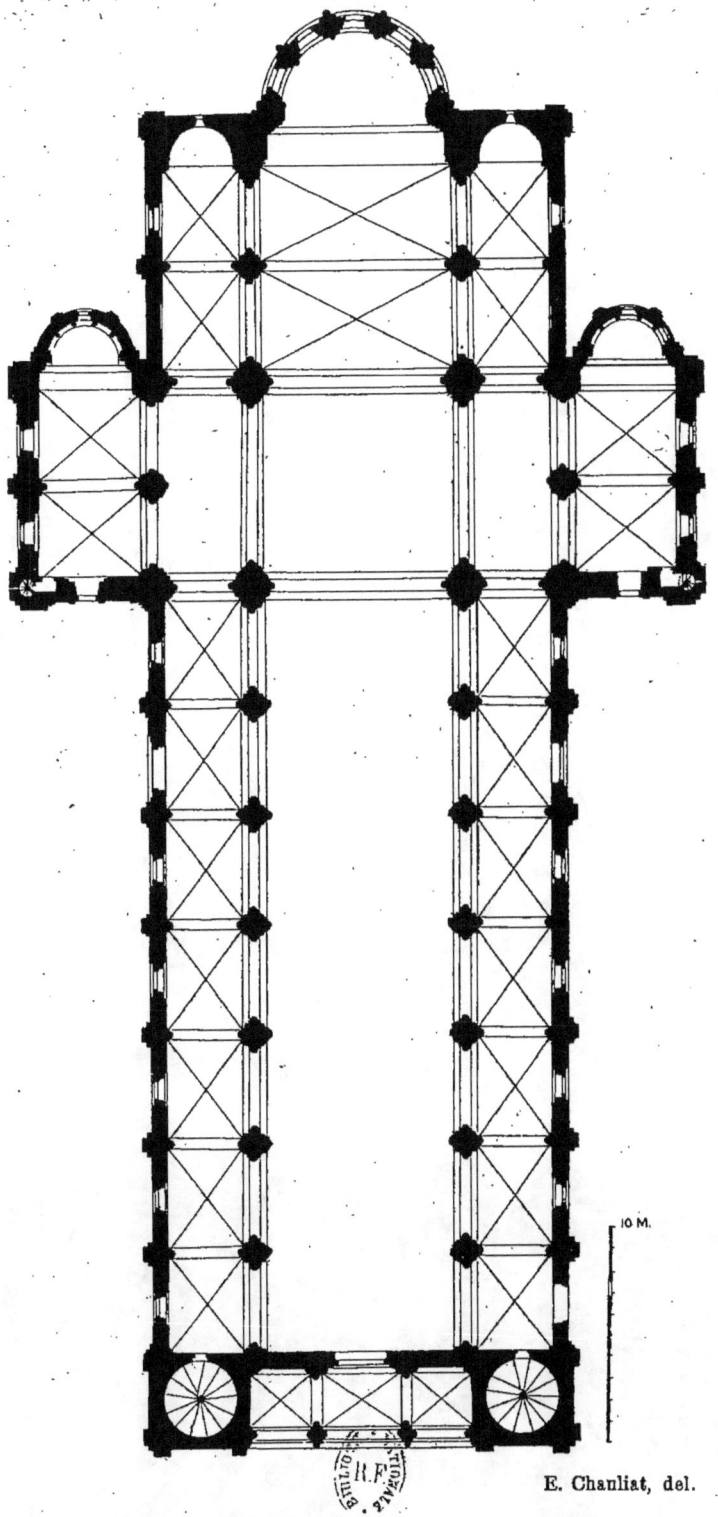

Plan de Saint-Nicolas de Caen.

Saint-Nicolas de Caen.

Travée du chœur et coupe du bas-côté sud.

Transept. — L'arc qui sépare la nef du carré du transept se compose de claveaux alternativement nus ou décorés d'étoiles gravées. Les supports présentent sur chaque face une demi-colonne et deux demi-colonnes en retrait. La pile sud-est a été refaite au XV° siècle, comme l'indique le chapiteau.

La tour-lanterne comprend deux étages : d'abord trois arcs profonds, portés sur de courts pilastres carrés : leur imposte se continue en cordon sur les faces de la construction ; ils sont percés d'un passage régnant à ce niveau. Puis un second étage, de deux baies également profondes, avec ressaut dans leur tableau et leur arc : la première partie du tableau est traversée par un passage. Au XII° siècle, on voûta la lanterne ; on ajouta dans les angles une colonnette sur cul-de-lampe avec chapiteau à godrons et tailloir normal aux ogives. Le chapiteau est muni de ces prolongements latéraux que l'on remarque à Bernières, à Douvres. La voûte fut refaite à une époque postérieure, sur huit branches : c'est la raison de la colonnette qui, au premier étage des baies, coupe l'arcature centrale de chaque face.

Les croisillons, surtout celui du sud, ont été assez détériorés. Au-dessous des tribunes de fond deux arcs retombent sur une pile cruciforme, avec cette demi-colonne sans objet déjà signalée à Saint-Étienne. Les voûtes, conservées au croisillon nord, sont d'arêtes, séparées par un gros doubleau ; elles reposent aux angles sur des colonnes ; deux fenêtres sont percées dans le mur de fond. Les absidioles sont décorées de cinq arcatures, mais celle du nord n'a point de boudins sur les claveaux de ces petits arcs : on y voit une jolie piscine du XV° siècle.

L'extrémité des croisillons, dans les parties hautes, est garnie d'arcatures simples sur pieds-droits non moulurés ; ces arcatures viennent, dans les angles, se couper maladroitement les unes dans les autres. On dirait que chaque mur a été élevé sans souci de le raccorder avec le voisin.

Dans les parties placées au-dessus des arcs de communication des collatéraux, des colonnettes supportent les arcatures, comme au triforium au chœur.

Chœur. — Les grandes arcades de la partie droite du chœur sont semblables à celles des trois dernières travées de la nef ; il en est de même pour les fenêtres hautes. Mais le triforium est plus orné, il se compose de quatre petits arcs à claveaux plats portés par des colonnettes avec bases en glacis et chapiteaux à volutes. Sous ces arcatures s'ouvrent d'étroites baies analogues à celles de la nef. Le grand intérêt de ce chœur réside dans les deux voûtes d'arêtes qui le couvrent. Elles sont séparées par un doubleau porté sur les demi-colonnes face à la nef, qui ont trouvé ici un emploi. La pile cruciforme régulière est donc rationnelle ici. Ces voûtes sont de forme barlongue. Le mode de tracé est « le résultat d'un tâtonnement. Les constructeurs enveloppèrent la fenêtre d'un plein cintre un peu plus étroit que la travée et portant sur deux lignes inclinées vers l'axe de la travée. Cette figure servit de génératrice, à peu près normale au mur et venant rencontrer le berceau de la nef ». Ils obtinrent de la sorte une voûte, que l'on peut rapprocher de celles de Notre-Dame-sur-l'Eau à Domfront et de Saint-Georges de Boschérville. Les collatéraux voûtés d'arêtes, pouvaient se terminer par un mur plat, comme à Cerisy, ou par une petite absidiole percée dans l'épaisseur de celui-ci, comme à Saint-Gabriel. En tout cas l'extérieur restait rectangulaire.

Le chœur est séparé de l'abside par un très large doubleau. L'angle des claveaux, vers le chœur, est orné d'un boudin et repose sur deux colonnes engagées. En arrière de ce doubleau, deux arcs avec boudin, portant sur deux colonnes de chaque côté, sont d'une ouverture un peu moindre pour marquer la naissance de l'abside. Elle comprend deux étages : le premier est décoré de cinq arcatures aux voussures profondes, garnies de trois boudins en retrait et de gorges. Ces arcatures reposent sur des groupes de quatre colonnes, deux en avant accouplées sous le même tailloir, deux en retrait. Bien entendu, aux arcs les plus voisins de l'entrée, il n'existe que la moitié de ce groupe de colonnes. Le tailloir se continue en bandeau jusqu'à l'entrée de l'abside. Sous ces cinq arcatures on voit des fenêtres plein cintre très ébrasées.

L'étage supérieur comporte un pareil nombre d'arcatures, mais basses et soutenues par des colonnes isolées et détachées du mur. L'intrados de chacun des arcs est plat; il porte sur un linteau allant du tailloir de la colonne jusqu'au mur de pourtour; celui-ci est percé de fenêtres. On a ainsi un passage devant lequel fut placée, au XVe siècle, une galerie ajourée. La voûte en cul-de-four prend sa naissance au-dessus des arcatures supérieures, sans aucun bandeau de séparation : sa courbe paraît commencer dès les écoinçons entre chacune de ces arcatures, comme à l'abside de Cheux.

Il est évident que cette partie de Saint-Nicolas est d'apparence plus fine que le reste de l'édifice ; est-ce une raison suffisante pour la rajeunir de beaucoup ? A l'extérieur comme à l'intérieur, la mouluration y est plus riche, mais les profils sont les mêmes qu'au portail : boudins séparés par des gorges peu profondes. Les tailloirs ne diffèrent pas, les chapiteaux sont d'un caractère analogue avec leur couronne de feuillages au bas de la corbeille. Cet élément qui se combine ici avec les volutes et la console habituelles, se rencontre aussi dans les parties les plus anciennes de la Trinité. Il semble donc que l'on puisse se contenter de dire que les travaux de Saint-Nicolas ont progressé de l'ouest à l'est et se sont terminés par l'abside, à l'extrême fin du XIe siècle ou dans les toutes premières années du suivant.

Extérieur. — La façade présente les souches de deux tours très barlongues, aux parois sans décoration, épaulées par des contreforts plats. Elles contiennent des escaliers à vis. Trois arcs en plein cintre, portés sur des piles cruciformes avec demi-colonnes, donnent accès dans un porche tout à fait exceptionnel en Normandie : ses trois voûtes d'arêtes, séparées par deux doubleaux, retombent sur des colonnes engagées. Ces voûtes ont été faites sur des couchis dont on distingue très bien les traces perpendiculaires aux doubleaux, aux arcs de façade et à ceux de fond : ces derniers ont reçu une mouluration de boudins et de gorges, plus compliquée à la travée centrale sous laquelle s'ouvrait la porte principale. Les deux étages supérieurs de fenêtres signalées à l'intérieur sont surmontés d'une autre baie dans le tympan du pignon.

La tour du nord a été arrêtée par un comble en appentis, au niveau du collatéral. On en juge bien la forme très barlongue. La tour du sud a été couronnée au XVe siècle d'une tour sans contreforts, élevée sur une corniche formant encorbellement. Accostée d'une tourelle avec galerie ajourée au sommet, elle est percée sur chaque face de deux longues baies géminées, au-dessus desquelles règne une corniche avec gargouilles et une galerie flamboyante. Elle est couverte d'une bâtière de pierre arrêtée par deux pignons à crochets. A cheval sur l'arête des versants, un petit clocheton polygonal se termine par une courte flèche de pierre. La disposition intérieure de cette toiture est fort curieuse : « elle est portée sur des arcs brisés posés parallèlement, suivant un système usité en Normandie, mais de plus des arcs diagonaux soutiennent la tourelle centrale ».

Les murs des bas-côtés ont des contreforts plats et doublés. Le mur septentrional a été refait à l'époque moderne ; on y distingue, sous les lierres, une porte rectangulaire avec linteau de grandes pierres appareillées. Le tympan est plein et surmonté d'un arc de claveaux plats. Deux autres arcs de claveaux plats avec pieds-droits de même forment de légers ressauts et entourent cette porte, dont l'archivolte supérieure est encore bordée d'un tore, d'un filet et d'un petit bandeau. Une porte pareille existait au flanc sud ; elle a été détruite au XIX⁰ siècle et remplacée par l'ouverture actuelle. Le mur de la grande nef est orné d'une suite d'arcatures nues à ressauts et à pilastres ; de deux en deux, est percée la fenêtre de chaque travée.

Les croisillons sont soutenus, jusqu'à la naissance de leurs pignons, par deux contreforts doubles et, suivant l'habitude normande, par un troisième contrefort qui divise le mur en deux parties. Dans chacune d'elles s'ouvrent deux étages de fenêtres. Le gâble a été rehaussé, comme le montre l'ancienne ligne des combles, encore visible au croisillon nord. Aux angles ouest des croisillons, se trouve une petite tourelle, placée comme au transept de Saint-Étienne. Carrée, elle est percée sur chaque face de deux étroites baies reposant sur un pilastre de pierre en délit avec imposte. Cette imposte se continue aussi en cordon sur les quatre angles. Un cordon billeté règne à la base de la toiture, qui a disparu.

Les absidioles sont épaulées aussi de contreforts doubles ; elles sont couvertes d'une très haute toiture de pierre de forme conique, collée contre le mur et montant jusqu'à la corniche du comble ; cette toiture coupe les arcatures plates de l'étage supérieur du transept : elle a donc été réappliquée à une époque postérieure à la construction.

La tour centrale présente des contreforts plats sur les angles. Un cordon billeté porte un étage de fenêtres dont l'archivolte, — c'est un gros boudin, — repose sur deux colonnettes. Ces baies paraissent appartenir au XII⁰ siècle. Elles sont disposées deux par deux vers les angles de la tour. Les plus rapprochées de ces angles ont toujours été aveugles. Sur les faces sud et nord, les fenêtres aveugles ont été coupées par le toit d'ardoise en bâtière, mais on a respecté celles qui éclairaient le deuxième étage intérieur de la tour. On les a couvertes d'un petit pignon avec toit formant pénétration sur la grande bâtière. Les parties droites du chœur ne diffèrent pas des parties correspondantes dans la nef. Le mur de fond des collatéraux du chœur, percé d'une grande fenêtre du XV° siècle, est ancien dans sa base en liaison avec le reste des maçonneries.

L'abside est divisée en cinq parties verticales par six colonnes montant jusqu'à la corniche. Chacune de ces divisions verticales est ornée d'une haute arcature correspondant au rez-de-chaussée du chœur. Deux colonnes engagées le long d'un mince pied-droit portent une archivolte formée d'un boudin, de deux gorges peu profondes et d'un étroit bandeau. Sous ces archivoltes, des arcs plats en retrait encadrent l'extérieur des fenêtres. Comme il reste un grand espace entre ces fenêtres et le sol, on a décoré cette partie de petites arcatures sur colonnettes avec arc évidé dans un linteau et chapiteaux à volutes et consoles. Un cordon chanfreiné, coupé par les colonnes montant jusqu'à la corniche, reçoit les fenêtres hautes ; elles sont encadrées de trois ressauts et surmontées elles-mêmes d'une moulure de billettes. Une corniche de modillons variés et, de plus, les chapiteaux des six colonnes partant du sol supportent la toiture. Comme aux absidioles, elle est excessivement haute; dépassant de beaucoup le comble du chœur, elle est de pierre, mais elle forme neuf pans arrêtés par des boudins. Les deux pans tournés vers le chœur ne convergent pas comme les autres au point de rencontre des boudins. Ils conservent leur même largeur et se rejoignent comme un toit à deux versants. Dans ces deux pans et dans celui de l'arc est percée une toute petite lucarne.

ÉGLISE DE SAINT-SAUVEUR-AU-MARCHÉ

L'église de Saint-Sauveur-au-Marché existait dès 1130. A cette époque peuvent appartenir le carré du transept, remanié au XIV° siècle, ainsi que les croisillons. La tour centrale, partie la plus intéressante de l'édifice, remonte à deux époques du XIIe siècle. La nef et ses collatéraux datent du XVe; le chœur fut bâti avant le milieu du XVIe siècle.

La nef est précédée d'une étroite travée voûtée d'ogives; à l'entrée, on remarque encore des traces de contreforts et de pinacles noyés dans la façade actuelle, œuvre des plus banales, de la fin du XVIIIe siècle.

La nef, bordée d'un collatéral avec chapelles peu profondes, a ses arcs supportés par des fûts cylindriques sur lesquels s'accroche de chaque côté un chapiteau placé dans l'axe de plantation des colonnes; il reçoit la moulure interne de ces arcades. Les autres moulures pénètrent directement dans le fût lui-même, prolongé à cet effet. Tournés vers le bas-côté, trois chapiteaux portent les ogives et le doubleau. Si l'on suppose des colonnes sous ces chapiteaux, on a une pile d'un type connu en Normandie. Il est probable que, lors de la transformation de cette église en halle, on aura enlevé ces colonnes, formant des saillies gênantes pour la circulation.

La nef n'a pas de triforium; au-dessus des grandes arcades s'ouvrent les fenêtres, sous des voussures assez profondes; devant leur partie inférieure, restée pleine, court une très jolie galerie flamboyante entre deux cordons de feuillages. La voûte, de croisées d'ogives, est décorée de belles clefs sculptées. A la première travée, la clef est remplacée par un trou de cloche. Dans les collatéraux, les clefs de voûte sont dignes d'attention; les arcs d'entrée des chapelles offrent aussi, à certaines travées, des clefs ornées.

L'arc ouvrant sur le carré du transept, bouché aujourd'hui, est très étroit; il est désaxé, comme le chœur. Sur le côté sud, une tourelle polygonale occupe le mur entre l'arc du carré et le côté sud de la nef. Cette construction singulièrement placée est décorée dans le bas d'arcatures flamboyantes.

Le carré du transept était primitivement porté par des arcs plein cintre dont la double archivolte reposait sur une grosse demi-colonne et deux colonnes en retrait: on les voit encore, avec leurs chapiteaux à entrelacs et leurs tailloirs en bandeau chanfreiné, aux côtés nord et sud. Les arcs ont été repris au XIV° siècle. Au-dessus, on distingue la trace d'arcatures plus anciennes. Les croisillons doivent dater du XIV° siècle également, mais ils ont été substitués à une construction antérieure. En effet, au croisillon sud, près du chœur, on remarque une colonne semblable à celles des arcs du carré : elle peut faire supposer un arc ouvrant sur une absidiole. De plus, entre cette colonne et les colonnes du carré, il existe une colonne relancée après coup, dont le chapiteau — à godrons et non plus à entrelacs — porte un tailloir de biais. On a donc, au XII° siècle, ajouté des voûtes d'ogives à un croisillon primitif, remplacé depuis par celui qui demeure actuellement.

Le chœur comprend trois travées droites et une abside triangulaire. Il date du XVI° siècle, comme le marquaient ses voûtes à pendentifs, aujourd'hui démolies. Les fenêtres, de même qu'à la nef, n'étaient pas entièrement ajourées ; le bas restait plein et décoré de moulurations formant des arcatures peu saillantes. Les collatéraux, de la même époque que le chœur, s'arrêtent par un mur plat à la naissance de l'abside.

Extérieur. — La partie la plus ancienne de l'église, à l'extérieur, est la tour ou, du moins, deux des trois étages qui la composent. Dépourvue de contreforts, cette construction rectangulaire présente un premier étage, invisible d'en bas, couvert de hautes et étroites arcatures non moulurées, comme aux tours de Saint-Étienne ; puis au second étage, quatre arcatures : deux plus grandes au milieu, deux autres plus petites ; toutes les quatre sont en arc brisé. Une simple colonne engagée porte les côtés externes des baies les moins hautes; ailleurs ce sont deux colonnes accouplées sous le même tailloir. Les deux arcatures médianes sont ouvertes; aussi présentent-elles une deuxième archivolte soutenue par deux autres colonnes ; la baie elle-même est redivisée par deux petits arcs brisés, évidés dans un linteau; deux colonnes accouplées sont communes à ces deux arcs secondaires. Le tympan reste plein. Certains chapiteaux sont encore à godrons; d'autres présentent des feuilles d'eau très rudimentaires.

L'archivolte des arcs est décorée de billettes et de bâtons brisés dans l'angle desquels se loge un troisième bâton. Une colonne est engagée dans les angles du clocher. La corniche est une suite de petits linteaux évidés en rectangle et portant sur des modillons très simples : il en existe une semblable à l'une des tours de la cathédrale de Bayeux. Cet étage est des plus remarquables. La présence des godrons, des bâtons brisés, l'épaisseur de la mouluration, indiquent l'âge reculé du clocher, qui peut être considéré comme l'un des prototypes des clochers gothiques normands : sans contreforts, avec baies décoratives dans les angles, pleines pour ne pas affaiblir la maçonnerie en l'absence des contreforts. Les meneaux transversaux, formés d'un cylindre de pierre, de diamètre égal à celui des colonnes, dénotent déjà un certain progrès. Néanmoins, cet étage n'est pas postérieur à la fin du XIIe siècle, tandis que le soubassement peut dater des premières années de ce siècle. L'étage supérieur, percé de baies en arc brisé avec meneau bifurqué, fut élevé en 1606.

A l'extérieur de l'église il faut encore signaler la grande variété des arcs-boutants et de leurs culées. Ceux de la nef sont gothiques; la culée est surmontée de deux massifs, l'un derrière l'autre, réunis à leur sommet seulement par un petit pont de pierre. Le massif du devant, sur lequel s'accroche une gargouille, porte trois pinacles étagés, celui d'arrière un seul. L'arc-boutant est double : l'arc inférieur porte une suite d'arcatures ajourées sur lesquelles repose l'arc supérieur avec chéneau. Du côté nord, les culées sont un peu plus simples; leurs côtés, très longs par rapport à leur face, sont décorés de trois arcatures avec gâbles et crochets; un seul pinacle en émerge.

A la partie sud du chœur, les arcs-boutants sont Renaissance : la première culée après le croisillon présente un massif décoré d'une niche et de motifs circulaires superposés ; aux angles, quatre colonnes portent un entablement recevant quatre frontons arrondis ou angulaires. Entre ces frontons, une base en forme de doucine porte un couronnement pyramidal. L'arc-boutant lui-même est une interprétation Renaissance de ceux du sud de la nef, avec ses colonnettes qui portent des petits arcs : il donne comme un lointain souvenir de ceux de la cathédrale de Chartres.

Une autre culée offre le même couronnement que précédemment ; seulement les parois sont décorées d'arcatures trilobées, mélange du gothique flamboyant et de la Renaissance que l'on retrouve aux contreforts du rez-de-chaussée et autour du chœur. Sous un arc trilobé se voient des médaillons entourés d'une guirlande de feuillages ; l'un deux est surmonté de deux petits bonshommes dansant. Au nord du chœur, les arcs-boutants, de même style, sont beaucoup plus simples.

ÉGLISE DE SAINT-GILLES

L'église Saint-Gilles était primitivement une chapelle fondée en même temps que l'Abbaye aux Dames dont elle dépendait. Le nombre des habitants d'alentour s'étant accru, elle fut érigée en paroisse dès 1083. De cette époque subsiste peut-être encore une portion du mur de façade. L'église conserve actuellement une nef du XIIIe siècle, bordée de collatéraux remontant partiellement à cette date. Le reste n'est que du XVe siècle, ainsi que plusieurs des chapelles ouvertes sur ces collatéraux. Au-dessus de la dernière travée du collatéral nord s'élève un clocher. Le chœur a été malencontreusement détruit, il y a une quarantaine d'années, pour dégager la perspective de la rue voisine.

Intérieur. — De courts piliers formés d'un faisceau de huit colonnes, quatre plus grosses, quatre plus petites, portent les arcs plein cintre des huit travées de la nef, comme à Langrune. Plusieurs supports, notamment au sud, ont été repris au XVᵉ siècle, comme en témoignent les bases, leurs socles prismatiques ou les chapiteaux remplacés par de simples moulures. Les bases primitives étaient ornées de deux tores, le second aplati, avec scotie intermédiaire : on en voit encore à l'extrémité est de la nef. Les chapiteaux à crochets sur corbeille arrondie sont couronnés d'un tailloir, rond également, où commence à se dessiner cette moulure en larmier caractéristique du tailloir gothique normand. Cet élément de même que les archivoltes permettent de placer la construction de la nef vers 1230 environ. Les archivoltes sont taillées dans deux rangs de claveaux laissant entre eux un large ressaut. Sur l'intrados du premier, s'applique un demi-boudin et aux angles, deux gorges très peu profondes; un boudin en amande entoure les claveaux supérieurs. Contre le tailloir des piliers, entre les écoinçons des arcs, trois gros culots portent trois colonnes destinées aux voûtes.

Ces colonnes sont entourées d'une bague formée de la continuation du bandeau en larmier courant au-dessus des grandes arcades. Sur ce bandeau reposent les arcatures qui règnent d'un bout à l'autre de la nef, en manière de faux triforium : elles sont au nombre de six par travée. Les colonnes ont la base et le tailloir ronds, le chapiteau à crochets; l'arc brisé est évidé dans un linteau. Un cordon est de niveau avec le tailloir des colonnettes de la voûte. Les voûtes ont été refaites au XVᵉ siècle, mais leurs formerets, de claveaux plats, doivent être plus anciens et contemporains des murs de la nef. Il en est de même pour la fenêtre de la première travée sud-ouest; l'arc brisé est fait par une partie du formeret lui-même. L'extérieur de cette fenêtre est ancien; de plus, sa disposition et celle du formeret se retrouvent dans l'église de Langrune.

Les deux dernières travées du collatéral sud, du côté du chœur, sont couvertes de croisées d'ogives ayant pour profil un boudin entre deux gorges, sans clef: les formerets sont en plein cintre, pour répondre à l'arc ouvrant sur la nef. Ces voûtes ont été élevées en même temps que la nef. Le reste des collatéraux a été voûté de nouveau au XVe siècle. Sur celui du sud, deux petites chapelles entre contreforts, présentent des ogives en amande avec gorges, qui indiquent peut-être le siècle précédent. Sur le collatéral nord, toutes les chapelles sont modernes. Dans la dernière travée à l'est, on a logé la base d'un clocher ajouté postérieurement.

Extérieur. — La façade, précédée d'un porche fermé, du XVIIIe siècle, montre un petit appareil et des contreforts plats redoublés qui dénotent la construction primitive. Elle était percée d'une fenêtre plein cintre, dont la trace se discerne le long de celle qui l'a remplacée. Sur les côtés de la nef, à la base du toit, règne une corniche en dents de scie, semblable à celle de l'église de Langrune. La première fenêtre au sud-ouest, ancienne comme il a été dit, n'est qu'une étroite lancette avec un très large ébrasement.

Les arcs-boutants, simples et portant chéneau, ont des culées allongées couvertes d'un toit à double versant; à l'arrière est assis un petit pinacle surmonté de quatre gâbles en accolade et d'une flèche fleuronnée. Entre les saillants de ces culées ont été pratiquées des chapelles. Toutes celles du nord sont informes et modernes; il en est de même des deux premières du sud. Les deux autres sont couronnées d'une galerie flamboyante: des cercles où sont inscrites quatre mouchettes. Entre le cinquième et le sixième contrefort se place un petit porche, œuvre peut-être trop vantée de Blaise Leprestre, célèbre architecte caennais. Un arc surbaissé est tendu d'un contrefort à l'autre. Ses moulurations s'entourent d'un délicat rinceau de feuillages et de deux contre-courbes fleuronnées dont les extrémités seules, détachées de l'arc, encadrent un petit médaillon ; elles se rejoignent sur un cul-de-lampe destiné à une statue. La statue, disparue aujourd'hui, s'appliquait contre la galerie ajourée régnant avec celle qui longe le reste du collatéral. Cette galerie est portée par un bandeau de feuillages sous lequel pend une dentelure de toutes petites arcatures entre-croisées et superposées. Les ajours sont dessinés par des mouchettes que produit la pénétration de cercles recoupés par des croix. Au-dessus, la moulure longitudinale est ornée non plus de feuillages, mais d'oves classiques. L'introduction de ces premiers éléments Renaissance, médaillon et oves, dans un ensemble gothique placé devant une petite voûte d'ogives, constitue la principale originalité de ce portail. C'est, croit-on, celui qui fut célébré au XVIe siècle, par Jacques de Cahaignes et demeure fort admiré depuis lors.

Le clocher est une tour épaulée de hauts contreforts placés d'équerre à chacun de ses angles : au sud-est, le contrefort est remplacé par une cage d'escalier. Au dernier étage seul, le cordon qui marque les glacis des contreforts se retourne sur les faces pour servir de base aux fenêtres : elles forment une lancette redivisée en deux lancettes secondaires par un meneau chanfreiné avec étrésillon horizontal. La toiture consiste en une flèche de pierre à quatre pans, sur chacun desquels s'ouvre une petite lucarne. Comme la tour, elle paraît dater du XIVe siècle.

Le chœur démoli comprenait une nef et deux bas-côtés terminés par un chevet plat ; d'après M. Bouet, il aurait remplacé une abside et deux absidioles couvertes de hauts toits de pierre dont la trace serait encore visible.

ÉGLISE DE SAINT-PIERRE

La première mention de l'existence de cette église se trouve dans un acte émané de la première abbesse de la Trinité, vers 1083. Une reprise en sous-œuvre à l'un des piliers de la tour, en 1859, amena la découverte, dans le noyau des maçonneries, d'un fragment de mur pouvant remonter à cette époque et de quelques arcatures d'un triforium du XIIe siècle : les colonnettes couronnées de chapiteaux à godrons reposaient sur un large bandeau garni d'une torsade et de plusieurs rangs d'écailles gravées, comme à Ouistreham. Ces fragments sont conservés au Musée de la Société des Antiquaires de Normandie. Aujourd'hui, il n'y a plus rien d'antérieur au XIIIe siècle dans l'église élevée à diverses époques ; elle consiste en une longue nef, sans transept, et un chœur bordés de bas-côtés et d'un déambulatoire, sur lesquels s'ouvrent une suite de chapelles. La tour flanque la deuxième travée de la nef, au sud.

Intérieur. — La nef se décompose en deux parties : la première, comprenant cinq travées, date du XIVe siècle : les piliers y sont formés d'un gros fût cylindrique sur lequel est appliquée de chaque côté une colonne simple recevant la mouluration interne des grands arcs ; devant et derrière, un groupe de trois colonnettes avec gorges intermédiaires séparées par un filet vertical, reçoit les ogives et doubleaux du bas-côté et de la grande voûte. Les colonnettes destinées aux nervures supérieures montent jusqu'aux retombées et se terminent par des chapiteaux à deux rangs de feuilles. Les chapiteaux du pilier, dont la décoration et le tailloir se continuent sur ceux des colonnettes secondaires, sont ornés de feuillages ou de scènes sculptées, empruntées aux bestiaires, aux romans de chevalerie et aux légendes du moyen âge : on y voit le phénix, le pélican, la licorne poursuivie par un chasseur et se réfugiant auprès d'une jeune fille; Lancelot du Lac traversant le pont de l'épée ou faisant l'épreuve du lit périlleux; Gauvain, le chevalier au lion; les humiliantes aventures de Virgile et d'Aristote. Deux des piliers du nord ont été refaits au XVᵉ siècle. Au sud, la paroi de la tour occupe l'emplacement de deux travées; elle est percée du rez-de-chaussée d'un arc du XIIIᵉ siècle, comme nous le verrons tout à l'heure.

Au-dessus des grandes arcades, un mince cordon en larmier, surmonté d'une galerie de quatre-feuilles, marque le bas du triforium. Ce triforium est un grand arc bandé d'une travée à l'autre. L'intrados assez profond est porté sur des pieds-droits placés derrière les colonnettes servant à la voûte. A travers ces minces pieds-droits, des baies sous linteau établissent une galerie de circulation tout autour de la nef. Cette disposition peu heureuse est-elle originale? On en douterait si l'on ne pouvait la comparer avec ce qui existe dans l'autre partie de la nef. Au-dessus de ce passage s'ouvrent les fenêtres, avec remplages partiellement refaits de nos jours. Elles sont encadrées de colonnettes dont les chapiteaux sont de niveau avec ceux des formerets, placés beaucoup plus haut que le départ des ogives. Le profil des ogives et des doubleaux est un tore à filet avec gorges.

Les deux parties de la nef se raccordent par deux pans de mur laissant, entre la dernière travée de l'une et la première de l'autre, un espace plus grand qu'il n'en existe entre les autres travées. La voûte est coupée par une sorte de doubleau, habillé d'un caissonnage au temps où l'on voûta toute la seconde partie de la nef: au XVIᵉ siècle. Malgré l'opinion commune, cette deuxième partie de la nef, longue de six travées avant l'abside, est plus ancienne que la précédente, au moins en principe. Elle conserve en effet de nombreuses traces du XIIIᵉ siècle, sur différents points de son élévation.

Les piliers qui supportent les grandes arcades ont, pour la plupart, été refaits : aux uns on a rétabli les colonnettes de la voûte, détruites pour l'établissement des stalles ; aux autres, repris en sous-œuvre, on a substitué des fûts cylindriques avec appendices carrés, ou même des combinaisons polygonales qui se raccordent au plus mal avec les chapiteaux, quand ceux-ci sont anciens. Mais au dernier pilier du nord, à la naissance de l'abside, du côté du collatéral, une reprise du XVe siècle a été montée sur une base normande de la première moitié du XIIIe siècle, dont les deux tores inégaux sont reliés par une gorge perlée. D'ailleurs, du côté de la nef, les deux derniers piliers avant l'abside inspirent davantage confiance. Leurs colonnettes séparées par des gorges, leurs chapiteaux indiquent aussi le XIIIe siècle et correspondent aux profils des archivoltes. La mouluration intérieure des claveaux se compose de deux boudins parallèles, flanqués de gorges et d'autres boudins qui correspondent à trois ressauts en rapport avec la composition du support. Ces profils, que l'on retrouve à d'autres travées, appartiennent au XIIIe siècle.

Les trois colonnettes servant aux voûtes ont été coupées au-dessus des piliers du rez-de-chaussée. Le reste de leur élévation subsiste. Elles se terminent par trois chapiteaux à crochets sous trois tailloirs ronds à larmier : c'est encore une forme du XIIIe siècle, ainsi que l'encadrement des fenêtres. Leur archivolte, figurée par un boudin aminci et une gorge profonde, repose sur une haute colonnette engagée, avec tailloir carré. On peut donc restituer la nef du XIIIe siècle : de deux étages seulement, comme d'autres monuments normands, nef de Bayeux, chœurs de Longues et de Bernières. Les arcs du rez-de-chaussée étaient surmontés de longues et hautes fenêtres. Des baies sous linteau pratiquées derrière les pieds-droits de la voûte établissent un passage continu. Ces fenêtres devaient descendre jusqu'à ce passage : il en est encore ainsi pour la dernière avant l'abside ; plus tard, elles furent coupées à mi-hauteur ; un mur nu surmonté d'un bandeau de feuillages les arrêta. Cette transformation dut avoir lieu dès le XIV° siècle, à en juger par les colonnettes à base plate et saillante qui entourent les fenêtres. Les remplages intérieurs ne sont que du XV° siècle, comme la galerie ajourée qui sert de garde-fou au bas du passage devant les fenêtres. La cloison sous les fenêtres donna sans doute l'idée de ce qui fut fait dans la première partie de la nef ; on la retrouve au XV° siècle à Saint-Sauveur-du-Marché et au vieux Saint-Étienne.

Les voûtes de la deuxième partie de la nef datent du XVI° siècle. Plusieurs travées sont portées par des bouts d'entablement classique juchés sur les colonnes du XIII° siècle ; aux dernières travées, les arcs surhaussés reposent directement sur ces colonnes. Les voûtes sont à liernes et tiercerons avec clefs pendantes. Au point où convergent les nervures de l'abside, la clef pendante, de grande dimension, renferme des niches avec statues et ses arcs ajourés se rattachent aux ogives.

L'abside elle-même est à quatre pans, disposition assez rare que l'on retrouve à Saint-Étienne de Beauvais et qui donne un pilier dans l'axe de l'édifice — remarquons en passant que le chœur de Saint-Pierre est désaxé.

Des piliers retaillés dans le goût classique portent des arcs entourés de feuillages ajourés et inscrits dans des accolades qui se terminent par un fleuron. Dans les écoinçons des arcs, un dais pyramidal, de style flamboyant, monte jusqu'au haut d'une galerie qui règne autour de l'abside à ce niveau. Elle est entièrement cachée derrière des sculptures et divisée en trois parties superposées. D'abord un lacis de contre-courbes laisse place à des feuillages et palmes variés, en formant, pour la partie centrale, des losanges, aux angles arrondis, encadrant des roses héraldiques. Puis, entre deux bandeaux de feuilles de chicorées, un réseau de petits quatre-feuilles superposés.

Enfin, à chaque travée, une sorte de gâble très plat, aux côtés concaves, hérissés de crochets et terminés par un gros fleuron. Sous ce gâble, un disque porte une croix ajourée. Le fleuron arrive au niveau d'un bandeau de feuillage qui court au bas des fenêtres, sur une partie de mur toute gravée de roses assez méplates.

Les collatéraux de la nef ont été élevés, celui du sud en 1410, d'après l'inscription d'un vitrail aujourd'hui disparu; celui du nord un peu plus tard. Il faut cependant remarquer que le porche latéral, visible surtout à l'extérieur et dont on ne distingue ici que la porte de bois, beau travail d'assemblage ancien, est d'une date plus reculée.

Sur le collatéral sud, la souche de la tour occupe la largeur de deux travées. Trois faces sont percées d'arcs du XIIIe siècle, remarquables par la profondeur de leur mouluration et le nombre des colonnettes, séparées par des gorges profondes, qui garnissent l'ébrasement, principalement à l'arc communiquant avec la nef. La partie interne de l'archivolte y est composée de deux boudins séparés par une large gorge plate. Deux colonnes semblables portent ces boudins; elles sont plaquées sur un même nu, survivance dans l'époque gothique des traditions romanes normandes. Dans les arcs latéraux, la disposition est plus frappante encore : comme on ne voulait faire qu'un ébrasement avec colonnes et gorges, du côté intérieur de la tour et non sur l'extérieur des murs, on prit le parti, pour décorer l'arc bandé dans le reste de l'épaisseur de ceux-ci, de le garnir de trois archivoltes parallèles; elles reposent sur trois colonnes appliquées en file contre le nu du percement. Une voûte à huit branches couvre le bas du clocher. Les ogives reposent sur des colonnes dont la partie inférieure est logée entre celles qui portent les arcs du rez-de-chaussée. Toutes ont les chapiteaux à crochets et des bases à deux tores inégaux et aplatis. On peut donc estimer le bas de cette tour contemporain, ou peu s'en faut, des parties subsistantes du XIIIe siècle dans la nef.

Les chapelles ouvertes sur le collatéral sont toutes égales et très peu profondes. Elles sont couvertes d'une voûte d'ogives sur rectangle très allongé. Les colonnes de l'arc d'entrée ne descendent pas jusqu'au sol ; elles s'arrêtent sur de petits culs-de-lampe : c'est un mince cylindre de pierre détaché du mur et pénétrant ensuite dans celui-ci par un retour à angle droit, comme ferait un tuyau coudé.

Le déambulatoire et les cinq chapelles qu'il dessert, dues à Hector Sohier, sont l'une des œuvres les plus remarquables et les plus connues de la Renaissance en Normandie. « L'architecte de l'abside, dit M. de Beaurepaire, s'il n'a pas gravé son nom sur son œuvre, l'a au moins datée..... des millésimes inscrits dans d'élégants cartouches suivent la construction d'étape en étape...... » « Deux de ces dates se trouvent au-dessous de la galerie extérieure au nord, du côté du presbytère. Une autre au milieu du chevet, à la hauteur des grandes fenêtres ; une quatrième a été découverte à la partie inférieure de la voûte, aujourd'hui en réparation. Ces dates embrassent une période de 27 ans, de 1518 à 1545. Les dates de 1518 et de 1545 se lisent sur la galerie extérieure du côté du presbytère ; celle de 1538 nous a été signalée par M. Douin, sur un pendentif de la chapelle de la Vierge ». Bien qu'il puisse paraître un peu étrange que les dates extrêmes se trouvent au même emplacement et au même niveau, ces chiffres sont intéressants à retenir. Les voûtes du chœur sont d'Hector Sohier, très semblables à celles du déambulatoire. Elles s'élèvent sur une abside encore toute flamboyante, intérieurement et extérieurement, sauf dans la galerie qui règne à la base du toit. Ce fait avait frappé Trébutien. « L'architecte avait à résoudre un grand et difficile problème : il avait à terminer un monument commencé à une autre époque. Cette partie même où la Renaissance va s'étaler dans toute sa splendeur avait été commencée dans un autre style. Tous les soubassements à l'intérieur des chapelles de l'abside jusqu'à une hauteur de 2^{m}60 au-dessus du sol sont encore en effet du style gothique et du plus orné. C'est sur cette base qu'il est venu implanter son œuvre ».

Faut-il supposer qu'Hector Sohier a terminé le projet d'un prédécesseur ? Sans doute l'abside est flamboyante ; les piliers du déambulatoire et des chapelles présentent des bases en forme de bouteilles et des nervures prismatiques, mais leurs moulures se continuent sur toute la hauteur sans reprises et sans chapiteau pour les arcs. Des niches dont le cul-de-lampe est gothique et le dais Renaissance impliquent-elles deux architectes ? Que faudrait-il donc conclure dans les déambulatoires de Saint-Gervais et de la Trinité de Falaise, où se voit pareil mélange. Il vaut mieux penser que les travaux ont commencé par l'abside, encore presque entièrement gothique ; puis le déambulatoire fut construit avec ses chapelles, dont l'ossature ogivale porte l'empreinte du flamboyant, tandis que l'ornementation devient Renaissance et, à l'extérieur, appartient entièrement à ce style. Les chapelles à cinq pans s'élèvent sur un haut soubassement ; des piscines Renaissance ont été très restaurées ; des pilastres gothiques, dans les angles, servent de support à des statues. Dans les trois pans du fond s'ouvrent des fenêtres où l'on a restitué des remplages. Les pans communs aux chapelles tangentes, sont ajourés d'un arc, comme on l'avait fait au XIIIe siècle à Saint-Étienne, ce qui donne beaucoup de légèreté à l'ensemble. Il serait trop long de décrire les clefs et les pendentifs des voûtes. Sous les ogives elles mêmes et les doubleaux s'appliquent des rinceaux ajourés.

Extérieur. — La façade présente un pignon correspondant à la nef et épaulé, d'un côté, par des contreforts à ressauts, de l'autre, par une tourelle octogonale. Tourelle et contrefort sont couronnés de clochetons octogones dont les faces se terminent par des gâbles ajourés au-dessous d'une flèche à crochets et fleuron. Une galerie de quatre-feuilles réunit ces deux clochetons. Le reste de la façade est divisé en deux étages : d'abord le portail, flanqué de pinacles posés d'angle et s'élevant aussi haut que la pointe d'un gâble à crochets, excessivement ajouré, qui encadre l'archivolte extérieure. Le portail lui-même a été retravaillé ; le tympan est privé de ses sculptures disposées en plusieurs registres — il y demeure seulement deux petites scènes de la vie de saint Pierre (?). Les archivoltes intérieures ont été retaillées et ne présentent plus que de minces bordures de feuillages sortant de petits vases flamboyants. Les statues ont disparu ; leurs dais ont été remplacés par des chicorées frisées. Seuls les socles paraissent contemporains du reste de la construction. Le gâble du portail monte jusqu'au niveau d'un bandeau feuillagé qui divise en deux la grande fenêtre de façade. Cette fenêtre est surmontée aussi d'un gâble d'une très grande légèreté. Elle est en plein cintre, parce qu'elle encadre une rose composée, dans le même esprit que les gâbles : de sept cercles égaux, un au centre, six autour, chacun redivisé en trois petits cercles avec lobes. Un glacis et un bandeau intermédiaire séparent la rose de quatre hautes arcatures ; elles sont recoupées par un meneau central en deux trilobes et entièrement ajourées, ainsi que leurs écoinçons.

Cet ensemble était appelé en 1334, d'après M. de Beaurepaire, le « portail neuf ».

La tourelle octogone qui flanque le collatéral nord et le mur qui la relie à la partie centrale de la façade, appartiennent à la même époque, sauf la fenêtre contemporaine, de celles des chapelles de la nef. A la deuxième travée du collatéral répond un portail, de même date que la façade. Le tympan figurait la Résurrection. Les archivoltes avec dais et statues ont aussi été mutilées. Comme ces archivoltes sont larges et comme on ne disposait que d'un espace assez étroit, seules les archivoltes internes décrivent un tiers-point; les archivoltes externes forment un segment d'arc brisé, de même courbe que les précédentes, mais monté sur deux parties droites, couvertes de dais et de statues, semblables au reste de cet encadrement. Le portail est couronné d'un tympan en forme d'arc plein cintre, avec archivolte à dais et statues, inscrite sous un gâble ajouré d'une rose et de trilobes. Sur les rampants, les crochets sont remplacés par une dentelure d'arcs posés sur leur sommet et trilobés. Toute cette superstructure est purement ornementale. Elle est d'un type assez rare, comparable néanmoins à ce qui existe au-dessus du porche de Saint-Père-sous-Vézelay. Aujourd'hui, elle paraît être en arrière du porche lui-même. En effet, au XVe siècle, on a ajouté aux archivoltes primitives d'autres voussures pour faire régner l'extérieur de ce portail avec le mur continu qui ferme toutes les chapelles latérales, pratiquées entre les culées des arcs-boutants.

Une galerie flamboyante, qui s'étend d'un bout à l'autre de l'édifice jusqu'à l'abside, surmonte ce mur. Les fenêtres des chapelles sont entourées de fleurons sans gâble, suivant un usage très fréquent en Normandie. Entre elles, un demi-pinacle à deux étages s'applique contre le bas des culées. Les culées, au-dessus des terrasses qui couvrent les bas-côtés, forment, en perspective, toute une suite de lignes verticales que coupe seulement la projection horizontale des gargouilles. Elles présentent trois étages. D'abord un massif plein, épaulé par une partie en talus sous lequel passe une petite baie qui permet la circulation tout le long de la galerie extérieure. Puis un deuxième étage, décoré sur les parois latérales, d'arcatures avec gâbles, et sur la face extérieure, d'un dais avec gâbles analogues: au bas de cette face se projette une gargouille, si longue qu'elle est soutenue par une chandelle de pierre décorée d'un petit pinacle appliqué qui sort du glacis mentionné à l'étage inférieur. Le troisième étage est constitué par un haut pinacle placé d'angle. Les arcs-boutants simples portent un chéneau qui recueille les eaux du toit, amenées par une conduite verticale le long des contreforts supérieurs. Une galerie interrompue par des pinacles court à la base du toit. Sous plusieurs des arcs-boutants de la dernière partie de la nef, on distingue encore un vestige du XIII siècle : c'est une demi-colonne avec large chapiteau à crochets qui reçoit le dessous de l'arc-boutant à sa butée contre le mur de la nef.

Abside. — Plus encore qu'à l'intérieur, le chevet de l'église donne l'idée du caractère propre aux œuvres d'Hector Sohier. Sans insister sur l'abside elle-même, où les fenêtres sont encadrées de feuillages refouillés et le plein des murs couvert d'un lacis de mouchettes entre-croisées qui appartiennent encore aux traditions gothiques, tout le reste, y compris la galerie du toit, relève de la Renaissance. La chapelle de l'axe comprend extérieurement deux étages. Le premier percé de baies en anse de panier, est séparé par une large frise d'un deuxième étage éclairé par trois grands oculus et surmonté lui-même d'une corniche, d'une galerie et de pinacles. Même couronnement pour les autres absidioles, entre lesquelles s'élève une grande culée très décorée ; elle sert en commun à deux des quatre arcs-boutants qui se rejoignent deux par deux, presque à angle droit, sur les deux premiers angles de l'abside. Les murs de côté du deuxième étage de la chapelle d'axe forment culée pour les autres arcs-boutants. Dans la décoration d'Hector Sohier, les contreforts sont l'un des éléments les plus caractéristiques ; ils sont garnis de pilastres avec chapiteaux ; d'autres pilastres décorés de panneaux, comme en menuiserie, s'y appliquent d'angle ; ils sont surmontés de ces grands candélabres qui, dans des proportions plus grandes encore, remplacent aussi les pinacles gothiques sur les galeries ajourées. En ce cas, de courts pilastres avec chapiteaux carrés, interprétés du corinthien, leur servent de base. Les galeries, bien particulières également, ont pour motif principal des vases d'où sortent des rinceaux que semblent dérouler des enfants dont le corps parfois se termine dans d'autres rinceaux. Sohier, qui ne veut laisser aucun espace sans décoration, couvre aussi les écoinçons entre les baies, les contreforts et les corniches de rinceaux au milieu desquels se détachent des médaillons avec têtes de profil. Les culées des arcs-boutants donnent encore lieu à des compositions architecturales : les candélabres portés par des chimères, les vases surmontés de flambeaux donnent des silhouettes que les potiers du Pré-d'Auge traduiront par la suite, en terre cuite vernissée.

Le côté sud de l'église est analogue au côté nord. On distingue très bien la reprise des travaux de la nef. Les lancettes aiguës, correspondant à la partie plus ancienne, sont séparées de la nef du XIVe siècle par un intervalle nu. Aucun contrefort ne fait saillie entre les chapelles du collatéral. Les culées des arcs-boutants ne diffèrent pas de celles qui ont été décrites. Néanmoins, les gargouilles sont soutenues par de simples chandelles monolithes, une réfection peut-être ; cependant, il en est de semblables à Saint-Étienne-le-Vieux. Sur ce côté, à partir de la première travée après la façade, s'élève la célèbre tour qui, avec l'abside, fait la réputation justifiée de Saint-Pierre.

Clocher. — Il se compose de deux étages et d'une flèche avec clochetons. On en place toute la construction en 1317, à l'époque de Jean Langlois, trésorier de l'église, sous l'administration de qui il fut élevé. Nous avons vu cependant à l'intérieur que la base appartenait au XIIIe siècle. A l'extérieur, il en est de même de tout le premier étage, épaulé par des contreforts placés aux angles et formant deux ressauts principaux. Sur les premiers ressauts s'élèvent, de chaque côté, trois petits gâbles encadrant une courte flèche à quatre pans; sur les seconds, un simple gâble, de face, indique une couverture en bâtière. Contre la face sud s'applique un porche ouvert par un grand arc devant une étroite croisée d'ogives. Au-dessus, un pignon avec crochets, inscrit un grand arc qui encadre cinq lancettes de proportion décroissante; les trois du milieu sont garnies de remplages flamboyants. Tout ce porche, surtout à l'intérieur, a subi de malencontreuses restaurations en gothique romantique, mais l'ensemble de la construction a dû être élevé en même temps que le bas de la tour. Les trois faces visibles de ce soubassement sont décorées de hautes arcatures portées par de longues colonnettes et surmontées d'arcs trilobés et de gâbles encore peu aigus. Au-dessus de ces arcatures, de niveau avec le haut des contreforts, un bandeau de quatre-feuilles gravés marque la fin de ces premières constructions, qu'il est impossible de ne pas faire remonter au XIIIe siècle.

Avec le deuxième étage commencent les travaux surveillés par Jean Langlois. Aux angles, une mince colonnette monte jusqu'à la naissance de la corniche, tradition romane persistante. Sur chaque face, quatre longues baies : les deux du milieu ont dans leur profond ébrasement, cinq colonnes de chaque côté qui correspondent aux moulurations en retrait de leurs archivoltes. Au fond, une colonnette isolée, étrésillonnée par un meneau transversal, forme deux lancettes recoupées à la manière normande : en donnant un coup de compas de même ouverture que pour la lancette d'encadrement. Les deux baies de côté sont plus étroites; en lancettes suraiguës, elles sont encadrées, de chaque côté, de trois colonnettes seulement. Elles sont moins profondes et restent pleines. Les angles de la maçonnerie portent, en l'absence de contreforts, tout le poids de la flèche ; l'un d'eux renferme un escalier. L'extérieur des quatre lancettes s'entoure de gros crochets fleuris sans gâble ; un gros fleuron s'épanouit au-dessus de leur sommet. Un pinacle dans chaque écoinçon et avant la colonne d'angle s'applique au mur et l'orne jusqu'au niveau de la corniche. Celle-ci, faite d'un double bandeau de quatre-feuilles gravés et de feuillages en relief, supporte la galerie entourant la plate-forme. Cette galerie est composée de deux rangs de trilobes alternés ; elle est arrêtée aux angles par un petit pinacle formant dais pour une niche et une statue. Deux autres pinacles plus minces la coupent sur chaque face. Sous chacun de ces points, une gargouille rejette les eaux de la plate-forme. Sur la plate-forme, un tambour octogonal porte la flèche à huit pans, dont les arêtes sont ornées d'un mince boudin et de crochets, tandis que les assises se disposent par bandes alternativement striées de lignes horizontales ou couvertes de dentelures. Les bandes striées sont ajourées de rosaces polylobées ; puis, à mesure que les pans se rétrécissent, de quatre-feuilles, de trilobes, d'ouvertures rondes. Les bandes inférieures ne sont pas ajourées. Les percements seraient cachés, sur les faces principales, par les lucarnes, et sur les autres, par les clochetons.

Le devant des lucarnes présente simplement trois hautes colonnes en délit, posées à l'aplomb de la galerie de plate-forme. Elles sont étrésillonnées par un meneau transversal et montent plus haut que le tambour de la flèche. Elles portent deux arcs inscrits dans un plus grand et deux arcs de côté, qui rejoignent le pan de la flèche. A ce niveau, trois gâbles à crochets cachent la naissance d'une courte flèche à quatre pans. Les clochetons d'angle sont sur plan hexagonal. Des faisceaux de colonnes, montant seulement jusqu'au niveau du tambour et étrésillonnées comme les autres colonnes, reçoivent des arcs trilobés, encadrés directement de gâbles fleuronnés qui encadrent une flèche à crochets. Un petit comble de pierre relie le clocheton à la base de la flèche. La description de cette tour, un peu trop détaillée peut-être, permettra de décrire plus rapidement les tours de Saint-Jean et de Saint-Sauveur, qui en sont des copies.

ÉGLISE DE NOTRE-DAME-DE-FROIDE-RUE, ACTUELLEMENT SAINT-SAUVEUR

Cette église devint une prébende en 1153. Une donation faite pour l'augmentation du cimetière vers la fin du XVe siècle, à une date que M. de Beaurepaire n'a pu préciser, coïncide sans doute avec l'augmentation de l'église, dont la surface fut doublée. Elle se compose en effet de deux nefs parallèles, terminées par deux absides polygonales. Sur l'une des nefs s'élève le clocher. La construction de la nef du nord remonte au XIVe siècle ; elle constituait alors toute l'église avec la tour qui la flanquait au sud, comme à Saint-Pierre. Au XVe siècle, on ajouta tout le long de ce côté une nef qui engloba la base du clocher. L'abside correspondante fut élevée en même temps, mais celle de la partie plus ancienne fut rebâtie au XVIe siècle, dans le style Renaissance.

Intérieur. — Le côté septentrional de la nef la plus ancienne présente une suite de petites chapelles carrées pratiquées entre les contreforts. Des voussures plates et des archivoltes avec pénétrations directes dans les contreforts couvrent la partie supérieure, mais cette disposition des chapelles, semblable à ce que l'on voit dans les églises du midi de la France, est primitive : l'encadrement des fenêtres montre encore, extérieurement du moins, des colonnettes ayant une base plate, largement débordante, sur un socle polygonal, ce qui est un caractère du XIVe siècle. Les mêmes bases se retrouvent à l'intérieur, aux trois colonnes, séparées par des gorges et appliquées sur les derniers contreforts à l'ouest. Ces colonnes, aujourd'hui sans aucune utilité, dénotent le projet d'une voûte qui n'a jamais dû être exécutée. La nef est couverte d'un vaste berceau de bois dont la coupe donne une ellipse. Les sablières et les entraits s'incurvent à leur rencontre pour donner des angles arrondis, moulurés comme le reste de ces pièces de charpente. Les entraits portent des poinçons. De nombreux blasons sculptés dans de petits disques de bois ornent la partie supérieure du berceau.

L'abside triangulaire est éclairée de trois grandes fenêtres en anse de panier, séparées par des niches Renaissance restaurées. Elle est couverte d'un plafond plat divisé en trois caissons. Au centre, une clef pendante de bois, tout à fait illogique ici, ne joue qu'un rôle décoratif.

Les deux nefs communiquent par un immense arc, de moulurations prismatiques, bandé depuis les absides jusqu'à la base du clocher. La base de ce clocher est percée d'une petite baie. Un arc s'ouvre enfin entre les deux nefs, sur la ligne assez courte qui va du clocher jusqu'au mur de fond. Ces arcs appartiennent, bien entendu, à l'agrandissement du XVe siècle. Dans la portion de la seconde nef comprise entre le clocher et l'abside, le mur sud est percé de deux grands arcs dont la mouluration est sans chapiteaux. Sous chacun de ces arcs aux voussures profondes s'abrite une fenêtre avec remplage flamboyant. Au-dessus, paraissent des traces d'arcs, de décharge sans doute; on en voit encore du côté du grand arc intermédiaire entre les deux nefs. L'abside présente trois petites fenêtres en arc brisé dans le soubassement, et au-dessus trois grandes fenêtres de même forme. La voûte est moderne. Dans la nef, c'est aussi une carène de bois avec lierne longitudinale et blasons. Même couverture pour la partie comprise entre le clocher et la façade. Deux arcs, pratiqués dans la maçonnerie, comme à la partie sud-est de cette nef, mais plus étroits, y figurent des chapelles.

Entre ces deux portions de nef le clocher est assis. La base, écrasée sous le poids de la tour, a nécessité de nombreux remaniements, surtout quand après la construction de la seconde nef, on voulut faire communiquer la base du clocher avec la nef nouvelle par des arcs trop ouverts, qui affaiblirent la construction.

A l'ouest, le grand arc du XVe siècle subsiste, il décèle intérieurement et extérieurement des traces d'autres arcs appartenant à la construction primitive, ou jouant le rôle de décharges. Du côté nord, le grand arc, dont on voit les claveaux dans la paroi commune avec la nef, a dû être bouché; on l'a remplacé par une petite baie sur de courts piliers, en cherchant à donner aux moulures et aux chapiteaux les caractères du style du XIVe siècle, ainsi qu'à l'arc qui communique à l'est, avec la nef méridionale. Entre les contreforts du sud, on a percé le mur de la tour, pour ouvrir une chapelle très plate; le mur a été reporté à l'alignement de celui de la nef, comme on peut le voir à l'extérieur.

Extérieur. — A l'extérieur, la tour est la partie la plus remarquable de l'édifice. Sur la rue Froide, entre les contreforts, on distingue également le collage exécuté au XVe siècle et dont il vient d'être fait mention. Cette partie est surmontée d'un large bandeau simulant une galerie ajourée, avec cordon de feuillages et de branchages découpés sur une gorge, petites dentelures d'arcatures trilobées et galerie proprement dite, où des combinaisons de soufflets et de mouchettes s'inscrivent dans des cercles. Au-dessus, après un glacis, se dresse la tour elle-même. C'est, comme il a été dit, une copie de celle de Saint-Pierre, mais avec des traces d'archaïsme. Sur chaque face, mêmes arcatures, deux grandes et deux petites, avec crochets et fleurons; même redivision en deux lancettes, mais les profils sont plus mous; même colonne engagée aux angles; même cordon de quatre-feuilles gravés et de feuillages; mêmes divisions dans les quatre-feuilles ajourés de la galerie sur la plate-forme. Même flèche sur tambour; mêmes lucarnes, mêmes clochetons, mais le tout plus lourdement exécuté. Les pinacles des angles de la plate-forme se soudent avec les clochetons qui, dépourvus de gâble, sont surmontés d'un bandeau de quatre-feuilles creux et d'une lourde flèche à six pans. Ces flèches sont d'un aspect archaïque, comme celles à quatre pans, des lucarnes.

Sur le mur de la nef le long de la rue Froide, on remarque d'abord la porte, abritée sous un porche très étroit; il est pratiqué dans l'épaisseur du mur et voûté d'une petite voûte d'ogives avec lierne. Des niches ornent les côtés. La porte elle-même est un beau travail de menuiserie du XV° siècle. Un glacis en larmier règne au bas des fenêtres; des culs-de-lampe formés de petits personnages dans des attitudes contournées y supportent les pieds-droits des fenêtres que bordent des choux frisés et des feuillages ajourés. Une double corniche de même facture règne à la base du toit; cependant, dans la partie orientale de la nef, les feuillages sont disposés par bouquets détachés. Entre les deux dernières fenêtres, une singulière particularité a beaucoup occupé l'attention de ceux qui ont étudié l'église. Le mur, d'ailleurs en liaison, paraît comme interrompu par une fente où vient s'inscrire, entre deux minces contreforts surmontés de pinacles, une sorte de petite cage d'escalier. La révolution est indiquée par la décoration extérieure en spirale. La partie supérieure, vitrée, se termine par un dais très fin, abrité sous un arc dentelé qui rejoint les deux parties du mur extérieur et sert de pont à la corniche du toit. A quoi servait cette tourelle dont rien, à l'intérieur, n'indique plus la présence? Était-ce l'escalier d'une chaire? elle monte trop haut. N'était-ce pas plutôt une monstrance? Mais alors, pourquoi la partie vitrée, où l'on aurait déposé le Saint-Sacrement ou les reliques, paraît-elle continuer l'escalier? sa base, son couronnement ajouré et ses meneaux sont encore en spirale. N'aurait-on pas adopté un parti qui marquât mieux la séparation entre l'escalier et le reliquaire de pierre placé au-dessus?

Les deux absides ont été restaurées ; celle du sud montre aux angles de jolis dais flamboyants; une accolade encadre les fenêtres. Le nu du mur est décoré de mouchettes en lacis, comme à la galerie ajourée qui cache la base du toit. L'autre abside présente encore à sa naissance des clochetons polygonaux avec gâbles et flèches, qui peuvent remonter à la construction de la nef, mais tout le reste est une œuvre d'Hector Sohier, très analogue à l'abside de Saint-Pierre : le haut soubassement est décoré de panneaux de pierre ; les contreforts figurent des pilastres qui se présentent sur leur angle et sont surmontés de candélabres appliqués contre des pilastres plus plats. Au-dessus des fenêtres court une frise à rinceaux. La partie nord de la nef est très simple et conserve des traces du XIVe siècle.

ÉGLISE DE SAINT-JEAN

L'église Saint-Jean fut érigée en prébende la même année que Notre-Dame-de-Froide-Rue : en 1153. Il n'y reste rien d'antérieur au XIVe siècle, époque à laquelle appartient la souche de la tour. L'église fut très endommagée par le siège de 1417. Elle se compose de la tour précédant la nef, d'une nef de trois travées avec collatéraux et chapelles, d'une tour-lanterne, de deux croisillons et d'un chœur de quatre travées terminé par une abside à trois pans. Le déambulatoire présente au chevet trois chapelles à trois pans. Tout l'intérieur de l'édifice à partir de la nef, est d'un aspect de grande unité ; néanmoins de petits détails permettent de croire qu'il a été commencé par le bas de la nef et le carré du transept. Les croisillons n'étaient pas encore terminés en 1464. Le chœur et le haut de la nef suivirent ; la construction gothique se termina pas la tour-lanterne. La tour de façade, à cause du mauvais sol sur lequel est fondé l'édifice, est penchée et hors d'aplomb.

Intérieur. — La tour de façade porte, au rez-de-chaussée, sur quatre grands arcs dont les profonds ébrasements se réunissent sur quatre lignes diagonales coupant les angles du carré. Sur ces quatre diagonales montent de très nombreuses colonnettes — sept pour chaque côté d'arc — quatorze en tout, sans compter une colonne intermédiaire qui file en hauteur recevoir les retombées de la voûte. Ces fûts, disposés en tuyaux d'orgue, sont séparés par des gorges; certains présentent un filet; les bases, larges et plates, reposent sur un socle polygonal. Les chapiteaux ont deux rangs de feuillage. Une ligne de quatre-feuilles marque un retrait et un deuxième étage où on a logé des contreforts intérieurs pour tâcher d'arrêter le déversement de la tour. La voûte, refaite après cette consolidation, présente un trou de cloche autour duquel rayonnent huit branches. Entre celles-ci on a figuré des trilobes, comme à la lanterne du vieux Saint-Étienne.

Les piliers de la nef sur plan en losange, sont couverts de moulures concaves et d'ondulations dont plusieurs se prolongent directement dans la lancette de l'arc; mais une colonne et un groupe de trois autres colonnettes de même facture, portent les moulurations extrêmes à l'intérieur et à l'extérieur de cet arc. Sur la face du pilier, vers le collatéral, des colonnettes semblables reçoivent les voûtes basses. Le chapiteau avec ses feuillages refouillés conserve encore la forme d'une corbeille surmontée d'un tailloir. Face à la nef une colonnette correspond aux retombées de la voûte.

Au-dessus, en saillie très accentuée, un très riche bandeau de feuillage porte une galerie ajourée, de mouchettes constituées par des cercles encadrant des croix à centre évidé; elle est surmontée elle-même, d'un second bandeau de très délicats feuillages; elle court au niveau des fenêtres, devant le passage pratiqué à la base de leurs pieds-droits, très ébrasés à cause de l'épaisseur du mur. Sur les baies de ce passage, ornées d'accolades et très visibles à cause de l'obliquité de l'ébrasement, des bases en « bouteille » portent les moulures du formeret, qui est doublé de voussures pénétrant directement dans le reste du pied-droit. Au fond s'ouvrent les fenêtres avec remplages flamboyants. La voûte d'ogives présente des nervures prismatiques.

Comme le triforium fait défaut, l'église est nettement divisée en deux étages seulement par la galerie qui se continue au delà de la croisée, tout autour du chœur. Dans l'angle formé par le mur de la nef et l'arc d'entrée du carré, on remarque un fût coupé ; il est terminé aujourd'hui par une petite colonnette, trace peut-être d'un repentir ou plutôt d'un arrêt dans les travaux. La galerie ajourée, les fenêtres et les voûtes sont contemporaines du chœur. Le bas de la nef, comme nous l'avons dit, est un peu plus ancien, de même que ses collatéraux; ils sont voûtés de croisées d'ogives et bordés de petites chapelles dont la voûte et le doubleau reposent sur des culs-de-lampe ; mais il semble bien qu'à certaines chapelles du moins, cette disposition provienne de la suppression postérieure des colonnettes. Contre l'angle sud-est de la tour, un énorme contrefort a pris une partie du collatéral longeant la tour.

Le carré du transept est encadré par de grands arcs en lancette, dont les nombreuses moulures montent également du sol jusqu'à la clef, sans chapiteaux, si ce n'est à une mince colonnette qui reçoit la dernière moulure de l'intrados. Dans les parties basses des pieds-droits, principalement au massif nord-est, les profils plus accentués permettent d'attribuer à cette partie une date un peu plus ancienne que celle du chœur et des croisillons.

Ces quatre grands arcs sont déformés par le tassement. Leurs archivoltes se pénètrent, mais à des niveaux inégaux parce que l'espace qu'ils délimitent est plutôt rectangulaire que parfaitement carré. Au-dessus d'eux, court une galerie entre deux rangs de feuillages, semblable à celle de la nef. Elle marque la naissance d'une lanterne admirablement travaillée. Ses quatre faces portent une grande baie simulée, figurée par un arc de feuillages ajourés. Un deuxième cordon de feuillage entoure cet arc et se retourne vers les quatre angles de la construction pour recevoir le départ de quatre pans coupés; légèrement incurvés et tout couverts de dentelures, ils font passer la lanterne du carré à l'octogone. L'étage octogone n'est malheureusement pas ce qu'il aurait dû être si la construction avait été achevée.

Les croisillons, absolument identiques, ont chacun deux travées. La première, du côté de la lanterne, est percée de l'arc communiquant avec les collatéraux et le déambulatoire. Au-dessus, se présente une baie en arc surbaissé avec passage dans les pieds-droits. Devant elle règne une galerie ajourée sur bandeau de feuillages. Contre le groupe de nervures servant au doubleau intermédiaire et aux ogives, le bandeau de feuillages descend à angle droit et repart à un niveau beaucoup plus bas, pour supporter la galerie qui fait tout le tour de la travée de fond, devant des fenêtres. La partie basse des murs reste nue. Les fenêtres ont leur ébrasement percé de passages, comme à la nef. Celle du fond occupe entièrement toute l'extrémité du croisillon.

Le chœur et son abside sont semblables à la nef. Seulement aux piliers, les chapiteaux n'existent pour ainsi dire plus ; les tailloirs sont remplacés par une suite de moulures concaves surmontant un groupe de colonnettes. Les nervures de la voûte — il n'y a plus de colonnette — ne se prolongent plus jusqu'au sol et, en outre, la galerie ajourée court, sans être interrompue par la division des travées, d'un bout à l'autre du chœur et de l'abside. Ces indices tendraient à faire croire que ces parties sont plus jeunes que la nef. Les moulures des voûtes du collatéral n'ont pas leur support au même niveau que les autres ; les feuillages remplaçant le chapiteau sont plus haut; toutefois, du côté des chapelles, les piliers ont des chapiteaux semblables à ceux de la nef. L'arc d'entrée des chapelles repose sur de petites colonnettes portées par un culot coudé à angle droit, comme aux chapelles de Saint-Pierre. Les chapelles du chevet, formant saillie à l'extérieur, sur trois côtés seulement, n'ont pas de voûte indépendante, mais leurs branches et celles du déambulatoire convergent sur une clef commune. Chaque chapelle et la travée du déambulatoire donnent en plan un hexagone couvert de six branches d'ogives.

Le haut des remplages des fenêtres du rez-de-chaussée, principalement dans la nef, a conservé des fragments de vitraux anciens.

Extérieur. — Le bas de la tour est caché par les maisons voisines, sauf à la façade où, entre deux groupes de contre-forts couronnés de pinacles du XIVe siècle, s'ouvre un porche très dégradé et flanqué de chaque côté, sur le nu du mur, de niches avec dais. L'intérieur est voûté d'une étroite croisée d'ogives; les formerets en lancette des parois latérales abritent de nouvelles niches; au fond est percée la porte même.

Au-dessus, au niveau correspondant aux clochetons des contreforts, une grande fenêtre est ouverte; l'arc brisé s'inscrit dans une sorte de pignon à escaliers. Sur ces marches reposent plusieurs des colonnettes qui s'appliquent contre les quatre faces de la tour jusqu'aux contreforts d'angle. Ces colonnettes portent des arcatures avec petits gâbles terminés par un fleuron et collés contre un glacis au-dessus duquel un cordon de quatre-feuilles gravés marque la fin des constructions primitives, d'un XIVe siècle assez peu avancé.

Le deuxième étage de la tour est encore une copie de celle de Saint-Pierre. Au-dessus des quatre arcatures de chaque face, terminées par un gros fleuron épanoui, un lacis de mouchettes indique la date plus tardive de la construction. Dans les écoinçons entre les arcs, un cul-de-lampe supporte une statue d'apôtre, trois sur chaque face. La tour est couronnée d'une galerie où l'on distingue les amorces des clochetons et des pinacles intermédiaires ; une simple toiture d'ardoise la couvre.

Les fenêtres hautes et basses, à la nef et au chœur, ont leur archivolte bordée de fleurons flamboyants. Sur la partie sud de l'édifice, les culées des arcs-boutants présentent, comme à Saint-Pierre, un glacis d'où sort un petit pinacle qui soutient la gargouille placée sur le haut de la culée. L'amortissement est fait par deux pinacles carrés l'un derrière l'autre, comme au vieux Saint-Sauveur. Les arcs-boutants s'appliquent vers la mi-hauteur du mur; ils portent les chéneaux.

A l'abside, les culées sont de même type, mais l'arc-boutant est double; il en est de même sur le côté nord du chœur. L'arc-boutant inférieur porte soit de petits arcs, soit des entre-croisements de pierre qui soutiennent le chéneau montant jusqu'au niveau du comble et dans le prolongement de la pente de celui-ci, ce qui produit un mauvais effet. Les croisillons, un peu plus bas que la nef, ont des pignons flanqués de clochetons octogones; leurs fenêtres présentent le même encadrement que partout ailleurs. Les murs latéraux ont gardé leur galerie ajourée de quatre-feuilles simples, tandis que toutes les parties basses, sauf les trois chapelles absidales, et toutes les parties hautes du chœur et de la nef ont perdu ce couronnement.

La tour centrale comprend deux étages. Le premier est du XVe siècle, comme le reste de l'église. Les faces tournées vers les croisillons ont pu être percées d'une plus haute fenêtre, car le comble des croisillons est plus bas. Dans les faces où pénètrent les combles de la nef et du chœur, un oculus seul est pratiqué; de minces contreforts avec deux étages de clochetons épaulent les angles. Sur les quatre parois s'appliquent deux rangs d'arcatures semblables, dont les accolades sont séparées par des minces pinacles formant des lignes verticales. Les accolades qui se prolongent très haut se terminent par une épine fleuronnée où s'étagent plusieurs crochets disposés deux par deux.

Sur ce premier étage, on avait commencé à en monter un second. La construction, poussée assez haut, figure une base octogone pleine, mais de hauts pieds-droits attendent encore les arcs à qui ils étaient destinés. Aux quatre angles de la plate-forme, pour remplacer les clochetons, quatre bases carrées, aussi hautes que celles du corps principal, mais entièrement indépendantes, portent un second massif de même forme, décoré de candélabres. Un troisième pilastre, placé d'angle par rapport aux précédents, sert, à son tour, de base à une quatrième partie entourée de rinceaux ajourés en doucine, d'où sort enfin un petit édicule. Cette composition Renaissance est datée par son style et par la mention qu'en fait l'historien de Caen, Charles de Bras. Elle fut commencée, dit-il, « de mon temps », ce qui ne veut nullement dire qu'elle soit de la fin du XVIe siècle, puisque Charles de Bras, écrivant vers 1580, peut très bien faire appel à des souvenirs plus lointains, des années 1540 à 1550 par exemple.

ÉGLISE DU VIEUX SAINT-ÉTIENNE.

La charte de fondation de l'Abbaye aux Hommes fait mention de l'église Saint-Étienne. Le siège de 1346 et surtout celui de 1417 endommagèrent gravement l'église. En 1426, Henri VI, roi d'Angleterre, accorda cent livres pour la reconstruction des voûtes. En 1706, une très violente tempête causa des désordres dans les parties hautes, principalement à la lanterne.

L'église comprend : une nef de cinq travées avec collatéral bordé de chapelles dont l'une, au nord, est remplacée par un porche ; un carré de transept avec tour-lanterne ; deux croisillons ; un chœur de deux travées à chevet plat très fortement dévié vers le nord. Entre le croisillon sud et le chœur, une grande chapelle de plusieurs travées irrégulières occupe tout le triangle compris entre le chœur, le croisillon et une ligne tirée entre ces deux points. Sur le collatéral nord du chœur s'ouvrent deux chapelles. Tous les siècles, du XIIIe au XVIIe, ont contribué à la formation de cet édifice, malheureusement difficile à bien voir, car il est encombré de cloisons et d'objets de toute nature.

Au XIIIe siècle appartiennent le chœur en partie et les murs qui ferment les collatéraux de celui-ci. Au XIVe siècle, les croisillons et la partie basse de la nef. Au XVe, les collatéraux et les chapelles, ainsi que la tour-lanterne. Au XVIe, la portion comprise entre le chœur et le croisillon sud. Au XVIIe, les grands arcs-boutants du chœur, au nord.

Intérieur. — La nef, comme à Saint-Jean et à Saint-Sauveur, n'a en élévation que deux étages. Les piliers consistent en un fût cylindrique cantonné de quatre colonnettes qui sont réunies au fût par des gorges en ondulation; les chapiteaux dénotent un XIVe siècle très avancé. Serait-ce une partie subsistante d'un édifice reconstruit assez longtemps après le siège de 1346 ? Les arcs sont en lancettes aiguës, à la façon normande, profilés d'une quantité de moulures de mince diamètre. Face à la nef, la colonnette de certains piliers monte sur le nu du mur, mais elle s'y arrête et ne porte rien : indice de remaniement. Toutes les parties hautes ont dû être refaites après le siège de 1417. Au-dessus des grandes arcades règne un bandeau en larmier, surmonté d'une galerie ajourée : quatre mouchettes encadrant un losange concave.

La galerie s'interrompt à chaque travée pour faire place au pied-droit, flanqué d'une colonnette, qui va porter la retombée des voûtes. Toutefois le bandeau de feuillage qui surmonte cette galerie court d'un bout à l'autre ; il embrasse la colonnette qui vient d'être mentionnée. Les pieds-droits portent aussi, de face, la moulure qui dessine le formeret; ils sont percés d'une petite baie pour établir la communication d'une travée à l'autre. Les fenêtres sont pratiquées au fond des formerets doublés d'une large voussure. Elles ne descendent pas jusqu'à la galerie de circulation, mais seulement jusqu'à un bandeau feuillagé placé à la hauteur du linteau qui porte les petites baies de communication : il en est de même à Saint-Sauveur-du-Marché et à Saint-Jean. Les clefs de voûte sont remarquables; l'une offre les armes de Girard Bureau, qui avait contribué à la réparation de l'édifice et lui donna des reliquaires en 1478. A la première travée du côté de la façade, l'arc du rez-de-chaussée est plus bas et la galerie ajourée suit ce mouvement pour se trouver au niveau de la tribune existant autrefois contre le mur de fond de la façade. Au premier pilier sud de la nef, il y a des relancements, du XVIe siècle comme la voûte qui couvre la travée correspondante du collatéral.

Les collatéraux et les chapelles peu profondes qui les bordent sont du XVe siècle, comme l'indiquent leurs colonnes et leurs chapiteaux, différents de ceux de la nef : les sculptures sont beaucoup plus grêles, les fûts sont chargés d'un filet. La construction des voûtes est digne de remarque; les voûtains ne sont pas de pierres appareillées, mais d'un blocage de moellons plats, semblables à ceux dont on use encore pour les maisons rurales de la plaine de Caen. Ces moellons sont disposés suivant des lignes courbes qui rappellent la construction des voûtes d'Angleterre. Les moulures des ogives se recoupent à leurs extrémités avant de reposer sur les supports.

Les piliers du carré du transept sont de plusieurs époques. Celui du nord-ouest, avec ses colonnettes disposées par groupes de trois et ses chapiteaux à deux rangs de feuilles, date d'un XIVe siècle, antérieur à celui de la nef. L'archivolte nord forme trois ressauts correspondant aux divisions du support; elle est de la même époque, contemporaine des croisillons sur lesquels elle s'ouvre. Le pilier nord-est a été grossièrement refait en imitation de gothique, au XVII° siècle sans doute; du côté du chœur, il conserve des traces remontant à la construction de ce dernier. Il y a également des parties XIII° siècle dans le pilier sud-est. Au XIV° siècle appartient le pilier sud-ouest, ainsi que l'arc donnant accès au croisillon sud.

L'arc qui encadre le transept, beaucoup plus haut que ceux des deux croisillons, a été repris au XV° siècle; ses moulures pénètrent dans les pieds-droits plus anciens. Sur les murs des côtés nord et sud du carré on a monté de grands arcs de niveau avec ceux de la nef et du chœur. L'espace entre l'arc ouvrant le croisillon et l'arc supérieur est occupé par un grand remplage recoupé par des galeries. Dans une grande baie, un meneau central, bifurquant à la manière normande, donne deux lancettes; l'écoinçon intermédiaire était décoré d'un remplage dessinant une fleur de lis. Des lancettes entre-croisées viennent à leur tour faire une nouvelle subdivision, mais elles s'arrêtent à mi-hauteur de l'ensemble pour porter une galerie ajourée, car un passage règne à ce niveau sous les deux lancettes principales. Au bas des arcatures inférieures, il y en a un second. Toute la composition, galeries et meneaux, produit l'effet le plus décoratif. Elle est entièrement détachée du mur de fond, lequel reste plein, sauf dans la partie correspondant à la fleur de lis; elle est éclairée en arrière par un jour en forme de losange aux côtés convexes.

Entre les quatre grands arcs du carré, dont les moulures s'entrecoupent à leur point de jonction, des triangles légèrement sphériques font passer ce carré à l'octogone pour supporter la lanterne. Mais l'octogone est des plus irréguliers: aucun des pans n'est égal à l'autre; aucun ne se trouve dans l'axe des quatre faces principales. Sur cet octogone, souligné par un bandeau, des culs-de-lampe soutiennent des colonnes qui reçoivent les branches de la voûte. Elles convergent à la clef sur un grand cercle. Un arc trilobé est plaqué sur chaque voûtain entre ces branches, comme à la tour de Saint-Jean. Les colonnes de la voûte s'appliquent sur un pied-droit flanqué des colonnettes destinées aux formerets. Les formerets, en arc surhaussé, se doublent d'une voussure de dalles. Les murs de fond sont percés de fenêtres subdivisées en deux lancettes avec meneau transversal. Dans les pieds-droits sont pratiquées des baies formant tout autour de la lanterne une communication. Devant chaque pan un garde-fou est ajouré de trois quatre-feuilles. Les parties correspondant aux quatre points cardinaux sont modernes, comme le montre la différence dans le tracé et la coupe des pierres : elles ont dû être remplacées après ce grand ouragan de 1706, qui endommagea gravement la lanterne.

Les croisillons sont couverts de deux croisées d'ogives ayant pour profil un boudin avec méplat entre deux gorges. Les murs de fond sont percés d'une grande fenêtre; les remplages se voient mieux de l'extérieur. Les deux autres parois de la seconde travée étaient éclairées de fenêtres dont l'encadrement et les colonnettes indiquent le XIV° siècle. Elles ont été bouchées dès le siècle suivant, lors de l'adjonction des chapelles.

L'arc d'entrée du chœur a été repris aussi au XV° siècle. L'archivolte intérieure est soutenue par deux petites colonnettes portées en encorbellement sur des petits personnages. Ces culs-de-lampe, d'un excellent travail, s'appliquent contre un pied-droit d'aspect singulier : au XV° siècle, on a enlevé une colonne placée devant et faisant partie d'un arc du XIII° siècle, tandis que de chaque côté subsistent des colonnes en retrait séparées par des gorges et des filets.

Les arcs du rez-de-chaussée des deux travées ont été bouchés; néanmoins, on en distingue encore, à la première travée, le profil extérieur : c'est un boudin et une gorge décelant le XIII⁰ siècle. A la deuxième travée au nord, l'arc, comme le prouve bien l'appareillage de ses claveaux sur la partie gauche, est de date très moderne, ainsi que le pilier intermédiaire, encore visible dans le collatéral : il présente les mêmes caractères que la reprise en sous-œuvre exécutée en même temps à la pile nord-est de la lanterne. Toutefois, à la pile intermédiaire de l'autre côté, on peut voir des arrachements qui permettent de restituer l'état primitif : un fût cylindrique cantonné de quatre colonnes. Une demi-colonne recevait la retombée des arcs contre le mur de fond ; une haute colonnette montait jusqu'à l'ogive et au doubleau. Le mur de fond, oblique pour suivre le tracé de la rue, est presque entièrement occupé par une grande fenêtre. Au niveau de son appui courait un bandeau de quatre-feuilles creux, surmonté d'une galerie d'arcatures en boudins trilobés, à peu près semblable à celles de la nef de Bayeux ou du chœur de Bernières. Les meneaux qui divisent cette fenêtre du XIII⁰ siècle ont été rajoutés à une époque relativement moderne, au moment sans doute où l'on a refait en lancettes entre-croisées les unes dans les autres, ceux de la fenêtre de la première travée nord.

Les autres fenêtres remontent au XIII⁰ siècle. Elles sont de même style que celle qui s'ouvre, bien conservée, au fond du collatéral nord du chœur : deux colonnes, engagées dans un double retrait du mur et séparées par un boudin, portent, sur leurs chapiteaux à crochets, un arc formé d'un gros boudin et d'une gorge. Les deux travées de ce collatéral présentent des voûtes où le boudin, très détaché du fond entre deux gorges, indique le XIII⁰ siècle. Sur ce collatéral donnent deux grandes chapelles du XV⁰ siècle avec grandes fenêtres à remplage. Du collatéral sud, il subsiste la fenêtre de fond, placée dans un mur formant avec l'alignement du mur du chevet un angle assez obtus. Il avait deux travées couvertes de deux croisées d'ogives. Au XVI⁰ siècle, on eut l'idée de comprendre dans le périmètre de l'église la partie allant de l'angle du collatéral à l'angle du croisillon. On enleva le mur de côté du collatéral ; on soutint les voûtes de celui-ci par un pilier avec réminiscences corinthiennes, et on couvrit la partie nouvelle d'une voûte sur trapèze et d'une autre sur triangle — toujours pour répondre aux sinuosités de la rue. Ces voûtes avec clefs pendantes rappellent l'architecture de Sohier. Sous la travée longeant l'extrémité du croisillon sud, on voit encore une fenêtre, autrefois extérieure.

Extérieur. — La façade, terminée par un pignon à crochets, est comprise entre deux contreforts carrés. Dans celui du sud est pratiqué un escalier terminé par une échauguette carrée. Sur les contreforts principaux s'appliquent des contreforts secondaires en forme de pinacles aux gâbles légèrement concaves. Des flèches à crochets, excessivement minces, couronnent ces pinacles, dont les niches sont veuves de leurs statues. La décoration des contreforts de droite et de gauche est différente. La porte, assez profondément ébrasée, comprend deux cordons continus de feuillages refouillés. Entre ces sculptures une très large gorge plate et la voussure qui la continue portent une niche de chaque côté et, dans l'arc lui-même, de petits dais dont le dessus plat servirait de socle à la statue suivante : toutes les statues ont disparu. Les trous de balle de la façade proviennent surtout d'un tir que l'on avait imaginé de loger en cet endroit.

La porte s'encadre de deux contre-courbes fleuronnées dépassant à leur pointe un glacis. Au-dessus de ce glacis, une rose flamboyante présente un petit cercle central et des soufflets inscrits dans quatre lobes principaux. Les collatéraux sont fermés par des murs en appentis percés d'une lancette : quelques-unes de leurs nombreuses moulurations reposent sur des colonnettes.

Deux contreforts parallèles épaulent l'extrémité des collatéraux, sur la façade, ou plutôt le côté de la première culée, très allongée, des arcs-boutants. Ces culées, au-dessus de la toiture des collatéraux, présentent d'abord un massif oblong qui diminue à un niveau supérieur par un très grand glacis dans le sens des murs extérieurs. Sur la plateforme moindre ainsi obtenue, un nouveau massif s'orne sur la face étroite, d'un seul gâble à crochets et de deux sur les faces latérales. Entre ces gâbles, pose, à cheval, un pinacle carré dont les quatre pignons se terminent par un gros fleuron. De la face supérieure de la culée jaillit une gargouille de granit, tellement saillante qu'elle est soutenue par une chandelle de pierre partant de l'extrémité du glacis. Sous ce glacis, une petite baie permet de circuler d'un bout à l'autre le long du comble du bas-côté; mais la galerie ajourée qui régnait à cette hauteur a disparu, ainsi que celle qui devait border le toit de la nef. Les arcs-boutants sont simples; les reins portent un chéneau. Les fenêtres sont encadrées de moulurations prismatiques. Dans les collatéraux, un contrefort vient encore doubler la culée. Deux cordons en glacis les entourent: celui du bas marque l'appui des fenêtres; celui du haut contourne l'archivolte de ces baies, encore garnies de leurs remplages.

Sur le collatéral nord, un porche, malheureusement difficile d'accès, présente un très grand intérêt: il occupe tout l'emplacement d'une chapelle. Entre deux contreforts chargés de plusieurs étages de pinacles dont les derniers, tout hérissés de crochets, dépassent le niveau d'un gâble fleuronné, s'ouvre un arc plein cintre avec moulurations de feuillages et niches, comme à la porte principale. Deux contre-courbes l'encadrent; entre elles un bas-relief figure la lapidation de saint Étienne. Leur pointe fleuronnée monte presque jusqu'à l'angle du pignon: celui-ci est tout couvert d'un lacis de mouchettes.

Sous le porche lui-même, les deux murs de côté offrent d'abord un banc, puis une suite d'arcatures trilobées, surmontées d'un bandeau en glacis dont les culs-de-lampe correspondent aux niches et aux dais ajourés, serrés les uns contre les autres, qui occupent tout le reste des parois. Sur le mur de fond, deux portes géminées, en arc surbaissé, s'entourent d'une accolade et sont séparées par un trumeau avec niche; le dais de celle-ci monte jusqu'au sommet du tympan, laissant de chaque côté un arc surhaussé bordé de guirlandes de feuillage. La voûte est des plus remarquables. C'est l'ossature d'une voûte en étoile, mais il n'y a pas de voûtains : sur les reins des ogives, des liernes et des tiercerons reposent des cercles de pierre ajourés et des liens de pierre qui soutiennent les dalles d'un plafond, décoré lui-même de motifs flamboyants. Des exemples de ce genre de nervures supportant un plafond se voient à l'église de La Ferté-Bernard, où Viollet-le-Duc les signale comme une particularité normande. On en rencontre aussi en Angleterre, à Bristol, Berkeley-Chapel, par exemple.

Les croisillons, très simples, ont à leurs angles, deux contreforts placés d'équerre. Les grandes fenêtres ont conservé leur remplage régulier. L'archivolte est soutenue de chaque côté par deux colonnettes avec chapiteaux et bases du XIVe siècle. Dans ce tiers-point sont logés deux autres tiers-points se recoupant; le recoupement donne une lancette. De chaque côté de celle-ci, sur le meneau des tiers-points, on a lancé une moitié d'arc de même rayon que celui de la lancette. Cette moitié d'arc forme avec les côtés externes des deux tiers-points, deux nouvelles lancettes : on a ainsi trois lancettes égales, dans deux tiers-points encadrés par un plus grand. Un cercle contenant trois plus petits cercles trilobés occupe le haut de la fenêtre. Au sommet du pignon sud, une statue d'évêque portant sa tête dans ses mains, un lion à ses pieds, représente peut-être saint

Denis. Sur le mur ouest de ce même croisillon, une tourelle octogone, avec flèche de pierre du XIVe siècle, permet de monter du rez-de-chaussée jusqu'à la tour-lanterne.

La tour-lanterne s'élève sur un étage carré entouré d'un cordon en larmier qui s'infléchit pour encadrer le losange ajouré qui correspond à la fleur de lis de l'intérieur. Quatre des pans de la tour-lanterne s'élèvent à l'aplomb des murs de l'étage inférieur. Les écoinçons laissés par les autres pans de l'octogone sont entourés d'une galerie figurant des entre-croisements de pierre avec petits redents. A l'angle sud-ouest, la galerie couronne une tourelle polygonale accolée à l'étage carré de la tour. Cette tourelle monte en retrait tout le long du deuxième étage pour desservir la plate-forme; mais elle est si détachée de l'octogone que, dans la paroi devant laquelle elle se place, on a pu cependant percer une fenêtre semblable aux autres. Ces fenêtres, divisées en deux lancettes par un meneau, ont leur arc pourtourné d'une moulure en larmier qui se continue en cordon sur le reste des pans. Un glacis avec gargouilles, probablement refaites, porte une galerie ajourée; elle est formée à chaque pan, d'un encadrement contenant trois légers quatre-feuilles séparés par une moulure verticale. Sur la plate-forme, un petit étage à huit pans, avec lancettes recoupées par un meneau central, est couvert d'une toiture d'ardoise.

Le chœur montre dans ses murs latéraux les encadrements, datant du XIIIe siècle, de fenêtres garnies de remplages postérieurs; il en est de même au mur de fond. Deux contreforts en équerre épaulent les angles du mur de fond; sur leurs glacis sont posées deux tourelles octogones privées de leurs flèches. Entre ces deux tourelles, à la base du pignon garni de crochets XIIIe siècle et placé en retrait, règne une galerie couverte. Elle est éclairée par huit petites baies trilobées, placées deux par deux, entre des parties pleines. L'archivolte de la grande fenêtre repose de chaque côté sur deux colonnes avec chapiteaux à tailloirs carrés;

elles sont séparées par deux gorges et un filet vertical. Le remplage en lancettes dédoublées n'est pas de l'époque. De chaque côté du chœur, la fenêtre du collatéral est, de même qu'à l'intérieur, une baie du XIIIe siècle.

Sur le contrefort entre cette partie et la chapelle de la Renaissance, on a logé une petite statue équestre fort mutilée, que C. de Bras décrit en ces termes : « Le duc de Normandie Guillaume le Conquérant à cheval, comme s'il faisoit son entrée, et sous les pieds de son cheval les représentations d'un jeune homme mort et d'un autre homme et femme à genoux, comme s'ils demandoyent raison de la mort de leur enfant ». L'aspect du cheval, non ferré, mais chaussé de sandales à clous saillants avec courroie; l'attitude et le vêtement du cavalier, dénotent que cette pièce, visiblement rapportée, est d'une antiquité reculée, du XIIe siècle peut-être. L'interprétation donnée par le vieil historien de Caen et celles suggérées à diverses reprises, ne paraissent plus devoir être admises. On rapproche ce cavalier des « Constantin » sculptés sur plusieurs églises poitevines. Les deux fenêtres du XVIe siècle sont encore en arc brisé, avec rinceaux rappelant les fleurons du siècle précédent. A l'angle, deux pilastres classiques supportent une culée formée d'un massif avec colonnes aux angles et entablement. Une culée de même genre, mais plus forte, est montée sur le pourtour de la chapelle, entre la fenêtre du XIIIe siècle et celle du XVIe siècle. Cette culée sert à un second arc-boutant à double volée, placé sur l'angle du chœur. Un arc-boutant de même fabrication va depuis le pignon du croisillon sud jusqu'à la naissance du chœur. Le long de la paroi nord du chœur, les arcs-boutants s'appuient sur des culées dont les vases de couronnement indiquent le XVIIe siècle. Entre ces massifs, les murs fermant les chapelles ont reçu des pignons décoratifs où l'on a réemployé des crochets du XIIIe siècle.

SAINT-MICHEL DE VAUCELLES

Cette église, siège d'un doyenné, existait dès le XI⁰ siècle : l'un de ses curés d'alors fut le célèbre Roger de Salisbury. Sauf le clocher latéral, qui est du XII⁰ siècle, et la façade moderne, la construction appartient presque entièrement au XV⁰ et au XVI⁰ siècle. Elle comprend une nef de quatre travées et un chœur de même étendue, bordés de collatéraux ; un chevet plat le termine. Les piliers ouest de la nef affectent la forme de quatre demi-cercles réunis par de grandes ondulations concaves. A l'est, ce sont des fûts cylindriques flanqués, sur trois côtés, de trois colonnettes isolées et sur le quatrième, d'un groupe de trois autres, pour les retombées des collatéraux. Les moulures pénètrent directement dans le fût. La voûte, large et basse, avec lierne longitudinale, est du XVI⁰ siècle. Le bas-côté ouest paraît un peu plus ancien, d'après ses clefs sculptées semblables à celles du collatéral ouest du chœur.

Le chœur, plus haut que la nef, repose à l'ouest sur des piliers semblables à ceux du même côté de la nef. A l'est, ce sont des piliers aux formes anguleuses, correspondant aux moulurations des arcs simplement chanfreinés. Les deux murs de la nef sont nus. Un bandeau de feuillage règne à la naissance des voûtes, dont les lunettes sont percées de petites fenêtres. Les voûtes datent du XVI⁰ siècle. Deux croisées ont de belles clefs pendantes. Tout autour, les voûtains présentent des peintures retrouvées sous le badigeon : des rinceaux avec candélabres et chimères — rappelant le style Renaissance d'Hector Sohier — et des médaillons disposés deux par deux dans chaque voûtain. Ces médaillons figurent les saints patrons de la « charité » de la paroisse. Les armes d'un des deux curés, du nom de La Longny, donnent la date approximative de ce travail, exécuté probablement sous le premier d'entre eux, mort en 1554. Des culs-de-lampe sculptés, sur le mur et sur les piliers, supportent les voûtes du collatéral ouest, où l'on remarque de jolies clefs du XV° siècle — l'une représente la Crucifixion. Un ange de la même époque sert de clef à la dernière travée du collatéral est. La première travée de celui-ci est occupée par la base du clocher.

Le clocher s'ouvre sur la nef par une archivolte de trois boudins inégaux entre filets portant sur une demi-colonne et deux colonnes engagées; de plus, sur la nef, il y a un encadrement avec frette crénelée; mais toute cette partie a été refaite, tandis que les quatre colonnettes logées dans les angles intérieurs et portant sur des culs-de-lampe, paraissent plus authentiques. Elles sont couronnées de chapiteaux à godrons avec évasements pour supporter un tailloir de biais sous une croisée d'ogives, garnie d'un demi-boudin et de deux boudins engagés entre des filets. Une petite baie plein cintre, largement ébrasée, occupe le mur est.

A l'extérieur, ce clocher comprend trois étages. Le premier est épaulé de contreforts plats, plus épais à l'angle sud-ouest où se trouve la base de la tourelle accolée à la tour. Un cordon en bandeau chanfreiné porte, vers le haut de cet étage, de petites arcatures avec pieds-droits et archivoltes non moulurées. Un nouveau bandeau marque le second étage de la tour; chaque face est décorée de trois arcatures soutenues, sur les côtés, par deux colonnes en retrait et aux deux retombées communes, par une demi-colonne accostée de deux autres colonnes de moindre diamètre. Dans l'arcature du milieu est percée une longue et étroite baie. Les bases conservent un cavet et un tore, et les chapiteaux des godrons ornés. Les tailloirs sont garnis d'un bandeau, d'un onglet et d'un chanfrein. L'archivolte présente un boudin dans une gorge, deux rangs de bâtons brisés et un cordon à billettes. Aux angles de cet étage, une colonnette monte recevoir les extrémités de la corniche.

A l'angle sud-ouest s'applique la tourelle d'escalier, couverte d'arcatures, en plein cintre surhaussé, analogues à celles de la tour; elle porte, de même que la tour, une corniche à modillons variés. La flèche de pierre à quatre pans qui couvre la tour est, d'après Ruprich-Robert, du XIVe ou du XVe siècle. La lucarne ouest est moderne; celle du sud, plus petite, en plein cintre sur pilastres, est ancienne. Il y a lieu de se demander s'il ne faudrait pas donner à cette couverture un âge plus reculé.

On voit par les profils et les sculptures que ce clocher est plus jeune que les tours de Saint-Étienne. Il ne doit pas être antérieur au milieu du XIIe siècle; son style est plus avancé que celui du clocher de Saint-Contest, avec lequel il a beaucoup de ressemblance.

Les deux pignons du chœur sont ornés de crochets et de fleurons. Sur le collatéral ouest s'ouvrait un très joli portail, aujourd'hui transformé en chapelle, et qui rappelle celui du vieux Saint-Étienne, avec ses pinacles et son lacis de mouchettes. Sur la façade s'élève un clocher du XVIIIe siècle, en forme de dôme; c'est un exemple, et non l'un des mieux réussis, d'une disposition fréquente à cette époque, dans bon nombre de clochers du Calvados où un étage octogone repose sur une base carrée, la transition s'opérant par le moyen de glacis triangulaires, d'un agencement parfois assez heureux.

———

La ville de Caen possède encore plusieurs autres églises de moindre intérêt, soit à cause de leur âge, telle Notre-Dame (où l'on doit cependant mentionner un bel autel provenant de l'Abbaye aux Dames et des fragments de grilles autrefois à Saint-Étienne), soit à cause des trop nombreux remaniements subis par une construction primitive déjà peu remarquable: telles Saint-Ouen et Saint-Julien, des XVe et XIXe siècles, ou encore la collégiale du Sépulcre. Cette église a été rebâtie au XVIII° siècle. Le lierre qui en couvre le petit clocher octogone est plus pittoresque que la masse informe du chœur et de la nef. Néanmoins, l'un des côtés de celle-ci conserve une porte avec frettes crénelées, sous un pan de mur où des restes de claveaux permettent de reconstituer une suite d'arcatures, comme à Biéville ou à Ouistreham. De l'ancien cimetière de cette église, on a, sur l'ensemble du château de Caen, la vue assez complète d'un édifice généralement caché de toutes parts.

ARCHITECTURE MILITAIRE

CHATEAU DE CAEN

Le château de Caen fut fondé par Guillaume le Conquérant, peut-être sur l'emplacement d'un poste plus ancien. Il occupe un plateau dominant la ville vers le nord et montant légèrement dans cette direction. L'enceinte qui suit les contours du plateau, forme un pentagone irrégulier prolongé vers le nord par une avancée à peu près rectangulaire. C'est dans cette partie, la plus élevée du plateau, qu'était situé le donjon, détruit à l'époque de la Révolution. Il était carré et protégé par une chemise avec tours aux angles.

Des fossés secs entourent tout le plateau rocheux : à certains points, ils ont été creusés de main d'homme dans le roc, notamment à l'est. Les murs d'enceinte, comme l'a constaté notre confrère M. Sallez, ne présentent plus que peu de parties du XII° siècle : on en retrouve des deux côtés du saillant nord et au sud de la porte principale.

Deux portes donnent accès au château : toutes deux étaient précédées d'une barbacane constituée par un terreplein rectangulaire avec quatre tours aux angles. Les deux rampes d'accès et les ponts, séparés par la barbacane, formaient un angle droit. La porte principale a été reconstruite en 1804. La porte Est ou des Champs est conservée. Deux tours en forme de trapèze terminé en demi-cercle sont réunies par une partie centrale où est percée la porte. Cette masse imposante est couverte d'un seul toit arrondi sur les côtés. Des mâchicoulis règnent entre les deux tours, au-dessus du pont-levis; la porte est moderne. L'intérieur est très remanié : on y voit encore les archères profondes des deux tours, la rainure de la herse. Ce qu'il y a de plus intéressant dans cette porte, ce sont les murs qui bordent le pont jeté sur le fossé; l'un, plus haut que l'autre, est percé de meurtrières. Ces deux parois coupent transversalement le fossé. Elles protègent la sortie d'un souterrain voûté, venant en pente de la plate-forme du château et aboutissant au fond du fossé.

La tour ronde située à l'angle sud-est présente également une communication de cette sorte, allant de son étage inférieur jusqu'au sol de l'enceinte. Cette tour, dite de la Reine-Mathilde, contient deux étages voûtés d'ogives. Le haut a été dérasé.

A l'angle ouest, une tour qui sert de poudrière est de même plan, mais toutes les autres, irrégulièrement espacées, et sortant, comme la courtine, d'un haut glacis, sont de forme rectangulaire.

Dans l'intérieur de l'enceinte, on remarque encore la chapelle Saint-Georges, qui se compose d'une nef du XIIe siècle, d'un chœur et d'un seul collatéral sur la nef, tous deux du XVe siècle. L'arc triomphal est en plein cintre; appartenant à la construction du XIIe siècle, il est orné d'un boudin, de bâtons brisés et d'ornements en forme de fleurs, gravés géométriquement dans des cercles. La nef est couverte d'une charpente sans entraits; les fermes sont doublées d'aisseliers courbes figurant un arc brisé : ces pièces reposent sur des bouts d'entraits, émergeant de la sablière et

L. Sallez, del.

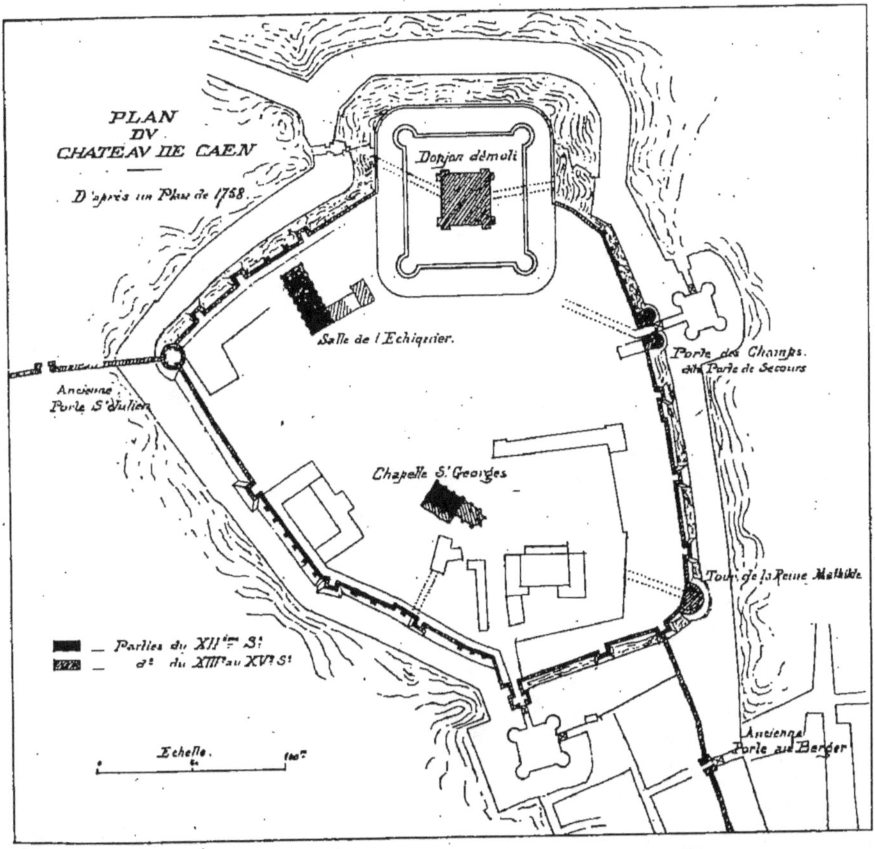

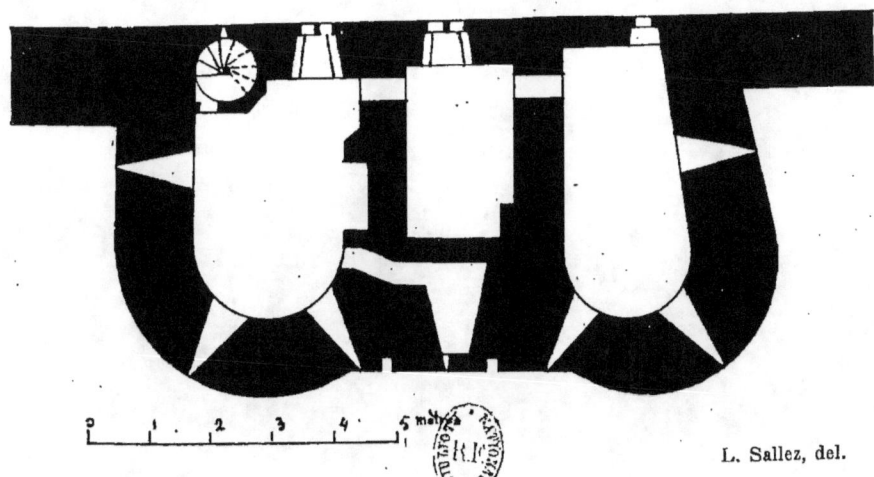

Plan de la porte des Champs.

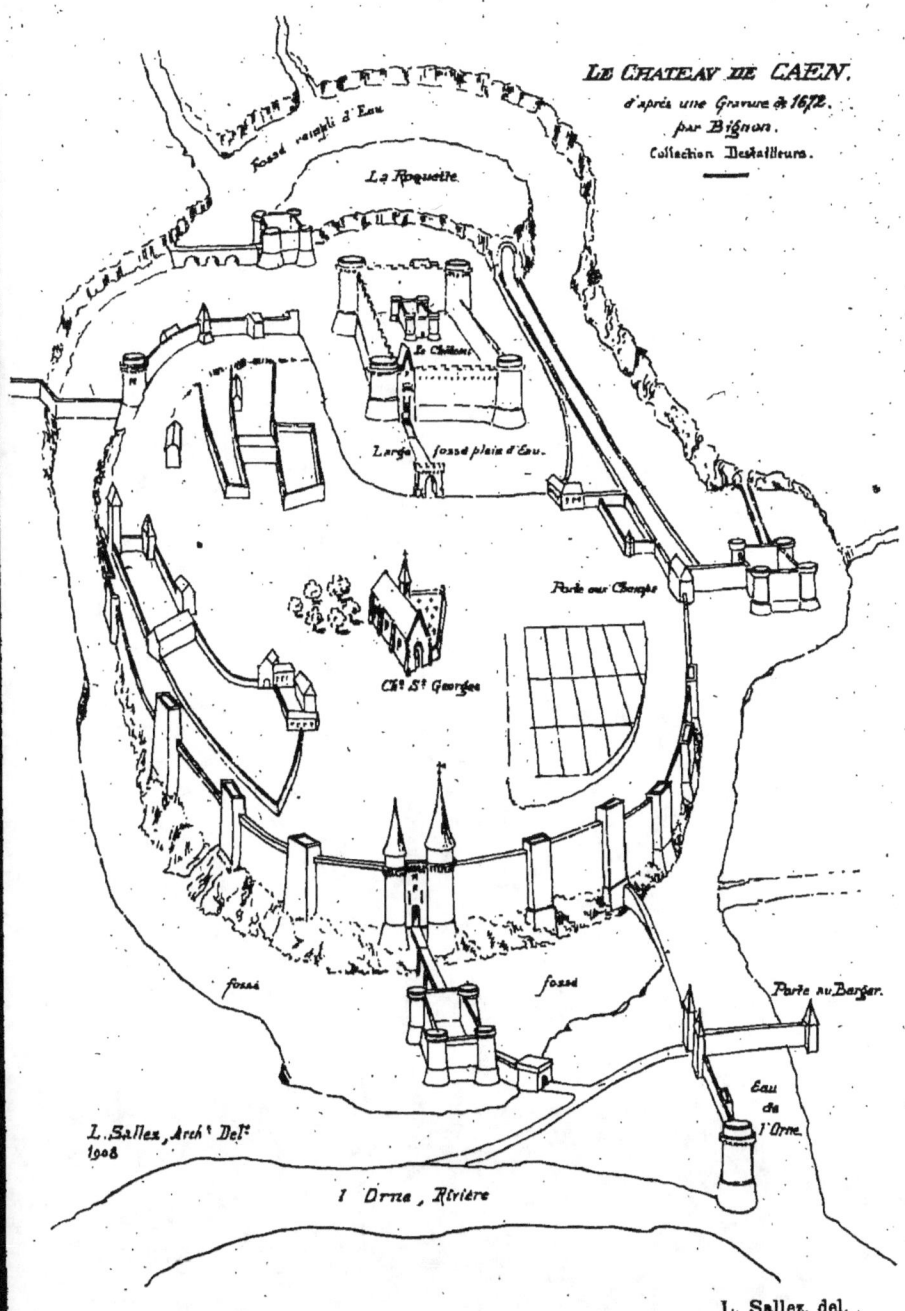

Le château de Caen au XVIIe siècle.

soutenus eux-mêmes par des consoles de bois courbe. Sur la partie correspondant à l'inflexion de ces consoles, on a plaqué un lambris de même courbe, terminé par un crénelage. Ce travail rappelle, en plus simple, les charpentes anglaises. Le collatéral est séparé en deux par un porche

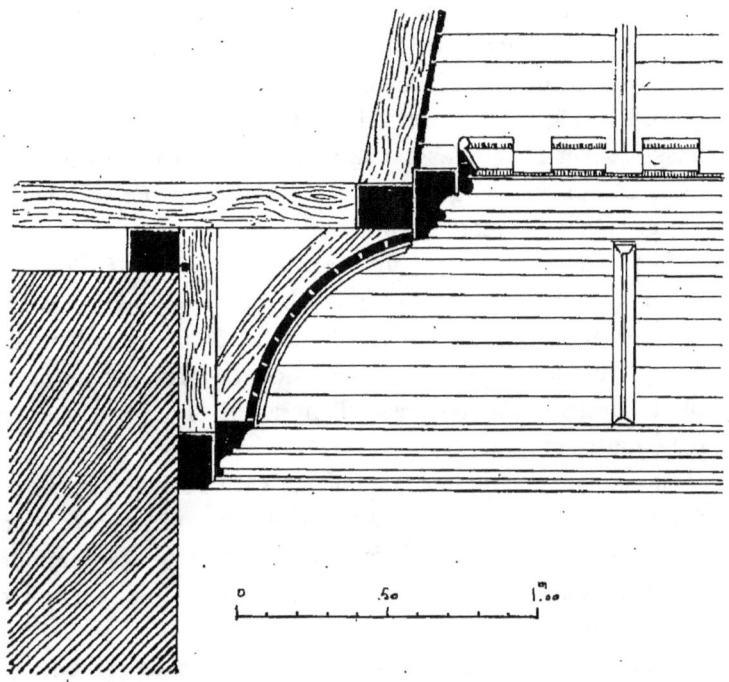

L. Sallez, del.

Charpente de la chapelle Saint-Georges.

voûté d'ogives. Le chœur comprend deux travées et une abside à trois pans. Les nervures de la voûte descendent jusqu'au sol. A l'extérieur, au sud de la nef, il existe encore une corniche à modillons variés, du XIIe siècle.

Au nord, un grand bâtiment rectangulaire a été pris longtemps pour une chapelle; on pense plutôt que c'était la salle où siégeait l'Échiquier de Normandie. La façade, terminée par un pignon assez plat, ce qui dénote son antiquité, est flanquée de quatre contreforts doublés. La porte s'ouvre entre les deux contreforts du milieu. Deux pilastres portent un arc plein cintre à bâtons brisés, surmonté d'un rang de petits cercles gravés. Dans cet arc est inscrit un arc surbaissé dont les claveaux ont été dégradés à une époque moderne. L'espace entre ces deux arcs laisse un tympan en croissant décoré d'étoiles à quatre branches.

Au-dessus, une fenêtre plein cintre, dont les claveaux sont aussi couverts d'étoiles à quatre branches, est encadrée de deux colonnes engagées et d'une archivolte avec un boudin et une très large moulure billetée.

Entre la porte et la fenêtre, règne un cordon qui se retourne sur les contreforts de façade, sur les côtés de l'édifice et sur les contreforts latéraux, doubles également. Au-dessus de ce cordon, entre les contreforts, des fenêtres plein cintre sont entourées d'une archivolte et de deux colonnettes engagées.

Longeant l'Échiquier, on voit un petit bâtiment voûté de deux croisées d'ogives du XVe siècle, et, par derrière, un grand cellier. A côté s'élève encore une petite chapelle couverte d'une charpente dans le genre de celle de l'église Saint-Georges.

De l'enceinte de la ville, il ne subsiste que de rares fragments, le long du vieux Saint-Étienne et du cours Saint-Julien. Près de Saint-Pierre, la tour Guillaume-le-Roy marque le point où l'enceinte venue du château et traversée par la « Porte-au-Berger » allait aboutir à la rivière de l'Odon.

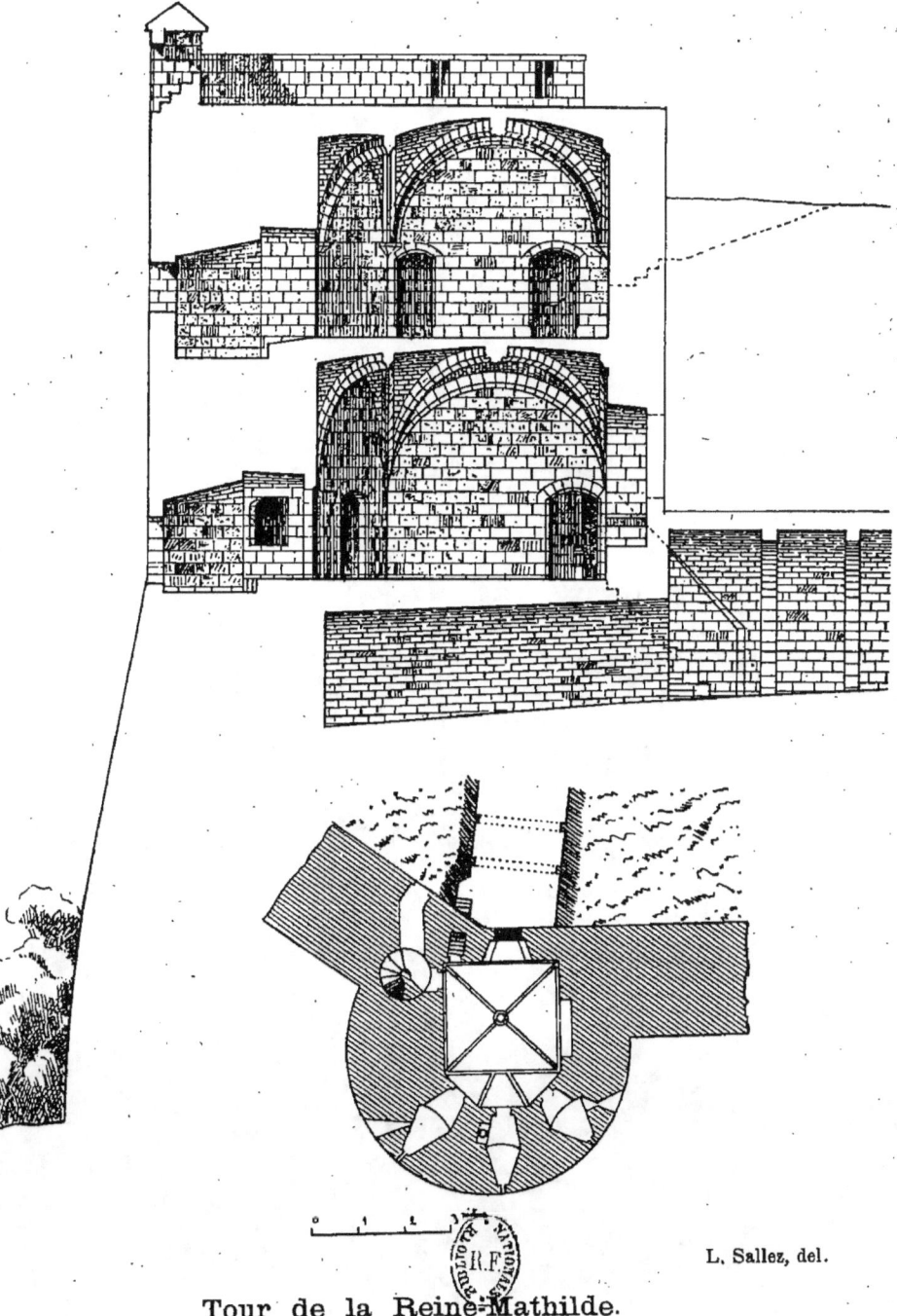

Tour de la Reine-Mathilde.

ARCHITECTURE CIVILE

L'architecture de la Renaissance, est représentée à Caen par des hôtels remarquables. On y compte aussi bon nombre de maisons de pierre des XVe, XVIe et XVIIe siècles, ayant plus ou moins gardé des restes intéressants. Enfin, plusieurs maisons de bois s'y présentent dans un bon état de conservation.

HÔTEL D'ESCOVILLE

Situé place Saint-Pierre, il comprend trois corps de logis; l'un sur rue, l'autre au fond de la cour; ils sont réunis par une aile transversale. Cet hôtel, au jugement de Palustre, l'une des merveilles de Caen et même de la France, tire son nom du riche négociant qui le fit bâtir, Nicolas Le Valois, sieur d'Escoville, mort en 1541.

La façade sur rue se compose de deux étages séparés par des corniches que supportent des pilastres composites décorés de panneaux et de losanges. Entre deux colonnes portant un arc dont le tympan sculpté a disparu, s'ouvre la porte qui donne accès dans la cour. L'aile du fond est divisée en trois parties. Au milieu est un pavillon couvert d'une très haute toiture « en hache ». Un haut soubassement avec socles saillants porte les deux pilastres corinthiens et les deux colonnes de même ordre qui décorent le rez-de-chaussée. Ces supports soutiennent la corniche qui marque la division entre les deux étages. Sur le premier se répètent les pilastres, les colonnes et la corniche du rez-de-chaussée. Entre les colonnes, deux fenêtres superposées sont coupées par une croisée de pierre ancienne. Le meneau est orné d'un candélabre, comme à toutes les croisées ayant subsisté dans leur état primitif. A la base du grand comble aux pans légèrement incurvés, s'élève, dans l'axe des fenêtres, « la plus grande et la plus magnifique lucarne qui soit jamais sortie de l'imagination d'un artiste ». Sur un stylobate reposent deux colonnes portant un entablement. Dans ce cadre s'inscrit un arc sur deux pilastres : c'est le premier étage de la lucarne. De chaque côté deux arcs-boutants en quart de cercle s'appuient à un pilastre corinthien, que surmonte un candélabre de pierre. L'entablement du pilastre se prolonge sur l'arc-boutant et rejoint, par derrière les colonnes, les impostes de la lucarne. Les pilastres de côté reposent sur des socles placés au-dessus des colonnes de l'étage de la façade. Comme ces socles sont proéminents, on y a assis deux figures de guerriers qui semblent forger des armes. Des rinceaux avec chimère grimpent depuis l'entablement qui couvre les arcs-boutants, le long des colonnes qui encadrent la première lucarne. L'entablement de celle-ci porte une inscription : MARSYAS VICTUS OBMUTESCIT.

A chaque extrémité est campé un petit génie placé devant un candélabre. Entre ces statuettes s'étend un nouveau socle où se détache un personnage à mi-corps, les bras croisés, qui semble regarder vers le sol. Sur le socle, une nouvelle lucarne, de même composition, s'amortit par une sorte de médaillon avec buste et rinceaux à l'entour.

A gauche de ce pavillon central, une partie plus simple est décorée des mêmes pilastres et des mêmes bandeaux. A droite, une « loggia », ouverte, de deux étages, abrite l'entrée et l'escalier. La porte intérieure présente aussi, sous un entablement à pilastres surmonté d'une niche, un arc dont le tympan est un bas-relief. La loggia est couronnée d'une lanterne ajourée en forme de petit temple circulaire. Ce temple est également composé d'arcs et de pilastres intermédiaires qui portent un entablement dont les parties saillantes se couronnent de vases. La petite coupole finale s'amortit par une statue, tandis que, dans la lanterne inférieure, est abritée une statue de Priape. Une tourelle octogone, portant elle-même un petit temple circulaire à double amortissement, accoste la lanterne principale.

L'aile intermédiaire vient d'être rétablie dans son état primitif : on avait, au XVIIe siècle, défoncé le plancher du premier étage et réuni en une seule fenêtre d'une hauteur démesurée celles qui se superposaient comme aujourd'hui. Ce corps de logis comprend un rez-de-chaussée et un étage régnant avec les lignes du bâtiment de fond et percés chacun de trois fenêtres.

Toute la décoration a été réservée pour les deux trumeaux qui séparent les fenêtres et qui sont aussi divisés en deux étages. Sur un socle saillant, dont les moulures continuent la base de l'édifice, deux colonnes, encore une fois, portent un entablement qui correspond au bandeau divisant les deux étages. Sous cet abri, une niche peu profonde fait un fond à deux statues de proportions allongées, placées sur un piédestal en forme de coffret, aux flancs renflés et soutenus par des acanthes et des griffes : d'un côté, c'est David tenant la tête de Goliath ; de l'autre Judith ayant en main celle d'Holopherne. L'autre étage est de semblable composition, mais les socles sont décorés de deux bas-reliefs : l'Enlèvement d'Europe et la Délivrance de Persée par Andromède. Il n'y a pas de niche. A la place des statues, deux génies sont les tenants d'écussons timbrés de heaumes à lambrequins, avec cartouches accrochés à un ruban. Une main qui sort au-dessous de l'entablement, laisse pendre ce ruban ; elle paraît appartenir à un petit personnage dont on voit seulement la tête et les épaules, engagées dans un petit oculus au milieu de la face de cet entablement. Au-dessus de la lucarne à pilastres, un petit étage carré, en retrait, sert de base à un pinacle circulaire, substitué à des vases, lors de la restauration en cours. Cette description ne peut donner aucune idée de l'harmonie des proportions et du charme de la construction, rendue plus agréable encore par le parti de mettre les lucarnes dans l'axe des trumeaux, contrairement à l'usage de les faire coïncider avec les fenêtres.

Le troisième corps de logis, du côté de la cour, présente des fenêtres à croisées et une décoration de pilastres.

Quel est l'architecte de l'hôtel d'Escoville ? Les opinions diffèrent à ce sujet : M. Travers ne se prononce pas; M. Palustre n'admet pas le nom de Blaise Le Prestre, trop vieux pour avoir changé sa manière gothique en style Renaissance. Il s'appuie, en outre, sur un texte où Jacques de Cahaignes cite quatre édifices de Caen élevés de son temps, parmi lesquels l'hôtel d'Escoville. Les architectes sont nommés pour trois seulement et non pour ce dernier. Ce texte, au contraire, paraît à M. de Longuemare, appeler une autre interprétation. Le nom de l'architecte de l'hôtel d'Escoville n'aurait pas été cité spécialement parce que ce serait le même que celui du troisième édifice mentionné par Cahaignes : Blaise Le Prestre. L'édifice en question est le porche de Saint-Gilles. Si c'est bien celui qui s'ouvre aujourd'hui au bas-côté sud, de style flamboyant encore, à peu de chose près, rien n'y rappelle l'architecture de l'hôtel d'Escoville. Il faudrait que l'artiste eût radicalement changé son style et c'est ce que Palustre refuse d'admettre. D'autre part, M. de Beaurepaire, à la suite de M. Bordeaux, faisant ressortir des ressemblances de détails — disques, oculus, bustes, rinceaux à chimères — qui existent entre l'hôtel et le chevet de Saint-Pierre, les attribue tous deux à Hector Sohier.

Un point reste acquis, comme le prouve M. Travers, c'est que l'architecte de l'hôtel d'Escoville fut le même qui construisit le gros pavillon du château de Fontaine-Henry.

HOTELS DES MONNAIES ET DE MONDRAINVILLE

L'édifice désigné sous ce nom a fait partie d'un groupe de constructions ayant toutes dépendu de l'habitation d'Étienne Duval de Mondrainville, très riche négociant et armateur, né en 1507, mort en 1578. Aujourd'hui, la rue de la Monnaie coupe en deux parts les terrains d'Étienne Duval.

D'un côté subsiste une très jolie construction appelée maintenant hôtel de Mondrainville; originairement c'était un pavillon dans le jardin d'Étienne Duval de Mondrainville. Son hôtel proprement dit était celui « des Monnaies ». Il l'avait fait bâtir peu après la mort de son père; il s'y installa le 16 novembre 1535. C'est un corps de logis d'un rez-de-chaussée et d'un étage avec lucarnes au-dessus, flanqué, à l'extrémité, d'une tour ronde.

Une tourelle en encorbellement occupe le milieu de la façade. Des cordons formant un entablement simulé surmontent le rez-de-chaussée et le premier étage; ils sont portés par des pilastres très plats, couronnés de chapiteaux composites. Entre ces pilastres, s'ouvraient les fenêtres, comme on peut le voir à l'orient. Les lucarnes en plein cintre sont couronnées d'un fronton de même forme, orné d'une coquille et, tout autour, de rinceaux. De chaque côté de la lucarne, des pilastres indépendants se réunissent à celle-ci par de petits arcs-boutants. La tourelle de façade repose sur un gros cul-de-lampe carré avec chapiteau composite. Elle est à trois pans. A chaque angle, des colonnettes engagées portent un entablement. La toiture de pierre en dôme est terminée par une toute petite lanterne circulaire.

Chaque pan est percé d'une baie au-dessus de laquelle est un médaillon : ceux de droite et de gauche contiennent un buste d'homme et un buste de femme; celui du milieu renferme un cartouche avec inscription : NE VITAM SILENTIO PRAETEREANT.

A l'ouest de la construction, une tour cylindrique est ornée de moulures qui continuent celles de la façade. Dans l'angle formé par celle-ci, un cul-de-lampe en quart de cercle porte une tourelle : elle renferme un escalier qui dessert la chambre placée au haut de la tour, tandis que le bas de cette tour est occupé par un escalier plus important. Cette façon de gagner une chambre sur une vis d'escalier est des plus fréquentes dans les constructions civiles de Normandie : les hôtels et les manoirs ruraux en offrent de nombreux exemples, principalement dans les tours octogones surmontées d'un étage carré.

En retour d'équerre avec l'hôtel des Monnaies, un grand corps de logis fût bâti en 1560 par Étienne Duval. M. Bordeaux en a autrefois décrit l'escalier et les plafonds, où on lisait quantité d'inscriptions.

Mais la portion la plus intéressante de cet ensemble — et aussi la plus défigurée par les constructions parasites modernes — est celle qui est connue sous le nom d'hôtel de Mondrainville. C'était, en réalité, un pavillon de jardin. « Lorsqu'Étienne Duval fut anobli en 1548, dit M. Travers, il voulut donner à sa demeure des dépendances en rapport avec sa nouvelle condition sociale. Aussi, vers 1550, résolut-il de faire élever à l'extrémité de ses vastes jardins un pavillon isolé, destiné uniquement aux jeux et aux plaisirs, dans le genre de ce que les Italiens nomment un casino. Là, en effet, nous sommes en présence d'une construction imitée des modèles d'au delà des monts. Florence et Sienne ont des édifices semblables et l'ordonnance générale rappelle les arcs de triomphe antiques ».

Le rez-de-chaussée comprenait autrefois une seule salle ; c'est l'imitation frappante d'un arc de triomphe, avec ses trois arcs inégaux séparés par des colonnes dont le socle est saillant, ainsi que l'architrave. Un étage forme attique ;

Hôtel des Monnaies, à Caen.

il est divisé en trois parties par des colonnes posées sur les autres : au milieu, trois baies en plein cintre inégales, celle du centre portée par des pilastres ; sur les côtés, deux baies géminées dans un encadrement commun avec fronton et rinceaux.

A l'angle de la construction, une tourelle d'escalier carrée est couronnée d'une lanterne circulaire. Les modèles fournis par l'Italie ont été interprétés par un artiste français ; aussi n'a-t-on pas craint de céder aux exigences du climat et de couvrir le pavillon d'un haut toit en « hache », très élégant dans sa forme légèrement incurvée. Ce toit a permis d'ouvrir une jolie lucarne en plein cintre dans l'axe de l'édifice : son entablement à pilastres est amorti par un fronton à rinceaux ; deux minces pilastres se réunissent à la lucarne par un petit arc-boutant formé d'un rinceau en contre-courbe.

Le nom de l'architecte est, ici encore, resté inconnu. C'est probablement celui de l'hôtel d'Escoville : « L'analogie avec ce dernier monument est frappante, dit Palustre. Les colonnes de l'hôtel de Mondrainville et celles de la Bourse sont identiques ; leur base présente une imitation du XIIIe siècle, fort particulière ; il y a des palmettes, comme au pied des colonnes du chœur de Saint-Étienne, et cet empattement ressuscité au XVIe siècle diffère peu de celui usité sous Philippe-Auguste ».

HÔTEL DE THAN

L'hôtel de Than est un long corps de logis, flanqué à l'est d'un pavillon carré. Les fenêtres du rez-de-chaussée et de l'étage sont entourées de moulures, sur bases à bouteilles, qui se recoupent à angle droit dans les angles ; elles sont, pour la plupart, divisées par des croisées de pierre. Une moulure en larmier encadre toute la partie supérieure jusqu'au niveau du meneau transversal et se retourne en cordon le long de la façade.

Cette disposition des fenêtres est encore entièrement gothique ; elle ne doit pas cependant faire illusion sur l'âge réel de la construction. Les appuis de fenêtre avec leurs petits culs-de-lampe sont Renaissance. Il faut encore prendre garde néanmoins que plusieurs, d'un travail beaucoup plus banal, ont dû être retaillés en même temps qu'une petite frise semblable sous le toit. Le dessin est celui que l'on remarque sur bon nombre de meubles de la région, datant du début du XVIIIe siècle.

Les deux grandes lucarnes avec croisées de pierre ont leurs pilastres et l'entablement entièrement sculptés; la partie la plus remarquable est le fronton demi-circulaire, dans lequel un bas-relief représente un animal. Deux contre-courbes le surmontent; elles sont entourées de rinceaux détachés, que termine un épi de pierre analogue à ceux qui ont été exécutés en faïence dans la région de Lisieux. La lucarne centrale, au moins dans sa partie supérieure, paraît bien avoir été refaite.

Le pavillon est percé de plusieurs étages de fenêtres, comme à la façade, entourées de cordons en larmier et disposées sans symétrie sur chaque face. Tout en haut, un médaillon avec une tête peut se comparer avec celui que l'on voit sur le principal corps de logis.

MANOIR DES GENS D'ARMES

Dans le faubourg de Calix, Gérard de Nollent possédait un fief où, dans les premières années du règne de François Ier, il fit bâtir une maison de plaisance, connue depuis lors sous le nom de « Manoir des Gens d'Armes », à cause d'une particularité de sa décoration.

Le manoir consiste aujourd'hui en une courtine crénelée longeant la route et terminée par deux tours. D'après un ancien plan de Caen, il y aurait eu un quadrilatère au milieu duquel se serait trouvée la maison d'habitation ; mais l'existence des trois autres côtés et des deux autres tours reste problématique. La maison a été rebâtie sous Louis XIII ; une belle porte gothique de fine menuiserie s'y trouvait encore; elle a été transportée au Mans, dans le musée de la maison de la reine Bérengère, si bien qu'il n'y a plus d'intéressant que les constructions en bordure de la route d'Hérouville.

La tour ouest, flanquée d'une petite tourelle d'angle, est couronnée d'un large bandeau avec réminiscences classiques : elle porte trois créneaux ; les merlons sont décorés d'un médaillon avec tête. Entre les créneaux, deux statues à mi-corps, drapées à l'antique, étaient autrefois armées d'un arc et d'une arbalète : ce sont les « Gens d'Armes », qui ont donné son nom à l'ensemble du manoir. Vers la route, une jolie fenêtre avec pilastres sculptés et fronton à coquille accosté de deux candélabres, a conservé ses croisillons et une partie de son vitrage. Elle est protégée par les barreaux entre-croisés d'une belle grille saillante. Sur le côté, un encadrement avec rinceaux porte les armes, très mutilées, des Nollent. Sur les parois de la tour, quinze médaillons disposés à peu près en damier offrent des bustes d'hommes et de femmes, des plus variés et d'un excellent travail. Les merlons de la courtine ont chacun un médaillon de même genre, mais moins bien exécuté. Les inscriptions qui entourent chacun d'eux montrent que l'auteur s'est inspiré des « Triomphes » de Pétrarque : *Amor vincit mundum, pudicitia vincit amorem*, etc.

La tour de l'est, plus dégradée, est moins décorée d'ailleurs ; trois créneaux seulement subsistent. La fenêtre a gardé une grille semblable à la précédente.

L'auteur du manoir des Gens d'Armes est Abel Le Prestre. M. Travers l'a démontré, par comparaison avec une maison dont il faut dire ici quelques mots.

MAISON DE PIERRE DE CAHAIGNES

Elle est située rue de Geôle. Fort endommagée par des aménagements modernes, elle offre encore au rez-de-chaussée une charmante porte dont le linteau, finement travaillé, représente, au milieu d'arabesques, un singe jouant avec un dauphin. Les pilastres sont décorés de losanges et de cercles. Ce motif, que l'on retrouve ailleurs encore dans la ville, se reproduit aux pilastres d'angle et à ceux des fenêtres qui éclairent les deux étages de la maison. De chaque côté de ces fenêtres, quatre médaillons sont absolument identiques, de faire et d'inscriptions, à ceux du manoir des Gens d'Armes, inspirés des « Triomphes » de Pétrarque. L'architecte est certainement le même. Or, on sait que cette maison est celle de Pierre de Cahaignes. Le fils de celui-ci, Jacques, dans ses *Éloges des citoyens de Caen*, a décrit la porte de la maison de son père en donnant le nom de l'architecte : Abel Le Prestre.

A côté de ces remarquables exemples de la première Renaissance, il faudrait encore mentionner d'autres hôtels, où l'on peut suivre l'histoire des grandes habitations à Caen depuis la fin du XVIe siècle jusqu'au XVIIIe.

L'*hôtel Duquesnay du Thon*, 6, rue du Moulin, dont la façade sur la cour présente des croisées de pierre à pilastres surmontées de hautes lucarnes. La tourelle octogone de l'escalier passe au carré pour porter un dernier étage en pan de bois. Cette belle construction, sévère et grandiose, appartient à la fin du XVIe siècle. Les premières années du XVIIe ont vu construire dans la rue de l'Oratoire, le somptueux *hôtel de Pierre Patrix*, d'une richesse un peu lourde. Au règne de Louis XIII remonte l'*hôtel de Colomby*, rue des Cordeliers, avec ses bossages et ses chaînages de pierre. La cour de certains hôtels de la place Royale dénote le règne suivant. Ils forment transition pour arriver aux maisons XVIIIe siècle du quartier de Saint-Jean.

Il faut enfin citer des demeures moins importantes, dont quelques-unes ont conservé de charmants détails. Au 37 de la rue Saint-Jean, au fond de l'allée, un corps de logis gothique formant deux retraits, avec pignons à crochets, présente de très jolies fenêtres. Les appuis sont sculptés; les moulures se recroisent; un coin coupé porte un encorbellement, également sculpté, qui a permis d'établir le pignon sur un rectangle.

Cette demeure est à rapprocher de la maison, n° 4, de la rue Froide, où toute la cour remonte aussi au XVe siècle, avec même luxe d'ornementation autour des croisées de pierre. Le *collège du Mont,* près du vieux Saint-Étienne, est sans doute plus ancien encore. Entre ses contreforts, des fenêtres s'ouvrent, droites ou en arc brisé, avec moulures et feuillages. Au-dessus des combles, les cheminées, formées de deux cylindres tangents sur une base rectangulaire, sont à signaler particulièrement. Rue Écuyère, 42, l'hôtel de Jacques Bureau a eu ses fenêtres détruites, mais la porte, de style flamboyant, mérite encore l'attention. Rue de Geôle, 39, l'hôtel de Loraille a conservé des contreforts et une grande lucarne XVe siècle sous un pignon à crochet. Dans le haut de la rue des Chanoines, un pignon du XVe siècle offre une très jolie petite lanterne triangulaire en encorbellement : le chevet d'un oratoire domestique peut-être.

Il est impossible de citer ici tous les fragments intéressants dans la ville. Il faut se borner à attirer tout spécialement l'attention sur la variété et le mérite des lucarnes des XVIe et XVIIe siècles, répandues un peu partout. Dans certaines rues, il n'est pour ainsi dire pas de maison qui n'offre quelque détail curieux : la rue de Geôle par exemple. On y voit aussi des demeures présentant, face à la rue, leur pignon de pierre. Cette disposition, qui rappelle l'architecture du nord de la France, est une imitation des maisons de bois, dont la ville de Caen garde encore de beaux spécimens.

MAISONS DE BOIS

A Caen comme à Lisieux, elles peuvent se ramener à deux types. Dans le premier, les murs goutterots forment la façade, tandis que les pignons, de pierre généralement, sont mitoyens avec les maisons voisines. Le deuxième type possède, au contraire, pignon sur rue.

Au premier type appartient la *Maison des Quatrans,* rue de Geôle, appelée ainsi du nom d'un de ses propriétaires, Jean Quatrans, tabellion de 1380 à 1390, ce qui ne veut pas dire que la maison soit aussi ancienne. Elle présente deux étages en encorbellement assez peu prononcé. Sur les poteaux sont appliquées des consoles longues et plates, qui reçoivent les têtes de poutre, non ornées. En dessous des sablières, d'une tête à l'autre, se loge une fausse sablière moulurée. La partie inférieure des poteaux, sous les consoles, est décorée d'un petit pilastre. Le même ornement s'applique aux potelets qui règnent sous l'allège des fenêtres : entre chacun d'eux, une croix de Saint-André sert d'étrésillon. Sur le versant du comble, s'élèvent deux larges lucarnes couvertes d'un toit à double pente. Du côté de la cour, la maison de Quatrans n'est plus en pan de bois ; c'est une belle construction, principalement de la Renaissance. La tour d'escalier y passe au carré par des encorbellements à redents. La tourelle elle-même est octogone. L'étage carré de la tour est éclairé d'une croisée Renaissance. A ce style appartiennent aussi deux jolies lucarnes.

Une maison du même type se voit encore rue Saint-Jean. Les deux étages y surplombent par des encorbellements très

Maison de bois, rue Saint-Jean, à Caen.

saillants. Aussi les consoles, portant les têtes de poutre, y sont-elles très développées et soutenues par de courts et gros pilastres octogones. La grande lucarne elle-même, élevée sur le toit, est en encorbellement; elle est percée de fenêtres, de face et de côté.

Des maisons ayant pignon sur rue, les deux plus remarquables se trouvent aux numéros 52 et 54 de la rue Saint-Pierre. Toutes deux ont trois étages en encorbellement; les poteaux principaux et secondaires sont tout couverts de sculptures. Les consoles servent de niche à des statues; des roses ornent les têtes de poutre; des rinceaux courent sur les sablières. La première ferme de la charpente, saillante, est soutenue par un arc de bois courbe qui porte un faux entrait et un poinçon. De plus, l'une des deux maisons a tous ses remplissages de maçonnerie décorés d'un semis d'étoiles, de fleurs de lis, de croissants et d'autres figures en terre cuite, incrustés dans le plâtre : cette disposition très originale remplace le revêtement de carreaux vernissés, en usage à Beauvais par exemple. Malgré la présence de petits pinacles flamboyants sur certains potelets, ces maisons ne doivent pas être plus anciennes que le début du XVIe siècle.

Dans la même rue, indépendamment d'autres maisons trop défigurées pour être mentionnées plus longuement, la maison portant le numéro 28, dont les poteaux et potelets sont couverts d'écailles sculptées, montre que ces demeures étaient largement éclairées : le vitrage s'étendait d'un bout à l'autre de l'étage, comme le prouvent les portions de vitraux subsistantes aujourd'hui, mais couvertes de peinture parce que, seules, les deux fenêtres modernes sont en service.

De l'autre côté de l'église Saint-Pierre, une petite maison, à l'angle de la rue du Ham et de la rue Porte-au-Berger, est bâtie de même, mais sa façade latérale sur la rue du Ham est de pierre ; elle présente une tourelle d'escalier en saillie au-dessus de la porte, selon la coutume fréquente en Bourgogne et dont il y a un exemple à Falaise.

Près de cette maison, dans la rue Montoir-Poissonnerie, deux grandes maisons jumelles sont conformes au type déjà décrit, mais tous leurs ornements sont Renaissance.

A l'angle de la rue Saint-Jean et de la place Saint-Pierre, on voit encore partiellement une maison Renaissance, beaucoup plus riche, où les potelets et poteaux prennent la figure de pilastres classiques.

BIBLIOGRAPHIE. — OUVRAGES GÉNÉRAUX SUR L'ARCHITECTURE ET L'ARCHÉOLOGIE EN NORMANDIE. — Ruprich-Robert : *L'architecture normande au XI° et au XII° siècle en Normandie et en Angleterre*, 2 vol. in-4°, pl.— Caumont (A. de): *Statistique monumentale du Calvados*, 5 vol. in-8°. — Taylor et Nodier : *Voyages pittoresques dans l'ancienne France, Normandie*. — *La Normandie monumentale et pittoresque*, 5 vol. in-fol., 1895, Calvados. — Ducarel : *Anglo-norman antiquities*, 1767, in-fol. — Cotman: *Architectural antiquities of Normandy*, 1820, 2 vol. in-4°. — Gally-Knight : *An architectural tour in Normandy*, 1836, in-8°. — Pugin : *Specimens of the architectural antiquities of Normandy*, 1825, in-4°. *(Traduction par Delobel et Le Roy, Liège, 1854)*. — Bilson (J.): *Les origines de l'architecture gothique*, dans la *Rev. art chrétien*, 1901. — Régnier (Louis) : *Les origines de l'architecture gothique*, dans les *Mémoires de la Soc. hist, de Pontoise*, 1885.— Ruprich-Robert : *Le chapiteau normand au XI° et au XII° siècle*, dans la *Gazette archéologique*, 1884. — Bouet: *Clochers du diocèse de Bayeux*, dans le *Bull. Mon.* — Engerand : (*Positions de thèses des élèves de l'École des Chartes, 19 .)* — Caumont (A. de): *Les toits de pierre des tours d'églises dans le Calvados*, dans le *Bull. Mon.* — Parker: *Lettres sur quelques monuments de la Basse-Normandie*, dans le *Bull. Mon., 1867*.

BIBLIOGRAPHIE POUR CAEN. — Bourgueville : *Les recherches et antiquitez de la ville de Caen*, 1588, in-4°. — Huet (Pierre-Daniel) : *Les origines de la ville de Caen et lieux circonvoisins*, 1702, in-8°. — La Rue (abbé de) : *Essais historiques sur la ville de Caen et son arrondissement*, 1820, 2 in-8°. — Beaurepaire (E. de) : *Caen illustré*, 1886, grand in-4°. — Trébutien : *Caen, son histoire, ses monuments*, 3° édition, in-8°.— Ruprich-Robert : *L'église Sainte-Trinité (ancienne abbaye aux dames) et l'église Saint-Étienne (ancienne abbaye aux hommes) à Caen*, 1864, in-8°. — Bouet : *Analyse architecturale de l'abbaye de Saint-Étienne de Caen*, 1868, in-8°. — Hippeau : *L'abbaye de Saint-Étienne de Caen*, 1855, in-4°. — Ruprich-Robert : *Les voûtes de l'abbaye aux hommes à Caen*, dans le *Bull. Soc. beaux-arts de Caen*, 1862.— Gervais : *Note sur l'église Saint-Nicolas de Caen*, dans les *Mém. Soc. Antiq. Normandie, 1844*. — Joly : *Notes et études sur les églises de Saint-Pierre de Caen et de Notre-Dame de Froiderue*, dans le *Bull. Soc. beaux-arts*, 1862. — Mancel : *Essai sur l'église Saint-Étienne-le-Vieux*, dans les *Mém. Soc. Antiq. Normandie*. — Pépin : *Notice sur la paroisse Saint-Gilles*, 1884. — Gasté : *Un chapiteau de l'église Saint-Pierre de Caen*. — Beaurepaire (E. de) : *Les églises de Saint-Étienne, Saint-Nicolas, la Trinité, Saint-Gilles, Saint-Michel de Vaucelles*, dans la *Normandie monumentale*. — Lavalley (Gaston) : *Les églises de Saint-Pierre, Saint-Jean, Saint-Sauveur, Saint-Étienne-le-Vieux, Saint-Sauveur-du-Marché*, *ibid.* — Palustre : *La Renaissance en France*, 1883, in-fol. — Travers (E.) : *L'ancien hôtel d'Escoville, l'ancien hôtel des Monnaies, le Manoir des Gens d'Armes*, dans la *Normandie monumentale*. — Bordeaux (R.) : *Les anciennes maisons monumentales de Caen, monographies*, dans le *Bull. Mon.*, *1846*. — Bordeaux et Bouet : *Études héraldiques sur les anciens monuments religieux et civils de la ville de Caen*, dans le *Bull. Mon.*, *1846*. — Decauville-Lachênée : *Le lycée et l'abbaye aux hommes*, dans la *Normandie monumentale*. — Lavalley (Gaston) : *Caen démoli, recueil de notices sur des monuments détruits ou défigurés*, in-8°. — *Congrès archéologique de France : Séances générales tenues à Caen*. 1883.

PREMIÈRE EXCURSION

Église d'AUDRIEU

L'église d'Audrieu formait une des prébendes du chapitre de Bayeux. Dès 1144, ce chapitre avait des droits dans le village. L'église comprend une nef bordée de collatéraux ; un carré de transept surmonté d'une tour centrale ; deux croisillons avec chapelle à l'est ; un chœur terminé par un chevet plat.

Les murs de la nef conservent quelques fragments très anciens, mais cette partie de l'édifice n'est pas, en général, antérieure au XIVe siècle, et, de plus, elle a subi de nombreux remaniements. Le carré du transept et les croisillons appartiennent à la seconde moitié du XIIe siècle, ainsi que la chapelle du croisillon nord ; l'autre a été reconstruite au XIVe siècle. Le chœur date du XIIIe siècle, de même que la tour centrale.

La nef est dépourvue d'intérêt : seules, les colonnes des grandes arcades paraissent être anciennes. Un socle octogone porte leur fût cylindrique, reposant sur une base de deux petits tores séparés par une scotie. Le chapiteau est à crochets ; le tailloir octogone présente une mouluration refouillée en forme de larmier. Les arcs ont peut-être été refaits. L'intrados est plat, ce qui est rare en Normandie ; il est bordé par deux boudins en amande entre des cavets. Un ressaut marque un deuxième rang de claveaux, dont l'angle porte aussi un boudin entre cavets.

Le carré du transept est encadré par quatre grands arcs brisés. Les deux archivoltes sont à claveaux droits. Les piliers sont tous semblables et de forme régulière. Deux demi-colonnes appliquées à un pied-droit et accouplées sous un même tailloir supportent l'archivolte interne. En retrait, de chaque côté, deux colonnes correspondent à l'archivolte externe. Une troisième colonne, engagée dans l'angle formé par les groupes précédents, reçoit la voûte d'ogives qui couvre le carré.

Les bases présentent un premier tore aplati avec griffe, une gorge, un filet et un deuxième tore. Les chapiteaux sont ornés de godrons ou de feuilles d'eau. Le tailloir compte un bandeau et un chanfrein séparés par un onglet.

La construction marque une époque assez avancée du XIIe siècle. Elle est homogène ; les colonnes de la voûte sont prévues, mais cette voûte a dû être très restaurée, comme celles des croisillons.

Au croisillon sud, le mur de fond est percé de trois fenêtres en arc brisé : les claveaux plats reposent sur des colonnettes avec chapiteaux à feuilles d'eau. Dans le mur oriental s'ouvre un arc plein cintre. Une grosse demi-colonne, accostée à droite et à gauche d'une colonnette en retrait, porte de chaque côté les archivoltes. La mouluration consiste en demi-boudins appliqués et en boudins engagés dans les angles des claveaux. La chapelle, rectangulaire et peu profonde, est de date postérieure.

Au croisillon nord, les dispositions de cette chapelle sont conservées dans leur état primitif. L'ébrasement de l'arc d'entrée offre, de chaque côté, deux premières colonnes engagées et une plus grosse demi-colonne. Une frette crénelée encadre l'extérieur de l'arc ; des billettes dans une gorge bordent l'extérieur des pieds-droits.

La chapelle forme une absidiole demi-circulaire, voûtée de quatre branches d'ogives se réunissant sur l'arc d'entrée et reposant sur quatre colonnes qui partagent la demi-circonférence en cinq parties. Au fond, trois baies aussi étroites qu'une archère à l'extérieur, s'ouvrent au-dessus d'un bandeau mouluré. A l'intérieur, l'angle de l'ébrasement a été abattu pour recevoir une colonne sans chapiteau qui supporte une sorte de corbeau destiné à soutenir une archivolte à claveaux arrondis. Cette archivolte sert aussi comme d'un petit formeret pour la voûte. Les chapiteaux placés sous les nervures de la voûte sont à feuilles d'eau avec volutes rentrantes. Le tailloir, très élevé, comprend un bandeau, un onglet et surtout un cavet, très large. Les branches de la voûte ont pour profil un boudin en amande sur claveau élégi de cavets. Ces branches paraissent avoir été refaites postérieurement. On peut même se demander si ce n'est pas alors que l'on aurait ajouté les formerets autour des fenêtres. Cependant, la construction est d'un âge assez peu reculé pour avoir pu être voûtée originairement d'une façon analogue à celle-ci. Dans le mur de fond du croisillon, les trois fenêtres sont en plein cintre.

Le chœur est couvert de deux croisées d'ogives; dans les angles, elles retombent sur une seule colonnette; un groupe de trois colonnettes porte le doubleau intermédiaire et les ogives. Le chapiteau à crochets se termine par un tailloir rond. Les remplages sont formés par des meneaux chanfreinés décrivant des lancettes de subdivision.

Dans le croisillon sud, on remarque une jolie statue de la fin du XVe siècle.

Extérieur. — La façade a été rebâtie; les murs latéraux conservent quelques traces d'*opus spicatum*.

Les croisillons présentent la même composition générale, mais diffèrent par certains détails. Sur le mur ouest s'ouvraient, de chaque côté, deux portes, aujourd'hui bouchées. Leurs trois archivoltes reposent sur autant de colonnettes logées dans les ressauts de l'ébrasement. Les chapiteaux ont des feuilles d'eau à volutes variées, déjà très avancées: le tailloir comprend un mince bandeau, un tore, une gorge et un second tore, ces deux éléments formant à peu près un talon. A l'extérieur des archivoltes, on remarque des bâtons brisés dont les angles se réunissent sur un boudin intermédiaire avec pommes de pin dans les écoinçons ; puis d'autres bâtons brisés sur claveaux plissés, des frettes crénelées et enfin une dernière mouluration figurant un rinceau de feuillage. La première et la dernière colonne des pieds-droits sont accostées d'une gorge où se logent des billettes, comme à l'arc d'entrée de la chapelle du croisillon nord. Cette gorge et l'arête qui la sépare de la colonne ne seraient-elles pas l'origine des gorges si caractéristiques du gothique normand ?

L'un et l'autre croisillon ont leur pignon épaulé, contrairement à l'habitude normande, non par trois contreforts, mais par quatre. Les angles de ces contreforts portent de hautes colonnettes engagées qui viennent aboutir au glacis couvert d'écailles de pierre. Contreforts et colonnettes, avec bases à deux tores séparées par une gorge, portent sur un socle continu, commun à toute la construction. Au croisillon sud, un simple cordon d'écailles marque le commencement du pignon, dont l'angle a été surélevé. Les fenêtres sont en arc brisé et encadrées d'une archivolte de même forme, sur deux colonnettes engagées.

Au croisillon nord, les pieds-droits des fenêtres en plein cintre sont chanfreinés et se couronnent d'une imposte régnant avec le tailloir des colonnes qui portent l'archivolte d'encadrement. Les claveaux de cette archivolte sont bordés d'une moulure. Une corniche de petits arcs brisés soutenus par des modillons variés, va d'un contrefort à l'autre. Sous chaque arc s'inscrit un second petit arc surbaissé, partagé en deux parties par un petit disque de pierre : c'est un genre de corniche « beauvaisine ».

L'absidiole est divisée en cinq parties par des groupes de deux colonnes géminées, montant du sol jusqu'au toit. Les parties les plus voisines du croisillon sont étroites ; un arc brisé creusé dans un linteau réunit ensemble, à la hauteur de la corniche, une colonne appliquée contre le croisillon et la première colonne du premier groupe suivant. Entre les quatre groupes de colonnes géminées s'élèvent de hautes arcatures. La base de leurs colonnes repose sur le socle commun. Le tailloir de leur chapiteau se continue en cordon sur les minces pieds-droits séparant ces colonnes de celles qui supportent la corniche. L'archivolte est en plein cintre; un gros boudin borde l'angle des claveaux et une moulure saillante pourtourne l'extrados. Sous ces arcatures s'ouvrent les fenêtres, très étroites. Les pieds-droits sont garnis de colonnes portant un tailloir qui se continue en cordon dans toute la partie pleine de l'arcature et règne avec le tailloir des colonnes de celle-ci. La corniche est semblable à celle du croisillon sud. La toiture de pierre est très élevée. Elle monte plus haut que la base des combles du croisillon et a été certainement ajoutée après coup, comme à Saint-Nicolas de Caen. Les pans, arrêtés par des boudins, sont si nombreux que la forme de l'ensemble est, à peu de chose près, la moitié d'un cône.

Le chœur est épaulé de contreforts à plusieurs glacis. La corniche est en dents de scie.

La tour s'élève sur une base absolument nue. Elle ne comprend qu'un étage très allongé et la flèche; elle appartient à un type fréquent dans le Calvados et que l'on retrouvera à Norrey, à Langrune. Elle n'a pas de contreforts. Une colonnette est engagée dans les angles. Sur chaque face sont incrustées quatre arcatures. Deux plus étroites sont figurées par une seule archivolte sur deux colonnettes: elles s'appliquent aux maçonneries pleines des quatre angles. Les deux du milieu, plus largement ouvertes, ont trois archivoltes en retrait sur trois colonnettes, de chaque côté de l'ébrasement. Dans le fond, une colonnette appliquée contre un pied-droit porte deux lancettes. Deux étages de meneaux transversaux, de même profil que la colonnette et son pied-droit, servent d'étrésillons. Des trilobes ornent les écoinçons des arcatures. Au-dessus, court un bandeau de trèfles creux et de feuillages disposés par bouquets séparés. La tour est couverte d'un commencement de flèche à huit pans, décorés alternativement de lignes horizontales et d'imbrications. Des boudins accusent les arêtes. Sur les pans principaux, les lucarnes consistent en deux arcs brisés formant un profond retrait. Ils sont portés par deux colonnettes et surmontés d'un gâble plein, correspondant à une toiture à deux versants très rapides. Les clochetons sont construits sur plan losangé pour mieux dégager le pan de la flèche. Sur chaque face, deux colonnes portent un arc subdivisé en deux lancettes avec meneau transversal. Des boudins, sur les angles de la construction, montent jusqu'à une petite flèche à quatre pans, décorée comme la flèche principale.

Si la flèche d'Audrieu n'a jamais été achevée, c'est peut-être à cause de l'inclinaison trop faible donnée à ses pans. En les prolongeant tels qu'ils devraient être, on arrive, en effet, à une hauteur tout à fait exagérée. L'exécution était presque impossible.

Église de TOUR

L'église de Tour fut donnée au prieuré de Saint-Vigor-les-Bayeux par l'évêque Odon de Conteville, frère de Guillaume le Conquérant.

Elle comprend une nef du XIIe siècle, privée actuellement de collatéraux et où subsistent peut-être des parties du XIe siècle; un carré de transept et deux croisillons du XIIe siècle avancé; une tour centrale du début du XIIIe siècle et un grand chœur du XIVe, d'une seul nef, terminée en trois absides par une disposition des plus ingénieuses et des plus rares.

De chaque côté de la nef existent des arcades dont le fond est bouché. Leur plein cintre est formé de deux rangs de claveaux très peu saillants. Elles reposent sur de gros pilastres que couronne un mince bandeau chanfreiné. Ces arcs rappellent ceux de l'abbaye de Bernay, avant l'adjonction des colonnes. Ne pourraient-ils remonter au temps d'Odon de Conteville ?

Les fenêtres plein cintre, très largement ébrasées, sont contemporaines du mur de fond de la façade. L'arc surbaissé de la porte est constitué par deux rangs de claveaux que surmonte une moulure arrêtée par deux têtes. Au-dessus de cette moulure, une colonne appliquée contre un pied-droit ne sert à rien. Peut-être répond-t-elle à un projet de voûter la nef par le même procédé que les croisillons : avec une cinquième branche dans la travée de fond. De chaque côté de cette colonne, s'ouvre une fenêtre largement ébrasée. Elle est entourée d'une archivolte dont les claveaux plats, bordés d'une petite moulure, reposent sur deux colonnettes engagées. Ce travail a été exécuté en même temps que le transept.

Le carré du transept ressemble beaucoup à celui d'Audrieu : c'est le même plan des supports avec colonnes accouplées, colonnes engagées en retrait, et dans les angles, la colonne de la voûte. Seulement, à l'intrados des arcs, un gros boudin s'applique aux claveaux et deux autres petits boudins s'engagent dans les angles de l'archivolte externe. Les bases paraissent avoir été refaites en partie, on y voit un petit tore séparé par une gorge d'un filet et d'un glacis, ou d'un filet et d'un talon, ou encore d'un filet et de deux tores inégaux superposés.

Les chapiteaux sont ornés de larges feuilles, de godrons ou de feuilles plus étroites, comme des godrons concaves, avec petites volutes dans les angles. La construction, très soignée, est homogène et d'une date assez avancée : le dernier tiers du XIIe siècle. Les voûtes n'ont pas été ajoutées après coup. Il en est de même aux croisillons.

Chacun d'eux est couvert d'une voûte sexpartite qui possède une septième branche partant de la clef commune

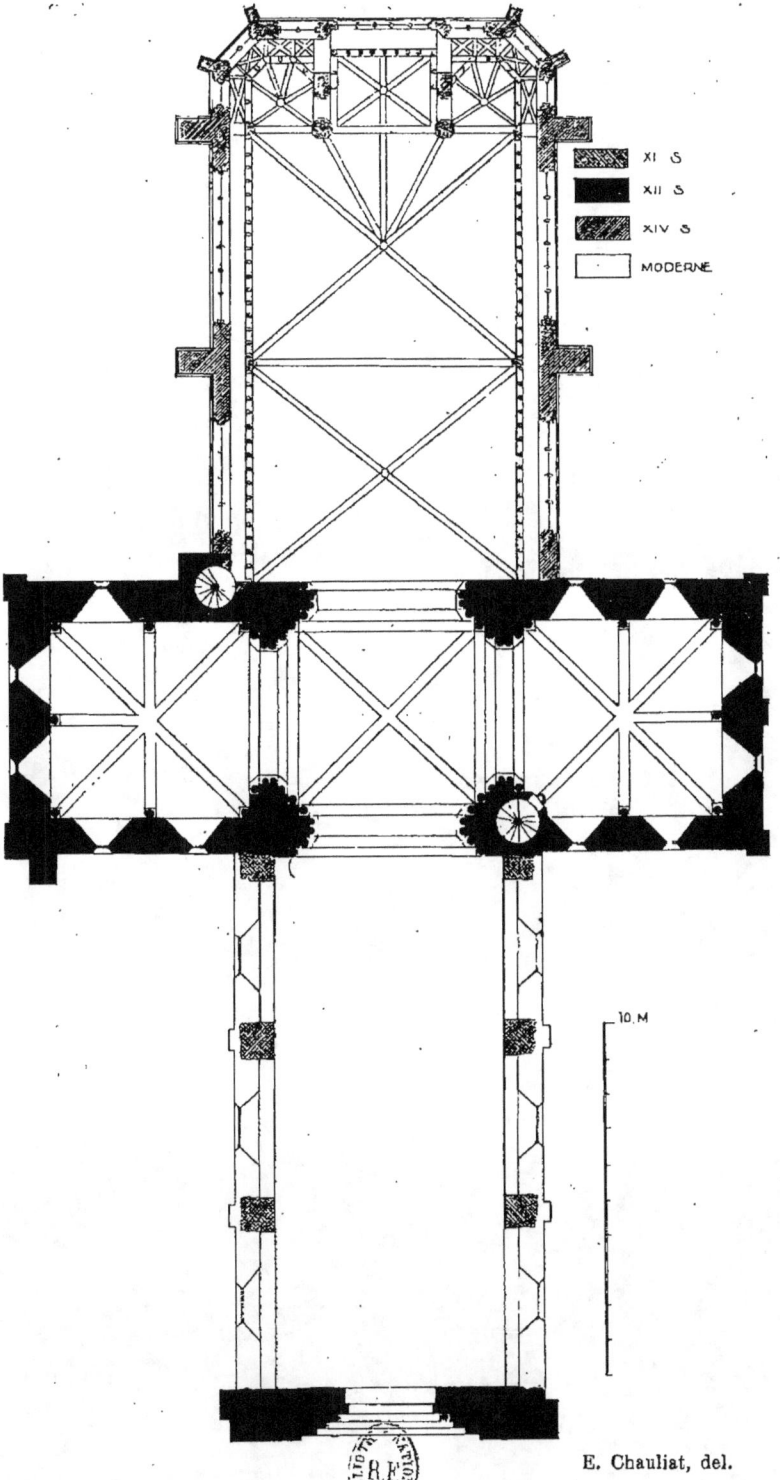

Plan de l'église de Tour.

E. Chauliat, del.

jusqu'au milieu du mur de fond. Cette branche et les branches médianes reposent sur deux colonnes accouplées sous le même tailloir. Dans les angles, des colonnes reçoivent les ogives. Au croisillon sud, le tailloir est normal à l'ogive. Au croisillon nord, il se présente d'angle, comme au carré du transept. A la hauteur de l'astragale des chapiteaux, un bandeau sert de base aux fenêtres, largement ébrasées.

Descendant d'un glacis très rapide, elles s'ouvrent sous chacune des lunettes des voûtes; dans les murs de fond et au croisillon nord, une imposte couronne leurs pieds-droits. A l'est du croisillon sud, un boudin continu les encadre et sert comme de formeret à la voûte. Le profil des ogives est un gros boudin appliqué sur un claveau assez étroit, élégi de deux cavets. Ce profil dénote aussi une époque avancée.

Le chœur, qui n'est pas dans l'axe de la nef, est d'une tout autre construction. Dépourvu de bas-côtés, il forme en plan un rectangle avec petits pans coupés à l'extrémité. La partie antérieure étant voûtée de deux croisées d'ogives, le problème, pour le reste, se posait de cette façon: dans le fond du rectangle à pans coupés, inscrire un chevet flanqué de deux absidioles.

Après la seconde croisée d'ogives, l'architecte a remplacé le doubleau par trois arcs inégaux, celui du milieu plus grand, les deux autres plus petits; tous sont surhaussés. Partant de la clef de la deuxième croisée, deux branches supplémentaires viennent retomber sur les supports de ces arcs. On paraît s'être inspiré ici de la chapelle du séminaire de Bayeux. Seulement, au lieu de deux absides jumelles, il y a trois ouvertures et trois arcs. Les supports de ces arcs consistent en un faisceau de très minces colonnettes. Les bases, sur socle polygonal décoré d'arcatures, présentent trois tores très aplatis et très débordants. Les chapiteaux de feuillage reçoivent des tailloirs polygonaux. A ces piliers sont appliquées les statues de saint Pierre et de saint Paul. Elles reposent sur un socle orné de gâbles et terminé par un cul-de-lampe sous lequel des colonnes portent des moulures secondaires, entre-croisées par d'autres moulures transversales. Des feuillages décorent le point de rencontre. Les dais sont entourés de gâbles et couverts d'une flèche fleuronnée.

Les arcs latéraux retombent, du côté externe, sur des colonnettes appliquées à un pied-droit. A travers ce pied-droit est pratiquée la baie qui établit communication d'une travée à l'autre, pour la galerie de circulation régnant tout autour de l'édifice au niveau des fenêtres.

Derrière les piliers de l'arc central s'élèvent deux autres piliers reliés aux précédents par des étrésillons de pierre ; ils ouvrent deux arcs qui donnent sur les absidioles. Ces derniers piliers sont eux-mêmes collés à un mince massif de maçonnerie, plein jusqu'à la hauteur de la galerie de circulation, puis partiellement détaché du fond du chevet ; de place en place des étrésillons de pierre l'y rattachent. On a obtenu ainsi un petit chevet factice, fermé sur le fond et sur les deux côtés. Tout le bas est garni, sur les trois faces, d'arcatures trilobées avec redents dans chacun des lobes. Un bandeau de quatre-feuilles en creux les sépare d'une grosse moulure, en encorbellement, qui porte la galerie du passage de circulation. Cette galerie de trilobes ajourés, court devant le mur de fond et se retourne sur les deux côtés sans utilité, par raison de symétrie.

Le chevet est voûté d'une étroite croisée d'ogives avec lierne allant de la clef jusqu'à celle de la deuxième travée du chœur. Par derrière, un doubleau précède une large voussure sous laquelle s'ouvre la fenêtre du chevet, décorée d'un grand remplage rayonnant.

A droite et à gauche du chevet, il restait à obtenir deux absidioles, plus régulières que ne semblait le permettre l'espace dont on disposait et que gênait le pan coupé. Pour y arriver, on élargit, le long du mur de fond, le passage de

Chœur de l'église de Tour.

Relevé de M. A. de Baudot. A. Ventre, del.

circulation en le faisant porter sur un arc assez large; puis, dans les angles formés par les écoinçons de cet arc et les murs de côté, on loge, de biais, de petites trompes afin d'obtenir ainsi, au niveau de la galerie de circulation, la figure en plan d'une abside pentagonale. Sur les angles, on élève de hautes colonnettes qui, avec les piles intermédiaires et les piles d'entrée, portent les formerets et les ogives d'une voûte à six branches. Mais cette abside ne tient en rien aux murs extérieurs de l'édifice et les colonnes s'y relient seulement par des étrésillons. Derrière les formerets, de petites voûtes d'ogives irrégulières rejoignent les murs ajourés par trois fenêtres à remplages rayonnants : une dans le fond, une de côté, la troisième dans le pan coupé. L'effet de cette construction vraiment aérienne, comme le chevet de Saint-Nazaire de Carcassonne, s'accroît encore par le contraste et la simplicité des deux travées du chœur.

Un seul cul-de-lampe, au milieu du bandeau qui surmonte les arcatures latérales, reçoit la colonne du doubleau intermédiaire. Cette colonne et celle des ogives et formerets sont appliquées contre un pied-droit traversé par la galerie de circulation. Dans le fond des murs s'ouvrent de très larges fenêtres à remplages variés. Les arcatures sont semblables à celles du chœur, mais au lieu de groupes de colonnes, elles présentent des moulures continues. Les chapiteaux ont deux rangs de feuillages. Parfois, au nord, les fleurons des redents sont remplacés par des têtes : leur coiffure permet de préciser l'âge de la construction. Au sud, contre des pieds-droits, s'appliquent des petits bas-reliefs très fins — les douze mois de l'année — tandis qu'au nord, sous deux arcatures, deux grands bas-reliefs rapportés représentent le jugement dernier et les supplices de l'enfer. Avant le chevet, on voit, de chaque côté, deux grandes et belles piscines doubles, traitées comme des enfeus et surmontées de gâbles dont les rampants sont arrêtés par des chimères ou par des figures d'un excellent travail.

Au sud, près de la crédence, on a remplacé les arcatures par des niches avec gâbles, un peu postérieures. Sous ces trois niches s'asseyaient, sur des sièges de hauteur décroissante, le prêtre et les diacres : ce sont les *sedilia*, fréquents en Angleterre, rares en France. Une partie de la galerie ajourée, au-dessus des arcatures, a été réfaite au XVe siècle, comme le montrent les contre-courbes.

Extérieur. — La porte, percée entre deux contreforts plats, s'ouvre sous un arc surbaissé ; elle est encadrée de trois archivoltes. De chaque côté, trois colonnettes garnissent les ressauts de l'ébrasement. Le tympan en croissant renferme un bas-relief figurant une barque et son équipage sur les flots de la mer. Cette sculpture est cantonnée de quatre-feuilles profondément creusés. Un réseau d'étoiles à quatre branches et de petites rosaces très méplates décore le reste du tympan. Quant aux archivoltes et aux supports, ils rappellent de très près ceux des portes d'Audrieu. Les tailloirs sont absolument identiques, mais l'ensemble du travail est plus fin et doit se placer à une époque encore plus avancée du XIIe siècle. Tout le bas de la façade a été renforcé, pour donner un plus profond ébrasement à la porte. Aussi, un glacis continu règne à la hauteur des fenêtres, séparées par un petit contrefort sortant du glacis. Les fenêtres sont encadrées d'une archivolte sur deux colonnes engagées. Dans le croisillon nord on voit encore quelques-unes des fenêtres primitives et, au croisillon sud, des traces de corniche. L'extérieur du chœur accuse simplement le rectangle à pans coupés, étayé de contreforts à plusieurs glacis. Un bandeau de quatre-feuilles gravés règne à la base du toit. A la première travée, au sud, une jolie porte en lancette entre deux pinacles, surmontée d'un gâble, présente sur chacun des pieds-droits quatre colonnettes, correspondant à autant de moulurations en retrait. Le tympan plein est trilobé.

La tour ne comprend qu'un étage et une flèche avec clochetons. Chaque face est percée de deux baies en arc brisé, ouvertes sous quatre archivoltes en retrait que portent un même nombre de colonnes. Un cordon de billettes encadre la dernière archivolte. Une même mouluration figure deux petites arcatures simulées, sur les deux côtés du mur, jusqu'aux angles occupés par une colonnette engagée. C'est, comme au vieux Saint-Sauveur de Caen, le type qui servira de modèle à un grand nombre de clochers du XIIIe et du XIVe siècle. Cette tour date du début du XIIIe siècle, ainsi que sa flèche qui ressemble à celles de la cathédrale de Bayeux: ses huit pans, arrêtés par des boudins, sont décorés de lignes striées et d'imbrications. Les clochetons s'élèvent sur des souches de flèches. Leur petit étage polygonal présente d'étroites baies sur chacune des faces; une corniche porte le reste de la flèche. Les lucarnes sont ouvertes sous un petit toit à double versant; elles comptent deux archivoltes en retrait sur des colonnettes: de chaque côté, les joues sont pleines.

BAYEUX

Le tracé de l'enceinte romaine de Bayeux, *Augustodurum*, *Bajocassæ*, a été reconnu par M. de Caumont. Il en subsiste peu de vestiges visibles. A plusieurs reprises, on a découvert des restes de constructions, des colonnes, des chapiteaux, déposés au Musée de la Société des Antiquaires de Normandie à Caen, et des bornes milliaires conservées dans la cour de la Bibliothèque. Un aqueduc, dont le conduit était de blocage couvert de dalles, amenait les eaux captées à Mondaye; il passait sous la halle où l'on mit au jour les fragments, également déposés au Musée de la Société des Antiquaires de Normandie. Les sarcophages des premiers évêques ont été retrouvés sous le sol de l'église moderne de Saint-Exupère, dans un faubourg de la ville. L'église de Saint-Vigor conserve un très ancien siège en marbre de Vieux, creusé dans un seul bloc, précédé d'un marchepied et sans aucune sculpture, qui servait à l'intronisation des évêques.

MONUMENTS RELIGIEUX

CATHÉDRALE

La cathédrale de Bayeux ayant été incendiée vers le milieu du XIe siècle, l'évêque Hugues et son successeur Odon de Conteville, frère utérin de Guillaume le Conquérant, la relevèrent de ses cendres. La dédicace eut lieu le 14 juillet 1077. Mais, en 1107, Henri Ier, roi d'Angleterre, incendia l'édifice qu'il fit d'ailleurs réparer l'année suivante. En 1159, un nouvel incendie provoqua une autre reconstruction, dirigée, d'après la chronique du Mont-Saint-Michel, par Henri de Salisbury, évêque de 1165 à 1205, et Robert des Ablèges,

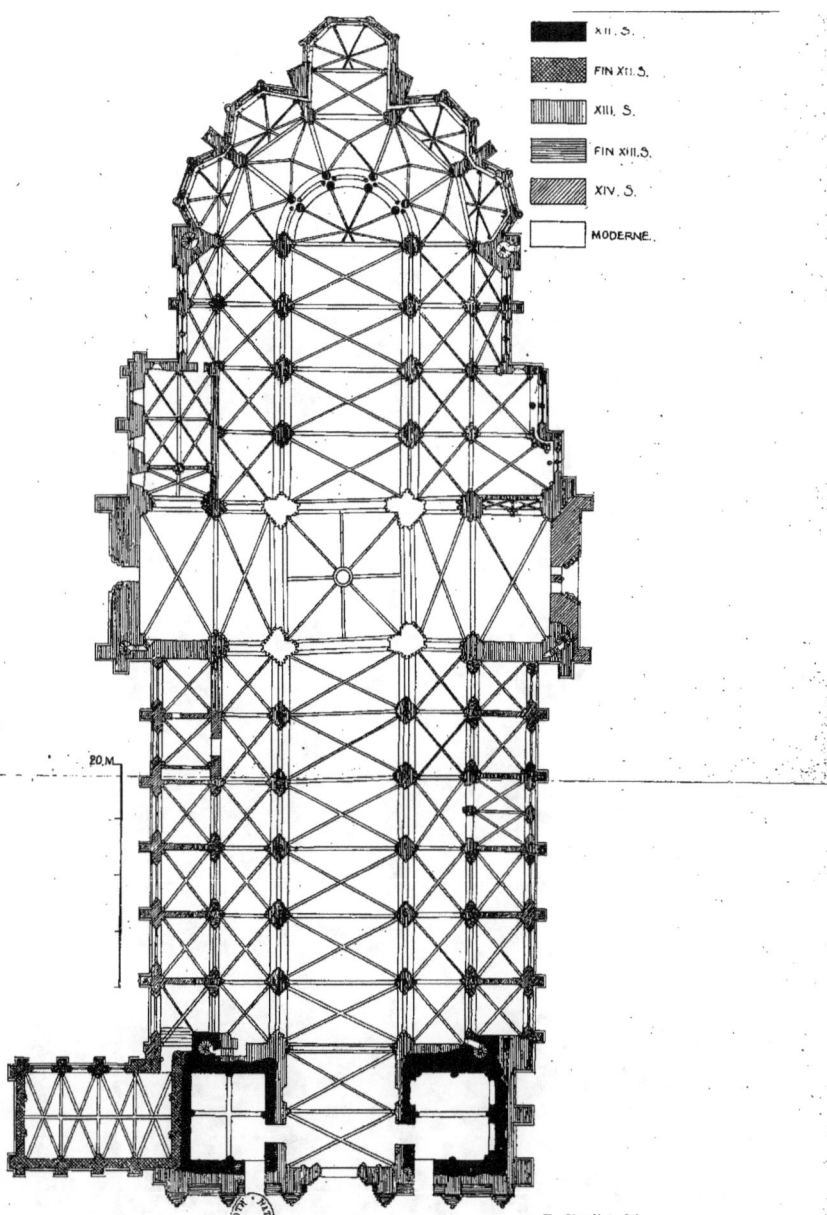

Plan de la cathédrale de Bayeux.

évêque de 1205 à 1230. Telles sont les dates données pour les origines de la cathédrale, avec un peu trop de brièveté, puisque des parties très importantes de l'édifice actuel doivent être postérieures à Robert des Ablèges, qui passe néanmoins pour avoir terminé l'édifice. Les chantiers étaient encore en pleine activité au milieu du XIIIe siècle, car en 1243, en 1244 et en 1254, le pape Innocent IV accorda des indulgences à ceux qui contribueraient à la reconstruction de la cathédrale commencée depuis longtemps.

La cathédrale de Bayeux comprend : une nef de six travées précédée de deux travées entre les tours de façade et bordée de collatéraux sur lesquels s'ouvrent une suite de chapelles ; un carré de transept; une tour centrale; deux croisillons, un chœur de quatre travées droites, terminé par une abside demi-circulaire ; un déambulatoire : il est flanqué sur les deux premières travées, au nord, d'une grande sacristie à deux étages, au sud, d'une vaste chapelle et, sur les deux suivantes, de deux chapelles rectangulaires ; enfin, pour la partie correspondant à l'hémicycle, de cinq chapelles, semblables, sauf celle de l'axe qui est précédée d'une travée droite. Le chœur est surélevé parce qu'il est construit sur une crypte.

Quelles sont les dates de ces différentes parties et comment peut-on les faire accorder avec celles que fournit l'histoire du monument ?

La crypte remonterait, suivant une opinion plusieurs fois émise, à la cathédrale remplacée par celle d'Odon de Conteville, mais elle ne saurait être de beaucoup antérieure à l'église. En tout cas, elle ne saurait non plus, consacrée en 1077, être plus jeune que cette église pour laquelle elle a très vraisemblablement été bâtie. A la reconstruction de 1106 appartient le corps des clochers de façade, renforcés, à une époque postérieure. Les archivoltes supérieures des grandes arcades de la nef; les écoinçons entre celles-ci; le mur jusqu'à l'étage des fenêtres, sont consécutifs à l'incendie de 1159. C'est par là sans doute que commencèrent les travaux entrepris par Henri de Salisbury. Le doublement des parois des clochers, leurs flèches, le chœur, le déambulatoire et la partie haute de la nef correspondent au pontificat de Robert des Ablèges, en ses dernières années sans doute : il semblerait même que cette campagne se soit plutôt terminée par la nef. Mais en 1230, si tant est que cette dernière fut achevée, les croisillons du transept restaient encore à bâtir. Le carré du transept, dans sa partie visible, est entièrement moderne. Au-dessus des voûtes, on distingue encore des arcatures, d'une décoration semblable à celle des grandes arcades de la nef. A l'extérieur, l'étage carré de la tour centrale remonte à l'extrême fin du XIII° siècle. Cette même date convient au croisillon nord et aux portails plaqués devant la façade principale ; l'extrémité du croisillon sud paraît un peu plus jeune. Les chapelles bordant les collatéraux ont été édifiées à diverses reprises ; plusieurs d'entre elles, au côté nord, auraient été construites, dit M. de Caumont, par Pierre de Benais, vers 1289. Les trois premières au sud sont également du XIII° siècle, ainsi que le portail latéral. « On croit qu'elles ont été fondées par Odon de Lorris, mort en 1274 ». Les autres suivirent ; la dernière est postérieure à la construction du croisillon sud, comme on le voit au dehors.

Nef. — Le rez-de-chaussée de chaque tour contient une salle rectangulaire. La voûte de la tour nord est du plus haut intérêt : c'est une croisée d'ogives, mais les arcs, au lieu de couper en diagonale le carré, partent du milieu de chaque face. Ces arcs, formés de très larges claveaux, n'ont pas de clef à leur croisement ; l'un vient buter dans l'autre ; ils reposent sur de grosses demi-colonnes appliquées au mur et couronnées d'un chapiteau avec feuillages très rudes. Plusieurs ont été refaits ; néanmoins cette croisée d'ogives est ancienne ; on peut la comparer à celles qui se trouvent dans les clochers de la cathédrale d'Oviedo et de

Cormery, et la faire remonter à la reconstruction qui suivit l'incendie de 1106. Sous la tour du sud existent aussi des demi-colonnes sur chaque face et d'autres colonnes dans les angles ; mais la voûte est un simple berceau soutenu par un doubleau dans la direction nord-sud. De chaque côté, sauf à l'est, s'ouvrent, entre les colonnes, deux niches profondes en plein cintre, sans aucune mouluration, qui sont éclairées au sud par d'étroites fenêtres.

Chacune des deux salles communique par une petite porte avec l'avant-nef comprise entre les tours et couverte de deux croisées d'ogives : comme la nef, elle n'a en élévation que deux étages, mais elle appartient entièrement au XIIIe siècle. La grande arcature de chaque travée est divisée en deux lancettes dont la colonne médiane repose sur un cul-de-lampe. Dans la première travée, en effet, sous le cul-de-lampe, s'ouvre la porte de communication avec les tours : c'est un arc surbaissé inscrit dans un arc brisé et porté sur des colonnettes ; le tympan est tout couvert de rinceaux de feuillages. A la deuxième travée, deux enfeus, privés de leurs statues, renfermaient les tombeaux des évêques Richard II (1135) et Philippe d'Harcourt (1164). Le sol de cette travée est constitué par un escalier qui descend vers la nef, à cause de la déclivité du terrain où s'élève la cathédrale.

Les écoinçons des grandes arcatures sont décorés de cercles redentés de dimensions décroissantes : c'est un élément caractéristique, répandu à profusion dans toute la décoration de la cathédrale gothique. Le deuxième étage présente encore deux arcatures sous le formeret ; dans chacune d'elles, une niche est destinée à une statue. La grande fenêtre du fond, malheureusement cachée par l'orgue, a conservé ses vitraux du XIIIe siècle, donnés par la corporation des Cuisiniers, dont la rue voisine porte encore le nom.

Dans la nef, six grands arcs plein cintre, tous d'ouverture inégale, s'ouvrent de chaque côté sur les collatéraux.

Certains sont surhaussés, les plus rapprochés du carré du transept étant les plus étroits. Leurs archivoltes forment trois ressauts principaux correspondant aux divisions du pilier. Ce pilier comprend, autour d'un massif barlong, quinze colonnes de plusieurs diamètres. Face à la nef, deux colonnes accouplées sous le même tailloir portent l'archivolte extérieure: elle est décorée de frettes, de bâtons brisés ; elle est bordée d'un cordon de billettes, arrêté aux écoinçons par des têtes de monstre. L'archivolte intérieure, dont les angles sont garnis d'un boudin entre deux cavets, repose sur une grosse demi-colonne placée dans l'axe longitudinal du pilier. L'archivolte intermédiaire présente également un boudin dans l'angle et un second boudin, plus mince, immédiatement au-dessous de l'archivolte externe. Aux deux tores de cette partie, correspondent, sur le pilier, deux colonnettes de diamètre inégal, engagées dans les retraits. Sur le collatéral, les demi-colonnes jumelles sont remplacées par une demi-colonne et deux colonnes de moindre diamètre.

Toutes ces colonnes, sans exception, sont surmontées de riches chapiteaux à crochets qui dénotent le XIIIe siècle. Les tailloirs comprennent un mince bandeau, un onglet, un petit tore très débordant et formant ombre sur un cavet. Ils sont tous au même niveau, sauf ceux des demi-colonnes face à la nef, qui sont plus lourds, plus hauts et ornés parfois de billettes. Des chapiteaux du XIIIe siècle portant des archivoltes garnies de bâtons brisés et de frettes s'expliqueraient difficilement, si l'on ne prenait garde que ces arcades ne sont pas homogènes. A les examiner avec soin, on voit en effet, que les arcs toriques ont été collés postérieurement sous les claveaux ornés de frettes ou de bâtons brisés.

Le collage est visible à la première travée ; de plus, les centres des archivoltes ne sont pas tous au même point. Mais cette constatation fait naître une difficulté : il devrait exister, dans les piliers, des relancements correspondant aux archivoltes réappliquées. Or, il n'y a pas trace de décrochement ; les joints règnent partout, même aux deux colonnes face à la nef qui portent l'archivolte externe et que l'on pourrait croire contemporaines de cette archivolte. Du côté des collatéraux il n'y a pas non plus trace de réfections. Il faut donc admettre qu'au moment où on éleva les collatéraux on reprit en sous-œuvre les piles de la nef. Peut-être subsiste-t-il à l'intérieur un noyau plus ancien, qui aurait contribué, pendant les travaux, à soutenir en l'air les archivoltes externes et le mur. En fait, toute la pile et les deux archivoltes internes sont du XIII° siècle. Il ne demeure, de l'église de 1159, que le tailloir des deux colonnes face à la nef, l'archivolte externe de chaque travée et les écoinçons jusqu'au bandeau qui marque l'œuvre de Robert des Ablèges.

Tout le nu du mur est couvert d'une décoration méplate, figurant des vanneries, des entrelacs, des petits disques. Pareil parti décoratif se retrouve aussi à l'église de Secqueville-en-Bessin. En Angleterre, l'abbaye de Westminster en fournit encore un exemple, pour l'époque gothique. Cette décoration s'y appelle *dyaper*, du nom d'étoffes d'Ypres, paraît-il, que l'on aurait voulu imiter. Il est plus simple d'y voir la survivance d'une tradition romane. Au bas des écoinçons, un petit cadre terminé par un arc en mitre entoure des bas-reliefs variés, tels que le jongleur jouant avec un singe, une chimère d'aspect presque chinois. L'influence orientale n'est pas douteuse. Au moyen âge, l'église de Bayeux, ses inventaires en font foi, possédait plusieurs coffrets d'ivoire orientaux. L'un d'entre eux a dû servir de modèle au sculpteur du XII° siècle.

Au-dessus des maçonneries, relativement peu importantes, qui remontent à cette époque, un retrait de quelques centimètres indique le commencement de l'œuvre du XIII° siècle.

Un bandeau, composé à la manière normande : d'une ligne de quatre-feuilles gravés et d'un rang de feuillages réguliers dominés par deux moulures que sépare l'ombre d'une gorge profonde, court d'un bout à l'autre de la nef. Il est interrompu par des culs-de-lampe feuillagés sur lesquels se retourne en demi-cercle la moulure qui vient d'être décrite. Ces culs-de-lampe portent une seule colonne : celle des doubleaux de la voûte.

Dans la nef de Bayeux, en effet, il n'y a pas de triforium et toute l'élévation intérieure ne comprend que deux étages : les arcades au rez-de-chaussée, les fenêtres au-dessus : on retrouve cette disposition à Longues, à Bernières, imitée de Bayeux peut-être, dans le chœur de la cathédrale de Coutances et en Angleterre, à Pershore.

Un groupe de cinq colonnettes reçoit les doubleaux, les ogives et les formerets. La corbeille est ronde, mince et couverte de crochets. Le tailloir est carré pour la colonne du formeret, angulaire pour celle de l'ogive, polygonal pour celle du doubleau. Toutes ces colonnes, sauf celle du doubleau, ont leur base cachée par la galerie qui règne devant les fenêtres. Il en est de même des colonnes servant à l'encadrement des fenêtres elles-mêmes. Nous avons ici un des meilleurs exemples de cette disposition normande des fenêtres, doubles en quelque sorte : avec remplage intérieur, baie proprement dite à l'extérieur et passage pratiqué à travers les pieds-droits, derrière les colonnes de la voûte.

Une lancette subdivisée en deux lancettes avec oculus dans le tympan s'inscrit sous le formeret ; ces lancettes sont portées par deux colonnettes de chaque côté et par une colonne médiane. La base de cette colonne est visible : elle est juchée sur un socle de pierre placé derrière la galerie ajourée. Chapiteaux et tailloirs octogones sont de même caractère que ceux qui servent aux colonnes de la voûte ; ils ne sont pas au même niveau, mais placés plus haut, le formeret étant surhaussé. Derrière ce véritable remplage se trouve une voussure qui encadre les deux lancettes géminées, avec oculus au-dessus, percées dans le mur extérieur. Cette voussure n'est pas un élargissement du formeret ; elle en est complètement indépendante et c'est ce qui différencie à ce point de vue la Normandie de la Bourgogne et de la Champagne. Comme la construction est ici particulièrement soignée, des colonnettes et des moulurations encadrent ces baies externes, qui ne restent pas nues, comme à Saint-Étienne de Caen. Par un raffinement particulier, le pied-droit entre chaque travée va en s'amincissant vers le mur extérieur, ce qui donne plus de légèreté encore à l'ensemble. Les baies jumelles ne descendent pas jusqu'au sol de la galerie de circulation. Les Normands restèrent fidèles à cet usage jusqu'au XVe siècle; plusieurs églises de Caen en témoignent.

Dans les profils des arcs, l'élément le plus caractéristique est donné par la profondeur des gorges et surtout par la présence de deux boudins parallèles séparés par une gorge : aux lancettes du remplage intérieur des fenêtres, aux doubleaux de la voûte. Les ogives présentent un seul boudin entre deux gorges. Les clefs sont petites et feuillagées.

La galerie ajourée est d'un type également très répandu dans la région : c'est une suite de trilobes, en boudins continus, dégagés entre deux gorges profondes. Un trèfle ajouré occupe les écoinçons ; un cordon de quatre-feuilles gravés surmonte le tout. Cette galerie règne d'un bout à l'autre de la nef, même au côté nord, où cependant, à l'avant-dernière travée ouest, elle rend moins accessible une petite plate-forme que l'on remarque en cet endroit. C'est un encorbellement formé du ressaut du cordon feuillagé ; il est soutenu par d'autres bandeaux de feuillages. A cette travée, les colonnes de la voûte ont été coupées; deux figurines du XVe siècle les reçoivent, bien près cependant, des culs-de-lampe primitifs. On ne se rend pas très bien compte de ce remaniement. La plate-forme elle-même, contemporaine du reste de la nef, a dû servir dès le XIIIe siècle à porter un orgue de dimensions médiocres, comme à cette époque. On sait d'ailleurs que cet instrument était d'un usage ancien dans l'église de Bayeux.

Les collatéraux furent montés au XIII⁰ siècle, au moment où la nef fut reprise en sous-œuvre. Leurs voûtes reposent, du côté extérieur, sur une demi-colonne, pour le doubleau, accostée de colonnes engagées, pour les ogives. A ces dernières viennent parfois s'ajouter deux autres colonnes de la même époque, pour les formerets. Les bases présentent deux tores inégaux, séparés par une gorge entre deux filets. Au collatéral sud les angles du socle sont couverts par des griffes. Les bases des collatéraux sont en meilleur état de conservation que celles de la nef, où l'indécision des profils laisse quelques doutes sur l'âge réel. Les chapiteaux sont à crochets, comme précédemment. Le profil des ogives est un demi-boudin sur claveau élégi de deux cavets peu prononcés; aux doubleaux, chacun des angles du claveau est orné d'un boudin entre deux cavets. Certains doubleaux présentent aussi, de chaque côté, deux boudins inégaux séparés par des cavets, l'intrados restant plat. Ces profils sont plus français que normands.

Les chapelles latérales furent bâties après coup entre les culées des arcs-boutants. On a allongé les culées pour former les murs de séparation, et, pour certaines chapelles, on a orné cette partie neuve d'une ou de deux lancettes purement décoratives. Au nord, les deux chapelles voisines du transept sont divisées en deux étages, dont l'un forme tribune. Pour la chapelle attenante au croisillon, cette disposition a dû exister dès le XIII⁰ siècle, époque à laquelle appartiennent sur le collatéral les arcatures pleines du rez-de-chaussée. A l'étage, la baie est encadrée de colonnettes en retrait descendant, non jusqu'au sol, mais jusqu'au bandeau qui règne au-dessus des arcatures. Une salle fermée et voûtée d'ogives occupe le rez-de-chaussée. On y pénètre par l'étage inférieur de la chapelle voisine, qui forme aussi passage pour sortir vers le cloître. A la première chapelle du côté du clocher on remarque un beau remplage rayonnant.

Au collatéral sud, la première chapelle, du côté de la tour, remonte à la fin du XIII⁰ siècle. L'arc d'entrée a pour support des colonnes séparées par des gorges ; à la suivante, les bases des colonnes sont débordantes sur le socle et soutenues par de petites consoles. La quatrième est occupée par un porche ouvert à l'extérieur. La sixième et dernière présente, au-dessus de l'autel, un remplage régulier, surmonté d'un gâble ; il a dû être appliqué sur le mur ouest du croisillon sud avant l'adjonction de cette chapelle.

Transept. — Les quatre piliers du carré du transept sont, ainsi que la voûte, entièrement modernes. Ils ont été construits en 1859, lors des grands travaux de consolidation de la tour centrale, menacée d'une destruction imminente. En démolissant ceux qui existaient alors, on trouva un noyau plus ancien, de l'époque romane : sorte de pile cruciforme avec demi-colonnes surmontées de beaux chapiteaux à personnages, d'un style tout à fait insolite pour la Normandie. Ils se rapprochent de ceux qui existent encore dans une petite église voisine : à Rucqueville. Ceux de Bayeux sont conservés à l'un des musées de cette ville. Ruprich-Robert pense qu'ils appartenaient à la dernière travée de la nef et que le carré du transept venait seulement après; néanmoins comme, au-dessus des voûtes actuelles, il y a des traces d'arcatures ayant vraisemblablement appartenu à une tour-lanterne, il est à présumer que le carré n'a pas changé de place.

Les deux croisillons sont voûtés de deux croisées d'ogives inégales, les plus rapprochées du carré du transept étant les plus étroites. L'élévation se divise en deux étages séparés par un bandeau feuillagé.

Au croisillon nord, le mur de fond, au rez-de-chaussée, est décoré de trois grandes arcatures en arc brisé, subdivisées en deux ; des cercles occupent les écoinçons. Au milieu de ce mur une petite porte est percée. Son arc surbaissé s'encadre à l'extérieur d'archivoltes en tiers-point sur colonnettes. A l'ouest, le bas de la seconde travée est chargé d'arcatures semblables aux précédentes. A l'est, un grand arc, aujourd'hui fermé par une cloison, donnait accès dans une chapelle rectangulaire, très peu profonde. Elle est voûtée d'une croisée d'ogives ; une cinquième branche va de la clef au mur de fond. Le côté nord de cette chapelle est éclairé d'une baie dont l'encadrement intérieur est dans l'axe longitudinal de la chapelle, tandis que la fenêtre elle-même se trouve de côté, pour pouvoir prendre jour. Actuellement, on découvre cette chapelle en montant au trésor : l'escalier moderne de celui-ci y est pratiqué. De chaque côté de l'arc ouvrant sur le collatéral, une rosace sculptée orne l'écoinçon.

Au niveau de l'étage supérieur, une galerie, des plus suspectes, comme nous le verrons aussi pour l'autre croisillon, court devant les fenêtres. Celle du fond est une immense baie dont le remplage présente trois lancettes inégales soutenant un grand oculus.

Au croisillon sud, la décoration de l'étage inférieur du mur de fond change tout à fait. Des moulurations arrondies y figurent un arc trilobé très large, accosté de deux tiers-points. Le lobe supérieur entoure un quatre-feuilles décoré de quatre rosaces sculptées en relief ; sous le trilobe, un grand arc surbaissé surmonte les deux baies géminées d'un portail. Les tiers-points de côté sont subdivisés en deux tiers-points secondaires et en deux arcs trilobés, avec oculus. C'est encore des cercles aveugles avec remplages de quatre-feuilles ou de trèfles, de dimensions variées, qui occupent les écoinçons. Au-dessus, toute une suite d'étroites arcatures trilobées monte jusqu'au bandeau qui divise les deux étages. Sur la paroi est de la travée de fond, l'arc simple du croisillon

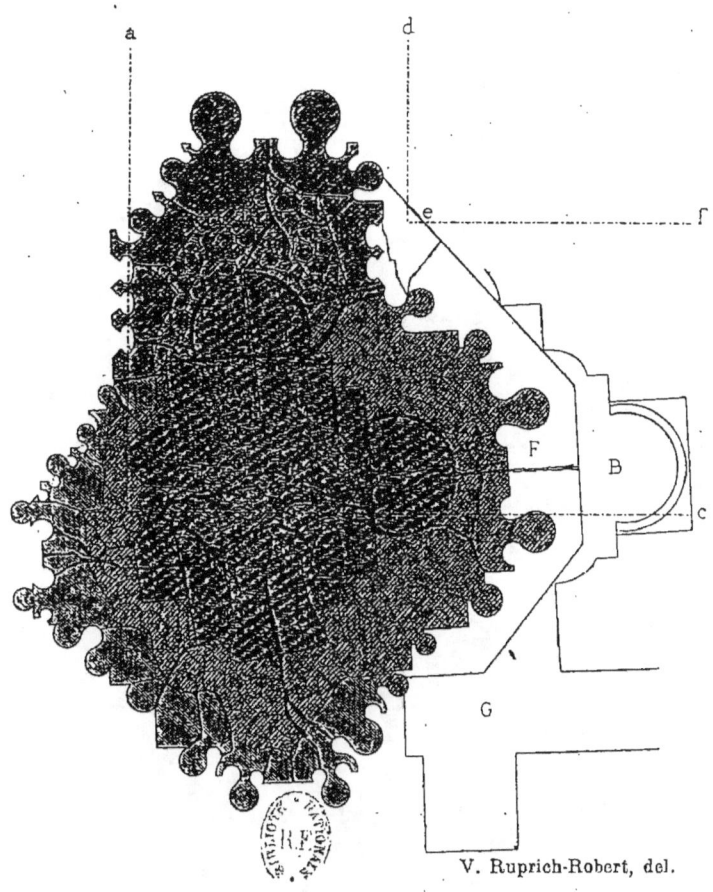

Cathédrale de Bayeux.

Ancienne pile nord-ouest de la croisée.

A Pilier du XIe siècle.
B Pilier du XIIe siècle détruit au XIIIe.
C Enveloppe du XIIIe siècle.
D Partie du XIVe siècle.
E Réparation du XVIIIe siècle.
F Socle du XIIIe siècle.
G Jubé du XVIIIe siècle démoli en 1851.

nord est remplacé par deux grands arcs trilobés. Le trilobe est double, c'est-à-dire que, derrière le trilobe faisant front au croisillon, se trouve un autre trilobe semblable, parallèle au premier. Chacun de ces arcs est séparé de l'autre par un assez large espace. En conséquence, ils retombent sur deux colonnettes accouplées, séparées elles-mêmes par un grand pied-droit. La retombée commune se fait sur un mince pilier donnant en plan un rectangle très allongé avec colonnette unique au devant et trois à l'arrière : elles soutiennent le doubleau et les deux voûtes d'ogives d'une chapelle rectangulaire, aussi peu profonde que celle de l'autre croisillon. Entre les deux arcs, dont les écoinçons sont ornés de cercles comme d'habitude, une colonnette en encorbellement ne porte rien et va jusqu'à une suite d'arcatures semblables à celle du mur de fond.

La galerie régnant au bas des fenêtres, avec ses arcs trilobés et ajourés sur colonnettes, paraît, ici, d'autant plus suspecte qu'elle s'interrompt au milieu de chaque travée par un trumeau flanqué d'une statue. Ces statues, du XIIe siècle, sont au nombre de six ; leurs têtes ont été refaites; elles présentent des traces de polychromie. Appliquées en cet endroit au moment où on a fait cette galerie, elles sont néanmoins intéressantes, car on sait la rareté de la statuaire en Normandie. Un remplage régulier occupe la grande fenêtre du fond, entourée de très nombreuses archivoltes qui reposent sur de multiples colonnettes. Plusieurs s'arrêtent sur un glacis sous lequel est pratiqué le passage mural. Ce passage court aussi derrière le pied-droit et les colonnes du doubleau intermédiaire entre les deux travées.

Les fenêtres de côté sont séparées du formeret par une voussure. La caractéristique de la moulation, aux voûtes et aux fenêtres, est encore le double boudin avec gorge intermédiaire; de même, les colonnettes se détachent de gorges profondes reliées par un mince filet vertical. Les chapiteaux, sous les voûtes, ont deux rangs de feuillage, ce qui indique le XIVe siècle, ainsi que pour les profils mous employés dans les arcatures, surtout à l'extérieur. De plus, les rosaces sont formées de pierres appareillées à cet effet, par des morceaux rayonnant autour d'une partie centrale. Au XIIIe siècle, elles sont simplement évidées dans les assises du mur, comme dans le chœur.

Chœur. — Le chœur est bâti au-dessus d'une crypte; c'est pourquoi le sol dépasse de beaucoup celui de la nef et du déambulatoire. En élévation, il se divise en trois étages. Par la composition de ses piliers, par la forme aiguë de ses arcs, par ses lancettes de subdivision, tracées en laissant au compas la même ouverture que pour l'arc principal, par les profils de sa mouluration et enfin par sa décoration, c'est un modèle achevé du style gothique normand le plus riche.

Dans la partie droite, les piliers comprennent vingt colonnettes d'inégal diamètre. Face à la nef, trois colonnes semblables montent recevoir les retombées des voûtes; de même, du côté du collatéral, trois colonnes servent aux voûtes de celui-ci. Cinq colonnes, une plus grosse dans l'axe longitudinal de la pile, deux autres de chaque côté, reçoivent les trois archivoltes des grandes arcades. De plus, entre les groupes destinés aux deux voûtes et la colonne portant la moulure externe des archivoltes, vient se loger un mince petit fût, couronné d'un chapiteau qui se perd, sans tailloir, entre les chapiteaux des colonnes voisines : on compte donc vingt colonnettes. Ces quatre petites colonnettes supplémentaires sont séparées de la colonne voisine par de simples gorges. Les autres, au contraire, pour être encore mieux dégagées, sont, de chaque côté, accostées d'une gorge qui leur est propre. Les courbes des deux gorges se réunissent sur un étroit filet vertical. Les bases, très plates, ont deux tores inégaux séparés par une gorge. Les chapiteaux, à corbeille ronde et élancée, ont des crochets arrondis et très conventionnels, sous un tailloir où

Cathédrale de Bayeux.
Travée du chœur.

commence à se dessiner cette mouluration, refouillée en dessous, qui devient le tailloir en forme de larmier. Les tailloirs sont polygonaux pour la plupart; seuls ceux de l'archivolte extérieure sont carrés. La mouluration des archivoltes marque nettement les trois rangs de claveaux, revêtus de nombreux boudins et gorges. A l'archivolte interne, deux boudins parallèles se détachent entre des gorges.

Sur les écoinçons, entre les arcs, des rosaces variées ont été sculptées en creux dans le nu du mur. Leur remplage est détaché du fond, également orné.

Un bandeau de feuillage régulier marque l'étage du triforium. Ce triforium a l'apparence d'une tribune, par la grande ouverture et la disposition de ses baies. Un grand arc en tiers-point est divisé en deux lancettes, elles-mêmes recoupées par deux lancettes secondaires. Un trèfle fleuronné occupe le tympan principal; il est accosté de petits oculus. Aux lancettes de division, c'est un quatre-feuilles allongé en hauteur qui décore l'écoinçon. Des groupes de trois colonnes, avec gorges et petits fûts intermédiaires, portent l'arc principal et les deux lancettes. La retombée commune aux plus petites se fait sur une seule colonnette. Chapiteaux, tailloirs et profils sont semblables à ceux du rez-de-chaussée. Un mur plein cache les combles : c'est donc, en réalité, un simple triforium avec passage étroit derrière les pieds-droits. Des rosaces ornent les écoinçons; certaines présentent des ornements végétaux, des dragons et même les figures d'Adam et Ève.

Un second bandeau de feuillage régulier marque l'étage des fenêtres hautes au niveau des chapiteaux des colonnes servant aux voûtes : ils sont cinq, car les deux colonnettes du formeret sont venues s'adjoindre aux trois autres depuis le niveau du triforium. Les fenêtres hautes occupent une grande partie de la lunette de chaque voûte. Leur encadrement intérieur, en tiers-point, est porté, de chaque côté, sur trois colonnes avec gorge; leurs bases reposent sur le bandeau supérieur, qui indique le passage pratiqué dans le mur. L'éclairage est donné par deux lancettes géminées, ouvertes dans le mur extérieur. Parmi les moulures des voûtes, ce sont encore les boudins accouplés, séparés par une gorge, qui dominent. Dans les retombées, les nervures des ogives, formerets et doubleaux pénètrent les unes dans les autres. L'architecture normande est donc très précoce dans sa mouluration. Les profils y sont plus compliqués qu'en France, à date égale.

Dans l'abside en hémicycle, on remarque quelques modifications, dues au rétrécissement des entre-colonnements. Les piliers se composent de deux colonnes, l'une derrière l'autre, flanquées sur les côtés de deux colonnes d'un moindre diamètre, comme au Mans. Les quatre fûts sont absolument indépendants les uns des autres. Au XVIIIe siècle, on a cannelé les fûts principaux. Le tailloir est commun aux quatre colonnes. Les archivoltes ne forment plus trois ressauts. A l'intrados, leur mouluration consiste en boudins parallèles correspondant aux colonnettes secondaires; ils sont doublés à droite et à gauche de groupes de boudins également séparés par des gorges. Une seule rosace occupe chaque écoinçon d'arc à arc. Le bandeau inférieur du triforium est semblable à celui du chœur; un cul-de-lampe reçoit la colonnette unique qui est destinée à toutes les retombées des voûtes. Le triforium n'a, par travée, qu'une grande lancette avec quatre-feuilles dans le tympan, subdivisée en deux lancettes encadrant un trilobe. A cause de la hauteur de ces lancettes, un trèfle est percé au-dessus du trilobe. Des groupes de trois colonnettes, séparées par des fûts secondaires où par des gorges, constituent les supports. Dans les écoinçons, il n'y a plus de rosaces, mais une branche de rameaux fleuris décore symétriquement chaque triangle. Les colonnettes des voûtes ont un tailloir rond où viennent retomber l'ogive et les minces formerets, très surhaussés. La lancette des fenêtres occupe toute la lunette; elle est tangente, partout, au formeret. La baie percée dans le mur du passage de circulation est une lancette simple. Deux petites branches, dans le prolongement des deux dernières du chevet, vont de la clef jusqu'au doubleau, suivant l'usage en Normandie.

Le déambulatoire s'ouvre de chaque côté, par un grand arc; les trois archivoltes figurent des boudins et des gorges, comme d'habitude. Mais l'archivolte interne a deux groupes, d'un boudin en amande et de deux tores secondaires séparés par une gorge assez large pour que la retombée de ces moulures corresponde à deux colonnes accouplées. Les colonnes des autres archivoltes sont séparées par des gorges et des filets verticaux. Au nord, les deux premières travées sont closes, latéralement, par un mur droit. L'une des deux était percée d'une baie par où on pénétrait dans la salle supérieure de la sacristie. L'étage inférieur de cette sacristie forme un vaste rectangle couvert de quatre croisées d'ogives retombant sur une colonne centrale. L'étage supérieur sert aujourd'hui de trésor; on y accède par un escalier moderne, ménagé dans la chapelle du croisillon nord, qui est murée.

Près du croisillon sud, une cloison, assez basse, est formée d'arcatures pleines surmontées d'un bandeau feuillagé; elle sépare le déambulatoire d'une chapelle de deux travées d'inégale largeur. La travée tangente au croisillon est presque aussi large que celui-ci; l'autre l'est moins. Deux baies géminées éclairent, au sud, ces deux travées; elles ont double remplage. Le passage de circulation, au bas des fenêtres, se continue d'une travée à l'autre; le pilier qui porte le doubleau commun aux deux travées est de biais: à cause du décrochement produit par leur largeur inégale. Une lancette éclaire le fond de la dernière travée à l'ouest. Les deux chapelles suivantes du déambulatoire sont, en effet, encore moins larges; un arc en lancette les fait communiquer entre elles et avec la grande chapelle. La première est entièrement rectangulaire. A la seconde, le mur

12

occidental est oblique, parce qu'en cet endroit, est logée la souche des tourelles qui, suivant l'usage normand, flanquent le triforium à la naissance de l'abside. Le passage de circulation règne devant les fenêtres de ces chapelles; il rejoint, à travers les massifs des tourelles, celui qui fait le tour des chapelles polygonales du chevet.

Entre les deux premières travées du déambulatoire, au sud, la pile est accostée de colonnettes : elles portent les deux lancettes de la baie décorative qui sépare la grande chapelle dite de *Talentis*, d'avec ce déambulatoire, au-dessus des arcatures de soubassement. Les deux piles rondes suivantes sont flanquées de colonnes séparées par des gorges et par des filets verticaux. A partir de la courbe du chevet, sur le noyau cylindrique, il n'y a plus que des gorges entre les colonnes principales; les fûts secondaires ne répondent pas spécialement à une nervure de la voûte. Les chapiteaux et tailloirs sont du type déjà décrit; les socles sont ronds.

Les chapelles du chevet, sauf celle de l'axe, sont limitées par cinq pans inégaux. Le soubassement d'arcatures porte, dans les angles, une colonne destinée aux ogives. Au-dessus du soubassement, cette colonne s'applique sur un pied-droit traversé par le passage courant au bas des fenêtres. Ce pied-droit est flanqué de deux colonnes tangentes et de deux autres fûts en délit, tout à fait détachés: pour le formeret et le remplage interne de la fenêtre. La chapelle de l'axe est précédée d'une travée droite, éclairée par deux fenêtres à double remplage. Six nervures correspondent aux cinq pans du chevet, mais il y en a deux petites partant de la clef et butant sur le doubleau d'entrée. Dans la mouluration, il faut noter sur les ogives des chapelles, des tores rainés entre deux gorges; Lisieux en fournit d'autres exemples.

Les piliers communs au chœur et au déambulatoire descendent, du côté de ce dernier, beaucoup plus bas. Ils

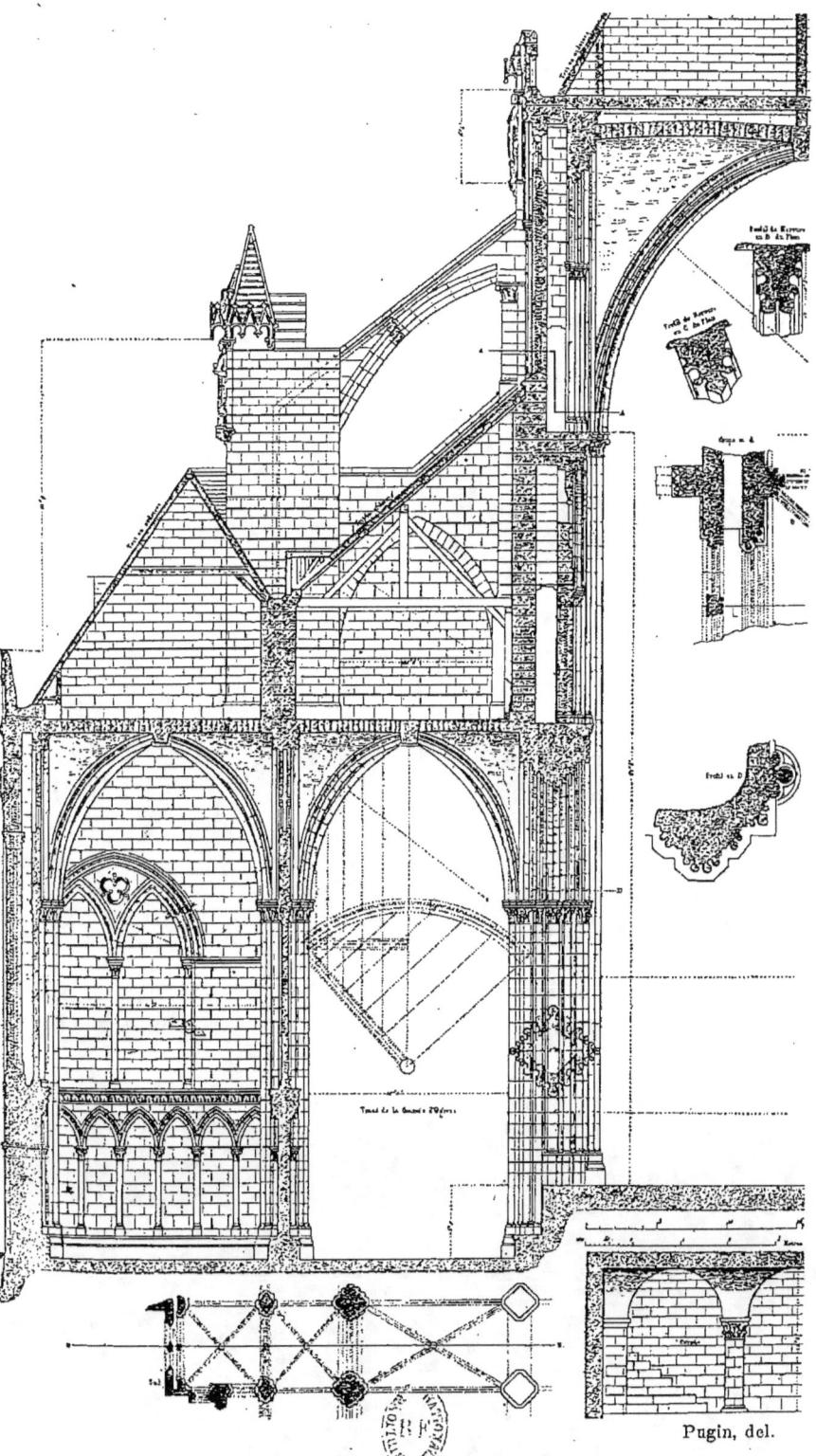

Cathédrale de Bayeux.
Coupe sur le déambulatoire.

reposent sur des socles arrondis reliés par un banc de pierre qui suit la courbe du chevet, mais qui s'interrompt devant les deux escaliers d'accès à la crypte. Des ouvertures pratiquées au-dessus du banc éclairent la crypte. L'encadrement de l'une d'elles donne une inscription précieuse :

Crypte. En l'an mil et cccc et douze
Tiers jour d'avril que pluye arouze
Les biens de terre, la journée
Que la pasque fu célébrée,
Nobles homs et révérent père
Jehan de Boissey de la mère
Eglise de Bayeux pasteur
Rendit l'âme à son créateur,
Et lors en foissant la place
Devant le grant autel de grâce
Trouva l'en la basse chappelle
Dont il n'avoit esté nouvelle
Où il est mis en sépulture.
Dieu veuille avoir son âme en cure
Amen

La crypte ainsi retrouvée et réparée au XVe siècle, comprend actuellement trois nefs formées par deux files de sept colonnes. A l'ouest, des pilastres sont plaqués contre le mur de fond. On ne peut dire si, primitivement, elle s'étendait plus loin de ce côté. Cette hypothèse se basait sur le surhaussement du carré du transept, dont le sol est au niveau de celui du chœur. Des pilastres carrés, avec imposte, s'appliquent également contre les murs latéraux. A l'extrémité, est, de ces derniers, une colonne remplace le pilastre.

On distingue les commencements d'une courbe, noyée dans le mur plat qui termine aujourd'hui la crypte. Derrière ce mur, on pénètre dans une sorte de caveau.

La forme de cet enfoncement; les courbes des murs permettent de croire que la crypte devait se terminer à l'origine par un chevet légèrement tréflé. Les colonnes ont eu leurs bases refaites. La plupart des chapiteaux présentent les quatre volutes et la console sur le tailloir, sortant d'une couronne de feuilles rudimentaires. Ceux des colonnes qui précèdent l'autel sont d'un caractère plus archaïque. Ils imitent davantage le chapiteau antique; ils se raccordent très mal avec le fût. Ils ont dû être réemployés lors de la construction de la crypte. Par contre, derrière l'autel, l'avant-dernier de la file sud, orné de godrons, a été remplacé.

Extérieur. — Les deux tours ont été rhabillées au XIIIe siècle. Les deux derniers étages seuls, laissent encore apparaître les arcatures romanes. Au-dessous, on voit que les maçonneries ont été doublées en épaisseur. Le glacis qui termine ce travail de consolidation vient buter dans les pieds-droits des arcatures romanes de l'avant-dernier étage.

Les parties inférieures sont restées. Plus haut, des arcatures gothiques et des baies de même style encadrent, parfois encore, les ouvertures plus anciennes. Trois contreforts à nombreux ressauts épaulent chaque face des tours, sauf à l'est. Ceux de la tour nord ont même été renforcés de nouveau à une époque postérieure, comme on le verra en examinant la partie centrale de la façade.

Une tourelle s'ajoute à l'angle nord-est ou sud-est des deux tours, comme à Saint-Étienne de Caen. Celle du nord est couronnée d'une échauguette carrée ; celle du sud ne monte pas jusqu'à la plate-forme des flèches. Cette plate-forme a été constituée au XIIIe siècle pour recevoir les flèches : on a renforcé les angles du dernier étage de la construction romane; on les a couvert d'un glacis triangulaire correspondant aux petits pans coupés des quatre coins de la plateforme. Au nord, la corniche présente de petits linteaux plats sur modillons carrés, tous semblables ; au sud, c'est une corniche « beauvaisine », avec arcatures subdivisées en deux, comme au collatéral de Bernières

Les flèches ont huit pans, arrêtés par des boudins. Elles sont décorées alternativement de bandes striées et de dentelures carrées. Les lucarnes, très simples, consistent en une haute lancette dont les trois archivoltes, à trois boudins, reposent sur trois colonnettes de chaque côté. Les joues sont pleines. Un gâble très aigu indique le comble à deux versants de pierre; sur le faîte, un animal s'avance, un peu en saillie. Les clochetons ont la figure de flèches à huit pans: semblables à la flèche principale, coupées à mi-hauteur pour recevoir un étage vertical avec boudins aux angles et petites lancettes traversés par un meneau horizontal. Une petite corniche termine cet étage et reçoit le reste de la flèche.

Entre les deux tours, la façade est percée d'une grande fenêtre en tiers-point; le remplage est régulier. Au-dessus, cinq arcs subdivisés en deux arcs trilobés sur colonnettes abritent dix statues d'évêques. Les cinq arcs sont encadrés de hauts gâbles avec rosaces ajourées. Au niveau du sommet de ces gâbles, commence le pignon, décoré d'une grande rosace polylobée, en creux, et de trois petites rosaces. Les rampants sont garnis de crochets. On remarque que la grande fenêtre est flanquée, au sud seulement, d'une haute arcature décorative. Au nord, cette arcature a été couverte par le renforcement du contrefort voisin qui vient aussi cacher une partie du premier gâble de la galerie des évêques.

Les portails ont été plaqués, devant les contreforts, sur toute la largeur de l'édifice : leurs voussures sont au nombre de cinq. La baie principale, au milieu, a été raclée au XVIIIe siècle. Une galerie de quatre-feuilles ajourés la surmonte.

Des rosaces de grandeurs variées ornent les écoinçons. Les autres arcs, qui ne correspondaient pas à une fenêtre, sont surmontés de gâbles à crochets et fleurons percés d'une grande et de petites rosaces. Leurs voussures reposent sur des colonnes séparées par des gorges et par des filets verticaux. Les chapiteaux, à deux rangs de crochets, règnent avec un large bandeau, de même sculpture, qui s'étend sous les tympans. Les arcs qui flanquent le portail principal encadrent les portes secondaires; mais loin d'occuper tout l'espace nu sous le tympan, elles s'ouvrent de côté. Elles sont constituées par une petite baie en arc brisé, séparée du reste du mur de fond par une colonnette sans utilité; l'autre moitié du mur de fond demeure plein; une niche vide est y appliquée. On voit la raison de cette disposition : la présence des contreforts, dont la base affleure en cet endroit l'alignement interne des portails, ne permettait pas de placer les portes dans l'axe des grands arcs.

Les tympans présentent quatre registres de petits personnages sculptés. Au nord, la Passion ; au sud, le Jugement dernier. Les voussures sont chargées de dais et de statuettes. Les deux arcs externes ont, au contraire, leurs voussures nues. Les archivoltes encadrent un remplage simulé : contre les deux lancettes sont appliquées deux niches, surmontées de dais et portées par une colonnette.

Sur les murs de la nef, les deux lancettes géminées, de chaque travée, sont abritées sous un grand arc légèrement brisé et qui forme décharge, d'un contrefort à l'autre. Le haut des contreforts est décoré d'une niche plate; deux colonnes y portent un dais avec gâbles et flèches peu élevés. Ces niches interrompent la corniche, composée d'un rang de quatre-feuilles creux et d'un bandeau de feuillage. Primitivement, lorsque la nef était dépourvue de chapelles, les arcs-boutants simples s'appuyaient sur une haute culée : elle se terminait par un double versant de pierre flanqué d'un pinacle carré, comme à l'abside. Au XIV° siècle, l'adjonction des chapelles a nécessité la construction d'une seconde volée et d'un autre rang de culées sur l'alignement du mur extérieur de ces chapelles. Leur aspect particulier provient de leur hauteur, d'autant plus accentuée que les bas-côtés et les chapelles sont couverts de dalles à peu près horizontales. Les culées se composent d'un pilier rectangulaire avec flèche à quatre pans, ornée de crochets; sur les côtés et sur le devant, viennent se coller trois autres massifs décorés d'arcatures sous gâbles, de flèches et, face au spectateur, de dais abritant des niches. Le cul-de-lampe de ces niches vides repose sur une colonnette appliquée contre les massifs.

Le petit porche au sud de la nef s'ouvre par deux arcs géminés soutenus par un faisceau de colonnettes. L'intérieur, voûté d'ogives, remonte au XIIIe siècle et présente des traces de polychromie. Au-dessus règne une galerie d'arcs trilobés avec gâbles simulés. Les rosaces ornant le nu du mur ont été coupées lorsque l'on a rajouté les culées et les contreforts voisins. Entre ces contreforts, la fenêtre des chapelles s'encadre de hauts gâbles à crochets, pleins encore, et décorés de rosaces. Les deux chapelles les plus près du croisillon ont des remplages réguliers. Leur mur vient couper une arcature qui ornait le côté ouest du croisillon. Ce fait dénote l'antériorité du croisillon.

Le pignon de ce croisillon sud est beaucoup plus décoré que le croisillon nord. Il comprend deux étages entre des contreforts garnis d'arcatures.

Au rez-de-chaussée s'ouvre un large portail. La triple voussure, chargée de dais et de statues, est portée par des colonnes minces, assez espacées l'une de l'autre ; des niches occupent les parties nues de l'ébrasement. Les chapiteaux des colonnes sont couverts de deux rangs de feuillages qui se continuent en bandeau sous le tympan : les trois registres sont consacrés à l'histoire de saint Thomas de Cantorbéry. Les portes elles-mêmes sont rectangulaires, mais encadrées par un trilobe de boudins continus. Le tympan, sous le trilobe, est chargé de rinceaux de feuillages. Un trumeau avec niche sépare les deux portes. Cette disposition de portail se trouve en Angleterre, à Lincoln. De chaque côté, de grandes arcatures sous gâbles occupent le reste des murs. Le profil de la mouluration qui les dessine — un boudin le plus souvent — indique le XIVᵉ siècle, comme aux remplages des chapelles de Notre-Dame de Paris. Des arcatures de même genre décorent les trois faces des contreforts, sur la façade et sur les murs latéraux.

Une galerie ajourée d'arcs trilobés surmontés de quatre-feuilles, dessin que l'on retrouve à Ardenne, marque l'étage de la fenêtre. De chaque côté, de hautes arcatures couvrent les parties correspondant à la base des tourelles carrées qui flanquent le pignon. Ces tourelles présentent une lancette subdivisée en deux lancettes secondaires, avec meneau transversal. Elles sont couvertes d'une flèche octogone accompagnée de clochetons. Entre les deux tourelles, court une galerie de cinq arcatures, sous gâbles, subdivisées comme à la façade, mais sans statues. Entre les rampants à crochets, le pignon est décoré de rosaces variées.

Dans la partie droite du chœur, les deux lancettes des fenêtres sont encore abritées sous un arc de décharge. Les écoinçons ont les mêmes rosaces qu'à la nef ; des niches sont plaquées contre les contreforts. La naissance du chevet est marquée par deux tourelles carrées avec colonnes engagées sur les angles, dans toute la hauteur. L'étage inférieur est décoré d'arcatures ; l'étage suivant est ajouré d'un tiers-point divisé en deux arcs secondaires et porté par des groupes de colonnes. Une flèche à huit pans, avec clochetons et lucarnes simulées, couronne la tourelle. Les fenêtres en lancette de l'abside sont encadrées d'un boudin continu et d'une archivolte reposant sur deux colonnes ; un trèfle aux lobes allongés est creusé dans les écoinçons.

Les arcs-boutants portant chéneau, sont soutenus par une colonne appliquée contre le mur du chœur, et, de l'autre côté, par une culée amortie par deux pentes et flanquée d'une flèche à quatre pans avec boudins aux arêtes. A la base de la flèche, vers l'extérieur, un petit dais abrite des statues dont les têtes ont été remplacées. L'arc-boutant placé à la naissance de la courbe du chevet bute dans la tourelle haute; tandis que sa culée est renforcée par l'étage supérieur de l'autre tourelle partant du niveau du sol, sur le pourtour des chapelles. Ces tourelles inférieures, ornées d'arcatures, sont privées de leurs flèches : elles ont dû exister cependant, car leur présence a fait placer de côté et non de face, la niche et la statue de la culée qui correspond à la tourelle.

L'étage inférieur du chœur et du déambulatoire, d'un croisillon jusqu'à l'autre, est de la plus grande unité. De hautes arcatures sur colonnes, décorent tout le bas; un cordon de quatre-feuilles gravés règne sous les fenêtres bordées de boudins continus. Entre les chapelles, se trouvent des contreforts saillants, et, sur les angles des chapelles, des colonnettes. Entre ces colonnes et les contreforts, on a bandé toute une suite d'arcs, disposés comme à Saint-Étienne de Caen : ils ont permis l'établissement d'une corniche sur une ligne demi-circulaire et, par suite, la pose d'une toiture embrassant toutes les chapelles, sauf celle de l'axe bien entendu. A la base de ce comble court une galerie d'arcatures à fond plein; elle rappelle celle qui entoure tout le comble de l'édifice. Cette uniformité même indique un âge très peu reculé.

Le pignon du croisillon nord, donnant sur l'ancien évêché, reste absolument nu dans son étage inférieur; il est flanqué de contreforts et de tourelles avec flèche; entre les rampants, on a simulé trois fenêtres légèrement saillantes et surmontées de gâbles.

La base de la tour centrale forme un massif rectangulaire orné d'arcatures du XIVe siècle et d'un bandeau feuillagé. Les deux étages octogones sont modernes. Le premier remplace celui qui existait anciennement en style flamboyant; il avait été bâti en 1425. Le second est substitué à une coupole élevée à la fin du XVII° siècle.

Peinture, sculpture et mobilier. — Dans les voûtains du chœur sont peints les bustes des premiers évêques de Bayeux. La forme des mitres indique le XIII° siècle, mais ces peintures sont très restaurées, comme celles qui surmontent les autels de plusieurs chapelles. La cathédrale n'a pas conservé de monuments funéraires, sauf un tombeau de chanoine dans la crypte; on y voit encore, sur le pourtour du chœur, la dalle en marbre noir, privée de sa statue de l'évêque Nicolas du Bosc, mort en 1408. Quelques dalles subsistent; la meilleure est dans la chapelle absidale. Dans la première chapelle du collatéral nord, près de la tour, le retable, de la fin du XVI° siècle, figure en bas-relief non les litanies de la sainte Vierge, mais les comparaisons de l'Écriture qu'on lui applique: *Vellus Gedeonis, hortus conclusus,* etc. En fait de sculpture sur bois, il faut citer la chaire de 1787 et surtout les stalles, surchargées d'ornements de la fin de la Renaissance. Elles datent de 1588 et sont l'œuvre de Jacques Lefèvre, menuisier de Caen. Un certain nombre de ces stalles ont été supprimées lorsque l'on a réduit l'emprise du chœur sur le carré du transept. Elles ont été employées dans la sacristie nouvelle. Les grilles du chœur sont un beau travail du XVIII° siècle, de même que la garniture de l'autel due à J.-B. Caffiéri. Quelquefois, le trône épiscopal est un pliant de fer du XIV° siècle. On peut le voir dans le trésor.

Les pièces les plus intéressantes du trésor sont: la chasuble et le manipule, dits de saint Regnobert, étoffe de soie verte de provenance orientale; le coffret d'ivoire qui l'a contenu, oriental également, avec inscription en caractères koufiques; la grande armoire, qui est comparable à celle de Noyon. Bien qu'elle ait été raccourcie, elle compte encore quatorze vantaux. Les panneaux étaient peints à la cire. Les serrures, les pentures et les autres ferrures sont du plus délicat travail du XIII⁰ siècle. Le calice de Mgr de Nesmond; l'armure de l'homme d'armes de l'évêque; les vases destinés à la consécration des saintes huiles : ce sont des buires d'étain de la fin du XV⁰ siècle, plusieurs sont modernes et copiées sur les anciennes. Au rez-de-chaussée du trésor, on a recueilli des débris trouvés dans les fouilles et provenant, en partie, du jubé.

Salle capitulaire. — Placée de façon inaccoutumée dans le prolongement de la façade, vers le nord, elle remonte aux dernières années du XII⁰ siècle, sauf les voûtes qui ont été remaniées. On y accède par la première chapelle du collatéral nord. C'est un rectangle dont toute la partie inférieure est couverte d'arcatures brisées, bordées d'un gros boudin et portées par des colonnettes assez trapues, avec chapiteaux à crochets et tailloirs carrés. Ces arcatures sont interrompues dans les angles par une colonne et, au milieu, par un groupe de trois colonnes. En outre, une courte colonne de même style est incrustée dans les murs latéraux à mi-chemin entre les colonnes d'angle et celles du milieu. Cette disposition prouve que la salle était couverte à l'origine par deux voûtes sexpartites. A la première époque appartiennent encore les fenêtres, très ébrasées, encadrées d'une archivolte qui porte sur des colonnes annelées; le tailloir se continue en bandeau; la base repose sur un cordon qui surmonte les arcatures. Les murs de fond sont décorés de trois grandes arcatures de même facture, reposant sur le même cordon et inscrites dans un grand arc, peut-être le formeret de l'ancienne voûte. Au XIV⁰ siècle, on remplaça cette voûte par quatre croisées d'ogives en montant sur les supports anciens des faisceaux de colonnettes destinées aux voûtes nouvelles, remarquables surtout par la grande lierne longitudinale qui court d'un bout à l'autre.

Le pavement de carreaux de terre cuite présente, en son milieu, un labyrinthe bien conservé.

Palais épiscopal. — Le plus ancien palais épiscopal a conservé peu de chose de son état antérieur. Au rez-de-chaussée de l'aile perpendiculaire à la cathédrale, existent encore des voûtes d'une époque reculée, mais le mur de façade, avec ses arcs de décharge, n'est pas antérieur au XVe siècle. Dans l'autre corps de logis, une grande salle, l'ancienne salle des évêques, sert de tribunal; elle a un beau plafond de bois à caissons. Elle se terminait autrefois par une chapelle dont une cloison la sépare aujourd'hui. Cette chapelle présente cinq pans extérieurement et huit à l'intérieur. Des branches d'ogives, des liernes et des tiercerons y portent des arcs ajourés sur lesquels repose un plafond plat. Des niches avec dais Renaissance occupent les angles de cette construction, où l'on retrouve, au XVIe siècle, les procédés employés au XVe dans le porche du vieux Saint-Étienne à Caen. Elle fut édifiée sous le pontificat de Louis de Canossa, l'un des évêques de naissance italienne qui se succédèrent au XVIe siècle sur le siège de Bayeux. Il gouverna cette église de 1516 à 1531.

CHAPELLE DU SÉMINAIRE

Sur l'emplacement d'un hôpital, érigé en prieuré en 1248, et qu'il fit rebâtir ailleurs, Mgr de Nesmond, le bienfaisant évêque de Bayeux, éleva, pour abriter son séminaire, de vastes et réguliers bâtiments conservant naguère encore leur première destination. Des constructions du moyen âge, il ne garda que la chapelle qui date du premier quart du XIIIe siècle environ. Extérieurement, elle forme un long rectangle; intérieurement, c'est une nef de six travées terminée par deux absides jumelles. Chaque travée est voûtée d'une croisée d'ogives reposant sur une mince colonnette

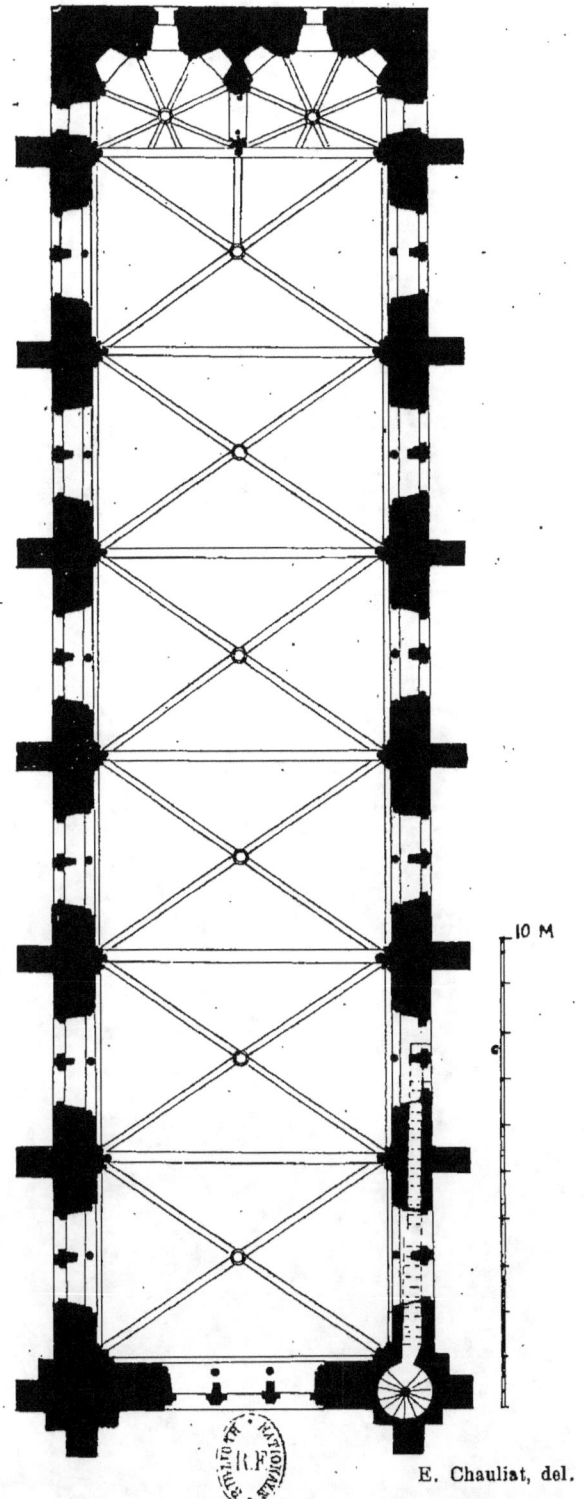

Chapelle du Séminaire de Bayeux.

avec chapiteau à crochets et tailloir rond. Ogives et doubleaux ont pour profil un assez gros boudin entre deux petits cavets. Les formerets descendent jusqu'au niveau de la base des fenêtres, le long de la colonne des voûtes. Les fenêtres géminées sont percées dans un mur épais. Leur arc intérieur, formé de boudins séparés par une gorge, repose sur deux colonnettes engagées. La retombée commune se fait sur une colonnette unique, mais cette colonnette est détachée : son chapiteau se prolonge en linteau pour supporter la voussure profonde des deux baies, en arrière desquelles sont ouvertes les fenêtres éclairantes. Il y a donc, au bas des fenêtres, une galerie de circulation, simulée.

En avant des deux absides jumelles, une cinquième branche d'ogives part de la clef de la dernière travée et repose sur une colonne placée dans l'axe de l'édifice. On a ainsi obtenu, de chaque côté, un doubleau surhaussé, reposant sur la colonne de l'axe et sur la colonne appliquée au mur. Ces arcs encadrent les deux absides à cinq pans, car à la colonne d'axe, renforcée d'autres colonnes pour les voûtes de ces absides, répond un massif triangulaire plaqué contre le mur de fond. De même, les angles ont reçu une maçonnerie en pan coupé. Dans chacun des angles, un faisceau de trois colonnettes porte l'ogive et les formerets qui encadrent la lancette très ébrasée, pratiquée dans chacun des pans. Les deux lancettes percées dans le mur de fond et dans les murs latéraux abritent une fenêtre ; les deux autres, dans les écoinçons pleins, sont décoratives. Le pan commun aux deux absides est ajouré d'un arc avec archivolte intérieure, pour donner plus de légèreté à ces deux absides. Comme à la cathédrale, deux petites branches supplémentaires vont de la clef jusqu'au doubleau d'entrée.

13

ÉGLISE DE SAINT-LOUP-HORS

L'église de Saint-Loup-Hors, située au sud de Bayeux. comprend une nef où subsistent des fragments du XIIe siècle — deux arcs à frettes crénelées — puis un chœur à chevet plat du XIIIe siècle. A l'intérieur, le chœur est couvert de deux croisées d'ogives reposant sur des culs-de-lampe en forme de chapiteaux. Le chevet possède une voûte à six branches, car deux branches partent du mur de fond vers la clef; de plus, deux petites branches vont de la clef jusqu'au doubleau. Les ogives et les doubleaux ont pour profil un tore en amande entre deux cavets. L'arc triomphal porte sur une demi-colonne et sur des colonnes en retrait, séparées par des gorges et des filets. La mouluration des archivoltes consiste en boudins accouplés, à l'intrados, entourés d'autres tores dégagés par des gorges en ressauts. De curieuses traces de peintures, du XIVe ou du XVe siècle, se voient dans la nef.

Le clocher est situé au sud, à l'angle du chœur et de la nef; il comprend trois étages et une flèche.

Le soubassement est flanqué de contreforts plats dont le glacis est couvert d'imbrications. Sur le côté est, une porte est percée. Deux colonnes engagées, dont le tailloir — un bandeau, un onglet, un chanfrein — se continue en cordon, soutiennent un arc surhaussé, décoré de deux rangs de bâtons brisés qui forment des losanges creux. Dans les angles extérieurs se détachent des pommes de pin. Une mouluration de deux boudins peu saillants, réunis par un filet et reposant sur deux têtes, entoure cette archivolte.

La porte elle-même est surmontée d'un linteau. On voit au milieu du tympan un évêque bénissant, la crosse dans la main gauche, qui foule aux pieds un dragon.

Au-dessus du glacis des contreforts, un bandeau de sculptures méplates et un cordon de billettes marquent la naissance du premier étage du clocher. Ses quatre faces sont couvertes de hautes et étroites arcatures à claveaux plats. Elles reposent sur de minces pilastres chanfreinés. Une colonnette se loge dans les angles, car il n'y a plus de contreforts. Il en est de même à l'étage suivant, beaucoup plus élevé que le précédent. Sur chaque côté de la tour s'ouvrent, au fond d'archivoltes très ébrasées et très multipliées, deux baies très longues et très étroites, presque des meurtrières. A droite et à gauche, trois colonnes engagées dans les retraits de l'ébrasement ; pour la partie médiane, deux colonnes accouplées sous le même tailloir et accostées de deux autres colonnes de chaque côté, reçoivent les trois archivoltes ornées de bâtons brisés. Le grand développement de ces archivoltes sur une surface peu large fait que seules les deux archivoltes internes peuvent décrire un demi-cercle complet. La troisième, avec bâtons brisés en losange, n'est qu'un segment de cercle qui, aux angles de la tour, vient buter contre un faisceau de trois minces colonnettes. Ces colonnettes supportent les extrémités de la corniche à modillons variés servant de base à la flèche.

La flèche est à quatre pans, avec boudins sur les arêtes et sur le milieu. Ces pans sont décorés alternativement de lignes striées et d'écailles disposées sur trois rangs. Elles ont leur pointe tournée vers le haut de la flèche, disposition qui se remarque en plusieurs églises du Sud-Ouest et qui est de beaucoup préférable pour l'écoulement des eaux.

La finesse du travail, l'harmonie de l'ensemble, la variété des chapiteaux godronnés montrent que ce joli clocher ne doit pas être antérieur au milieu du XIIe siècle.

CLOCHER DE SAINT-PATRICE

L'église de ce nom présente peu d'intérêt, mais son clocher, daté de 1549, est d'une époque trop rare dans la région pour qu'il ne soit pas signalé. Il se compose de six étages. Les contreforts du premier se transforment, au second, en colonnes supportant un large encorbellement en manière de frise classique avec triglyphes. Sur cet entablement, des socles portent les colonnes destinées à l'entablement de l'étage supérieur qui est ajouré par des baies plein cintre, profondément ébrasées. Le quatrième étage, en retrait, est encore carré ; il est orné de pilastres et de petits frontons qui cachent la naissance de la double lanterne ronde, dont le dôme se termine par un lanternon.

ARCHITECTURE CIVILE

CHEMINÉE DU XIIe SIÈCLE

Dans une maison de la rue des Chanoines, visible du parvis de la cathédrale, se dresse un tuyau de cheminée très intéressant qui ressemble à celui de l'abbaye de Noirlac. C'est un cylindre creux dont la base moulurée se relie à un soubassement carré. Le cylindre est surmonté d'une série de petites colonnes portant un chapeau conique, très aigu, également de pierre, et percé de trous ronds. On ne saurait avoir de doute sur l'usage de cette construction, appelée trop souvent encore « lanterne des morts ».

MAISON DITE DU GOUVERNEUR

Cet hôtel rectangulaire, portant pignon sur rue, est éclairé par des croisées de pierre avec encadrement en larmier ou accolades. A l'est, une tour octogone devient carrée au sommet, grâce à deux encorbellements. Ce dernier étage est une construction à bossages, arrêtée par les deux pignons aigus d'un toit en bâtière. Une petite tourelle carrée, dont les angles sont également à bossages, se soude à la tour, au-dessus du toit du corps de logis principal. Ces parties hautes datent seulement de la fin du XVIe siècle.

MAISONS DE BOIS

Deux des plus remarquables sont presque identiques. C'est d'abord l'hôtel du Fresne, rue Saint-Malo. Ses pignons de pierre sont mitoyens avec les maisons voisines. Des encorbellements les mettent en correspondance avec les encorbellements de la façade constituée par l'un des murs goutterots. Cette façade présente trois encorbellements : au-dessus du rez-de-chaussée, du premier étage et sous le toit. Les étages sont hauts. De petits piliers octogones surmontés de statues portent les têtes de poutres du premier encorbellement. Aux autres étages, figurent des statuettes seules. Poteaux et potelets restent sans sculptures. Aucune pièce diagonale, sauf aux angles de la construction, ne vient étrésillonner les pièces verticales. Les sablières moulurées sont décorées, par le dessous, d'une fausse sablière. L'allège des fenêtres, ici comme souvent ailleurs, ne fait pas partie intégrante de la charpente.

La maison de la rue Bienvenue ne diffère pas de la précédente ; les sculptures sont seulement un peu moins fines et les proportions plus massives. Le rez-de-chaussée a été modernisé. Ni l'une ni l'autre n'ont conservé leurs lucarnes; cependant, le toit n'a pas été baissé, comme le prouve l'angle des rampants de pierre arrêté par un retour ou par un motif sculpté.

Deux autres maisons, placées à des coins de rue, doivent à ce fait un peu de leur aspect particulier. A l'angle de la rue Saint-Martin et de la rue des Cuisiniers, se trouve une très importante construction. Le soubassement est de pierre; il porte de courts piliers, de pierre également, sur lesquels reposent les consoles très saillantes du premier étage. Elles sont extrêmement proéminentes. Le second étage forme un encorbellement moins prononcé. Le pignon est sur la rue des Cuisiniers. Un mur de pierre en retrait, ancien, au moins partiellement, réunit ce corps de logis à un second bâtiment qui longe la rue des Cuisiniers et qui est construit de même façon que celui qui vient d'être décrit. Aucune sculpture ne décore cette charpente; des croix de Saint-André étrésillonnent les poteaux sous les allèges des fenêtres. Le remplissage est constitué par des moellons.

Le même caractère de rudesse et les mêmes procédés se retrouvent à la maison faisant l'angle de la rue Franche et de la rue Saint-Malo.

TAPISSERIE

Par M. Émile TRAVERS

Depuis près de deux siècles, on a minutieusement décrit la broderie appelée bien à tort Tapisserie de la reine Mathilde. On connaît les recherches de Lancelot, Montfaucon, Ducarel, l'abbé De La Rue, Lechaudé d'Anisy, Stothard, Achille Jubinal, Augustin Thierry, Freeman, le chanoine Laffetay, Fowke, Marignan, Steenstrup et de vingt autres érudits français ou étrangers, qui l'ont étudiée tour à tour. Quelques-uns d'entre eux y ont voulu voir bien des choses qui n'y sont pas; peut-être n'ont-ils pas aperçu tout ce qui s'y trouve.

La *Telle du Conquest* de l'Angleterre ou la *Toilette du duc Guillaume*, comme on lit dans les inventaires du XVe siècle du trésor de la cathédrale de Bayeux, n'est pas une tapisserie : c'est une bande de toile haute de 0^m 50 et longue aujourd'hui de 70^m 34, sur laquelle sont brodés en plusieurs couleurs, parfois bizarrement associées, des scènes historiques et des sujets divers. Quant à l'attribution de ce travail à la reine Mathilde, c'est une erreur démontrée dès longtemps. La femme du Conquérant était morte, depuis sept ans au moins, lorsque l'œuvre dont on lui fait honneur fut commencée.

La Tapisserie, puisqu'il serait inutile de la dénommer autrement sans crainte de n'être pas compris, la Tapisserie donne d'elle-même la date de sa confection et le nom de celui qui la fit exécuter : Odon de Conteville, évêque de Bayeux, frère du duc Guillaume : il n'a pu commander ce travail qu'après la mort du premier roi normand d'Angleterre. En voici la raison :

Guillaume avait toujours montré une extrême bienveillance pour ses frères utérins, issus du mariage de sa mère Arlette ou Herlève avec Herluin de Conteville. Il plaça Odon sur le siège de Bayeux, dès l'âge de dix-sept ans, et celui-ci, ainsi que son frère Robert, comte de Mortain, rendit au duc de Normandie des services signalés lors de l'expédition en Angleterre. Guillaume fut reconnaissant et combla de dignités et de biens Odon, qui devint comte de Kent et presque un vice-roi dans le nouvel état, si toutefois un vice-roi pouvait exister à côté d'un monarque tel que le farouche Conquérant. Mais le prélat était avide et remuant. Le duc-roi se fatigua de ses malversations et de ses intrigues, le fit arrêter et enfermer à Rouen.

Odon ne recouvra la liberté qu'à la mort de Guillaume, retourna en Angleterre, en fut de nouveau chassé et dut repasser en Normandie.

C'est pendant le dernier séjour de l'évêque de Bayeux dans le comté de Kent, qu'il fit faire la Tapisserie par des brodeurs saxons fort réputés en ce genre d'ouvrage dès les premiers siècles du moyen âge.

Cette Tapisserie devrait par conséquent s'appeler la Tapisserie d'Odon, car c'est lui qui l'a commandée, elle lui a appartenu et elle n'a eu d'autre but que de le magnifier.

Le prélat joue, en effet, un rôle pour ainsi dire prépondérant dans toutes les scènes de la Tapisserie, où il figure, et ce rôle il n'eût pas osé se l'attribuer du vivant de son frère. Par exemple, à Hastings, où la victoire fut longtemps indécise, Odon se jette dans la mêlée : *Baculo confortat pueros.* Ce terme, *pueri,* signifie les vassaux d'un seigneur ayant lui-même un seigneur au-dessus de lui. Il s'agit donc ici des vassaux qui ont suivi Odon, l'évêque qui était leur seigneur féodal. Puis çà et là, on voit des représentations de personnages inconnus, mais que l'on retrouve dans le Domesday-Book, comme tenanciers du comte de Kent. Qui, si ce n'est Odon, les aurait fait figurer sur un monument destiné à rappeler des aventures héroïques?

Il y a encore l'expédition de Bretagne, où Guillaume emmena Harold, alors à sa cour, fait dont les chroniqueurs ne parlent que vaguement ou pas du tout. Un témoin oculaire, comme le fut Odon, a seul pu vouloir conserver le souvenir du dévouement du comte saxon lorsqu'il arracha plusieurs soldats normands aux sables mouvants du Mont-Saint-Michel.

C'est donc l'évêque de Bayeux qui a indiqué les sujets à représenter.

Un dessinateur, habile pour son temps, a tracé sur la toile les scènes à exécuter en broderie. Cet artiste est un Saxon dont le travail offre toujours une grande vérité d'expression, et rappelle l'ornementation des manuscrits hiberno-saxons. La preuve en est dans les bandes qui séparent les diverses scènes au centre de la Tapisserie, dans les sujets si curieux des bordures supérieure et inférieure, dans les entrelacs, dans les arbres, où l'on remarque d'indiscutables influences de l'art scandinave ainsi que de l'art oriental, celles-ci importées par des étoffes, des bijoux ou des objets, provenant de lointaines régions, mais d'un transport facile.

Une autre preuve que la Tapisserie a été exécutée en Angleterre, et au XIe siècle, est fournie par la paléographie et par la langue des courtes inscriptions qui accompagnent chaque scène.

L'écriture de ces légendes est une belle capitale, qui fut longtemps en usage en Europe ; mais, ici, elle présente quelques caractères spéciaux au style hiberno-saxon. Les fautes de grammaire commises par le rédacteur des inscriptions ne diffèrent pas de celles qui sont si fréquentes dans la plupart des textes originaux du XIe siècle. Mais il faut remarquer certains mots d'une orthographe toute saxonne : *at* (pour *ad*), *Eadward*, *Wilgelmus* (pour *Willelmus*), *ceastra* (pour *castra*), etc. ; puis l'abréviation ꝫ employée par les seuls Saxons pour *et* ou *and* ; enfin le *d* barré saxon, pour *dh* ou *đ* ; des *y* pointés et des noms propres, tels que *Bosham*, *Hestinga*, *Pevensae*, ou *Harold*, *Gyrd*, *Lewine*, *Turold*, *Vital*, *Wadard*, *Willelm*, reproduits, soit au cas direct, soit au cas indirect, avec les formes de la langue vulgaire, parce qu'on n'a su quelle désinence latine leur appliquer. Donc, celui qui a rédigé les légendes était un Saxon.

J'ai dit plus haut qu'Odon avait commandé la Tapisserie après la mort de Guillaume. Ainsi, ce fut au plus tôt vers 1088. Le prélat destinait cette tenture à son église cathédrale, où elle fut, durant de longs siècles, exposée à certains jours de fête.

Lorsqu'il revint en Normandie, Odon dut rapporter avec lui la *Telle du Conquest*. Était-elle plus complète qu'aujourd'hui ? Une dernière partie s'étendait-elle jusqu'au couronnement de Guillaume à Londres ? On ne saurait ni le nier ni l'affirmer.

Depuis 1088, Odon mena une vie agitée. Tantôt on le voit à Bayeux, tantôt il court la France, surtout à partir de 1092. Il partit pour la croisade vers 1096 et mourut à Palerme en 1097.

La Tapisserie semble donc avoir été faite entre 1088 et 1092. On a dit, et M. Steenstrup a adopté cette opinion, qu'elle fut inaugurée dans la cathédrale de Bayeux, le jour de la dédicace de cet édifice qu'Odon venait de reconstruire, et en présence de Guillaume, de Mathilde et des grands de leur cour. Ce n'est pas ce que pensent la plupart des critiques ni ce que pensait le savant chanoine Laffetay.

Souvent aussi on a voulu rajeunir ce monument. M. Marignan et d'autres avant lui l'ont daté de la fin du XIIe siècle. Leur argumentation tombe devant ce fait que les objets représentés : monuments, costumes, armures, navires, sujets des bordures, tout en un mot a d'une façon indéniable le caractère du XIe siècle.

Il est inutile de décrire ici les scènes, au nombre d'environ soixante, reproduites sur la fameuse Tapisserie de Bayeux et dans des ouvrages connus de tous. Chacun possède les nombreuses photographies éditées à ce propos, mais dont les légendes sont souvent fort erronées.

En examinant cette intéressante suite de broderies, les congressistes verront se dérouler sous leurs yeux l'histoire de la conquête de l'Angleterre, depuis ses prolégomènes jusqu'à la fin de la sanglante journée d'Hastings : le voyage de Harold en Normandie, son arrivée et sa captivité en Ponthieu, son séjour auprès du duc de Normandie, son expédition avec celui-ci contre les Bretons, son serment à Bayeux et son retour en Angleterre, la mort et les funérailles d'Édouard le Confesseur, le couronnement de Harold, les préparatifs de Guillaume pour son expédition, le débarquement à Pevensey, enfin de nombreux épisodes de la bataille d'Hastings, la mort de Harold et la défaite des Saxons, et, au milieu des scènes, sans qu'il se rattache à rien de ce qui précède ou de ce qui suit, l'épisode resté énigmatique du clerc et d'Ælfgyva.

Il faut donc reconnaître, après un examen attentif de la Tapisserie de Bayeux, d'accord avec les critiques les plus éclairés, que cette œuvre, si précieuse et si intéressante à tous les points de vue, a été exécutée dans le comté de Kent, par des artistes saxons, qu'elle a été faite pour Odon de Conteville, par ses ordres et d'après ses inspirations. Elle est donc, à quelques années près, contemporaine de la Conquête et due à l'un des témoins et des principaux acteurs de la glorieuse épopée dont elle rappelle les épisodes à la postérité.

BIBLIOGRAPHIE. — Longuemare (P. de) : *Étude sur le canton de Tilly-sur-Seulles*, Caen, 1907, in-8°. — Le même : *Notice sur l'église d'Audrieu*, dans la *Normandie monumentale*. — *Notice*, dans l'*Ann. de l'Association Normande*, 1861. — Caumont (A. de) : *Notice sur l'église de Tour*, dans le *Bull. Monumental* (1857). — Farcy (P. de) : *(Notice sur Tour*, dans la *Normandie monumentale)*. — Laffetay (l'abbé) : *Histoire du diocèse de Bayeux*. — Béziers (Michel) : *Histoire sommaire de la ville de Bayeux*, Caen, 1773, in-12. — Pluquet (Fréd.) : *Essai historique sur la ville de Bayeux*, Caen, 1829, in-8°. — Bourrienne (l'abbé) : *Antiquus cartularius ecclesiæ Baiocensis ou Livre noir*, publié pour la Société de l'Histoire de Normandie, Rouen, 1902-1903, 2 vol., in-8°. — Ruprich-Robert : *Documents relatifs à la tour centrale de la cathédrale de Bayeux*, dans le *Bull. Soc. Antiq. Normandie*, 1881. — Lajehannière (F.-G.) : *La tour centrale de la cathédrale de Bayeux*, *Ibid.*, 1868. — Gaugain : *Tour centrale de la cathédrale de Bayeux*, dans l'*Ann. Assoc. Normande*, 1857. — Caumont (A. de) : *Tour centrale de la cathédrale de Bayeux*, *Ibid.*, 1855. — Bourdon (Ch.-J.) : *Excursion archéologique à la cathédrale de Bayeux*, dans le *Bull. Monumental*, 1851. — Villiers (G.) : *Notice sur la cathédrale*, dans la *Normandie monumentale*. — Chigouesnel : *Notice sur le tympan du portail sud de la cathédrale de Bayeux*, dans les *Mém. Soc. Antiq. de Normandie*, 1856. —

Cussy (M. de) : *Mémoire sur les chapiteaux romans de la cathédrale de Bayeux*, dans le *Bull. Monumental*, 1859. — Deslandes (le chanoine) : *Le trésor de l'église Notre-Dame de Bayeux, d'après les inventaires du XV⁰ siècle*, dans le *Bull. Archéologique*, 1896, p. 340. — Farcy (P. de) : *Le coffret d'ivoire de la cathédrale de Bayeux*, dans le *Bull. Soc. Antiq. de Normandie*, 1875. — André : *Notice sur une cassette d'ivoire de la cathédrale de Bayeux*, dans le *Bull. Monumental*, 1871. — Villiers (Georges) : *Note sur des peintures à fresque découvertes dans la cathédrale de Bayeux*, dans les *Mém. Soc. Agric. Bayeux*, 1844. — Béziers (M.) : *Remarques sur une épitaphe singulière de la cathédrale de Bayeux*, dans le *Journal de Verdun*, 1759. — Villiers (G.) : *Notices sur la chapelle du séminaire, l'évéché, l'église de Saint-Loup-Hors*, dans la *Normandie monumentale*. — Mylne (Rev. R. S.) : *The Cathedral Church of Bayeux and other historical relics in its neighbourhood*, Londres, 1904, in-8°.

DEUXIÈME EXCURSION

OUISTREHAM

L'église de Ouistreham dépendait de l'Abbaye aux Dames de Caen. Elle comprend une nef de six travées bordée de collatéraux, un avant-chœur sous une grosse tour et un chœur d'une travée droite, terminée par une abside en hémicycle. La nef et ses collatéraux ont été élevés au XIIe siècle et presque entièrement reconstruits au XIXe. Le reste de l'église date du début du XIIIe siècle, sauf la tour qui est un peu plus jeune.

Nef. — L'alternance dans les piliers de la nef indique des voûtes sexpartites. Aux piles fortes, une demi-colonne sur pilastre, flanquée de deux colonnes engagées, était destinée au doubleau et aux ogives. Une grosse demi-colonne et deux colonnes engagées en retrait, de chaque côté, reçoivent les archivoltes des grandes arcades. La pile faible consiste en un gros massif cylindrique flanqué d'une colonne qui correspond à la branche médiane. Un bandeau de torsades surmonte les grandes arcades, fait bague aux colonnes et sert de base aux fenêtres. Les fenêtres sont en plein cintre, bordées d'une frette crénelée et encadrées d'une archivolte sur deux colonnettes. Elles sont flanquées, de chaque côté, d'une toute petite baie plein cintre ; derrière celle-ci passe une galerie de circulation, traversant aussi l'ébrasement des fenêtres. Toutes les sculptures sont modernes. « Les voûtes, détruites depuis longtemps », dit Ruprich-Robert, « ont été rétablies selon le tracé de notre dessin, qui est le même qu'à l'Abbaye aux Dames, à Bernières-sur-Mer et à Saint-Gabriel. Nous avons trouvé sur place des renseignements non douteux qui permettront de les restituer ». On n'en a pas moins restitué des voûtes sexpartites véritables, avec lunettes distinctes.

Dans la nef, il ne reste guère d'ancien que le bas des piliers appliqués au mur de fond de la façade, la petite porte sous linteau donnant accès à l'escalier de la tourelle dont la voûte hélicoïde est sur couchis, et, enfin, la mouluration interne des grandes arcades.

Les claveaux plats de l'arc externe encadrent, en effet, des arcs en retrait, décorés à l'intrados de trois demi-boudins entre filets. Ce groupe est flanqué, de chaque côté, d'un plus gros demi-boudin avec filet et ressaut droit pour gagner l'archivolte externe. Le claveau sur lequel s'appliquent les trois boudins paraît réincrusté entre les gros demi-boudins : il y a une rainure bien visible.

L'intrados de certains arcs de la nef de Bernières offre un travail semblable. Le collatéral sud ne présente plus que peu d'intérêt. Le collatéral nord, assez bien conservé, est voûté d'ogives. Le profil des nervures est un gros demi-boudin entre deux filets sur le claveau. La mouluration du doubleau est absolument semblable à celle de la partie interne des grandes arcades.

La construction a joué ; néanmoins la forme en ellipse des doubleaux doit avoir été voulue. Le long des murs, ils reposent sur une colonne dont le tailloir n'est mouluré que sur sa face principale : c'est un bandeau, un onglet et un chanfrein. De chaque côté, une colonne, avec tailloir de même et placé normalement à celles-ci, reçoit les ogives. Ces deux colonnes ne sont pas engagées ; elles ont été relancées après coup. Faut-il en conclure à un premier état de l'église ? Elle se rapprocherait de celle de Bernières : même réincrustation de l'archivolte interne des grandes arcades ; même relancement des ogives dans les bas-côtés. On objectera peut-être que la grande nef paraît d'un style trop homogène pour n'avoir pas été élevée en une fois. Mais l'état de neuf où elle se trouve ne permet guère d'en juger, et, de plus, on peut ajouter qu'à Saint-Gabriel, où le style est partout très avancé, les voûtes ont cependant été visiblement ajoutées après coup.

L'arc triomphal appartient à l'époque de la nef. De ses deux archivoltes, l'une présente des boudins, comme à la nef; l'autre est ornée de bâtons brisés, placés de biais, l'angle dans la direction du spectateur. Les supports sont : au nord, une demi-colonne et deux colonnes engagées ; au sud, une demi-colonne seule.

Derrière cet arc commencent les constructions du XIII° siècle.

Chœur. — L'avant-chœur est couvert d'une voûte sexpartite dont les branches se réunissent sur un trou de cloche. Immédiatement après l'arc triomphal, on voit un doubleau en arc brisé avec claveaux chanfreinés. Il repose, ainsi que les deux ogives de la partie ouest, sur une grosse colonne en amande, dont la base et le tailloir suivent la même forme. La base consiste en un tore creusé d'une gorge, comme au transept de la Trinité de Falaise. Le chapiteau n'a qu'un rang de feuilles assez plates. Les branches médianes et la retombée des formerets sont reçues par de petites colonnes avec chapiteaux à crochets et tailloirs carrés, placées en encorbellement entre les fenêtres hautes.

Les deux autres branches sont portées par d'autres colonnes en amande, qui font partie d'un pilier placé à l'entrée du chœur. Ce pilier comprend un massif arrondi où viennent s'appliquer d'abord une grosse demi-colonne, avec chapiteaux à crochets et tailloirs à pans coupés — elle est destinée à l'archivolte intérieure du doubleau de séparation — puis, de chaque côté, une colonne de moindre diamètre, pour la deuxième archivolte du doubleau ; enfin, deux colonnes en amande : pour les ogives et formerets de la voûte sous la tour d'une part et pour ceux de la croisée de la travée droite du chœur d'autre part. Tous les tailloirs sont au même niveau. Les supports du chœur et de l'abside sont tous composés d'un faisceau de trois colonnes portant des chapiteaux à crochets et trois tailloirs carrés.

Le doubleau de l'abside est de même section que les branches de la travée droite ou de l'abside. Les nervures de celle-ci se réunissent sur le sommet de ce doubleau. Par suite de cette égalité des supports et des nervures, le chœur et le chevet ne paraissent former qu'une profonde abside.

Deux cordons, consistant en un boudin et une gorge, règnent tout autour de la construction ; ils font bague sur les colonnes du chœur et marquent les trois étages de l'élévation. Le rez-de-chaussée est décoré, à la travée d'avant-chœur, d'arcatures, toutes en arc brisé, sauf celle plus large qui encadre une porte. Elles sont, de plus, subdivisées en deux lancettes, ce qui n'a pas lieu pour la travée droite du chœur. Dans les premiers pans de l'abside, ce sont deux plein cintre et dans chaque pan du fond, un arc trilobé, très surbaissé. Le premier étage est éclairé de fenêtres plein cintre, encadrées d'une archivolte et de deux colonnettes engagées, dont le tailloir se continue en cordon, là où la largeur du mur le permet. Sous la tour, au sud, ces deux baies sont très écartées l'une de l'autre. Au nord, un mince pied-droit les sépare ; il en est de même à la travée droite du chœur. A l'abside, une baie s'ouvre dans chaque entre-colonnement. On remarque qu'au nord, le cul-de-lampe de la voûte sexpartite vient s'appliquer maladroitement sur l'extrados d'une de ces fenêtres et non contre le trumeau qui les sépare.

Les fenêtres hautes, très allongées, sont analogues à celles d'en dessous, mais en arc brisé. Une galerie de circulation court devant elles et passe à travers les ébrasements. Aussi, à la travée droite du chœur, la baie principale est-elle accostée de deux petites baies qui traduisent en gothique la disposition romane de la nef. Sous la tour, on n'a pas voulu affaiblir les maçonneries ; les fenêtres latérales restent seules, sauf au sud où il y a une petite baie secondaire entre la fenêtre et le doubleau du chœur. Dans l'abside, la place disponible n'a permis qu'une fenêtre unique à chaque pan.

Le chœur de Ouistreham est mieux conservé que la nef ; bien que certaines des arcatures paraissent avoir été retouchées. Il offre un intérêt particulier: on y peut voir les commencements de l'école gothique normande et les tendances qui vont bientôt accentuer sa séparation d'avec l'école gothique de l'Ile-de-France. Dans les monuments gothiques de ces deux régions, il y a moins de différences entre les édifices les plus anciens qu'entre ceux qui appartiennent à une date moins reculée.

Ici, nous avons encore des tailloirs carrés, des chapiteaux à crochets très simples, des doubleaux à fond plat ornés de boudins sur les angles ; mais déjà commencent les particularités de l'architecture gothique normande: la mouluration formée principalement d'un boudin, dans les arcatures ou les nervures des voûtes, — elles présentent un boudin aminci entre deux cavets ; — les pénétrations précoces à la jonction des ogives et des formerets et aussi quelques tailloirs ronds comme les socles.

Extérieur. — De larges contreforts plats, doublés d'un contrefort plus étroit, épaulent la façade ; ils sont amincis progressivement par trois biseaux et amortis par un glacis. Quatre étages, sans compter le pignon, divisent la façade qui a été très restaurée. La porte est en arc surbaissé ; les claveaux sont décorés d'étoiles à quatre branches. Elle est encadrée de quatre archivoltes portées par des colonnettes engagées dans les ressauts de l'ébrasement. Les archivoltes ont été restituées d'après quelques claveaux

14

anciens qui subsistent. On y voit successivement les « têtes plates », si caractéristiques du XIIe siècle normand ; des boudins entourés de gorges ; des bâtons brisés en losange ; d'autres bâtons brisés réunis par les maillons d'une chaîne ; enfin, une moulure étroite à rinceaux. Le tympan en croissant n'est pas décoré.

Tout le bas de la façade a été renforcé pour permettre un plus profond ébrasement. Aussi est-ce d'un glacis que sortent les colonnettes qui portent les arcatures du deuxième étage. Leurs chapiteaux sont à entrelacs et à godrons ; l'archivolte plein cintre offre des bâtons brisés, la pointe tournée vers le spectateur. Elle est entourée d'une petite moulure, avec tête saillante au milieu. Un nouveau glacis marque le troisième étage, éclairé d'une baie en arc légèrement surbaissé. Cette baie, inscrite dans une arcature de même forme, est flanquée, à droite et à gauche de deux arcatures plus étroites : leur courbe décrit une ellipse, plutôt qu'un arc surhaussé. Deux colonnes engagées, séparées par un mince pilastre, supportent la grande arcature et ses voisines. Les autres supports sont des colonnes simples engagées. L'archivolte est décorée de bâtons brisés analogues à ceux du troisième étage. Plus haut, on voit un rang de six arcatures non moulurées. Le pignon aigu ne rappelle pas la disposition primitive. Le clocheton qui le flanque, au sud, a été restitué par Ruprich-Robert, d'après d'autres monuments.

Sur les murs latéraux couraient une suite d'arcatures portées par de larges pilastres carrés avec imposte, comme on le voit encore sur le mur nord. Plus tard, on dut remédier au déversement de la nef par des arcs-boutants qui sont bandés entre un contrefort appliqué sur les arcatures et une culée couverte d'un amortissement en bâtière. Le mur sud de la nef ne présente plus d'arcatures. Les ouvertures ont été refaites ; les culées des arcs-boutants sont surmontées de deux bâtières placées l'une devant l'autre.

La corniche était à modillons. Le chœur, à l'extérieur comme à l'intérieur, accuse trois étages. Il est épaulé de contreforts dont les glacis intermédiaires se continuent en cordon sur les murs du pourtour. Ces murs forment un léger retrait d'étage à autre. Le soubassement est entouré d'arcatures brisées, non moulurées, portées par des colonnettes à chapiteaux et tailloirs ronds. Aux deux étages, les fenêtres s'ouvrent sous un arc simplement chanfreiné; les claveaux sont bordés extérieurement d'une mince moulure; seulement, au second étage, les baies sont en lancette et la moulure offre des étoiles à quatre branches, en relief.

Au sud, deux énormes contreforts terminés par une flèche de pierre flanquent la tour. Celui de l'angle sud-est est ancien. L'autre n'est pas en liaison avec le reste de l'édifice et l'appareil est différent; il est moderne. La tour comprend deux étages, tous deux décorés d'arcatures en lancettes sans aucune mouluration sur les pieds-droits ni sur l'angle des claveaux. A l'étage supérieur, sous les deux arcatures du milieu, sont percées deux baies subdivisées en deux lancettes avec meneau transversal. Le tympan reste plein. Une rosace y est gravée. A la naissance de la toiture règne un bandeau de trèfles creux. On remarquera l'analogie de ce clocher et de la tour centrale de la Trinité de Caen. L'intérieur présente dans la souche, de grands arcs de décharge et des traces de couchis ; aux angles supérieurs de la construction, de petits arcs bandés diagonalement confirment la tradition qui rapporte qu'autrefois une flèche couronnait cette tour. Du moins, le montage de la flèche avait été prévu.

BERNIÈRES

L'église de Bernières est un monument complexe, dont l'analyse soulève des problèmes que seule une étude beaucoup plus approfondie aurait quelque chance de résoudre.

La nef est précédée d'une tour de grandes proportions, dont le rez-de-chaussée, très élevé, ressemble à un narthex. Les collatéraux se prolongent de chaque côté de la tour, jusqu'à l'alignement de la façade. Toute cette partie basse, occidentale, doit remonter au XIIe siècle. Le travail a été achevé au XIIIe siècle, au moment où l'on construisait les deux travées de nef les plus voisines. Elles rappellent dans leur ordonnance les quatre travées suivantes, qui sont établies sur piles alternées et couvertes de deux voûtes sexpartites ajoutées après coup, mais peu de temps après la construction primitive : vers le milieu du XIIe siècle. Les collatéraux ont reçu aussi des voûtes relancées. Un arc triomphal, du XIIe siècle également, sépare la nef du chœur élevé vers la fin du XIIIe siècle ; il comprend quatre travées terminées par un chevet plat. Les collatéraux s'étendent, au nord, sur trois travées ; au sud, sur deux seulement. Le clocher a été bâti dans la première moitié du XIIIe siècle, après la modification de la souche et la construction des deux premières travées de la nef.

L'étage inférieur de la tour a pour base : le mur de fond de la façade, le grand doubleau ouvrant sur la nef et, de chaque côté, un arc plein cintre surmonté d'arcs assez profonds qui encadrent des fenêtres, comme à la façade.

Les piles qui séparent la nef du dessous de la tour sont de plan irrégulier, plus étendu dans le sens de la largeur de l'édifice. Une grosse demi-colonne appliquée contre un pied-droit et flanquée de deux gros quarts de colonne occupe les quatre points les plus saillants de la pile. Contre le mur de façade, un même groupe d'une demi-colonne et de deux quarts de colonne reçoit la retombée des arcs latéraux.

La présence de ces quarts de colonne rappelle les piles de Saint-Gabriel, qui sont du XIIe siècle. La base de la tour, à l'extérieur, si l'on supprime par la pensée les arcatures qui l'habillent, donne l'impression d'appartenir à ce même siècle, avec ses contreforts larges, plats et doublés d'un contre-

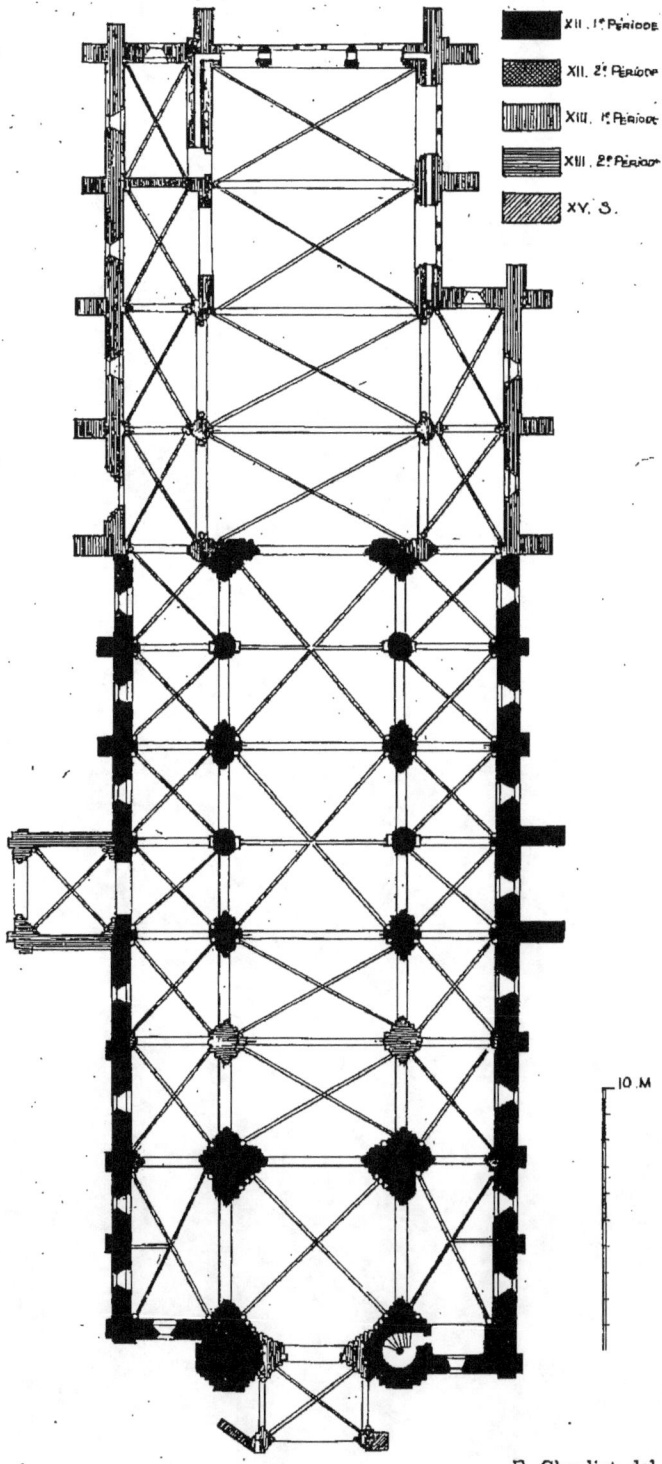

Plan de l'église de Bernières.

fort plus petit, sans autre ressaut qu'un seul biseau sur toute la hauteur. On peut donc, semble-t-il, penser que les piles de l'intérieur sont du XII⁰ siècle. Les chapiteaux épannelés ont reçu, au début du XIII⁰ siècle, leur décoration de crochets un peu lourds et mous; ils ressemblent à ceux des grandes arcades de la nef de Bayeux. Les arcs latéraux ont dû être retaillés à la même époque; celui du sud fait même l'effet d'être épannelé. Sans doute on avait eu l'intention, au XII⁰ siècle, de construire un porche bas sous la tour, avec tribune au-dessus, comme l'indique le peu d'élévation des arcs latéraux; mais au début du XIII⁰ siècle, on préféra donner au soubassement de la tour une élévation à peu près égale à celle de la nef en relançant, dans les angles internes des piles, trois colonnettes, pour les ogives et les formerets de la voûte actuelle. De même, contre le mur de fond de la façade, trois colonnettes furent ajoutées : deux pour la voûte, une pour un grand arc qui encadre à l'ouest les deux étages inférieurs.

Au rez-de-chaussée, la porte présente un arc surbaissé décoré de têtes plates. Une autre survivance romane se remarque à l'archivolte supérieure : ses bâtons brisés sont détachés des claveaux et comme enfilés sur un boudin dégagé, qui passe à travers l'angle de chaque zigzag.

Un cordon se retourne sur les trois faces latérales et marque le premier étage. A l'ouest, cet étage est percé d'un grand arc dont la mouluration repose sur des colonnes engagées dans l'angle des pieds-droits. Au fond s'ouvrent deux lancettes encadrées d'une archivolte torique que supportent deux colonnettes à tailloir rond, accolées l'une à l'autre pour la retombée commune. Un oculus les surmonte.

L'épaisseur des murs a également permis de percer sur les murs latéraux des arcs du même genre. Le fond est décoré de deux lancettes aveugles. Seul l'oculus du tympan est ajouré. Les colonnettes sont en délit; le tailloir de celles qui soutiennent les arcs d'encadrement est au même niveau que les tailloirs des supports de la voûte. Le profil des ogives est un boudin sur un claveau étroit, dont les angles sont abattus par un cavet.

A l'entrée de la nef, le doubleau présente deux archivoltes en retrait, avec boudins dans l'angle des claveaux. Avant d'étudier la nef, il vaut mieux en finir avec cette première partie de l'église en disant que dans les deux collatéraux de la tour, on a également opéré des remaniements : les voûtes ont été relancées après coup. Chacun d'eux est éclairé par une fenêtre en plein cintre sur le mur de façade et par deux sur les murs de côté; ces fenêtres, très ébrasées, sont encadrées d'une archivolte et de deux colonnettes engagées.

A la travée sud, une niche est percée dans le mur de façade; une porte, dans l'un des pieds-droits, donne accès à l'escalier du clocher. Le bandeau qui soutient la base des fenêtres fait bague autour de la colonne de l'ogive et de celle qui encadre la niche. De même les tailloirs règnent tous; mais cette partie a été restaurée et, malgré l'apparence, on peut croire que la voûte a été relancée. On s'en rend mieux compte au collatéral nord. Sur le mur nord, existait une demi-colonne, flanquée de deux quarts de colonne, remontant au XIIe siècle et correspondant à la pile du clocher. L'arc mettait en communication le collatéral nord du clocher et le bas-côté de la nef. Ce groupe, en liaison avec les murs, reçut, au XIIIe siècle, comme ailleurs, la décoration de ses chapiteaux et la mouluration, à boudins engagés, des deux archivoltes du doubleau; mais il n'y avait pas de place pour l'ogive. On logea donc dans l'angle, près des sommiers de ce doubleau, un chapiteau dont le tailloir se présente normalement à l'ogive. Quant au fût, ne sachant trop comment le placer, il semble que l'on s'en soit toujours passé. Par symétrie, la pile du clocher reçut une colonnette supplémentaire: elle occupe l'angle formé par le support du doubleau et par le groupe destiné à l'une des retombées de l'arc nord de la tour. Dans l'angle du demi-pilier de façade, on lança de même une colonne.

Chacune de ces travées est voûtée de cinq branches d'ogives. La cinquième nervure repose sur une colonne appliquée entre les deux fenêtres ; il n'y a néanmoins que quatre voûtains, car cette branche est plaquée contre la lunette, sans formerets, de la voûte : au niveau de la courbe de cette lunette, elle se casse en quelque sorte, pour aller se coller le long du voûtain jusqu'à la clef. Cette disposition, refaite peu soigneusement au côté nord, a été restituée plus exactement au sud. Malgré son apparente bizarrerie, elle doit être authentique, car on la retrouve au chevet de Saint-Contest. L'arc donnant accès à la deuxième travée du collatéral sert aussi, en ce côté, de doubleau à la voûte très bombée. L'appareil du voûtain indique la courbe. Il faut remarquer enfin que, pour ce doubleau, le support, dans la pile sud-est de la tour, consiste en une demi-colonne flanquée de colonnes engagées et non de quarts de colonnes.

Les deux travées occidentales de la nef ont été construites au XIIIe siècle, mais sur un plan qui a l'intention bien évidente d'imiter la partie plus ancienne.

Seule, la pile qui sépare ces deux premières travées appartient entièrement au XIIIe siècle. Sur les piles nord-est et sud-est du clocher, c'est encore la demi-colonne avec quarts de colonnes qui reçoit les archivoltes. Après la seconde travée vient la première pile de la construction du XIIe siècle ; c'est d'ailleurs cette pile qui a servi de modèle à l'architecte du XIIIe siècle : face à la nef, un pilastre carré, flanqué de deux colonnettes, est destiné aux retombées des voûtes ; pour le doubleau et les ogives du collatéral, on compte trois colonnettes ; enfin, pour les deux archivoltes des grandes arcades, on voit, de part et d'autre, une demi-colonne appliquée contre un pilastre et deux colonnes engagées. Les chapiteaux et les tailloirs sont du même style que sous la tour. L'archivolte interne présente trois tores inégaux ; l'archivolte externe est décorée sur l'angle d'un boudin entre deux gorges. Un bandeau règne avec le tailloir des supports de la voûte; il s'étend depuis une colonnette ajoutée à la pile du clocher pour recevoir le départ de la première ogive jusqu'aux chapiteaux XIIe siècle, qui portent le doubleau et les ogives voisines, après la deuxième travée. Les fenêtres en plein cintre à boudin continu, légèrement trilobées au fond de l'ébrasement, s'ouvrent entre deux colonnettes. Il n'y a pas de formerets. Deux croisées d'ogives couvrent ces deux travées, leur profil donne un boudin sur un claveau élégi de deux cavets, comme sous le clocher.

Les collatéraux sont voûtés d'ogives de même profil. Après le doubleau du collatéral du clocher, on a dû loger contre le mur une petite colonnette en encorbellement, sur cul-de-lampe normand, pour recevoir la première de ces ogives. Trois colonnettes du XIIIe siècle, correspondant à la pile de même époque, portent le doubleau et les ogives entre la première et la seconde travée du collatéral. Le doubleau suivant utilise un support du XIIe siècle.

Les quatre autres travées de la nef, plus anciennes, présentent une alternance de piles fortes et de piles faibles. Elles sont couvertes de deux voûtes sexpartites. Les piles fortes sont constituées comme celle à qui elles ont servi de modèle; elles sont seulement d'un aspect un peu plus lourd. Les piles faibles sont des massifs cylindriques flanqués de deux pilastres pour la branche médiane et pour le doubleau du bas-côté.

Les bases, mal conservées, montrent soit un glacis, soit un cavet sur un gros tore. Les chapiteaux sont à godrons ornés. Un bandeau, un filet et un cavet se profilent sur les tailloirs. L'archivolte externe est décorée d'une frette crénelée. A l'intrados de l'archivolte interne, s'appliquent trois boudins inégaux : celui du milieu, le plus gros, paraît avoir été réincrusté entre les deux autres, par un travail analogue à celui que l'on a vu à Ouistreham. Le pilastre, simple, ou accompagné de colonnettes à la pile forte, passe devant le reste de la pile dont il coupe les tailloirs ; il monte recevoir les retombées des voûtes. Les pilastres se couronnent d'une imposte godronnée, face à la nef seulement ; sur les côtés, ni la moulure ni les godrons ne font retour. Les chapiteaux des colonnettes sont, sur leur côté externe, munis d'un prolongement en godron pour recevoir le tailloir élargi et normal à l'ogive. Du côté du pilastre, ce tailloir reste plat et forme une échancrure avec le tailloir de celui-ci : on a donc ici un groupe analogue à celui qui existe dans les collatéraux de Ouistreham. Le tailloir est un bandeau chanfreiné qui se continue de travée à autre au-dessous des fenêtres. Ces fenêtres sont en plein cintre ; l'archivolte non moulurée, repose sur deux colonnettes engagées dont le tailloir se prolonge en bandeau le long de la lunette, mais du côté des ogives seulement. Du côté de la branche médiane en effet, les fenêtres sont tangentes à cette branche, car elles ne sont pas dans l'axe des grandes arcades.

Les voûtes sont de « fausses voûtes sexpartites », comme celles de la Trinité de Caen. Ogives, doubleaux et branches médianes ont pour profil trois demi-boudins inégaux. Il n'y a pas de clef apparente ; mais, au point de jonction, les amorces des six branches sont taillées dans une seule pierre. Le départ des branches médianes est surhaussé. Le départ des ogives a parfois provoqué des entailles dans le nu du mur. La voûte semble bien ne pas être bombée.

Ces quatre travées paraissent homogènes dans toute leur élévation : les supports des voûtes sont prévus ; le plan des piles est logique et régulier ; la décoration des chapiteaux des piles est la même que celle des pilastres et des colonnettes de la voûte ; les fenêtres sont désaxées ; elles ont donc été construites en relation avec les voûtes.

Néanmoins, si l'alternance appartient à la construction primitive, il n'en faut pas moins penser que les voûtes ont été ajoutées après coup. Seul le pilastre des piles fortes existait ; les colonnes qui le flanquent sont un relancement, ainsi que le pilastre des piles faibles. Peut-être, pour arriver à cette conclusion, ne peut-on faire état absolument des traces de bûchage dans les murs, au départ des ogives, puisqu'on pourrait objecter que ce défaut provient de la maladresse des constructeurs : leurs erreurs de calcul auraient nécessité ces entailles dans un mur, construit avant les voûtes, mais dans la même campagne. Il faudrait voir cependant si le badigeon ne cache pas des traces de reprises dues au percement de fenêtres, refaites en même temps que la voûte.

Il faut remarquer, en outre, que les colonnettes hautes de la pile forte, dont les joints semblent régner avec ceux de la pile, en sont pourtant absolument indépendantes ; enfin, et ceci est très important, le pilastre de la pile faible vient buter contre les frettes crénelées des archivoltes externes et les recouvrir en partie. Le relancement est donc prouvé en cet endroit. Quant à dire quel système de voûte présageait l'alternance des piles, il serait imprudent de formuler des hypothèses. On peut rappeler que l'idée de grandes voûtes d'arêtes a été émise ; mais sur quoi se serait produite leur retombée entre le pilastre du doubleau et le nu du mur ? Jamais il n'a dû y avoir de voûtes avant celles qui existent actuellement. Le temps ne l'aurait pas permis. Comme le montre l'identité des profils aux divers niveaux de l'édifice, le relancement des voûtes a été opéré peu de temps après la première campagne. Les choses ont dû se passer de cette façon pour plus d'un édifice voûté après coup, en Normandie.

Le même travail a été exécuté dans les collatéraux voûtés d'ogives, dont le profil est un demi-boudin accosté de deux filets et appliqué au claveau. Le pilastre godronné, portant les doubleaux à claveaux plats, a été flanqué de colonnettes avec tailloir normal, mouluré d'un côté seulement, pour recevoir les ogives. De même à la pile forte, les colonnettes sont

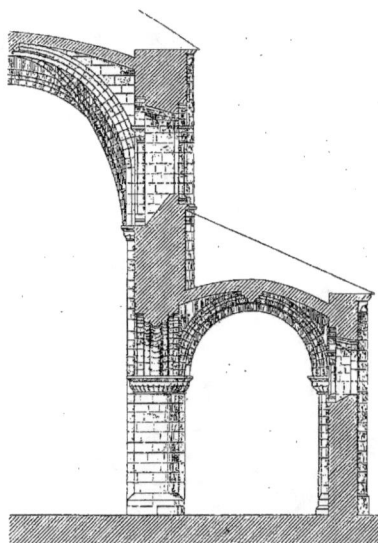

Église de Bernières.
Travées de la nef.

V. Ruprich-Robert, del.

détachées du reste de la pile. A la pile faible les ogives ont trouvé place sur le tailloir circulaire. La plupart des fenêtres de ce collatéral ont été modernisées ou rétablies de nos jours.

L'arc ouvrant le chœur appartient aussi à l'époque de la nef. Ses deux archivoltes sont décorées à l'intrados d'un demi-boudin ; elles reposent sur une demi-colonne, aujourd'hui coupée en partie et flanquée de deux colonnes engagées. Les chapiteaux présentent encore des godrons. Par derrière, sont venues s'ajouter des portions de piles faisant partie de la construction de la fin du XIIIe siècle et servant au chœur et à ses collatéraux.

Chœur. — Sur les piles rondes des deux premières travées viennent s'appliquer, face à la nef et aux collatéraux, trois petites colonnettes, et une seule colonnette de chaque côté, répondant à la mouluration interne de l'archivolte. Les colonnettes sont réunies entre elles et reliées au fût principal par des gorges formant comme de très profondes ondulations. Ce plan de pile, très normand, persistera longtemps.

Les bases, à deux tores séparés par une gorge, reposent sur un socle élevé. Les chapiteaux, à crochets fleuris et à tailloir en larmier, sont tous au même niveau, sauf aux trois colonnettes de la voûte dont le chapiteau monte jusqu'aux retombées de cette voûte.

Les archivoltes des grandes arcades présentent plusieurs boudins à filet entre des gorges profondes. Dans l'intrados, deux boudins parallèles, séparés par une gorge, correspondent à la colonnette appliquée sur la colonne. Un bandeau marque l'étage des fenêtres. Elles sont encadrées d'un boudin continu, aminci. Dans le bas des pieds-droits, une baie sous linteau indique le passage de circulation à travers le mur. Au-dessus de ce linteau, mais près du boudin d'encadrement, un petit cul-de-lampe reçoit une courte colonnette et son chapiteau. Elle est destinée à soutenir un groupe de boudins séparés par des gorges, qui vient s'appliquer contre l'intérieur de l'arc. Le mur externe est percé d'une baie subdivisée en deux ou trois lancettes à meneaux chanfreinés.

Les deux dernières travées forment chevet. Le bas des murs est plein, sauf une arcade basse ouverte postérieurement entre la dernière travée du collatéral nord et le chevet. Les colonnettes de la voûte ne descendent pas jusqu'au sol. De beaux culs-de-lampe les portent; ils sont ornés de larges feuillages et terminés par un retour à angle droit. Leur niveau est plus bas que celui des chapiteaux des piles des deux premières travées. Un cordon indique l'étage des fenêtres, beaucoup plus allongées, par conséquent, que dans la première partie du chœur. A part leur dimension, elles sont absolument semblables à celles qui ont été décrites; seulement au sud, comme il n'y a pas de collatéral, elles sont vitrées sur toute la hauteur et subdivisées par des meneaux et des étrésillons transversaux. Devant elles, court une galerie ajourée servant de garde-fou au passage pratiqué dans le bas des pieds-droits. Cette galerie consiste en un rang d'arcs trilobés, avec trèfles dans les écoinçons et une ligne de quatre-feuilles au-dessus. Elle s'étend sur tout le nu du mur, de colonne à autre. Elle se prolonge sur les trumeaux et dépasse les pieds-droits des fenêtres; mais elle ne les cache pas entièrement, car la mouluration des pieds-droits vient traverser celle de la galerie.

Le chevet plat est éclairé de trois lancettes inégales : une plus haute au milieu; à droite et à gauche deux plus petites. La courbe de leur arc, du côté du formeret, n'est autre que celle de ce formeret suivant le tracé usité en Normandie. Chacune de ces lancettes est traitée comme les fenêtres latérales et s'ouvre derrière la galerie ajourée qui borde le passage à travers les pieds-droits.

Ce chevet rappelle le chœur de l'abbaye de Longues, avec son soubassement nu, sa galerie trilobée et ses hautes fenêtres. La proportion est la même. Certains détails se ressemblent parce qu'ils sont, de part et d'autre, très normands, les chapiteaux notamment, soit par leurs crochets ou par ces larges feuilles qui ne laissent plus guère deviner la forme de la corbeille. Les culs-de-lampe sont parfois feuillagés, parfois simplement moulurés; ils sont terminés par un petit cône finissant en un cylindre qui pénètre dans le mur à angle droit. Dans la nef, un tore à filet entre deux gorges se profile sur les ogives et les doubleaux.

Aux collatéraux, le tore est simplement aminci; les voûtes reposent sur des groupes de trois colonnes égales. Un bandeau court sous les fenêtres qui sont en lancette, avec archivolte d'encadrement et meneau chanfreiné pour la subdivision. Le tableau d'autel, au fond du collatéral nord, remonte au XVIe siècle. C'est une Crucifixion, trop restaurée.

Extérieur. — La souche de la tour forme une masse rectangulaire épaulée de contreforts doublés et sans ressauts. Dans les contreforts de l'angle sud-ouest sont percées de petites baies qui éclairent l'escalier. Elles sont décorées dans le style du début du XIIIe siècle, comme les trois faces principales de la tour.

La porte s'ouvre sous un arc surbaissé. Les premiers claveaux reposent en arrière des pieds-droits garnis d'une colonnette. Cet arc reproduit peut-être le dessin d'une porte antérieure; il est inscrit dans un plein cintre beaucoup plus élevé qui présente deux archivoltes : l'une est décorée de bâtons brisés et détachés, comme à l'intérieur. Elles reposent sur deux colonnettes engagées dans l'ébrasement, de chaque côté. Devant cet arc se place un très joli porche, voûté d'une croisée d'ogives.

Sur les côtés s'ouvrent deux arcs trilobés. Leur tore central est séparé par deux gorges de deux autres boudins si finement profilés qu'aux angles du trilobe, il a fallu laisser de petits tenons de pierre. Des groupes de trois colonnettes, avec chapiteaux à crochets et tailloirs ronds, portent ces arcs. Les bases présentent deux tores inégaux et une gorge perlée. L'arc d'entrée du porche est en tiers-point. Ses colonnes, au nombre de trois à droite et à gauche, sont séparées par des gorges et des filets. Des contreforts ont été ajoutés postérieurement. Une toiture de pierre couvre ce porche dont le pignon forme une sorte de gâble plein. Il est décoré d'une grande rosace à huit lobes, rayonnant autour d'un cercle percé de cercles plus petits et d'un quatre-feuilles au centre.

Le comble du porche cache en partie la grande fenêtre ouverte à l'ouest de la base de la tour. C'est un grand arc tiers-point encadrant un arc un peu plus aigu qui est redivisé lui-même en deux lancettes, avec colonnes à tailloirs ronds ; un oculus ajoure le tympan.

Sur les faces nord et sud, au-dessus du comble en appentis des collatéraux, règne une série d'arcatures ornées de boudins et de gorges dans l'angle des claveaux. Les colonnes portent des chapiteaux à corbeille ronde feuillagée et des tailloirs de même forme. A deux des arcatures, le chapiteau n'est pas soutenu par un fût mais par un simple petit cul-de-lampe, afin de ne point gêner un grand oculus percé au-dessous, dans le nu du mur : c'est celui qui éclaire le tympan des baies latérales à l'intérieur. Toutefois, par une singulière particularité, sous cet oculus, des bases semblent attendre des colonnes. Comme ces bases, de même que les culs-de-lampe, paraissent anciennes, il est difficile d'expliquer cette inadvertance.

Au-dessus du glacis, orné et imbriqué, des contreforts, un grand glacis, décoré de même, fait tout le tour du clocher pour en diminuer le cube. C'est à ce niveau que durent être repris les travaux, au XIIIe siècle. Le glacis est surmonté d'un rang de quatre-feuilles creux et d'un bandeau qui accuse le premier étage de la tour.

La tour, extrêmement haute, possède avant la flèche, deux étages au lieu d'un, comme d'ordinaire. A part cette différence et la présence de six arcatures au lieu de quatre sur ce premier étage, l'édifice rentre dans le type connu des tours sans contreforts apparents et garnies de colonnettes engagées dans les angles.

Au premier étage, les arcatures voisines des angles ont une seule archivolte; les suivantes, deux; enfin les deux arcatures du milieu, trois archivoltes. Ces dernières sont percées, dans une partie de leur hauteur, d'une étroite baie. Un bandeau marque le second étage, légèrement en retrait. Les deux arcatures vers les angles sont surhaussées; elles n'ont qu'une archivolte; le tympan est décoré d'un trèfle. Les deux arcatures du milieu ont trois archivoltes; le tympan est ajouré d'un trilobe. Un meneau vertical subdivise la baie; il est étrésillonné par un meneau transversal.

Toutes les archivoltes profilées par des boudins, reposent sur des colonnettes, en nombre correspondant; les chapiteaux sont à crochets et les tailloirs carrés. Un rang de quatre-feuilles gravés sert de corniche; aux quatre angles se dresse un animal fantastique. La flèche est à huit pans couverts alternativement de stries et d'imbrications. Un boudin garnit les arêtes. Une étroite lucarne s'ouvre à la base des quatre pans principaux; elle est encadrée d'une archivolte et de deux colonnettes sous un toit à deux versants. Les clochetons octogones, également de petite dimension par rapport à la flèche, présentent deux étages; chaque angle est décoré d'un boudin; de petites baies s'ouvrent dans le second étage, couvert d'une courte flèche.

Le mur qui ferme les collatéraux, sur la façade, est décoré d'arcatures refaites d'après des traces anciennes. Le comble en appentis de ces bas-côtés est plus élevé pour la partie correspondant à la tour que pour celle qui borde la nef. Le mur nord est orné d'arcatures plein cintre, également refaites. La corniche forme une suite de petits arcs brisés, portés par des modillons et subdivisés au fond, dans le goût d'une corniche « beauvaisine ».

C'est une véritable corniche de ce genre qui se trouve le long des deux premières travées de la nef. Chacune d'elles, séparée de l'autre par un contrefort plat, présente trois arcatures brisées. Aux quatre travées suivantes, les contreforts plats séparent des arcatures disposées de deux en deux : elles sont plein cintre et reposent sur une colonnette avec chapiteaux à godrons. L'extérieur de leurs claveaux est bordé d'une moulure. Les fenêtres sont percées au-dessous; elles sont placées deux par deux également, mais situées à droite et à gauche des contreforts qui répondent à la branche médiane de la voûte. La corniche est à modillons. Au collatéral nord, très modernisé, ainsi que celui du sud, s'ouvre une porte abritée sous un porche fermé. Ce porche, couvert d'une voûte d'ogives, est surmonté d'une toiture de pierre. L'arc d'entrée a été modifié au XVe siècle.

Le fond du porche est compris entre deux arcs-boutants que l'on a ajoutés à la première demi-travée sexpartite du côté ouest. Il en est de même sur le bas-côté sud. Les culées sont semblables à celles des arcs-boutants du chœur.

Le chœur est un bâtiment rectangulaire, entre deux pignons et plus élevé que la nef. Au nord, les fenêtres sont encadrées d'une moulure continue. Des arcs-boutants correspondent à chaque doubleau; leur culée consiste en un massif assez mince dont le couronnement est une courte flèche quadrangulaire : elle dépasse une bâtière de pierre faisant face au spectateur, qui amortit les contreforts du collatéral. On peut même se demander, d'après le contrefort élevé à l'angle nord-ouest de cette construction, si les arcs-boutants, ainsi que la flèche de la culée, n'auraient pas été rajoutés après coup, derrière des contreforts préexistants. Un glacis en larmier entoure les contreforts et se prolonge en cordon sur le bas-côté. A la première travée nord, il suit même, comme à Ouville, la courbe d'une jolie porte; aujourd'hui bouchée : deux archivoltes, profondément moulurées et reposant sur quatre colonnettes, encadrent une baie en arc surbaissé; le tympan est couvert de rinceaux.

Sur le côté sud du chœur, les deux premières travées seulement, sont épaulées par des arcs-boutants, puisque le collatéral ne s'étend pas plus loin. Des contreforts avec un glacis rapide suffisent pour le reste du chevet et aussi pour le pignon percé de trois lancettes.

LANGRUNE

L'église de Langrune comprend une nef bordée de collatéraux; un transept dont le carré est surmonté d'une tour-lanterne; deux croisillons avec une petite chapelle rectangulaire à l'est; un chœur d'une travée droite suivie d'une abside à cinq pans. Toute l'église date du XIIIe siècle, mais la nef, construite elle-même en deux campagnes, est antérieure au reste de l'édifice.

La nef présente la plus grande analogie avec celle de Saint-Gilles de Caen. L'élévation est absolument la même : des arcades portées sur des colonnes courtes et trapues; un triforium simulé, composé d'une suite d'arcatures; enfin de petites fenêtres en lancette, percées sous les formerets de la voûte. Les supports de cette voûte reposent, comme à Saint-Gilles, sur des culs-de-lampe. Toutes les bases des colonnes cylindriques de la nef présentent deux tores très aplatis, sur un haut socle circulaire. Elles paraissent suspectes, de même que les chapiteaux des deux demi-colonnes appliquées contre le mur de fond et ceux des trois colonnes suivantes. Leur sculpture pauvre et sans caractère, la maigreur de leur tailloir informe font supposer que le tout a été retaillé à une époque assez moderne, aux dépens de la partie supérieure de la colonne primitive. Il n'y a donc pas lieu de tenir compte de ces colonnes. Toutefois, dans ces trois premières travées, il existe des différences qui prouvent que la nef fut construite en deux campagnes. Les grandes arcades sont en plein cintre ; leur intrados est orné de trois boudins accolés. Un bandeau en forme de glacis, qui contourne également la base actuelle des colonnes de la voûte, reçoit les arcatures du triforium simulé : c'est une suite d'arcs en lancette évidés dans des linteaux de pierre et portés sur de minces colonnettes ; le socle est rond, comme le tailloir. Les trois colonnes de la voûte sont collées lourdement les unes aux autres, sous un même tailloir circulaire. Au bas de l'écoinçon des grandes arcades, un cul-de-lampe avec feuillages paraît ancien ; il est surmonté de trois fragments circulaires, sans doute les bases primitives des colonnes de la voûte. La partie inférieure de ces colonnes a été enlevée à une époque postérieure, pour faire place à des statues.

A partir de la quatrième travée, le travail est plus fin. Les colonnes ont leurs chapiteaux décorés d'un rang de feuilles ou de crochets saillants et partiellement détachés de la corbeille ; le tailloir rond présente une moulure en larmier. Les grandes arcades sont légèrement brisées ; à l'intrados, les boudins sont séparés par des gorges ; les claveaux, à l'extérieur, sont ornés d'un tore avec gorges. Il n'y a pas trace de culs-de-lampe entre les écoinçons. Aux arcatures, le socle des colonnettes est carré, le chapiteau plus fin ; certaines corbeilles circulaires demeurent entièrement lisses, comme au cloître du Mont-Saint-Michel, ce qui est peu commun en Normandie, mais fréquent en Angleterre. L'archivolte est ornée d'un boudin et non d'une gorge.

Les trois colonnes de la voûte sont nettement détachées les unes des autres ; elles ont trois tailloirs circulaires. Partout, les fenêtres hautes, très ébrasées, forment, à l'extérieur, une étroite lancette ; à l'intérieur, l'arc épouse la courbe d'une partie du formeret : il est constitué par la partie supérieure de ce formeret. A partir de la quatrième travée, il n'y a plus de glacis aux fenêtres.

Sur toute la nef, les ogives et les doubleaux sont de même profil : un boudin élégi de deux cavets sur un claveau étroit. Les colonnes de la voûte reposent sur un cul-de-lampe placé au-dessous du bandeau servant de base au triforium. La plupart de ces culs-de-lampe sont modernes. Mais sur la paroi sud, il en est un — c'est une tête d'oiseau fantastique — qui doit être ancien, car, à Norrey, on voit une sculpture du même type. Ce cul-de-lampe se trouve placé, comme les modernes, sous le bandeau. Par contre, dans l'angle du mur de fond et des murs de la nef, la colonnette unique de la voûte descend plus bas que les arcatures du triforium ; son fût se prolonge jusqu'à un petit culot en entonnoir, avec queue détachée : ce culot est au même niveau que les culots, inutiles aujourd'hui, des trois premières travées. Dans la première campagne, aurait-on imité de plus près la nef de Saint-Gilles de Caen, où les culots sont placés de cette façon. Faut-il croire à un repentir dans la deuxième campagne ?

Le carré du transept comprend quatre grands arcs brisés dont les moulurations nombreuses indiquent trois archivoltes distinctes : ce sont des boudins, entre des gorges et des cavets, qui marquent chacune des divisions. Les piliers sur plan en losange, sont chargés de colonnettes répondant aux divisions des archivoltes. Pour chaque arc c'est, à l'angle des piliers, une colonne ; puis deux autres colonnes entourées de gorges profondes dont les courbes se rejoignent sur un filet vertical. Sur le carré du transept, que les faces des piliers coupent en diagonale, on voit donc toute une série de colonnes, de gorges et de filets placés sur une même ligne. Au milieu de ces profils, on compte aussi la colonne, semblable aux autres et destinée aux voûtes de la tour-lanterne. Les piliers ont été restaurés ainsi que leurs chapiteaux, où se développent les feuillages normands, un peu tourmentés, de la deuxième moitié du XIIIe siècle.

Chaque pan de la tour-lanterne est divisé en deux parties par une colonnette partant d'un cordon qui court au-dessus des grands arcs du carré. Ces colonnettes et les quatre colonnettes des angles sont couronnées de chapiteaux à tailloirs ronds; elles portent les huit branches de la voûte, réunies au centre sur un trou de cloche. Les formerets de cette voûte ne sont pas des arcs réguliers; l'une des courbes est plus grande que l'autre. Les voûtains sont presque verticaux du côté de la branche médiane; leur aspect rappelle un peu celui des « fausses voûtes sexpartites ». On distingue néanmoins des restes d'arcs, de forme ordinaire; peut-être la voûte est-elle moderne — quoique le profil des nervures, un boudin entre deux gorges, soit bon. Peut-être aussi, puisque ce tracé se retrouve ailleurs, faut-il voir une réminiscence des voûtes sexpartites de la région de Caen. Entre chacune des colonnes de la lanterne sont percées deux baies superposées, soit quatre en tout par paroi. Toutes ont leurs pieds-droits traversés par un passage pratiqué dans le mur aux deux niveaux; mais à l'étage inférieur, elles sont plus basses et le fond reste plein; à l'étage supérieur, elles sont très élancées et divisées en deux lancettes par un meneau central. Devant ces baies ont été posées des balustrades, au XVIIe et au XIXe siècle.

Les croisillons sont couverts d'une croisée d'ogives. La communication avec les collatéraux se fait par des arcs brisés modernes, à en juger d'après leur singulier appareillage. Les murs de fond sont éclairés d'une grande fenêtre dont l'arc ne suit pas la courbe du formeret: ses lancettes sont recoupées. Dans le mur oriental est pratiquée, de chaque côté, une petite chapelle rectangulaire qui s'ouvre sur la nef par un arc surbaissé; les moulurations pénètrent directement dans des pieds-droits. En effet, ces petites chapelles sont, comme on le voit à l'extérieur, placées entre des contreforts: leur arc d'entrée forme étrésillon. Elles sont voûtées d'une petite croisée d'ogives, éclairées d'une grande fenêtre à lancettes et munies de jolies piscines.

Dans le mur de fond du croisillon nord, un petit arc ouvre sur une petite chapelle carrée, voûtée d'une croisée d'ogives : c'est un ancien porche. Dans l'intérieur de ce réduit subsiste l'ancienne porte, très décorée d'archivoltes et de colonnettes.

La travée droite du chœur est couverte d'une croisée d'ogives et l'abside d'une voûte à cinq branches. Trois colonnettes portent le doubleau intermédiaire et les ogives voisines ; une seule est logée dans chacun des angles de l'abside. Les nervures ont pour profil un boudin aminci entre deux gorges très dégagées. L'élévation du chœur se divise en deux étages séparés par un cordon mouluré : d'abord de hautes arcatures portées sur de minces colonnettes, sauf au côté sud de la travée droite et au premier pan de l'abside de ce même côté. Ce pan est occupé par une piscine en lancette, avec colonnes engagées, qui n'est que la moitié d'une ancienne piscine géminée, comme le montrent encore les traces de claveaux, dans le mur.

Au-dessus des arcatures du pan voisin on lit en lettres onciales l'inscription suivante :

L'AN DE GRACE MIL CC IIII^{xx} XVIII SE MONTA L'ORGE DEU QUEMUN A IIII MUIS ET II SETIERS QUE DONA MAHAUT FEMME ADAN FLAMENC ESCUIER.

Les fenêtres en lancette sont bordées d'un boudin continu. L'archivolte, formée d'un boudin entre gorges, repose sur deux hautes colonnettes dont le tailloir est carré. A la travée droite, cet encadrement, plus large, contient deux lancettes simulées avec colonne centrale ; dans le tympan est sculptée une rosace de feuillages.

Au carré du transept les bases consistent en un tore aplati, séparé par une gorge d'un tore beaucoup plus petit, mais dans le chœur, la gorge a parfois disparu : les deux tores débordent sur le socle, indice d'une époque plus avancée. Cependant les tailloirs, ronds, octogones ou carrés présentent partout la même moulure en larmier et les chapiteaux sont d'une même époque. Ce sont de bons exemples de chapiteaux gothiques normands. Les uns ont les crochets arrondis. Sur d'autres, le crochet est remplacé par une tête, comme à Bernières ou à Norrey. On se rend compte aussi de la disposition de ces feuillages qui donnent parfois aux chapiteaux de cette époque, comme à Longues et dans bien d'autres monuments anglais, tous les caractères d'un style très avancé, presque flamboyant. Cette impression est due soit au tailloir rond, soit au peu de souci qu'a pris le sculpteur d'harmoniser les masses de sa corbeille avec les angles des tailloirs carrés, et surtout à la façon dont les feuilles, au lieu de faire crochet, se retournent à leur extrémité pour aller se coller contre le tailloir; on pourrait les inscrire dans une courbe convexe et non concave.

Extérieur.— La façade, terminée par les deux rampants du pignon, est percée de deux lancettes, creusées dans un linteau, et d'un oculus. Elle est précédée d'un porche fermé de chaque côté. A l'arc d'entrée, la mouluration se retourne simplement sur les pieds-droits pour remplacer le cul-de-lampe, comme aux fenêtres de la Trinité de Falaise. A l'intérieur, ce porche est voûté d'une croisée d'ogives très bombée ; elle repose sur des culots feuillagés, terminés par une queue cylindrique rentrant à angle droit dans le mur. Le profil des ogives est un boudin sur un claveau biseauté. Les fenêtres de la nef sont en lancette, ébrasées dans un linteau. La corniche est en dents de scie, comme à Saint-Gilles de Caen. Des arcs-boutants ont été ajoutés à cette nef, de deux en deux travées; ce qui ne veut pas dire, comme on l'a prétendu, qu'elle ait jamais été couverte de voûtes sexpartites. Ce travail a dû être fait dès une époque ancienne, à en juger par la base de certaines culées, formée de trois glacis superposés. Ailleurs, ces bases se continuent en cordon sur les murs ; leur profil dénote le XV⁰ siècle. Deux portes sont percées dans la cinquième travée des bas-côtés.

Le pignon des croisillons est épaulé de contreforts avec hauts glacis. Au croisillon nord, un contrefort d'angle a été caché partiellement par un porche couvert d'une toiture de pierre excessivement aiguë. Entre les deux versants, le pignon suraigu reste plat et non décoré d'un gâble. Cette massive construction fut-elle ajoutée pour jouer le rôle d'un contrefort ? En tout cas, sur le mur oriental des croisillons, si les deux chapelles existent, c'est qu'elles occupent l'espace intermédiaire entre deux larges massifs de maçonnerie, réunis sous un même toit de pierre et fortifiés encore par un autre contrefort parallèle à l'axe des croisillons. Ces précautions ont sans doute été prises pour mieux asseoir la tour-lanterne.

Le chœur très simple est soutenu par des contreforts terminés en bâtière. Au tiers de leur hauteur, un glacis à recouvrement forme, par sa première dalle, un large larmier taillé sur une autre pente ; il se continue en cordon autour de l'édifice. Les fenêtres sont simplement chanfreinées ; l'arc est bordé de dents de scie.

La masse imposante et admirablement appareillée de la tour s'élève entre les combles du chœur et des croisillons. Elle comprend un soubassement, un étage et une flèche. Le soubassement, moins élevé que l'étage, mais plus haut cependant que les souches d'autres tours, telle que celle d'Audrieu, est décoré sur chaque face de quatre arcatures. Leur arc porte sur deux colonnes engagées avec chapiteaux à crochets et tailloirs carrés. L'archivolte comprend un boudin entre gorges ; elle a pour entourage un rang de pointes de diamant arrêté par des têtes d'animaux au bas des écoinçons et aux angles de la construction. De semblables têtes saillantes portent la base des colonnes. Les arcatures externes sont en lancettes suraiguës ; les deux du milieu, moins étroites, contiennent les fenêtres qui éclairent le deuxième étage de l'intérieur. Les remplages ont été partiellement refaits. Un rang de trèfles creux et un bandeau de feuillage arrêtent ce soubassement. L'étage, plus élevé, s'élève légèrement en retrait sur un glacis qui se prolonge dans l'ébrasement des arcatures; il présente aussi quatre arcatures de chaque côté, inégales d'ouvertures comme en dessous.

Des colonnes, séparées par des filets et par des gorges, sortent directement du glacis et correspondent aux archivoltes profondes des quatre lancettes. Ces archivoltes sont au nombre de trois pour les arcatures plus étroites, sauf à l'angle sud-est où il n'y en a que deux, à cause de la présence de l'escalier. Quatre, au contraire, encadrent les baies ouvertes au milieu de chaque face et subdivisées en deux lancettes qu'étrésillonnent des meneaux transversaux. La mouluration consiste, comme d'habitude, en boudins séparés par des gorges; mais de plus, l'une des archivoltes offre des étoiles à quatre pointes, très saillantes, refouillées par le dessous et ne tenant à l'archivolte elle-même que par les extrémités des quatre pointes. Des dents de scie bordent la dernière archivolte. Les trois colonnes qui, sur chaque face, servent de support commun à cette dernière archivolte, reposent sur un monstre semblable à ceux de l'étage inférieur. Un pareil motif supporte le fût engagé dans chacun des angles de la construction.

La corniche, garnie de quatre-feuilles gravés sous un bandeau de feuillages, porte une flèche à huit pans avec boudins sur les arêtes et bandes horizontales de lignes ou d'imbrications. La partie supérieure de chaque pan est percée d'ouvertures successivement polylobées, quadrilobées et trilobées. L'extrémité de la flèche vient d'être reconstruite, avec les clochetons et les lucarnes qui n'avaient jamais été exécutés.

DOUVRES

CLOCHER ET ÉGLISE

La nef de l'église de Douvres est moderne. Le chœur et ses deux collatéraux datent du XVe siècle ; ils communiquent entre eux par de grandes arcades, sont couverts de berceaux de bois et se terminent par trois chevets plats qui suivent les sinuosités d'un chemin. Le clocher est placé au nord. Il longe l'extrémité de la nef et se place devant le commencement du collatéral. Il comprend deux parties d'époque différente ; la tour est du XIIe siècle et la flèche du XIII°.

La tour de Douvres est du type de celles qui possèdent des contreforts.

Elle est flanquée, à chaque angle, de deux contreforts larges et assez plats ; ils s'amincissent légèrement à chacun des trois étages. Ces étages sont séparés par un cordon qui se retourne sur les contreforts et ils sont légèrement en retrait de l'un à l'autre. Entre les contreforts, aux quatre coins de l'édifice, se loge une colonne. Au premier des trois étages, le chapiteau de cette colonne ne monte pas jusqu'au cordon supérieur ; elle s'arrête quelques assises plus bas, au niveau du glacis de contreforts supplémentaires ajoutés aux contreforts principaux. Sur le milieu de cet étage, un cordon porte les bases de deux courtes colonnes et de deux autres colonnes engagées : elles soutiennent trois arcatures plein cintre, décorées de bâtons brisés avec tête dans les écoinçons. Les bases à deux tores ont des griffes ; les chapiteaux présentent des godrons et des entrelacs. Sous l'arcature du milieu, une petite baie éclaire la salle située au rez-de-chaussée. Au deuxième étage, de hautes et minces colonnes, partant d'un glacis peu accusé, reçoivent de plus petites arcatures plein cintre, ornées d'un boudin, d'une gorge peu profonde et de billettes.

Le troisième étage, moins haut que les précédents, est percé de deux grandes baies géminées, en arc brisé. Leurs trois archivoltes forment de profonds ressauts; elles reposent, de chaque côté, sur trois colonnettes engagées dans l'ébrasement. Au milieu, les supports consistent en une plus grosse demi-colonne commune aux deux archivoltes externes et en deux colonnettes en retrait de chaque côté. Le départ des colonnes s'étage sur le glacis, assez rapide, de chaque baie.

A l'archivolte intérieure, les claveaux, échancrés du côté de l'extrados, forment des triangles en creux. A l'archivolte médiane, les claveaux sont, au contraire, échancrés vers l'intrados : ils figurent des pointes mouchetées par de petits disques. A l'archivolte externe, ils présentent une sorte de godron allant s'élargissant vers deux prolongements : on peut y voir une réminiscence de têtes plates. La même ornementation existe à la tour de l'église toute voisine de Luc. Un cordon de billettes encadre les deux baies. Dans leur écoinçon, les mêmes ornements dessinent un grand chevron, comme aux tours de Saint-Étienne de Caen. Le tailloir des colonnes se continue en bandeau sur les contreforts. L'angle formé par ceux-ci et par le nu du mur est occupé par un quart de colonne qui monte jusqu'à la corniche. La corniche ne s'étend que d'un contrefort à l'autre; elle consiste en de petits arcs trilobés, creusés dans des linteaux et portés par des modillons variés.

A l'intérieur, le rez-de-chaussée comprend une salle carrée ouverte sur la nef par un grand arc brisé. Deux colonnes, séparées par un mince pied-droit et réunies sous le même tailloir, supportent l'archivolte intérieure. Une colonne engagée, en retrait, correspond à l'archivolte externe. L'une et l'autre sont décorées de bâtons brisés, simples ou affrontés, laissant entre eux des losanges creux. Les écoinçons sont occupés par des palmettes ou des pommes de pin. Le chapiteau présente des godrons. Les bases, à deux tores inégaux, sont ornées de griffes.

Les colonnes qui supportent la voûte d'ogives de cette salle ont leur tailloir placé normalement à l'ogive, dans les angles. Le chapiteau à godrons est muni de deux prolongements latéraux, pour supporter ce tailloir prolongé qui continue le cordon placé sur les parois de la salle. Le cordon sert d'appui, au nord et à l'ouest, à deux colonnettes qui encadrent, avec une archivolte plein cintre, une petite fenêtre de même forme. A l'est, il est interrompu par un assez grand arc brisé, décoré de bâtons en losange et porté par deux colonnettes. Cet arc est profond; il communique avec le collatéral; mais primitivement, c'était une petite absidiole à fond plat, couverte par un glacis de pierre que l'on voit encore dans le collatéral. Le rez-de-chaussée du clocher formait donc chapelle. Cette disposition se retrouve à Biéville, à Goustranville et ailleurs.

Faut-il voir dans les arcs brisés de l'étage supérieur de la tour, l'indice d'une deuxième campagne et penser que seuls « le rez-de-chaussée et le premier étage doivent être de la seconde moitié du XIIe siècle? »

En faisant état de la brisure de l'arc, on se trouverait amené à estimer, par voie de conséquence, que l'arc ouvrant sur la nef, qui est également brisé, « doit » être du XIIIe siècle, « ainsi que l'étage supérieur ». Mais rien n'autorise à voir dans cet arc une reprise postérieure. Il vaut mieux croire que toute la tour a été élevée lentement, mais en une seule campagne, pendant la seconde moitié du XIIe siècle. Ruprich-Robert a remarqué au-dessus du premier étage les sommiers rectangulaires d'une croisée d'ogives amorcée. Jamais cette voûte n'a dû être terminée; il y a eu sans doute repentir au cours de la construction.

La flèche, à huit pans, est simplement décorée des lignes formées par le recouvrement d'une assise sur l'autre; des boudins garnissent les arêtes. Les lucarnes, hautes et étroites, se composent de pieds-droits en délit portant un linteau rectangulaire ; de même, les côtés sont percés d'ouvertures rectangulaires. Trois gâbles assez obtus, ornés d'un trèfle gravé, entourent une courte flèche. Ces lucarnes, très simples, et le caractère de la flèche elle-même indiquent une époque du XIIIe siècle, contemporaine de celle des flèches de Saint-Étienne de Caen. Les clochetons ont été rétablis à l'aide des arrachements anciens.

FONTAINE-HENRY

CHATEAU

Le château, fondé vers la fin du XIIe siècle par Henri de Tilly, qui donna son nom au village, a été remplacé, au XVe et surtout au XVIe siècle, par les constructions que l'on admire aujourd'hui. Un corps de logis rectangulaire, flanqué sur sa face ouest de deux tourelles carrées, est raccordé, par une prolongation élevée au XVIe siècle, à un gros pavillon de la même époque. Ce pavillon, couvert d'une haute toiture, fait saillie sur l'alignement de l'autre corps de logis ; il est flanqué à l'angle sud-ouest d'une petite tourelle basse, et à l'angle nord-ouest, d'une grosse tourelle, également polygonale.

Le terre-plein qui montait jusqu'à la porte du bâtiment du XVe siècle a été enlevé récemment, ce qui a rendu à cette partie son soubassement et, par conséquent, ses proportions primitives. Elle comprend, au-dessus du soubassement, un rez-de-chaussée et un étage surmonté d'un toit assez aigu, entre deux pignons. La tourelle de droite est peu ornée. Le toit est en bâtière. Les rampants de son pignon sont agrémentés de crochets et flanqués de deux pinacles.

L'autre tourelle, qui se place devant l'extrémité de l'aile du XVe siècle, offre, à chacun de ses étages, des cordons richement sculptés. Le premier est un bandeau de feuillages. Sur le second, des fleurs de lis jouent le principal rôle. Ce cordon, surmonté d'un plus petit bandeau d'arcatures en dentelure, porte un troisième étage. Les murs sont chargés d'accolades fleuronnées et séparées par des pinacles, avec fleurons et crochets épanouis. Une nouvelle dentelure et une frise sculptée reçoivent la galerie ajourée qui couronne cette tourelle. Aux quatre angles, s'élèvent des clochetons reliés par une suite d'accolades ajourées, excessivement minces et figurant comme une crête de pierre.

Sur les deux faces latérales de la tour, les baies sont simples, mais traitées comme à la face principale. Ce sont des croisées de pierre encadrées de très nombreuses moulurations prismatiques, en anse de panier ; elles reposent sur des bases en forme de bouteille ; une accolade fleuronnée les surmonte. Deux pinacles, appliqués contre le mur, flanquent l'accolade ; ils sont réunis par un cordon sculpté qui passe sous le fleuron supérieur. Les fenêtres de la façade comprise entre les deux tourelles sont de même dessin, ainsi que la lucarne du milieu ; de chaque côté de celle-ci, s'étend, à la base du toit, une galerie flamboyante.

La partie située entre le corps de logis du XVe siècle et le côté sud du pavillon compte un soubassement et deux étages. De grandes frises de rinceaux et de médaillons séparent les étages et portent les pieds-droits des fenêtres. Les croisées de pierre, aux moulures prismatiques, reposent encore sur des bases à bouteille. Encadrées par une gorge toute remplie de feuillages refouillés, elles sont flanquées de pilastres avec rinceaux et chapiteaux classiques.

Cette décoration, où le style flamboyant se mélange à celui de la Renaissance, apparaît aussi sur les deux larges fenêtres superposées dans la face sud du pavillon.

De chaque côté, se détache un médaillon encadrant une tête de profil, élément qui appartient en propre à la Renaissance. Ce style se voit exclusivement dans la magnifique lucarne à deux étages, ouverte au-dessus des fenêtres. Sur un socle où le buste et les bras d'un personnage barbu émergent hors d'un oculus, s'élève une croisée de pierre, encadrée par deux pilastres et un entablement qui supporte à son tour, le socle d'une seconde baie, en plein cintre, encadrée de la même façon sous un fronton flanqué de candélabres. Deux petits pilastres posés à l'aplomb de ceux de la fenêtre inférieure, se relient à la baie du dessus par des arcs-boutants. La composition est presque identique à celle de la grande lucarne de l'hôtel d'Escoville.

Les mêmes ressemblances s'accentuent sur la face ouest du pavillon. Ici comme à Caen de larges bandeaux marquent les étages; leurs moulures se retournent sur les stylobates ou sur les architraves saillantes qui appartiennent aux colonnes classiques destinées à orner les fenêtres. Un immense comble « en hache » couvre le pavillon et lui donne un caractère tout à fait particulier. Il est moins élevé encore que la haute cheminée construite à l'ouest : les quatre angles sont décorés de plusieurs étages de pilastres et de colonnes.

La tourelle sud-ouest est assez basse ; sa toiture de pierre n'arrive pas au niveau du toit du pavillon. Elle forme un léger encorbellement hors de son soubassement polygonal. Des pilastres sont appliqués entre chacun des pans où l'on remarque aussi des médaillons et des bustes.

La tourelle nord-ouest, de proportions bien plus grandes, est épaulée par des contreforts. Les fenêtres qui s'ouvrent du côté du pavillon ont reçu une décoration de pilastres. Une pyramide d'ardoises à huit pans coiffe cette tourelle. Une lucarne avec pilastres et fronton y est percée.

Les autres faces du château sont beaucoup plus simples ; elles ont été remaniées à différentes époques.

L'intérieur a conservé peu de chose de son état ancien ; il y a lieu cependant de remarquer dans l'escalier du pavillon un bas-relief : Judith montrant la tête d'Holopherne. Ce même sujet a inspiré l'auteur de l'hôtel d'Escoville, dont le nom, comme l'on sait, est demeuré inconnu. Du moins peut-on lui attribuer avec certitude, car la ressemblance est évidente, les parties Renaissance du château de Fontaine-Henry, élevées par les ordres de Jean d'Harcourt en 1537, d'après une date qui se lit à l'une des fenêtres.

Au-dessous du sol, on descend dans une cave du XIIIe siècle voûtée d'ogives et remaniée au XIVe siècle.

CHAPELLE

C'est une construction rectangulaire, indépendante du château. Elle remonte à la première moitié du XIIIe siècle : elle fut modifiée au XVIe. A ce moment en effet, on a divisé en deux étages la partie ouest de la nef : des colonnes Renaissance soutiennent une voûte qui se trouve au-dessous d'un appartement. L'extrémité de la nef est demeurée dans son état primitif. Elle est voûtée d'ogives. Son chevet plat est percé de trois lancettes inscrites sous le formeret. Sur le parement du mur, un boudin encadre l'arc de ces lancettes ; il est supporté, de chaque côté, par un petit cul-de-lampe appliqué contre les pieds-droits. Les retombées communes se font sur deux minces colonnettes avec chapiteaux à crochets et tailloirs ronds. Des étrésillons de pierre les réunissent au mur extérieur, percé de trois fenêtres. Le mur étant très épais, la voussure des arcs est très profonde. Une deuxième mouluration est appliquée dans cette voussure, en arrière de l'arc d'encadrement.

Immédiatement au-dessus de l'autel, dans la paroi du mur, s'ouvre, par une disposition peu fréquente, une niche. Elle est constituée par de courtes colonnes engagées portant un tiers-point, sans gâble, qui est compris entre le bas des deux colonnettes de la fenêtre centrale. Le long de la nef se voient des arcatures. Le banc qui règne à leur base est creusé, devant chacune d'elles, de grandes ondulations formant autant de sièges. A l'extérieur, on remarque des croix de consécration placées de ce côté, suivant un usage qui paraît avoir été assez répandu en Angleterre.

ÉGLISE

L'église de Fontaine-Henry comprend une nef et un chœur. La nef moderne a été voûtée récemment, pour s'harmoniser avec le chœur, remontant à la deuxième moitié du XIIe siècle, — en partie du moins, — car il a subi une singulière opération. Le chœur n'avait qu'une travée et un chevet carré. Comme on désirait l'allonger, on démonta avec soin la travée du chevet; on la reporta plus à l'est et, entre celle-ci et la première travée, on intercala une travée intermédiaire, d'ailleurs très exactement copiée sur l'original. A l'intérieur, l'arc d'entrée du chœur repose sur des colonnes avec bases à deux tores séparés par une gorge; les chapiteaux sont godronnés. L'archivolte présente des boudins analogues à ceux des ogives. Une demi-colonne, de chaque côté, porte le doubleau ancien; elle est flanquée des colonnes en retrait servant aux ogives. Dans les angles du chevet, le chapiteau de la colonne s'élargit par deux godrons latéraux, pour recevoir le tailloir placé de biais, normalement à l'ogive. Ce tailloir coïncide avec un bandeau courant tout autour de l'édifice, au-dessus de hautes et étroites arcatures plein cintre, formées par un boudin continu. Sur le bandeau s'ouvrent les fenêtres plein cintre, très ébrasées. Les frettes crénelées de leur archivolte retombent sur deux colonnes engagées. Leur tailloir se continue sur la lunette des voûtes; il n'y a pas de formerets. Dans le mur du chevet, deux fenêtres de même forme sont séparées par un large pied-droit auquel le tailloir des colonnettes sert d'imposte. Cette construction, très soignée, paraît avoir été élevée d'un seul jet, y compris les voûtes. Elle est d'une époque assez avancée dans le XIIe siècle, comme le prouve, d'ailleurs, la richesse de la décoration extérieure.

A l'extérieur, un bahut fait l'assiette de tout l'édifice ; il sert de base à d'assez larges contreforts plats flanqués de deux colonnettes montant jusqu'à la corniche ; il forme aussi le socle d'arcatures élevées et étroites qui s'étendent d'un contrefort à l'autre. Les colonnes de ces arcatures ont pour base un tore et un filet, séparés par un cavet d'un gros tore en quart de rond, muni de griffes. Les chapiteaux présentent des godrons et des entrelacs. L'arc plein cintre est évidé dans un linteau ; il est mouluré d'un tore, d'une gorge peu profonde, de petits bâtons brisés ou de perles. Un bandeau en torsade marque l'étage des fenêtres, décoré de trois arcatures plein cintre, larges et basses, sur des colonnettes. Dans l'arcature centrale s'ouvre une baie. La corniche se compose de linteaux et de modillons variés, remplacés aux extrémités par les chapiteaux des colonnes qui flanquent les contreforts.

Au sud, dans la première travée, une porte est pratiquée, assez large pour ne laisser place, de chaque côté, qu'à une arcature. Le linteau est monolithe. L'encadrement consiste en deux colonnes portant une archivolte de bâtons brisés en losanges et de têtes plates bordées d'une moulurature de fleurettes. Le tympan reste nu. Le chevet est épaulé de trois contreforts ; il est décoré d'arcatures, comme sur les murs latéraux.

THAON

L'ancienne église de Thaon est très pittoresquement cachée dans un vallon sauvage, loin de toute habitation. Par sa position, par l'aspect étrange que lui donne la suppression des bas-côtés, elle a frappé les premiers archéologues qui se sont occupés de la Normandie. Parfois on lui a attribué une fabuleuse antiquité. Rien, en réalité, n'y est antérieur au XIe siècle. L'église comprend une nef du XIIe siècle, un clocher appartenant, en majeure partie, au XIe siècle, et un chœur, du XIIe siècle également, mais un peu plus ancien que la nef.

La nef compte cinq travées. Les grandes arcades plein cintre sont soutenues par des colonnes cylindriques, courtes et larges. Les bases sont enterrées. Les chapiteaux présentent des godrons, des entrelacs, des monstres affrontés; on y voit même un oiseau harnaché. L'astragale est très saillant. Le profil du tailloir donne un bandeau et un chanfrein séparés par un onglet. L'archivolte unique est décorée de bâtons brisés, disposés en losange ou de bâtons brisés parallèles sous un cordon de billettes.

Au-dessus des grandes arcades, un bandeau chanfreiné reçoit le boudin continu qui encadre les fenêtres plein cintre, très ébrasées. Leur arc est entouré d'une décoration de billettes qui se prolonge en cordon sur les murs, d'une baie à l'autre. Ces baies sont placées sans symétrie et sans souci de respecter l'axe des grandes arcades. En effet, la nef n'a jamais été voûtée.

Aujourd'hui, elle est privée de collatéraux; les grandes arcades sont remplies par un mur. En a-t-il toujours été ainsi? On l'a quelquefois affirmé. Mais si on les regarde du dehors, on voit que la plupart des colonnes se doublent, par derrière, d'un pilastre très plat, dont chaque assise fait partie du tambour correspondant. Sur certains pilastres même, une dernière assise légèrement incurvée peut faire songer à une naissance de doubleaux. Que les bas-côtés aient réellement été élevés, des arrachements sur la tranche du mur de façade tendraient à le démontrer, ainsi que les trous régulièrement percés dans les murs latéraux : ils paraissent bien indiquer la présence d'une charpente. Une fouille, qui ne semble pas avoir jamais été entreprise, donnerait sans doute la solution définitive de ce problème.

Un mur plat termine la nef. Au nord un gros contrefort lui est appliqué, tandis qu'au sud une grande niche en arc brisé décèle l'emplacement d'un autel ajouté à la fin du XIIIe siècle. Au milieu de ce mur est percé un arc plein cintre qui fait communiquer la nef avec le dessous du clocher, plus ancien que la nef.

Ces quatre arcs qui supportent la tour ont perdu leur premier rang de claveaux et leurs supports. Néanmoins, d'après les arrachements et les portions subsistantes, on peut conclure que tous les quatre étaient semblables. Une demi-colonne appliquée contre un pied-droit supportait l'archivolte inférieure ; de chaque côté, deux colonnes engagées recevaient le second rang de claveaux.

Dans les arcs faisant communiquer le clocher avec le chœur et la nef, l'archivolte inférieure et ses colonnes ont été supprimées pour agrandir l'ouverture ; elles subsistent au nord et au sud. Leurs chapiteaux à volutes grossières sont bien du XIe siècle. Mais, derrière ces arcs latéraux, on trouve comme des embryons de croisillons. Un second arc les encadre : au nord, il vient se coller contre l'extérieur de l'arc du clocher ; ses supports — deux colonnes géminées — s'appliquent contre les pieds-droits de cet arc. Au sud une voussure sépare le second arc du premier ; ses colonnes géminées sont elles-mêmes séparées des premiers supports par un assez large pied-droit.

Les chapiteaux de ces colonnes sont d'un style beaucoup plus avancé que ceux des arcs du clocher ; ils présentent de fins entrelacs décorés de cordons de perles. En outre, ces colonnes et, au sud, le pied-droit qui supporte la voussure intermédiaire ne se relient pas aux maçonneries du clocher : il y a un collage évident.

Nous nous trouvons ici en présence d'un travail postérieur à celui du clocher. A l'extérieur de l'édifice ces arcs sont plantés sur la même ligne que ceux de la nef; ils la continuent. Aussi le clocher paraît avoir été enserré, enchâssé, entre les deux murs latéraux de la nef, plus jeune que lui et plus large. Il semble bien que ces arcs aient été destinés à ouvrir deux petits croisillons. Autrement, on n'aurait pas pris la peine de les établir avec soin pour gagner un espace aussi minime que celui qui est compris entre l'alignement du clocher et celui des murs de la nef.

Quel était donc l'aspect du clocher avant la construction de la nef et des arcs latéraux? La base était ouverte sur trois faces, au moins: c'était un clocher-porche. Cette opinion émise par Viollet-le-Duc sur l'église de Thaon, une des rares églises normandes dont il ait parlé, n'est point partagée par M. Bouet. Le sagace collaborateur de M. de Caumont croit avoir reconnu « les traces de l'ancien toit de la nef, qui sont encore visibles ». Cette toiture « n'était ni insérée dans des rainures grossières, comme on le voit souvent à cette époque, ni abritée par des solins de pierre, comme on l'a fait plus tard, mais son extrémité était reçue dans des entailles de trois pouces sur un de largeur et autant de profondeur ».

Malgré le poids d'une appréciation due à un archéologue aussi judicieux que M. Bouet, il est permis cependant de se ranger plutôt ici à l'avis de Viollet-le-Duc. Les restes d'une toiture de nef primitive ne sont pas des plus apparents; puis, M. Bouet n'a pas, semble-t-il, attaché assez d'importance au doublement des arcs latéraux du clocher.

L'église de Croissy (Somme) donne un semblable exemple de clocher-porche, et à Caen même, l'une des tours de la Trinité n'avait-elle pas son rez-de-chaussée ouvert sur deux faces?

Par contre, on peut penser comme lui et contrairement à Viollet-le-Duc, que ce clocher n'était pas un clocher fortifié. Le changement de direction de l'escalier qui, au rez-de-chaussée, est situé dans la pile nord-ouest, tandis qu'à partir du premier étage il est logé dans l'angle nord-est, indiquerait, d'après Viollet-le-Duc, une intention défensive. De même, le retrait de la tour au premier étage aurait eu pour but l'établissement d'un chemin de ronde. Il semble plutôt que, si l'on avait voulu défendre cette tour, la porte du rez-de-chaussée aurait dû être percée du côté de la nef orientale, qui lui aurait constitué une première protection. Quant au retrait, il est insuffisant pour y établir un chemin de ronde. On peut s'en rendre compte d'ailleurs, en accédant à ce niveau : une porte permet de pénétrer dans l'étage du clocher dont l'élévation sera décrite avec le reste de l'extérieur de l'église.

Le chœur rectangulaire est plus étroit que la nef. Le mur latéral sud continue l'alignement du mur de la nef, tandis qu'au nord, le mur latéral du chœur forme un angle avec celui de la nef prolongée par le croisillon.

Le chœur est très simple. Le mur de fond présente quatre arcatures plein cintre : deux grandes vers le milieu ; les deux autres plus petites ; elles sont bordées d'une frette crénelée. Les deux du milieu encadraient primitivement des fenêtres bouchées. Sur les murs latéraux, on a, au contraire, ouvert, plus tard, au sud, des fenêtres en lancette ; mais au nord, subsiste une fenêtre plein cintre encadrée par un boudin continu. A droite et à gauche, deux arcatures de même forme ont pour retombée commune une colonne surmontée d'un chapiteau à godrons.

Extérieur. — La façade, terminée par un pignon peu aigu, est épaulée par deux contreforts plats : ils n'ont d'autres ressauts qu'un petit biseau vers le milieu de leur hauteur et un étroit glacis sous le niveau du léger retrait des maçonneries qui marque la naissance du pignon. La porte en plein cintre, refaite, est encadrée par une archivolte assez large et par deux colonnettes engagées dans les pieds-droits de la baie. Les claveaux « plissés » sont décorés de bâtons brisés en losange et entourés de billettes alternées que supportent deux têtes fantastiques. Une tête semblable coupe cette moulure au milieu du demi-cercle.

Un cordon, avec dentelure de petits demi-cercles, court entre les deux contreforts, assez haut au-dessus de la porte. Il sert de base à une suite de huit arcatures en plein cintre ornées seulement d'un boudin continu ; leur arc est creusé dans un linteau : dans la troisième et la sixième s'ouvre une fenêtre. Entre deux cordons de billettes qui traversent le pignon, d'un rampant jusqu'à l'autre, se place un groupe de sept petites arcatures formées d'un boudin continu. Celle du milieu abrite une fenêtre. Les autres ont le fond et le linteau, jusqu'au cordon supérieur, couverts d'une décoration de petits damiers. Cette ornementation a été obtenue en creusant obliquement la pierre. En coupe, les damiers se superposent comme des lames de persienne. L'ombre accuse la forme du damier. Une croix antéfixe termine le pignon.

D'un bout à l'autre de la nef, un bandeau porte cinq groupes de cinq arcatures. Ces groupes ne correspondent d'ailleurs pas aux grandes arcades du rez-de-chaussée, puisque le dernier se trouve au-dessus de l'arc servant à l'amorce du croisillon. Un espace assez large sépare ce groupe du précédent. Entre les autres groupes, une baie, plus étroite et plus basse, est celle des fenêtres. Son arc seul est orné d'un boudin, tandis qu'aux arcatures aveugles, le boudin est continu. La corniche forme une suite de demi-cercles évidés dans des linteaux et portés sur des modillons variés. Le fond des arcatures aveugles, les assises comprises entre ces arcatures et la corniche, enfin la corniche elle-même, sont entièrement recouverts de petits damiers semblables à ceux de la façade.

La disposition du mur nord est la même, mais quelques pierres seulement portent des damiers et, à la corniche, il n'y a que des linteaux plats.

Au point où le chœur vient, au sud, se souder à la nef, on voit des traces de reprises, notamment dans le bas du mur du chœur ; quelques arcatures ont dû disparaître.

Le chœur est épaulé, au milieu de chaque face, par un contrefort qui divise ces faces en deux parts. Deux autres contreforts sont appliqués près des angles. Sur le mur du chevet, il y en a trois : deux perpendiculaires aux précédents, le troisième au milieu. Toute la partie inférieure est décorée d'arcatures hautes et étroites : les pieds-droits non moulurés supportent l'arc creusé dans un linteau et orné d'un boudin assez plat, entre deux traits gravés. Un bandeau chanfreiné court au-dessus de ces arcatures.

A partir de ce niveau, la décoration de chacun des côtés change. Au sud, ce sont des arcatures aveugles, peu profondes et tout entourées de plusieurs rangs de bâtons brisés, d'un faible relief ; les pointes sont inscrites dans un trait gravé en demi-cercle sur le linteau — c'est, en effet, dans un linteau que sont creusés les cintres de toutes les arcatures, au chœur comme à la nef. Entre les arcatures les plus rapprochées du contrefort central et les autres, étaient percés, pour les fenêtres, deux petites baies plein cintre, plus étroites ; leur linteau seul était décoré de bâtons brisés compris dans un trait gravé. Le percement postérieur de deux lancettes a endommagé la disposition primitive. Les petits arcs de la corniche sont portés sur des modillons. Il faut remarquer, de plus, que les arcs voisins du contrefort reposent directement sur ses assises, ce qui donne un peu l'apparence d'une bande lombarde.

Sur le mur de chevet, deux arcatures sont tracées entre chaque contrefort ; leurs pieds-droits ne sont pas moulurés. Les deux plus voisines du contrefort central servaient de fenêtres ; le linteau de l'une d'elles est entièrement couvert d'étoiles à quatre branches, gravées en creux. A la naissance du pignon un glacis porte sept arcatures égales, entourées de boudins continus et surmontées d'un bandeau mouluré. Le fond de ces arcatures, mais seulement dans la partie demi-circulaire et le dessus jusqu'au bandeau, est ornementé de damiers. Une antéfixe amortit les rampants du pignon.

Du côté nord, le deuxième rang d'arcatures est porté sur des colonnettes dont le tailloir se continue en bandeau. Deux de ces arcatures, plus petites, encadrent les fenêtres. La corniche est à linteaux plats sur modillons. Dans le petit retour fait par l'angle du chœur et de la nef, une arcature est incrustée; mais on ne voit pas trace de l'absidiole supposée par Ruprich-Robert.

Le caractère de la mouluration du chœur, maladroite encore, peu régulière, peu profonde, mêlant les gravures aux reliefs, dénote un âge plus reculé que celui de la nef: les premières années du XIIe siècle sans doute.

Le clocher, indépendamment des quatre arcs du rez-de-chaussée, comprend trois étages légèrement en retrait; ils sont séparés par des bandeaux chanfreinés. Cette diminution progressive d'étage à autre est des plus habituelles dans les plus anciens clochers normands.

Les deux premiers étages sont épaulés de contreforts terminés par un glacis. Ces contreforts présentent un léger retrait marqué par le bandeau qui sépare le premier étage du second. A l'angle nord-est, les contreforts sont remplacés par la cage rectangulaire de la tourelle d'escalier. Le premier étage est caché, à l'ouest et à l'est, par les combles du chœur et de la nef. Au XVIIIe siècle, ces derniers avaient même été prolongés en appentis sur les faces latérales, pour remplacer des terrasses, existant, paraît-il, antérieurement. Ils ont été baissés de nouveau et permettent d'apercevoir les trois arcatures qui décorent le nu du mur entre les contreforts. Elles sont portées sur des colonnettes; les chapiteaux offrent des volutes ou des réminiscences de feuilles corinthiennes. Le tailloir, très élevé, comprend un haut bandeau et un petit chanfrein; il se continue de chaque côté, pour gagner les contreforts.

De même, la baie du second étage laisse à droite et à gauche de plus larges trumeaux. Cette baie est en plein cintre. Elle est portée par deux colonnes engagées. La base est un glacis. Le chapiteau à volutes est pris dans une assise faisant partie du mur; il en est de même du tailloir. L'archivolte est double; l'angle des claveaux est abattu et décoré d'un gros boudin. Sous cet encadrement s'ouvrent deux baies géminées. Leurs arcs, d'ouverture excessivement étroite, sont creusés dans deux linteaux qui occupent presque tout le tympan. Ils reposent sur une colonne centrale et sur deux colonnes, en arrière, accolées à celles de l'encadrement. On remarquera la grossièreté de l'appareil, la timidité avec laquelle sont évidés les linteaux, le remplissage grossier du reste du tympan.

Le troisième étage est ajouré aussi, sur chaque côté, d'une baie dont l'aspect général rappelle les précédentes; mais l'ouverture est plus grande; trois colonnes de chaque côté supportent une double archivolte et deux baies géminées. La première est creusée d'une large gorge; l'autre, au-dessus, présente un boudin sur l'angle des claveaux. L'arc des baies intérieures est, lui-même, plus largement ouvert dans le linteau. On y a gravé de faux joints; en outre, chacun des linteaux évidés est doublé par derrière, d'un autre linteau de même forme. C'est pour mieux les supporter, sans doute, que la colonne médiane est creusée de rainures imitant les fûts accolés de quatre colonnes. Le tailloir des trois colonnes, placées en retrait sur chaque côté de l'ébrasement, se continue en bandeau jusqu'aux angles du mur.

Un motif saillant ou une tête servent de chapiteau à une colonne engagée dans l'angle des murs, qui monte depuis le bandeau de l'étage inférieur jusqu'à ce nouveau bandeau. De même, à partir de celui-ci, une autre colonne s'engage dans les quatre coins de la tour; son chapiteau sans tailloir va se loger dans une entaille de la dernière assise avant la corniche. Quant à l'escalier, il est enfermé dans une cage arrondie, qui couronne la cage rectangulaire des précédents étages. Le haut de cette cage se perd sous la corniche supportée par des modillons.

Une courte pyramide de pierre coiffe le clocher: « Elle se compose d'assises horizontales formant une sorte d'escalier à marches chanfreinées ». La croix qui domine le sommet est moderne; mais, aux quatre coins de la base et sur le milieu de la ligne produite par la rencontre des quatre pans, « quelques figures et quelques têtes d'animaux font déjà l'office des crochets dont se garniront dans la suite les angles de nos flèches, et, à la base, des ouvertures carrées semblent le point de départ des lucarnes qui, plus tard, joueront un si grand rôle ».

La gorge creusée dans l'archivolte du dernier étage, le fût rainé de la colonne centrale, la variété des modillons, les figures qui ornent les arêtiers de la pyramide, semblent d'un faire plus avancé que les étages inférieurs. L'architecte est, comme l'a montré Viollet-le-Duc, un constructeur habile : à l'intérieur, « il n'a pas fait faire parpaing aux archivoltes des baies dans tout leur développement, afin de ne point pousser sur les angles. Cinq claveaux seuls font parpaing et forment ainsi un arc de décharge au-dessus des arcs linteaux ».

Ajoutant à cela que le dernier étage de la tourelle d'escalier paraît bien, lui aussi, n'avoir pas été bâti en même temps que les deux autres étages carrés, on se trouve amené à penser que, si le rez-de-chaussée et les deux premiers étages du clocher sont incontestablement du XIe siècle, la partie supérieure doit remonter seulement aux premières années du XIIe siècle. La construction du chœur est venue ensuite; puis celle de la nef.

SAINT-CONTEST

ÉGLISE

L'abbaye d'Ardenne reçut en 1207 le patronage de cette église, qui d'ailleurs existait antérieurement, puisque aujourd'hui encore elle appartient, en partie, à une époque plus reculée. Elle comprend une nef, sans bas-côtés, du second quart du XIIIe siècle et un chœur terminé par un chevet carré qui a été entièrement reconstruit en 1876 : il datait, pour la partie inférieure, du troisième quart du XIIe siècle et pour les voûtes, de la fin de ce même siècle. Contre l'extrémité sud de la nef, est placé un clocher du commencement du XIIe siècle. De l'autre côté, s'ouvre une chapelle seigneuriale, du XIVe siècle.

La nef couverte d'un berceau de bois, n'a jamais été voûtée. Elle ne présente aucune apparence de travées. Elle est éclairée, dans le mur de fond, par deux lancettes séparées l'une de l'autre et surmontées d'un très grand oculus. Des lancettes hautes et assez étroites sont percées de chaque côté de la nef; elles sont encadrées de colonnettes engagées portant des chapiteaux à crochets. Le tailloir carré se prolonge légèrement dans le nu du mur. L'archivolte consiste en boudins inégaux séparés par des gorges profondes. Un arc purement décoratif est plaqué contre le mur du clocher; une petite porte sous linteau donne accès dans la cage inférieure.

Dans le mur nord, un arc surbaissé, dont les claveaux ornés de têtes plates proviennent sans doute d'une construction antérieure, encadre une large voussure. Au fond, un arc brisé, formé d'un tore aminci et de deux autres tores, porte sur des colonnettes munies de chapiteaux à crochets et de tailloirs en larmier. Les bases sont cerclées de deux tores inégaux avec la gorge perlée, si répandue en Normandie au XIII° siècle. Bien que ce retrait ait l'aspect d'un enfeu, ce serait plutôt, à en juger d'après l'extérieur, un porche ménagé pour l'usage du seigneur dont la demeure était toute voisine. Entre cet arc et la fin de la nef s'ouvrent deux grands arcs jumeaux, portés sur un pilier intermédiaire qui a été créé, il y a quelques années, en remplacement d'un fût monolithe plus ancien. On y a suivi le dessin du profil des deux supports latéraux.

Plusieurs des colonnettes sont ornées d'un filet; ce filet se continue et fait saillie même sur la base, comme à la chapelle Halbout, dans l'église Saint-Étienne de Caen. Ces arcs encadrent une chapelle carrée, voûtée de deux croisées d'ogives sur culs-de-lampe : les têtes qui ornent les culs-de-lampe indiquent, par leur coiffure à ondulations régulières, le début du XIV° siècle. Du côté de la nef, le doubleau intermédiaire porte sur un cul-de-lampe. Un peu au-dessus de ce cul-de-lampe, il s'en trouve un autre : ce qui s'explique par la grande saillie donnée aux formerets. Le profil de l'ogive donne un boudin aminci avec filet méplat entre deux gorges. Les clefs représentent une tête barbue et un homme priant. Les remplages des fenêtres sont restaurés.

A l'entrée du chœur, un grand arc brisé retombe, de chaque côté, sur une demi-colonne et sur deux colonnes engagées. Un tore entre deux cavets re profile sur ses claveaux inférieurs. En face de la nef, des bâtons brisés et des billettes décorent l'arc supérieur : au revers, on voit un tore, un cavet, de petits chevrons.

Le chœur, qui menaçait ruine, a été jugé en trop mauvais état pour être seulement consolidé. En 1876, on a procédé à une opération beaucoup plus radicale. On l'a démonté de fond en comble, puis on l'a reconstruit en réemployant un certain nombre des anciennes pierres. On a par la même occasion, restitué les sculptures et les parties saillantes supprimées par la pose d'un lambris de chêne. Nous n'avons donc ici qu'une copie, la plus fidèle possible. Il est par conséquent, difficile d'y chercher, sur les pierres mêmes, les traces des reprises ou des remaniements, dont la pensée cependant vient à l'esprit quand on considère l'aspect général de cet édifice. Le chœur de Saint-Contest comprend quatre travées ; il avait été préparé, semble-t-il, pour être couvert de deux voûtes sexpartites ; mais ces voûtes, soit qu'elles aient été détruites, soit qu'après un arrêt dans les travaux on leur ait substitué un autre projet, se trouvent aujourd'hui remplacées par quatre croisées d'ogives.

Ces croisées sont sur plan excessivement barlong ; c'est même une des raisons qui portent à admettre la substitution des voûtes. La surface qu'elles couvrent, deux par deux, forme un carré, plus propice à l'établissement de voûtes sexpartites. A ce premier état remontait le bas des murs. De grosses colonnes placées devant un pilastre portent les retombées de la voûte actuelle. Dans chaque entre-colonnement se trouvent deux arcatures plein cintre. Au chevet, il y a deux groupes de trois arcatures séparées par un pied-droit. Sur le mur de ce chevet, quelques bases paraissent anciennes ; elles présentent un petit tore, un filet, puis un gros quart de rond avec gorge intermédiaire ; de même, quelques chapiteaux conservent des godrons, des entrelacs ou des rinceaux.

Les arcatures latérales sont surmontées d'un bandeau qui se relève à angle droit, le long du chapiteau et du tailloir des colonnes de la voûte ; puis, par un nouveau retour à angle droit, il vient buter contre le départ de celles-ci. Sur ce bandeau s'ouvrent des fenêtres largement ébrasées. Elles sont bordées d'un boudin continu et encadrées d'une archivolte de frettes crénelées portant sur deux colonnettes engagées, avec chapiteau à godrons. Le fût de la colonnette est en amande et la base suit cette disposition. Cette manière de tailler le fût se retrouve à l'extérieur, dans des parties non refaites. On y rencontre également l'arc brisé. Ces fenêtres ont sans doute fait partie du projet primitif.

Par contre, les petites colonnettes, reposant sur des consoles de chaque côté du départ des ogives, et recevant le formeret, paraissent plus récentes; leurs chapiteaux sont d'un autre caractère. Elles ont dû être relancées en même temps que la voûte actuelle. Le formeret est d'un arc beaucoup plus aigu que l'encadrement des fenêtres. Aussi, entre ces deux arcs, reste-t-il une lunette qui, au nord, a été décorée d'une rosace. De ce côté, les formerets ont un boudin dégagé par une gorge. Au sud, les claveaux sont simplement chanfreinés. Leurs colonnettes trouvent difficilement leur place, particulièrement aux angles du chevet : c'est encore un des motifs qui peuvent donner à penser qu'elles avaient été relancées après coup. Le chevet est percé de deux fenêtres en arc très légèrement brisé, qui s'ouvrent entre deux colonnettes engagées. Dans le pied-droit qui les sépare, une colonne partant du sol a son tailloir de niveau avec celui des deux colonnettes voisines. Elle porte une branche d'ogives, appliquée d'abord contre le mur, butant dans le sommet du formeret, puis enfin se retournant sur le voûtain pour aller rejoindre la clef de la croisée d'ogives actuelle. Cette branche n'est pas tout à fait insolite, les collatéraux de la tour de Bernières en ont fourni un exemple. Quant à la colonne, sa présence dénote l'intention d'adjoindre à la voûte sexpartite une septième branche dans l'axe de l'édifice, comme aux croisillons de Tour par exemple. Les fenêtres du chevet ont appartenu à la construction primitive, comme on le voit à l'extérieur par la moulure qui continue le tailloir de la colonnette, vers le côté nord du mur de fond.

Cette moulure a été bûchée pour laisser passer l'ogive de la dernière croisée : nouvel indice de voûtes relancées après coup. Ces voûtes ont pour profil un boudin entre deux cavets; elles n'ont pas de clefs et doivent remonter, soit à l'extrême fin du XIIe siècle, soit peut-être à l'année 1207, date où l'abbaye d'Ardenne, recevant le patronage de l'église, fut par là même, chargée de l'entretien du chœur — à moins que le donateur n'ait pris soin de le remettre en bon état avant sa donation.

Extérieur. — La façade, très simple, présente dans la porte un type excellent de gothique normand, du milieu du XIIIe siècle. La porte elle-même forme un arc surbaissé compris dans un arc trilobé figuré par un boudin continu, le tympan restant nu. Il en est de même à Mosles et à Ussy. Cet arc trilobé est inscrit dans un arc en lancette : les trois archivoltes en retrait portent, de chaque côté, sur trois colonnes formant également retrait dans l'ébrasement. Ces colonnes, dont les bases ont été refaites, ont reçu des chapiteaux à crochets très saillants sur une mince corbeille ronde. Le tailloir est carré. Une gorge très incurvée vient faire ombre contre les colonnes ; elle présente au spectateur la convexité de sa moulure et s'arrête sur un filet vertical.

Des trois archivoltes, deux sont constituées par des boudins et des gorges finement moulurés. Celle du milieu présente un curieux exemple d'adaptation gothique des bâtons brisés romans. Devant une gorge qui fait le fond de l'archivolte un boudin forme un arc absolument détaché du fond ; il ne tient plus à l'archivolte que par de minces bâtons brisés, placés diagonalement et qui l'enserrent dans leur angle.

De chaque côté de la porte, deux hautes lancettes sont encadrées comme à l'intérieur. Le remplage du grand oculus est moderne. Les extrémités de la façade sont flanquées de contreforts terminés par un glacis rapide et amincis en leur milieu par un nouveau glacis qui forme larmier très saillant et qui se continue sur les murs latéraux et sur leurs contreforts. Au-dessus s'ouvrent des lancettes semblables aux précédentes. Sous le comble, règne une corniche de feuilles d'eau ou de plus larges feuillages.

Sur le mur sud est appliqué un porche fermé couvert d'une toiture de pierre. Il est voûté d'une croisée d'ogives. Les colonnes dénotent la seconde moitié du XIIIe siècle. L'arc du fond a été très restauré dans le style des parties subsistantes. Sur le tympan un bas-relief représente un miracle de saint Norbert, fondateur des Prémontrés à qui appartenait l'abbaye d'Ardenne; il remplace les quelques fragments anciens conservés dans le vieux Saint-Étienne à Caen.

Les deux murs latéraux du chœur ont été presque entièrement reconstruits à neuf, tandis que le mur de fond a demandé de moins grandes réparations. Dans le mur sud, il ne reste plus guère d'ancien que l'archivolte de la porte, la fenêtre au-dessus et la dernière fenêtre à l'est.

Trois contreforts divisent ce mur en quatre parties. Ces contreforts étaient plats et flanqués de deux colonnes, comme à Fontaine-Henry. Le chapiteau y est remplacé par une tête qui semble dévorer l'extrémité du fût: « influence scandinave », si l'on s'en rapportait à la théorie controuvée de Ruprich-Robert. Ces contreforts ont été doublés à une époque postérieure. Dans la reconstruction on a respecté la trace de la reprise. M. l'abbé Élie, auteur d'une intéressante monographie de sa paroisse, pense, d'après certains textes, que ce travail a été fait au XVIIIe siècle. On peut croire aussi qu'il est plus ancien et qu'il a suivi de près l'adjonction des voûtes. Il convient de remarquer que le contrefort du milieu est plus large: dernier indice d'un projet de voûtes sexpartites.

Tout le bas du mur, jusqu'au cordon festonné qui court à la base des fenêtres, reste entièrement nu, sauf entre le clocher et le premier contrefort: une porte y est percée. Elle est étroite, en arc surbaissé et orné, comme les pieds-droits, de bâtons brisés. Deux colonnes en retrait, de chaque côté, portent une double archivolte : bâtons brisés, têtes plates et petit rinceau. Dans le tympan en croissant, un petit bas-relief représente l'Agneau de Dieu. Les fenêtres en plein cintre sont encadrées par une large archivolte et deux colonnes engagées. Le fût est en amande. Le chapiteau présente des godrons ou des têtes fantastiques. Le tailloir, décoré de festons, se continue en bandeau, d'un contrefort à l'autre. L'intrados de l'archivolte est orné de bâtons brisés, la pointe tournée vers un boudin qui occupe l'angle des claveaux. Sur la face des claveaux, d'autres bâtons brisés sont appliqués ; ils sont entourés d'une moulure festonnée. Une frise de plusieurs rangs d'écailles, taillées en méplat, court au-dessous des modillons de la corniche dont les extrémités reposent aussi sur les colonnes accolées aux contreforts : elle est formée de linteaux évidés en demi-cercle ; un tout petit disque pend dans le milieu de la courbe. La disposition du côté nord est analogue.

Au XIIIe siècle, le chevet a été consolidé par trois contreforts surmontés d'un amortissement à double versant. Leur pied est constitué par le retour du glacis, appliqué alors tout le long de la base du chevet et se prolongeant un peu sur les murs latéraux : ce sont plusieurs assises de pierre disposées obliquement et se recouvrant comme les abatsons d'un clocher.

Entre les contreforts, il y a deux groupes de trois arcatures plein cintre sur colonnes. Les chapiteaux, avancés, montrent déjà quelques feuilles d'eau. Le tailloir, assez fin, donne un bandeau, un onglet et un cavet. La mouluration de l'archivolte comprend un petit boudin, une gorge, de minces bâtons brisés et une torsade arrêtée et retenue en son milieu par trois têtes.

Un cordon règne à la base de l'étage supérieur ; il est composé d'une frise, de petits demi-cercles entre-croisés, gravés en méplat et surmontés de billettes. A cet étage, entre chaque contrefort, on voit deux arcatures en arc légèrement brisé. Les deux arcatures voisines du contrefort d'angle sont aveugles; les autres, plus petites, encadrent la fenêtre, très légèrement brisée également. Elles portent sur des colonnes engagées et sur d'autres colonnettes séparées par un très mince pied-droit sous un seul tailloir. Sur la base se profilent un petit tore, un filet, une gorge et un tore plus gros. Le fût est en amande. Le pied-droit entre les colonnes accouplées est décoré d'écailles ou d'ondulations. L'archivolte présente les mêmes bâtons brisés que celle des fenêtres de côté; elle est entourée d'une étroite frette crénelée. Un glacis marque la base du pignon, refait au XIIIe siècle: il est percé d'une étroite baie dont l'ébrasement est trilobé tandis que le fond reste en lancette.

Clocher. — Le clocher comprend trois étages. Le soubassement, sans aucune ornementation, est épaulé de contreforts très plats. Il est percé, à l'ouest, d'une porte sous un large linteau dont les deux extrémités portent un arc de décharge. A l'intérieur, on voit une intéressante croisée d'ogives. Sur les claveaux très larges, s'applique un gros boudin; une pierre taillée en croix sert de clef et reçoit la jonction des quatre branches. Elles reposent sur des colonnes avec chapiteaux godronnés et tailloirs profilés d'un bandeau, d'un onglet et d'un cavet. Les formerets, en arc brisé, ont leurs claveaux carrés; ils sont également rajoutés après coup.

Le premier étage de la tour est décoré d'arcatures hautes, étroites, portant sur des pieds-droits assez saillants. L'arc est également sans aucune mouluration.

Un cordon de billettes passe sous le dernier étage qui présente trois arcatures inégales sur chaque face. Celle du milieu, plus large et plus haute, est subdivisée en deux baies géminées. Aussi l'ébrasement comprend-t-il de chaque côté deux colonnes engagées et au fond, une plus grosse demi-colonne, qui correspond à la retombée des deux petits arcs de la baie géminée. Les archivoltes comprennent deux gros boudins surmontés d'une gorge large et peu profonde. Les arcatures de côté sont aveugles ; elles portent sur deux colonnettes seulement. Du côté de l'arcature centrale, la colonnette est séparée par un mince pied-droit de la première colonnette de l'arcature médiane, mais le tailloir est commun. L'archivolte des deux arcatures de côté ne comprend qu'un boudin et une gorge. Deux chevrons forment décoration de part et d'autre de la grande arcature.

A l'angle nord-ouest est appliquée la tourelle d'escalier, comme à Vaucelles ; les étages coïncident avec ceux du clocher, ils sont décorés de même. Une colonne, dans les angles de cet étage, va rejoindre les extrémités de la corniche. Sous cette corniche s'étend une frise de deux rangs de demi-cercles, sculptés en méplat, avec petit disque dans chacun d'eux. Les modillons sont variés, mais beaucoup moins fins que ceux du chœur. La grossièreté relative de l'appareil, le caractère des chapiteaux et des moulurations qui rappellent beaucoup celles du dernier étage du clocher de Thaon, montrent que l'on est en présence d'une œuvre du premier quart du XIIe siècle. La pyramide du clocher est plus moderne.

MANOIR

Près de l'église, une ferme a conservé une grande salle appelée jeu de paume. L'intérieur n'a plus rien d'intéressant, mais au dehors, il reste des encadrements de fenêtres du XVIe siècle. Sur la façade d'un autre logis et sur les murs de clôture, on remarque des médaillons semblables à ceux du manoir des Gens d'Armes à Caen : ce qui n'a rien de surprenant puisque Saint-Contest appartenait aussi aux Nollent.

BIBLIOGRAPHIE. — Beaurepaire (E. de) : *Notice sur Ouistreham*, dans la *Normandie monumentale*. — Hettier (Ch.) : *Notice sur Bernières, Ibid.* — La Rue (Abbé de) : *Essais historiques sur la ville de Caen et son arrondissement*, Caen, 1820, 2 vol. in-8°. — Trébutien : *Description de l'église de Langrune par Piel*, dans le *Guide de Caen*. — Decauville-Lachênée : *Notice sur l'église de Langrune*, dans la *Normandie monumentale*. — Léchaudé d'Anisy : *Notice historique sur la baronnie et sur l'église de Thaon, d'après les chartes de Savigny*, dans les *Mém. Soc. Antiq. de Normandie* (1841). — Beaurepaire (E. de) : *Notice sur l'église de Thaon*, dans la *Normandie monumentale*. — Longuemare (P. de) : *Le château de Fontaine-Henry, Ibid.* — Palustre : *La Renaissance en France*. — Élie (Abbé) : *Histoire de la paroisse de Saint-Contest depuis le XIIIe siècle jusqu'à nos jours*, Caen, 1901, in-8°.

TROISIÈME EXCURSION

LESSAY

L'abbaye bénédictine de Lessay fut fondée vers 1060 par Richard Turstin-Halduc, seigneur de La Haye-du-Puits, et sa femme Emma. Leur fils, Eudes Capel, sénéchal de Guillaume le Conquérant qui avait confirmé la fondation du monastère en 1080, se fit le bienfaiteur des religieux. Quand il mourut le 3 février 1098, on l'inhuma dans le chœur de l'église, consacrée beaucoup plus tard par Rotrou de Warwick, archevêque de Rouen, au mois de septembre 1178. L'abbaye, très endommagée pendant la guerre de Cent ans, se releva de ses ruines vers 1385, mais les réparations ne furent achevées que par l'abbé Guillaume de Guichebert, mort en 1447 et enterré près de la chapelle Saint-Pierre.

L'église de Lessay, dont le plan est identique à celui de l'abbatiale de Cerisy-la-Forêt, présente un excellent type du tracé ordinaire des églises romanes de la Normandie. Sa nef est bordée de bas-côtés : les croisillons renfermaient une absidiole et une longue chapelle rectangulaire qui communique avec la partie droite du chœur en hémicycle. On peut faire remonter au XIe siècle l'abside, le transept, la souche de la tour centrale et les trois dernières travées de la nef. La façade, les quatre premières travées de la nef et l'étage supérieur de la tour doivent être attribués au second quart du XIIe siècle. Vers la même époque, toutes les croisées d'ogives de l'église furent établies après coup, sans formerets, en deux campagnes distinctes. On voûta d'abord le chœur, le transept et la dernière travée de la nef, puis les six autres travées du vaisseau central.

La nef, telle que l'architecte du XI⁰ siècle l'avait conçue, devait être recouverte d'un plafond de bois. La cinquième et la sixième pile sont flanquées de quatre colonnes et de quatre colonnettes engagées, mais la colonne vis-à-vis de la nef se terminait sous un entrait de la charpente, comme dans beaucoup d'églises normandes. Les grandes arcades en plein cintre, à double ressaut, retombent sur des chapiteaux ornés de volutes et de godrons. Au-dessus, dans les deux dernières travées, trois arcatures cintrées, ornées d'un tore, s'appuient sur des colonnettes et s'ouvrent dans le comble des bas-côtés, à l'exception de celle qui précède les piles du transept. Un passage règne au niveau des fenêtres hautes, encadrées par un boudin et deux colonnettes.

L'architecte du XII⁰ siècle, qui avait prévu les voûtes d'ogives, modifia le plan des piles occidentales en conséquence. Il fit saillir du côté de la nef un dosseret pour les doubleaux, entre deux colonnettes destinées aux ogives. Le raccord entre les deux campagnes du XI⁰ et du XII⁰ siècle est bien visible après la quatrième pile. Dans la première travée, plus étroite que les autres, et dans les quatre suivantes, les bases des colonnes se distinguent par leurs griffes et leur scotie, les sommiers des grandes arcades se trouvent à un niveau plus élevé et des arcatures jumelles les surmontent. Les fenêtres hautes et le passage supérieur présentent les mêmes dispositions que dans les deux travées primitives.

La voûte d'ogives de la dernière travée, dont le boudin fait saillie sur un bandeau, comme celles du transept et du chœur, est antérieure aux nervures à trois tores des six premières voûtes de la nef, dont les clefs furent ajoutées au XVI⁰ siècle. Les bas-côtés sont recouverts de voûtes d'arêtes séparées par des doubleaux en plein cintre. Les fenêtres de la même forme qui éclairent le bas-côté sud s'ouvrent entre deux colonnettes, mais celles du nord ont été agrandies à l'époque moderne. Dans ce dernier

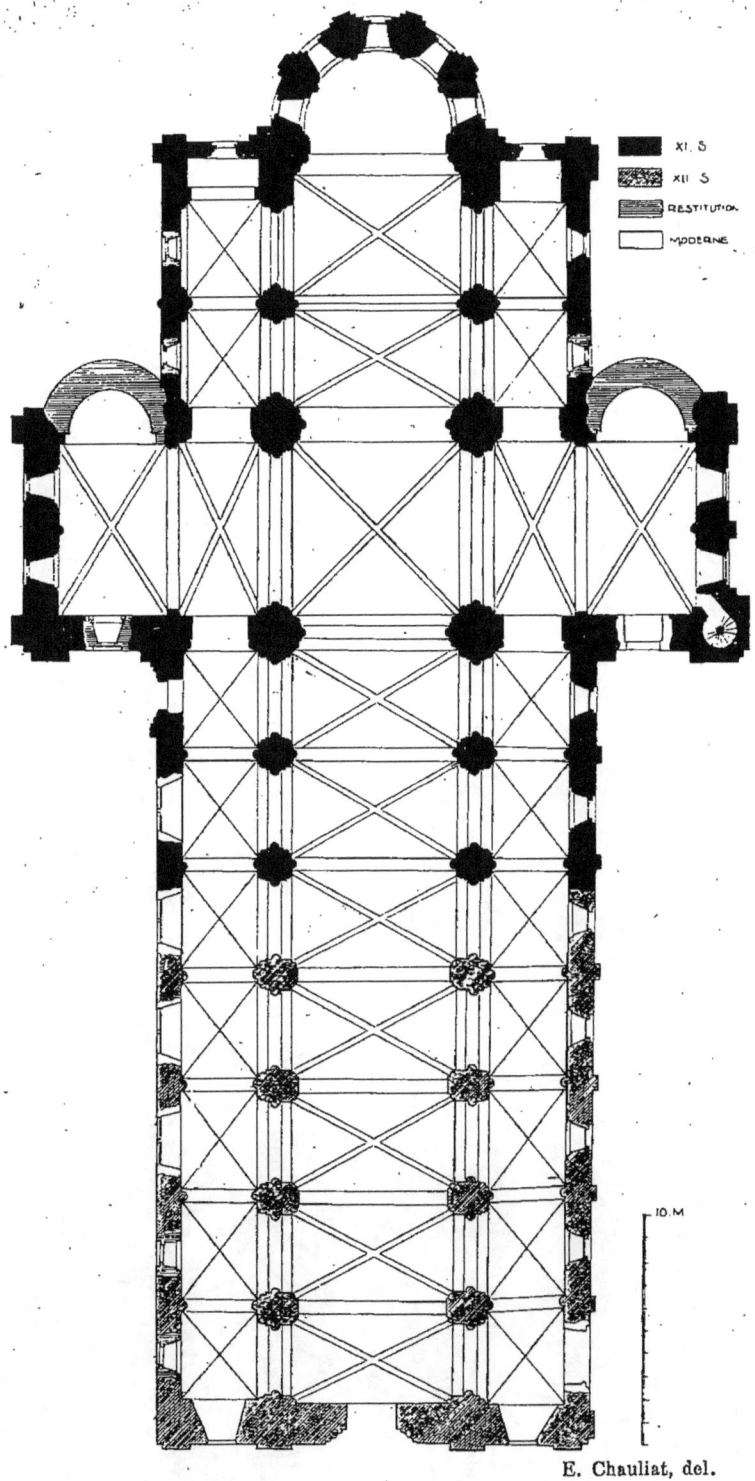

Plan de l'église de Lessay.

V. Ruprich-Robert, del.

Église de Lessay.
Travées de la nef.

collatéral, il faut signaler un élégant retable du XIVᵉ siècle, dont les arcatures tréflées avec gâble encadrent huit statuettes de pleurants semblables à celles du petit portail méridional.

Encadré par quatre arcs en plein cintre dont les trois boudins sont logés dans les ressauts, le carré du transept fut voûté après coup d'ogives à tore unique. Onze colonnettes entourent des piles d'angle, car le dosseret vis-à-vis du bas-côté est dépourvu de colonne. Chaque croisillon est recouvert de deux voûtes d'ogives du XIIᵉ siècle, dont les boudins sont entaillés d'équerre au niveau des tailloirs pour éviter une saillie désagréable à l'œil. Une tribune se trouvait accolée au mur de fond, comme à Saint-Étienne de Caen et à Cerisy-la-Forêt. Ses deux arcades s'appuyaient sur une pile centrale et sur des colonnes jumelles encore intactes, qui soutiennent une colonne relancée au moment de l'addition des voûtes.

M. Ruprich-Robert a rétabli sur son plan les deux absidioles en hémicycle qui s'ouvraient dans le mur oriental du transept, à côté de deux chapelles rectangulaires recouvertes de deux voûtes d'arêtes qui précèdent une petite voûte en berceau. Sur chaque face des croisillons, deux baies de tribunes en plein cintre sont subdivisées par deux arcades de la même forme, qui retombent sur des colonnettes. Plus haut, un passage traverse les fenêtres cintrées, dont le tore est soutenu par deux petites colonnes.

En avant du chœur, deux croisées d'ogives à gros boudin ont remplacé les voûtes d'arêtes du XIᵉ siècle qui précédaient la voûte en cul-de-four restaurée de l'hémicycle : un tore qui correspond à quatre colonnettes vient se loger dans le ressaut. Les claveaux plats et le tore des nervures pénètrent maladroitement dans les sommiers. Deux arcades en plein cintre à ressaut, dépourvues de moulures, qui s'appuient sur une pile flanquée de quatre colonnes et de quatre colonnettes, font communiquer le chœur avec l'absidiole voisine.

Les chapiteaux à volutes, les tailloirs en biseau et les bases à tore aplati sont bien conservés.

A mi-hauteur de la première travée, on voit de chaque côté trois arcatures toriques séparées par un pilastre entre deux colonnettes : l'une s'ouvre dans le comble inférieur, comme celles du milieu dans les quatre arcatures de la seconde travée. Le passage supérieur, ménagé au niveau des fenêtres hautes, se relie à celui du transept et contourne le chevet, où les cinq voussures des baies cintrées retombent sur des colonnes isolées assez fortes, suivant une disposition visible à la Trinité et à Saint-Nicolas de Caen. Au-dessous, l'hémicycle est éclairé par cinq fenêtres dont les deux colonnettes soutiennent deux boudins.

La façade conserve un portail en plein cintre flanqué de six colonnettes : on remarque sur l'archivolte un boudin, un curieux rinceau de palmettes détaché de la pierre, trois tores accouplés et un cordon d'étoiles saillantes. Plus haut, deux petites baies cintrées précèdent une fenêtre plus grande qui s'ouvre dans l'axe de la nef. Au sud, l'élévation latérale présente des fenêtres basses sans moulures ni colonnettes et des baies supérieures encadrées par un quart de rond et deux colonnettes, dont le tailloir en biseau se continue jusqu'aux contreforts peu saillants. Dans la dernière travée du bas-côté nord, un portail roman est encore intact.

Le clocher central, dont le soubassement est décoré d'arcatures en plein cintre du XIe siècle, présente, sur chaque face, quatre baies du XIIe siècle. Leur archivolte à double tore, garnie d'un cordon de billettes, retombe sur des piles flanquées de trois colonnettes. L'absidiole du croisillon nord a disparu, mais celle du croisillon sud a été remplacée par une sacristie rectangulaire, éclairée par deux fenêtres du XIVe siècle à meneau central.

A l'extérieur, les fenêtres basses et hautes du chevet sont dépourvues de colonnettes, mais celles qui éclairent la partie droite s'ouvrent entre deux petits fûts, comme dans le transept. Dans la seconde travée, les baies du chœur sont flanquées de deux arcatures. Les assises des contreforts à ressaut et des murs de l'église sont en granit.

E. Lefèvre-Pontalis.

BIBLIOGRAPHIE. — *Gallia christiana*, t. XI, col. 919. — Richomme : *L'abbaye de Lessay*, dans l'*Annuaire de la Manche*, 1841, p. 255. — Renault : *Essai historique sur l'abbaye de Lessay*, *Ibid.*, 1851, p. 585. — Ruprich-Robert : *L'architecture normande*, t. II, pl. LXXXIX et XC.

COUTANCES

Par M. E. LEFÈVRE-PONTALIS.

CATHÉDRALE

Histoire. — Vers la fin du IIIe siècle, la ville de Coutances changea son nom de Cosedia pour celui de Constantia, qui lui fut donné par l'empereur Constance Chlore. Cette cité était entourée de remparts, et la tradition attribue à son premier évêque saint Ereptiole, qui vivait au milieu du Ve siècle, la fondation de la première cathédrale. En 1835, on a trouvé sous le dallage du chœur des tuiles à rebord, du marbre jaune, des poteries sigillées et la tête d'une divinité païenne. L'un des biographes de saint Lo, évêque du VIe siècle, raconte qu'il rendit la vue à une femme aveugle devant une porte de la basilique.

Le *Livre Noir* (1), rédigé en 1251, et dont l'original a été perdu au XIXe siècle, est la meilleure des sources à consulter pour l'histoire des édifices antérieurs à la cathédrale actuelle. Vers 836, au moment de la première invasion normande, le clergé du diocèse emporta les reliques de la cathédrale, d'abord à Bayeux, puis à Thouars, à Angers et à Rouen. Les évêques se réfugièrent à Saint-Lo, qui tomba au pouvoir des Normands, en 899, un an avant Coutances, dont la cathédrale fut complètement détruite. Au milieu du Xe siècle, le culte fut rétabli peu à peu dans le Cotentin ; mais l'évêque Herbert II ne quitta Rouen qu'en 1024, pour s'installer à Saint-Lo. Son successeur, Robert, commença vers 1030 la nef de la cathédrale romane, avec l'aide de

---

(1) La chronique du *Livre Noir* est comprise entre les deux dates de 836 et de 1093.

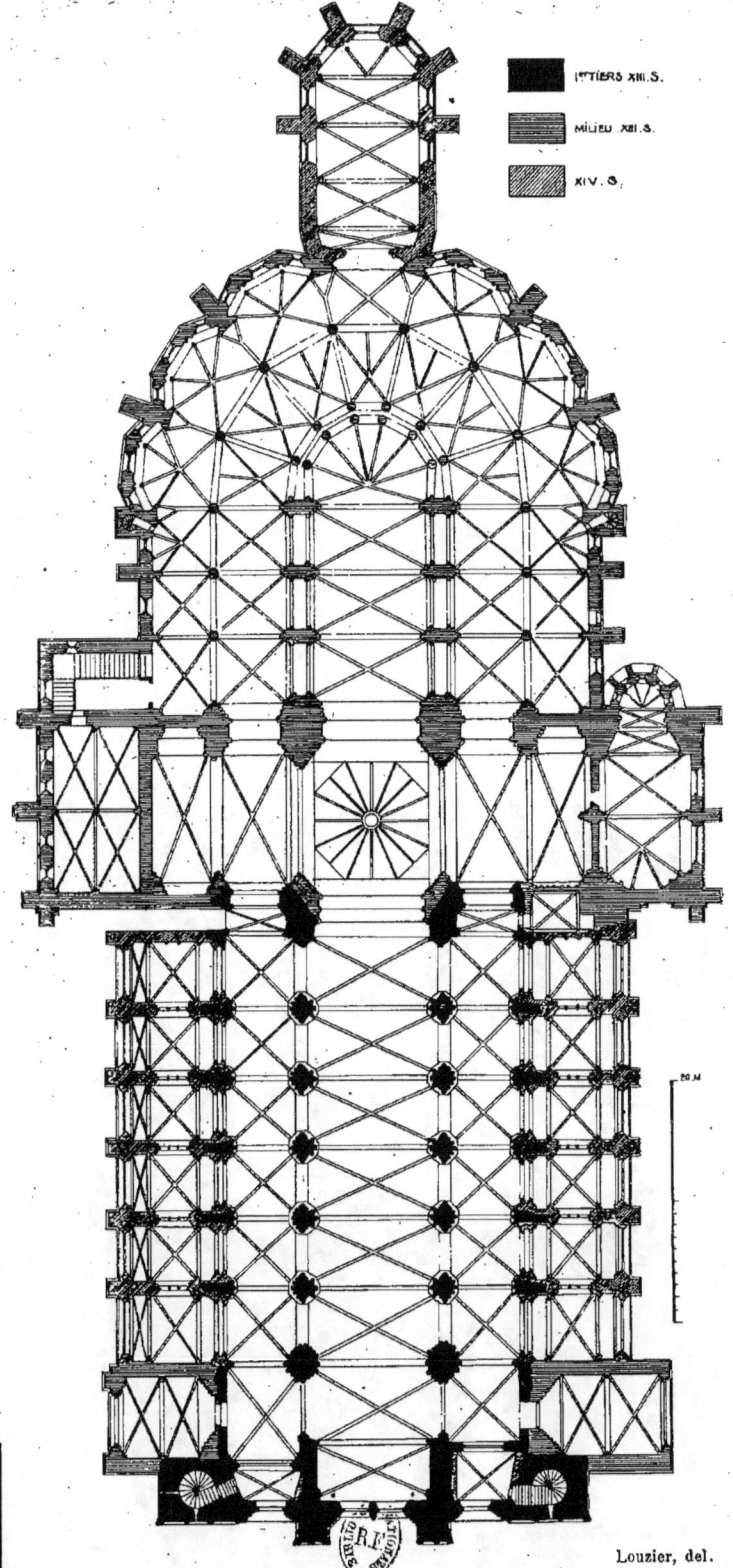

Plan de la cathédrale de Coutances.

généreux bienfaiteurs, dont les noms furent gravés sur les grandes arcades. Il mourut en 1048.

L'évêque Geoffroi de Montbray acheva le vaisseau central primitif, qui fut consacré le 8 décembre 1056, puis il éleva successivement le chœur, précédé d'un grand crucifix, le transept avec sa tour centrale et ses deux absidioles (1), la façade flanquée de deux tours octogones. M. le chanoine Pigeon traduit le mot *area*, qui a plutôt le sens de *préau*, par déambulatoire, mais je suis persuadé que la cathédrale romane de Coutances était dépourvue de rond-point. Son plan devait offrir les mêmes dispositions que celui des églises de Lessay ou de Saint-Nicolas de Caen. Geoffroi de Montbray donna au chapitre des châsses, des ornements, des tentures, des missels. Un charpentier d'Isigny, nommé Vital, avait fabriqué des châssis de bois pour les vitraux. Pendant un tremblement de terre, le 5 décembre 1091, la foudre tomba sur la tour-lanterne romane, disloqua les claveaux de ses baies et fondit le coq doré. Le généreux évêque se mit aussitôt à l'œuvre pour réparer le désastre, en faisant venir d'Angleterre un plombier, nommé Brismet, qui recouvrit la tour de plomb et posa un nouveau coq. On restaura ensuite le chevet, les absidioles des croisillons et les clochers occidentaux. Geoffroi de Montbray, qui mourut le 4 février 1093, fut inhumé dans l'aître de la cathédrale (2).

Certains archéologues, qui n'avaient que des notions très vagues sur les origines de l'architecture gothique, comme François Desrues au XVIe siècle, Hilaire de Morel en 1647,

---

(1) Capitium navis ecclesiæ cum area, et hinc inde duo majora capitia nobiliora et ampliora construxit; duas turres posteriores a fundamentis, tertiam que supra chorum opere spectabili sublimavit in quibus classicum consonans et pretiosum imposuit, et haec omnia plumbo cooperuit. *Livre Noir*, dans le t. XIV du *Recueil des Historiens de France*, p. 77.

(2) Le chroniqueur du *Livre Noir* désigne l'emplacement du tombeau par ces mots : « in stillicidium ecclesiæ », qui ne peuvent signifier devant la piscine de l'église, comme le croit M. l'abbé Pigeon.

Toustain de Billy et l'abbé Rouault au XVIII® siècle, Cotman, M. de Gerville, l'abbé Delamare, Léopold Quenault et M. E. Didier au XIX® siècle, essayèrent de soutenir que la cathédrale actuelle était celle de Geoffroi de Montbray ; mais Gally-Knight, en 1831, puis M. Vitet, M. de Caumont et Viollet-le-Duc ont fait justice de leurs opinions assaisonnées d'une ridicule phraséologie. Néanmoins, c'est à M. Bouet, à M. le chanoine Pigeon et à notre confrère M. le comte de Dion que revient le mérite d'avoir démontré l'existence de certaines parties de la cathédrale du XI® siècle englobées dans la nef et dans la façade. Ainsi les tours romanes octogones forment la cage des clochers gothiques, les tribunes primitives et les parties hautes du vaisseau central ont été rhabillées vers 1230. La nef romane de Notre-Dame de Coutances avait donc la même largeur que celle du XIII® siècle. On a fait la même remarque à Saint-Ouen de Rouen et à Notre-Dame de Chartres.

Les caractères archéologiques de la nef gothique, le plan des piles, le profil des arcades et la sculpture des chapiteaux permettent d'affirmer qu'elle fut reconstruite en utilisant les murs supérieurs du XI® siècle, sous l'épiscopat d'Hugues de Morville (1208-1238), après l'incendie de Coutances en 1218 ; mais M. Le Cacheux, archiviste aux Archives nationales, a eu beau dépouiller dans les dépôts trois cents pièces émanées de ce prélat, il n'a pu découvrir aucune charte faisant allusion à ces importants travaux qui s'arrêtèrent au transept roman, afin de permettre la célébration du culte dans le chœur de Geoffroi de Montbray. On alla chercher les pierres dans les carrières d'Yvetot, près de Valognes.

Le transept et sa tour-lanterne, le chœur avec son double déambulatoire inspiré de ceux des cathédrales de Bourges et du Mans, et les flèches des deux clochers de la façade furent élevés par un autre architecte, au cours d'une seconde campagne, vers le milieu du XIII® siècle. L'évêque Jean d'Essey (1251-1274) termina les travaux et fut enterré dans le chœur, à gauche du maître-autel. Il fonda quatre chapelles, qui ne furent construites qu'au XIVe siècle, au nord de la nef. La nouvelle cathédrale fut consacrée le 12 juillet d'une année inconnue. En 1293, Philippe le Bel autorisa les chanoines à bâtir un cloître au nord de la nef : c'était un mur d'enceinte, percé de quatre portes, qui s'étendait jusqu'à l'église de Saint-Nicolas. L'évêque Robert d'Harcourt (1291-1315) fonda trois chapelles latérales au sud. Son successeur, Guillaume de Thiéville, continua à en ajouter d'autres et donna le terrain de la sacristie en 1341. Le pape Jean XXII accorda des indulgences à ceux qui contribueraient à l'œuvre de l'édifice.

Au mois d'octobre 1356, Geoffroy d'Harcourt vint assiéger Coutances. La cathédrale, endommagée par les boulets de pierre, fut restaurée par les soins de l'évêque Silvestre de La Cervelle (1371-1386), qui envoya des quêteurs dans toutes les paroisses du diocèse. On établit une balustrade devant les baies des tribunes de la nef; on remania les travées et les fenêtres voisines de la façade. A l'extérieur, le couronnement de la tour-lanterne fut refait et les deux clochers furent reliés par une élégante galerie. Vers la même époque, le plan du chevet se trouva complètement modifié par la reconstruction de la chapelle centrale du déambulatoire, qui devint beaucoup plus profonde. L'évêque Silvestre, décédé le 4 septembre 1386, y fut enterré.

La cathédrale fut pillée le 10 août 1562 par les Huguenots, qui brûlèrent le mobilier. L'évêque Arthur de Cossé fit réparer les autels et les vitraux; des stalles neuves furent posées en 1588. Le 13 novembre 1651, la pointe de la flèche de la tour du sud, renversée par un ouragan, tomba sur le porche du midi et creva la voûte d'ogives. Antoine Duparc, mort en 1755, et son fils Raphaël sculptèrent un nouveau maître-autel, mais, vers la même époque, de maladroites restaurations furent entreprises à l'extérieur de la nef. La cathédrale dépouillée de ses meubles, de ses statues, de ses cloches, de ses tapisseries, pendant la Révolution, eut à souffrir des intempéries, car sa couverture de plomb servit à faire des balles. Les voûtes de la seconde et de la troisième travée de la nef s'écroulèrent. L'entrepreneur Doublet les refit en 1800. Au XIX° siècle, d'importants travaux, exécutés sous la direction de MM. Louzier et De La Rocque, ont rendu à l'édifice son incomparable élégance.

Nef. — La nef, divisée en sept travées, est recouverte de huit voûtes d'ogives, en y comprenant celle du XIV° siècle qui domine la tribune d'orgue, soutenue par deux arcs en tiers-point et des piles à quatre colonnettes. Les nervures toriques de la voûte suivante sont plus épaisses, à cause du voisinage des tours, mais le profil des autres ogives se compose d'un boudin entre deux baguettes.

Les deux premières piles, dont le diamètre est plus fort, sont flanquées de dix-sept colonnes et reliées par des arcs en tiers-point, finement moulurés, qui retombent sur des fûts accouplés. Les autres supports, cantonnés de douze colonnettes dans des angles rentrants, comme à Bayeux, suivant les principes de l'école gothique normande, à l'origine, présentent trois colonnes sur le même nu, destinées aux doubleaux en tiers-point et aux ogives de même section. Les formerets en tiers-point, à boudin continu, partent de la tribune et leur profonde voussure encadre une galerie de circulation. Les chapiteaux ne sont pas garnis de crochets, mais de feuillages variés, le profil de leur tailloir carré se compose d'un filet, d'un tore et d'un cavet intermédiaire ; les bases à tore aplati et à griffes s'appuient sur un socle très élevé.

Au-dessus d'un rang de ces petits quatre-feuilles en creux, si fréquents en Normandie, une frise de feuillages porte les quatre lobes de la balustrade, posée devant les tribunes, au XIV° siècle, qui s'ouvraient au XIII° siècle sur la nef, comme à Lisieux et à Noyon. Leurs baies en tiers-point, ornées d'un boudin continu et d'une baguette, étaient divisées par deux arcades de la même forme et par une colonnette isolée, qui correspond à une belle rosace de feuillages sculptée au milieu de l'écoinçon.

A une époque difficile à préciser, ces ouvertures furent bouchées par une cloison de plâtre ornée d'arcatures en tiers-point. Au revers, on aperçoit des arcs en plein cintre à claveaux granitiques, qui retombent sur des pilastres. Entre la nef et la tour du sud, M. le chanoine Pigeon a signalé deux baies géminées, presque intactes, des tribunes romanes avec leur archivolte ornée d'étoiles, qui ressemblaient à celles de l'église du Mont-Saint-Michel. Plus haut, un passage déjà signalé traverse les piles sous des petits arcs en plein cintre, qui sont les derniers vestiges de la galerie haute du XIe siècle. Sa balustrade tréflée, engagée dans une plinthe, est accusée par un bandeau de feuillages. Un boudin continu encadre les fenêtres hautes en tiers-point, mais celles de la première travée sont aveugles, et leur remplage rayonnant date du XIVe siècle.

Comment expliquer la raison qui fit conserver sous cette enveloppe du XIIIe siècle des parties de murs de la cathédrale du XIe siècle? Par une nécessité d'économie. C'est ainsi qu'à Bayeux toutes les piles romanes de la nef de la cathédrale furent remplacées au XIIIe siècle en étayant les grandes arcades primitives. On fit un travail analogue à la cathédrale du Mans, dès le XIIe siècle ; et quand on voit, à Saint-Maclou de Pontoise, quelques formerets du XIIe siècle dans une nef de la Renaissance, on comprend que les architectes du moyen âge pratiquaient les reprises en sous-œuvre avec une suprême habileté. M. l'abbé Pigeon suppose que les piles primitives furent simplement rhabillées, comme celles du transept de Bayeux, mais les faisceaux de colonnettes gothiques semblent bien homogènes. Je croirais plutôt à la transformation de la petite galerie supérieure.

Bas-côtés. — Les ogives des collatéraux présentent le même profil que celles de la nef, mais leur section est plus faible. Tous les arcs des voûtes retombent sur cinq colonnes engagées dans le mur extérieur. Le tailloir arrondi de leurs chapiteaux à crochets présente un profil différent de celui des grosses piles. Dans la première travée on voit une baie en tiers-point, qui fut aveuglée quand on ajouta les porches latéraux. Derrière les petits portails de la façade, il faut signaler une baie du XIIIe siècle et deux fausses fenêtres de style rayonnant.

Les chapelles latérales nord furent ajoutées au XIVe siècle, de l'ouest à l'est, en éventrant le mur de clôture visible entre deux petits arcs, suivant la méthode normande. La voûte d'ogives principale, à tore en amande, précède une autre voûte du même genre, mais plus étroite. Cette singulière disposition permit à l'architecte de réduire l'épaisseur des deux meneaux qui soutiennent le remplage des grandes fenêtres, formé de trèfles et de quatre lobes superposés. Les murs qui séparent les premières chapelles sont remplacés par des fenestrages portés sur un meneau ; mais, dans les dernières, deux et trois meneaux jouent le même rôle. Ces baies n'étaient pas vitrées, car on n'y voit aucune feuillure. Les murs sont tapissés d'arcatures tréflées avec écoinçons évidés. Un meneau central divise les piscines doubles, d'excellent style.

La seconde chapelle renferme l'inscription suivante :

hanc : capellā : dotavit : ioh : de
eeio : epc : est : ī : honore : barth : aplī

L'évêque Jean d'Essey, qui mourut en 1274, n'a pu faire bâtir la chapelle Saint-Barthélemy et les suivantes, consacrées à saint André, à saint Martin et à saint Georges, car leur style rayonnant et les inscriptions en minuscules gothiques ne permettent pas de leur attribuer une date antérieure au XIV⁰ siècle, mais ce prélat avait sans doute légué une somme suffisante pour l'entretien des quatre chapelains.

Les chapelles méridionales, qui remontent également au XIV⁰ siècle, semblent un peu plus jeunes et sont dépourvues d'inscriptions. Voici les différences à signaler : Les grandes fenêtres s'ouvrent sous une voussure en berceau brisé, au lieu d'être surmontées d'une petite voûte d'ogives. Leurs meneaux sont au nombre de trois, et leur remplage plus compliqué se compose de rosaces qui enserrent des trèfles et des quatre-feuilles. De même, les remplages qui forment les clôtures latérales reposent sur trois et même sur quatre meneaux. Les petites arcatures amorties par un gâble sont plus élégantes, ainsi que les piscines à clef pendante.

Dans la sixième chapelle voisine du transept, on remarque des bas-reliefs du XIV⁰ siècle, qui représentent l'Annonciation aux bergers, la Nativité, l'Adoration des Mages, les Mages devant Hérode, la Présentation au Temple, le Massacre des Innocents, la Fuite en Égypte, la Crucifixion, l'Assomption et le Couronnement de la Vierge.

Transept. — Les piles d'angle de la croisée ne sont pas semblables, parce que celles de l'ouest furent montées pendant la première campagne, et celles de l'est à une époque plus avancée du XIII⁰ siècle. Cependant, le second architecte fut obligé de relancer dans chaque pile occidentale sept colonnes et quatre colonnettes reliées par des gorges sur la face qui regarde le chœur. Les socles, plus élevés, et le profil, différent des bases, suffisent à en donner la preuve, ainsi que le défaut de concordance des assises. Par contre, les deux piles à l'entrée du chœur, flanquées de vingt-deux colonnes et de douze colonnettes avec gorges intermédiaires, sont homogènes, bien que les socles soient de hauteur variable à cause de la différence de niveau entre le chœur et le déambulatoire, comme dans la cathédrale de Bayeux.

Le profil des grands arcs présente les mêmes variantes. Ainsi, en avant du transept, cinq colonnes, engagées dans le même dosseret, soutiennent, de chaque côté, quatre arcs en tiers-point moulurés, qui pénètrent dans le sommier et qui sont séparés par des claveaux plats, suivant le système normand. A l'entrée du chœur, un champ nu relie deux groupes de moulures. Les arcs qui encadrent les croisillons disparaissent sous les tores et les gorges : leur boudin central est évidé par une rainure. Leur section est plus forte vers l'intérieur du carré, pour faciliter le passage du plan rectangulaire de la croisée au plan octogone de la tour centrale.

La tour-lanterne, portée sur quatre pendentifs nus, dont les assises supérieures forment des encorbellements accusés par huit bandeaux moulurés, est voûtée par seize nervures à tore aminci, entre deux baguettes qui viennent se réunir à 57^{m}45 de hauteur, autour d'une clef percée d'un large trou. Des écoinçons reposent sur l'extrados des branches d'ogives, afin de reporter l'arête des lunettes au même niveau que la clef. Un triforium, assis sur un rang de crochets, et bordé d'une balustrade qui se compose de petites arcades en tiers-point, contourne le premier étage. Ses baies jumelles en tiers-point, subdivisées par deux arcades très aiguës et par une colonnette à socle très élevé, sont décorées de fines moulures. Au-dessus, des arcatures en tiers-point, à boudin continu, encadrent une galerie de circulation à balustrade tréflée, qui sert de point d'appui aux seize colonnettes des branches d'ogives engagées dans les angles et au milieu de chaque pan. Chaque voûtain correspond à une fenêtre en tiers-point, flanquée de deux colonnettes. Cette tour, bâtie aussitôt après l'achèvement du chœur, est la plus belle lanterne octogone voûtée d'ogives de la France, mais on en trouve trois plus anciennes, en Espagne, dans les cathédrales de Salamanque, de Zamora et de Toro.

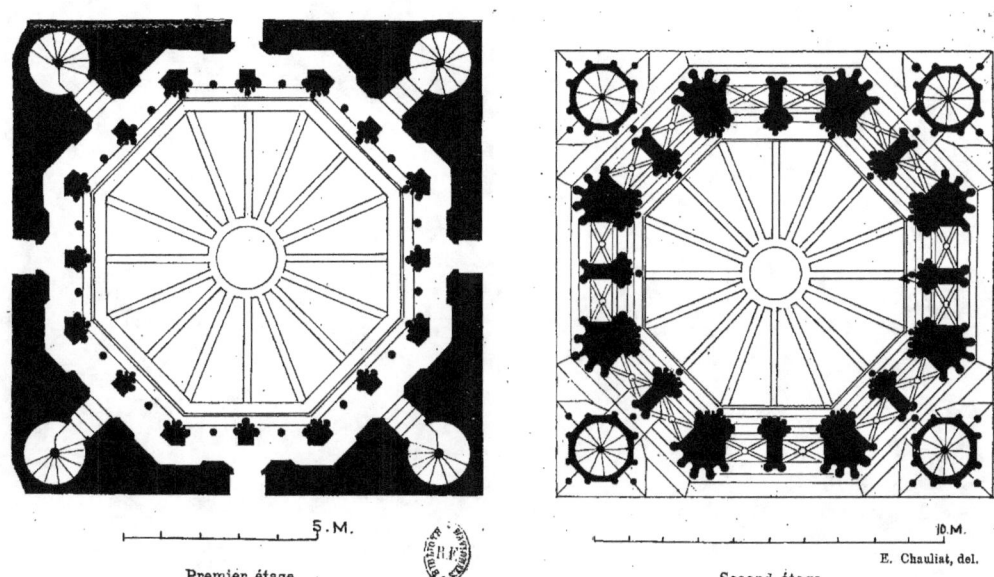

Premier étage.   Second étage.

Plan de la tour-lanterne.

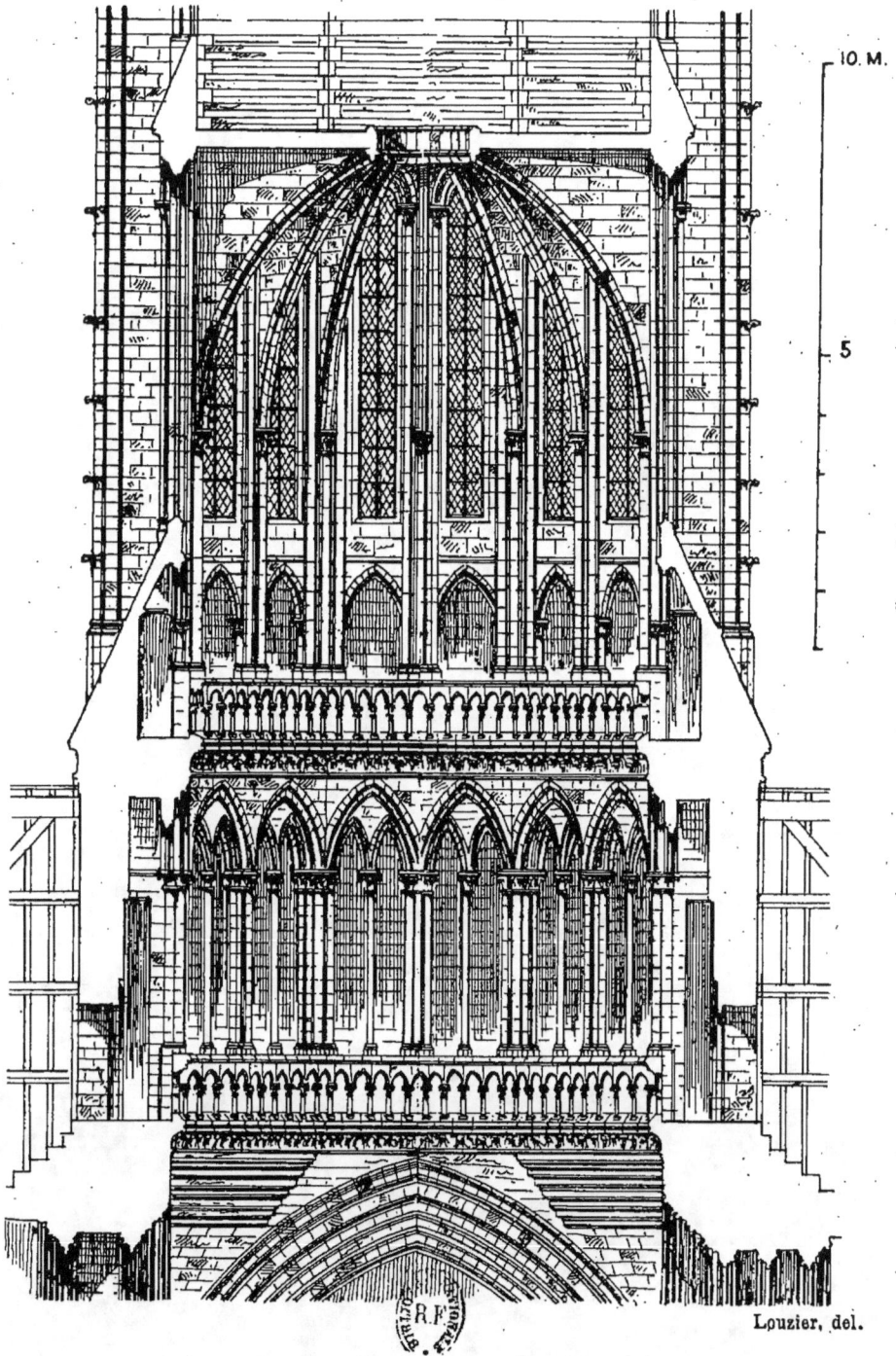

Coupe de la tour-lanterne.

Croisillon nord. — Sa construction se rattache à la seconde campagne de travaux, et ses voûtes d'ogives à trois tores retombent sur une colonne qui reçoit également le doubleau intermédiaire. Les moulures forment donc des pénétrations dans le tas de charge qui se rencontrent souvent en Normandie. Au bas, une baie en tiers-point, qui s'ouvrait dans le mur occidental, est aveuglée par la dernière chapelle, bâtie après coup. En face, un retrait encadré par deux arcades à clef pendante, sous une rosace de feuillages, devait être destiné à loger l'autel.

Le mur de fond est décoré de deux grandes arcatures en tiers-point, recoupées par deux arcatures secondaires dont les colonnettes tronquées reposent sur un culot normand, en forme d'entonnoir coudé. Au-dessus, une profonde voussure, qui sépare deux formerets en tiers-point et en plein cintre, encadre trois fenêtres, dont les appuis se trouvent au niveau d'un passage à balustrade tréflée. Sur les côtés de la travée du fond, un premier triforium, bordé de trilobes et accusé par un rang de petits quatre-feuilles en creux, se compose de deux grandes arcades en tiers-point qui retombent, au centre, sur une colonne en délit. Leur archivolte à boudin continu encadre un trèfle percé dans l'écoinçon. Cette galerie, ajourée par deux baies en tiers-point, forme donc une véritable claire-voie de style gothique normand. Celle qui la surmonte se répète dans les deux travées du croisillon : elle est encadrée, à l'est et à l'ouest, par des arcades jumelles plus élancées, inscrites dans une voussure en tiers-point, mais la fenêtre du fond est divisée par un meneau qui correspond à un trèfle. Des petits arcs trilobés permettent de passer à travers les piles.

Croisillon sud. — Dans le croisillon sud, les deux voûtes d'ogives, les deux claires-voies superposées avec leurs balustrades, le triplet méridional, la niche orientale qui renferme un retable du XVIIIe siècle, présentent les mêmes caractères, mais à l'ouest, une clôture élégante du XIVe siècle, formée d'arcatures inférieures tréflées et gâblées et d'une fausse baie à remplage rayonnant, a remplacé l'ancienne fenêtre du XIIIe siècle. Une peinture du XIVe siècle représente une Vierge à l'Enfant, sainte Marguerite, sainte Madeleine, saint Jean-Baptiste, sainte Catherine et les donateurs, Jean de Chiffrevast, gouverneur de Valognes, et sa femme qui fondèrent, le 2 mars 1381, les chapelles de Saint-Georges et de Saint-Christophe.

La chapelle méridionale, qui vient d'être soigneusement restaurée, n'est pas une addition, comme on pourrait le croire. Son plan forme un rectangle terminé par un chevet polygonal. On y entre en passant sous deux arcades en lancette à trois tores, avec rainure dans la baguette centrale; leurs retombées s'appuient sur une pile centrale flanquée de colonnettes et de chapiteaux à tailloirs ronds, comme les piles d'angle. Pour soutenir le mur de fond du croisillon, l'architecte fit appareiller deux arcs de décharge aux arêtes abattues : l'un d'eux encadre une baie rectangulaire, qui permet la visite du comble de la chapelle. Les huit branches d'ogives toriques de la petite abside à pans coupés sont très surhaussées, l'une de ces nervures et l'exdoubleau d'encadrement s'appuient sur les colonnes détachées du mur, comme dans les chapelles rayonnantes. Les quatre fenêtres en lancette du chevet, la piscine et l'armoire tréflées méritent d'attirer l'attention. Au sud, dans chaque travée, d'élégantes arcatures à trois lobes passent sous une baie tréflée qui s'ouvre entre deux fenêtres très aiguës.

Chœur. — Le chœur se compose de trois travées droites et de sept travées, qui forment les pans coupés de l'abside. Les deux premières voûtes d'ogives, qui semblent les plus anciennes, sont garnies d'un tore entre deux baguettes, et leurs clefs se trouvent reliées à celles du doubleau intermédiaire par une lierne de même profil, mais avec un filet sur les boudins. Les mêmes moulures décorent les nervures de la troisième travée et les huit branches d'ogives qui rayonnent autour de la clef centrale du chevet. Les doubleaux décrivent une courbe en cintre brisé, comme dans la nef.

Dans la partie droite, les piles sont cantonnées de dix colonnes et de huit colonnettes. A l'est et à l'ouest, deux colonnes, engagées dans le même dosseret, correspondent à deux arcs en tiers-point moulurés, reliés par des claveaux nus, comme on en trouve de nombreux exemples en Normandie, au XIIIe siècle. Les crochets des chapiteaux se recourbent sous un tailloir rond. Les arcs en lancette du chevet retombent sur des colonnes jumelles, comme à Saint-Étienne de Caen et dans les cathédrales du Mans, de Bayeux, de Lisieux et de Séez.

Au-dessus, la balustrade tréflée du triforium ajouré se compose d'arcatures à boudin continu dans la partie droite, et à colonnettes sur les pans coupés. En avant de l'abside, cette galerie est encadrée dans chaque travée par une profonde voussure en berceau brisé et par deux formerets. Ses arcades jumelles en tiers-point, dont l'écoinçon est percé d'un trèfle, viennent s'appuyer, au sud et dans la troisième travée du nord, sur une colonnette et sur un sommier garni d'un crochet. Les fenêtres géminées qui s'ouvrent dans le mur de fond sont identiques à celles du transept : un meneau les divise en deux panneaux. Un linteau tréflé surmonte au droit des piles les passages de cette galerie, recouverte de sept petites croisées d'ogives toriques dans le chevet, comme dans la nef de la cathédrale de Lyon. Au fond de chaque travée, à droite et à gauche, des baies en tiers-point, des colonnes tronquées soutenues par des culots coudés, servent de point d'appui aux formerets.

Il est évident que le chœur fut construit après le transept, comme le prouvent les bouquets de feuillages inscrits dans les trèfles de la claire-voie, les voûtes d'ogives de la galerie, la lierne de la grande voûte, les crochets plus épanouis des chapiteaux, mais les bases à tore aplati sont dépourvues de griffes, comme dans les croisillons.

Déambulatoire. — Ses deux galeries, de hauteur inégale, comme dans les cathédrales de Bourges et du Mans (1), sont séparées par douze colonnes et par des arcs en tiers-point aux angles abattus dans les travées droites, mais, dans le chevet, les claveaux des arcades présentent entre autres moulures un tore central cannelé. Les tailloirs, ronds comme les socles, et les chapiteaux à crochets portent trois colonnettes qui vont rejoindre les voûtes d'ogives à cinq branches toriques. Ces nervures et les doubleaux, qui présentent le même profil, retombent de l'autre côté sur une colonnette soutenue par un culot normand. Pour décorer la partie haute du mur qui correspond aux combles de la seconde galerie, l'architecte a plaqué des arcatures en tiers-point géminées, encadrées par un arc de décharge. Leurs colonnettes s'appuient sur des culots normands au-dessus d'un rang de petits quatre-feuilles en creux.

Au point de rencontre des travées droites et du chevet polygonal, trois colonnettes arrivent sous le cul-de-lampe à feuillages d'une tourelle d'escalier qui forme des encorbellements garnis de trois rangs d'arcatures en tiers-point. On peut circuler sous la voussure en plein cintre des formerets doubles, à boudin continu, qui encadrent des fenêtres à meneau central, mais les formerets, voisins de la cage d'escalier, sont en tiers-point pour faire arriver toutes les

(1) Le chœur de la cathédrale du Mans, commencé en 1218 et consacré en 1254, est l'œuvre d'un maître de l'œuvre de l'Ile-de-France, qui éleva les chapelles rayonnantes, et d'un architecte normand qui monta le déambulatoire, les travées et les voûtes de l'abside. Ce dernier a fort bien pu construire également le chœur de la cathédrale de Coutances vers le milieu du XIII⁰ siècle, car on observe de nombreuses ressemblances à l'intérieur entre les deux ronds-points, comme notre confrère M. Gabriel Fleury l'a parfaitement démontré.

lunettes au même niveau. Des linteaux trilobés surmontent les passages à travers les piles.

Au XIIIe siècle, la seconde galerie était flanquée de neuf chapelles rayonnantes à trois pans; mais vers 1375, la chapelle centrale fut rebâtie. Les trois voûtes d'ogives de sa partie droite, ornées d'un tore à filet central, précèdent deux nervures qui vont rejoindre des colonnes isolées : sept fenêtres en tiers-point sont percées dans les murs. Au-dessus des autres chapelles et de la travée correspondante du second déambulatoire, six branches d'ogives toriques rayonnent autour d'une clef à feuillages ; mais les compartiments en blocage sont inégaux, à cause du tracé des voûtes. Les doubleaux intermédiaires partent d'une grosse colonne isolée et se bifurquent en Y pour retomber sur deux colonnes engagées dans le mur extérieur.

Deux fûts en délit, étrésillonnés par deux arcs tréflés, reçoivent les deux nervures centrales de chaque chapelle, qui traversent la corbeille ronde du chapiteau pour prendre naissance sur un petit culot tangent à l'astragale, dans les chapelles voisines de l'axe, mais placé à $0^m 65$ au-dessous du chapiteau, dans les deux premières. Les colonnes isolées, qui se trouvent au fond des chapelles, évoquent le souvenir de certaines traditions de l'architecture gothique champenoise, comme les passages au niveau des fenêtres basses des chapelles rayonnantes ; dans les cathédrales de Bayeux et de Lisieux et à Saint-Pierre-sur-Dives, trois fenêtres en tiers-point s'ouvrent sous les formerets toriques très saillants des chapelles du rond-point : les unes sont flanquées de colonnettes, les autres de culots normands sous des petits fûts tronqués.

Dans la partie droite du déambulatoire, les voûtes d'ogives ne sont pas ramifiées, et le meneau central des fenêtres correspond à un trèfle qui ajoure l'écoinçon. Au nord, une porte percée dans la première travée donne accès dans la sacristie de la seconde moitié du XIIIe siècle, dont les nervures retombent sur une colonne centrale. Les voûtes d'ogives, à sept branches, de la salle capitulaire supérieure ont été refaites. Il me semble impossible d'identifier cette construction avec celle qui fut élevée sur un terrain de l'évêché, donné par Guillaume de Thiéville en 1341.

Il faut signaler dans les chapelles les charmantes piscines doubles tréflées, avec leur colonnette centrale, encadrées par des arcades jumelles en plein cintre; elles conservent quelques traces de leurs peintures primitives. Deux autels rectangulaires, du XIII° siècle, ornés de cinq grandes croix rouges, et deux autres, soutenus par des petits murs ou des pilastres carrés, sont encore intacts, comme dans la seconde travée droite au nord, où la table recouvre le curieux tombeau, en demi-relief, d'un évêque du XIII° siècle. Le prélat porte la mitre triangulaire, et ses pieds s'appuient sur un dragon. Hugues de Morville, mort en 1238, avait été enseveli à l'entrée du chœur, sous une tombe en bronze coulé qui fut fondue, en 1711, dans le moule de la grosse cloche.

Vitraux. — La plupart des verrières, encore intactes, remontent au XIII° siècle. Celles du croisillon nord représentent des scènes de la vie de saint Thomas de Cantorbéry, de saint Georges, de saint Blaise; et deux grisailles, exposées au levant, attirent l'attention par la pureté de leur dessin. Dans les fenêtres hautes du chœur, on voit des néophytes qui reçoivent le baptême, plusieurs miracles du Christ, l'Annonciation aux bergers, l'Adoration des Mages, les Mages devant Hérode, l'Annonciation de la Vierge, la Visitation, la Nativité, la Vierge-Mère, la Crucifixion, la Mort de la Vierge, l'Assomption et le Couronnement de Marie. Les verrières des chapelles rayonnantes représentent l'histoire de l'Enfant prodigue, les miracles et le martyre de saint Etienne, de saint Marcou, de saint Lo, et l'histoire de saint Jean-Baptiste.

Façade. — Le portail central, en tiers-point, malheureusement très mutilé, a perdu les bas-reliefs de son tympan, et les six statues de ses jambages, encadrées par des colonnettes, qui forment des arcatures tréflées. Deux arcs trilobés se détachent sur le linteau soutenu par un trumeau, dont la statue a disparu en même temps que les moulures de l'archivolte. Les portails latéraux, dont l'arc surbaissé remonte au XIII° siècle, sont flanqués de longues colonnettes qui encadrent une fenêtre à meneau central dans l'axe du bas-côté nord, sous une voussure en tiers-point finement moulurée ; mais l'autre porte fut remaniée au XIV° siècle : elle est surmontée d'une verrière à deux meneaux et à trois cercles, inscrite dans un arc en lancette de la même époque.

Les contreforts intermédiaires sont ornés de trois niches trilobées qui renfermaient des statues posées sur de courtes colonnettes. Au-dessus, deux arcatures gâblées du même genre dissimulent les arêtes. La grande fenêtre centrale, en lancette, dont l'appui se trouve au niveau des quatre-feuilles d'une balustrade, est divisée par un remplage neuf qui se compose de trois meneaux, de deux trèfles et d'une rosace à six lobes. Plus haut, une élégante galerie, du XIV° siècle, est formée de six arcs brisés qui encadrent chacun deux arcades secondaires de la même forme, et une colonnette centrale, surmontée d'un quatre-feuilles. Les trois gâbles peu saillants, dont l'axe correspond aux faisceaux de colonnettes, sont ajourés par quatre trèfles dans un cercle. Entre leurs rampants, six quatre-feuilles, qui rayonnent autour d'un cercle polylobé, se détachent dans deux rosaces. La balustrade quadrilobée, qui domine les fleurons de ces gâbles, vient buter contre deux clochetons ajourés par des baies superposées, à meneau central, et couronnés par une petite flèche quadrangulaire à écailles.

Tours. — Les deux tours de la façade, dont la hauteur est de 74^{m}35, furent l'objet, au XIII° siècle, d'un rhabillage analogue à celui que les clochers romans de la cathédrale de Bayeux subirent à la même époque, mais les tours octogones du XI⁰ siècle sont invisibles à l'extérieur. Elles s'arrêtent au niveau de trois chandelles de pierre qui portent une dalle sous les baies du dernier étage des clochers gothiques. Au dehors, il semble que le plan carré des étages inférieurs doit correspondre à une cage de la même forme, mais c'est un trompe-l'œil. La cage octogone des anciennes tours romanes est intacte. Elle renferme une salle inférieure voûtée en berceau et éclairée par des baies en plein cintre. Les étroites baies jumelles de la même forme qui s'ouvraient dans chaque pan, sous la toiture, ont été simplement aveuglées par l'architecte du XIII⁰ siècle, qui voûta les tours à ce niveau par huit branches d'ogives aux angles abattus. Plus bas, on aperçoit des ouvertures cintrées et des lits d'*opus spicatum*.

Notre confrère M. de Dion attribue au XI⁰ siècle l'arcade bouchée qui faisait communiquer le premier étage de la tour du nord, où se trouve la soufflerie des orgues, avec la tribune correspondante qui renferme des murs romans.

La nudité de la base carrée des tours gothiques est dissimulée par des arcatures en tiers-point superposées, qui retombent sur de très longues colonnes. Des bandeaux ornés de petits quatre-feuilles en creux accusent les rangs d'arcatures. Un large glacis marque la transition entre le soubassement carré et l'étage supérieur octogone, percé de huit baies en tiers-point. Leur archivolte moulurée, qui retombe sur six colonnettes, encadre deux arcades secondaires brisées, soutenues par un fût en délit. La flèche octogone repose donc sur une cage de même plan, suivant le principe adopté au XII⁰ siècle dans les clochers de la cathédrale de Chartres et de la Trinité de Vendôme. Ses pans, ornés d'écailles en dents de scie, sont accusés par huit boudins et les trois arcs tréflés de ses quatre lucarnes orientées reposent sur deux longues colonnettes en délit, reliées au pan coupé par trois queues. Le couronnement des lucarnes se compose d'une petite pyramide à quatre pans, comme celui de tous les clochetons. La flèche méridionale a été refaite en 1845.

L'architecte qui plaqua une façade gothique sur les tours romanes n'avait peut-être pas prévu la surélévation de la tourelle d'escalier et les clochetons d'angle qui masquent l'étage octogone des clochers. Son prédécesseur avait suppléé à l'absence d'escaliers primitifs en montant deux cages hors œuvre aux angles de la façade, qui devaient s'arrêter sous les baies supérieures. Les marches reposent sur une moulure à décrochement. La décoration des deux tourelles carrées, qui forment de véritables petits clochers, n'est pas identique. Celle du nord présente, sur chaque face, deux, puis quatre arcatures en tiers-point; celle du sud, ajourée par des baies rectangulaires, est garnie sur chaque côté de quatre arcatures, de la même forme, d'une longueur démesurée.

Au niveau d'un véritable pont jeté entre chaque escalier et le sommet de la façade, le plan extérieur de la cage se modifie et devient octogone. Les deux longues arcatures qui décorent chaque face s'arrêtent sous une flèche à huit pans. On peut ainsi monter jusqu'à la base des grandes flèches. Pour masquer la transition entre les deux plans, quatre clochetons carrés du type gothique normand, avec leurs longues baies en tiers-point, recoupées par des traverses, s'élèvent aux angles. Des clochetons du même genre, qui dépassent la base des grandes flèches, donnent aux deux tours une silhouette très originale : leurs baies sont divisées par un long meneau raidi par six traverses.

Extérieur de la nef. — Le porche du nord, accolé à la première travée et recouvert de deux voûtes d'ogives toriques, fut ajouté après celui du sud, car son arcade est en lancette, et les bases de ses colonnettes s'appuient sur de petites consoles. Au fond, le portail en tiers-point, finement mouluré et flanqué de colonnettes, encadre la Vierge entre deux anges, qui se détache sur le tympan soutenu par un arc surbaissé.

Le porche méridional, dont l'arc est en cintre brisé, conserve des ogives plus fines avec filet sur leur tore. Sous les formerets, les écoinçons de deux arcatures en tiers-point, dont les colonnes reposent sur des têtes mutilées, sont ornés de feuillages. Le portail conserve ses dix colonnettes et les tores de ses voussures : son tympan représente le Christ assis entre l'ange et les animaux symboliques, et le linteau est orné de treize rosaces, de feuillages et de fruits d'arum. Les arcs-boutants à double volée ne sont pas antérieurs au XIVe siècle et leurs culées se couronnent de pinacles. Entre les chapelles, des niches, à dais rayonnants, renferment, au nord, les statues modernes des Tancrède. Les anciennes statues du XIVe siècle, au nombre de sept, ont été reproduites dans l'ouvrage de Toustain de Billy. Les pignons des croisillons sont garnis de sept arcades brisées, de longueur décroissante, et les tourelles d'angle, octogones, avec leurs deux rangs de seize arcatures en tiers-point, se terminent par une flèche en pierre.

Abside. — Des arcs-boutants épaulent la première galerie du déambulatoire et les voûtes du chœur : leur tête vient s'appuyer sur une colonnette engagée dans un retrait du mur. Les culées, flanquées de contreforts latéraux, sont amorties par deux rampants qui encadrent le trilobe d'une longue arcature. Quatre tourelles d'escalier carrées du même type que celles du chevet à Saint-Étienne de Caen, s'élèvent sur les côtés de l'abside. Des colonnettes d'angle adoucissent leurs arêtes et leur flèche carrée à huit boudins repose sur une corniche à crochets. Les fenêtres latérales des chapelles rayonnantes s'ouvrent sous des arcs en saillie sur les angles rentrants, comme à Saint-Étienne de Caen et à la cathédrale de Bayeux. Un boudin continu qui décrit une courbe en plein cintre encadre les arcades jumelles percées sous un trèfle dans la claire-voie du déambulatoire. Les baies hautes du chœur sont flanquées de quatre colonnettes qui reçoivent deux tores, et la corniche se compose de petits quatre-feuilles creusés dans la pierre.

La tour-lanterne est flanquée de quatre tourelles octogones, ornées de longues arcatures en tiers-point et de crochets superposés. Dans chaque pan, deux lancettes avec trèfle dans l'écoinçon viennent s'encastrer sous un arc brisé, et correspondent à deux petites voûtes d'ogives qui soutiennent la voussure du formeret au-dessus des baies du second étage. Deux colonnettes sont engagées dans la pile centrale, et cinq dans les piles d'angle, où des crochets se détachent au fond des gorges verticales. On remarque des niches d'angle au sommet des piles fortes. La plate-forme de la tour est bordée d'une balustrade du XIVe siècle à quatre lobes, qui repose sur une corniche à crochets.

BIBLIOGRAPHIE. — *Gallia Christiana*, t. XI, col. 863 et Instr., col. 218-283. — Mortet (Victor) : *Textes relatifs à l'histoire de l'architecture en France*, 1908, p. 70 et 144. — *Miracula ecclesiæ Constantiensis*, publiés par L. Delisle, dans la *Bibl. de l'École des Chartes*, 1848, p. 339. — Toustain de Billy : *Histoire ecclésiastique du diocèse de Coutances*, 1706, publiée par F. Dolbet pour la *Société d'histoire de Normandie*, 1874-1887, 3 vol. in-8°. — De Gerville : *Détails sur l'église de Mortain et sur la cathédrale de Coutances*, dans les *Mémoires de la Société des Antiquaires de Normandie*, t. I, 1824, p. 142. — Gally-Knight : *Relation d'un voyage archéologique en Normandie*, dans le *Bulletin Monumental*, t. IV, 1838. — Delamare : *Essai sur la véritable origine et les vicissitudes de la cathédrale de Coutances*, dans les *Mémoires de la Société des Antiquaires de Normandie*, t. XII, 1841, p. 189. — Vitet : *Sur la date de la cathédrale de Coutances*, dans le *Bulletin Monumental*, 1845, p. 130. — Didier : *La cathédrale de Coutances et l'architecture ogivale*, dans les *Mémoires de la Société de la Manche*, 1864, p. 148. — Renault : *Rapport sur une excursion archéologique de Coutances à Granville*, dans le *Bulletin Monumental*, 1872, p. 19. — Quenault (Léopold) : *Nouvelles études archéologiques sur l'arrondissement de Coutances*, dans les *Mémoires de la Société Académique du Cotentin*, 1875, p. 45. — Levé : *Rapport sur certaines sculptures de la cathédrale, Ibid.*, 1877, p. 165. — Pigeon (l'abbé) : *Histoire de la cathédrale de Coutances*, 1876, in-8°. — Viollet-le-Duc : *Dictionnaire raisonné de l'architecture française*, passim. — Ramé (Alfred) : *Cathédrale de Coutances*, dans la *Revue des Sociétés savantes*, 1880, p. 94. — Dion (A. de) : *Tours romanes de la cathédrale de Coutances*, dans le *Bulletin Monumental*, 1884, p. 620.

ÉGLISE DE SAINT-PIERRE

Cette église, citée dans une charte de 1058, fut reconstruite au XIIIe siècle et ruinée pendant la guerre de Cent ans. L'évêque Geoffroi Herbert posa la première pierre de l'édifice actuel le 23 avril 1494, mais des chapiteaux à crochets du XIIIe siècle, des arcatures en tiers-point, des bandeaux formés de petits quatre-feuilles en creux, des corniches à crochets, apparaissent encore dans la souche du clocher occidental, au sommet des murs de la nef, des bas-côtés, des croisillons et du chœur. Enfin, la tourelle d'escalier du bras nord du transept doit être attribuée à la même époque. L'étude de cet édifice fait parfaitement comprendre comment la nef et la façade de la cathédrale du XIe siècle ont pu être rhabillées à l'époque gothique. Le plan de l'église se compose d'une nef de cinq travées, de deux collatéraux, d'un transept surmonté d'une tour-lanterne centrale, et d'un chœur à cinq pans entouré d'un déambulatoire qui communique avec trois chapelles rayonnantes.

Les voûtes d'ogives et les doubleaux en tiers-point de la nef du XVIe siècle sont garnis de moulures prismatiques. Les grandes arcades, qui décrivent la même courbe, retombent sur des piles rondes, et leurs moulures viennent pénétrer dans le sommier. Entre la première et la seconde travée, les supports cylindriques ont un diamètre plus fort, parce qu'elles portent le clocher occidental. Des culots normands, en forme d'entonnoir coudé, sont scellés dans l'écoinçon des grands arcs pour soutenir les doubleaux, et les colonnettes des ogives prennent leur point d'appui sur la galerie de circulation, bordée d'une balustrade de style flamboyant. Un élégant rinceau se déroule au même niveau. Plus haut, s'ouvrent des baies hautes, dont le remplage se compose d'un meneau central, de soufflets et de mouchettes. La chaire, du XVIIe siècle, provient de l'abbaye de La Luzerne, et les stalles doivent être attribuées au XVIe siècle. Dans les bas-côtés, les ogives, les doubleaux et les formerets retombent sur une seule colonne engagée, suivant la tradition normande.

Les quatre piles de la croisée, en forme de quatre lobes, sont cantonnées de quatre colonnettes d'angle et reliées par des arcs en tiers-point. Des moulures en pénétration se profilent sur leurs claveaux, qui portent une magnifique lanterne octogone de la Renaissance, soutenue sur quatre pendentifs, et voûtée par seize nervures à fines baguettes, comme celle de la cathédrale. Au premier étage, seize colonnes corinthiennes, à socle très haut, se détachent dans l'axe et dans les angles des pans coupés. Leurs chapiteaux reçoivent des arcatures en plein cintre, surmontées d'arcatures moins hautes, dont les pilastres encadrent des baies cintrées.

Un second rang de seize colonnes, de plus faible diamètre, sert de point d'appui aux branches, et les fenêtres supérieures en plein cintre sont désaxées sous des arcatures de la même forme. Comme l'architecte a surhaussé les formerets, afin que l'axe des lunettes soit horizontal, il en résulte que les écoinçons, à l'extrados des nervures, ont une grande hauteur.

Chaque croisillon, voûté par deux croisées d'ogives prismatiques, est éclairé par dix fenêtres à remplage flamboyant, qui conservent quelques débris de vitraux du XVIe siècle donnés par des corporations. Le passage, sous l'appui de ces baies, est bordé d'une balustrade flamboyante d'excellent style. Il faut signaler, dans le bras nord du transept, une inscription de 1582, qui concerne la fondation de deux messes par les maîtres-maçons de Coutances.

Le chœur, du XVIe siècle, est recouvert de sept nervures dont l'une rejoint la clef de l'arc triomphal. Les piles cylindriques et les arcs brisés sont du même type que dans la nef. Au-dessus de la balustrade qui accompagne la galerie de circulation, les fenêtres, de style flamboyant, s'ouvrent sous une profonde voussure. Des verrières du XVIe siècle, encore intactes, représentent les apôtres ; elles furent données par les forgerons et les bouchers de Coutances en 1505 et en 1506.

Les voûtes d'ogives du déambulatoire, ornées de moulures à pénétration, se confondent avec celles des chapelles rayonnantes à trois pans coupés, dans trois travées où leurs compartiments de remplissage reposent sur six nervures. En face des colonnes isolées, un demi-fût reçoit les doubleaux en tiers-point, et onze fenêtres à remplage flamboyant s'ouvrent dans les murs inférieurs du chevet. Les arcs-boutants de l'abside portent un chéneau sur leurs claveaux, et les culées conservent leurs gargouilles.

La façade occidentale forme le soubassement d'un grand clocher du XVIe siècle. Ses énormes contreforts, flanqués de pinacles flamboyants, s'élèvent au-dessus de sept petites colonnettes du XIIIe siècle. Leurs chapiteaux à crochets servaient de socles à des statues, comme au portail principal de la cathédrale. La porte, à boudin continu, est surbaissée, et des crochets de mauve frisée décorent son archivolte, en accolade, sous une grande fenêtre en tiers-point. On voit, plus haut, un rang de crochets du XIIIe siècle, puis cinq arcatures dont les colonnettes et les chapiteaux remontent à la même époque, et les archivoltes à fleuron au XVIe siècle.

La tourelle d'escalier, accolée au nord-ouest, est également une œuvre du XIIIe siècle, car ses arcatures gothiques se trouvent au même niveau que celles du clocher, sous un bandeau orné de petits quatre-feuilles et de crochets. Les murs du XIII⁰ siècle s'élèvent donc encore à la moitié de la hauteur totale de la tour, mais ils disparaissent presque entièrement sous des placages du XVI⁰ siècle. Au nord, une horloge, incrustée après coup, porte la date de 1550; et l'auteur de ce travail a gravé son nom sur le contrefort à gauche : 𝔍𝔢𝔥𝔞𝔫 𝔩𝔢 𝔟𝔯𝔢𝔱𝔬𝔫. Le cadran méridional fut refait en 1694. Toute la partie haute de la cage d'escalier, décorée d'arcatures flamboyantes et couronnée de pinacles qui sortent d'une toiture en pierre, remonte au XVI⁰ siècle, comme les murs supérieurs de la tour. L'avant-dernier étage est ajouré par quatre grandes baies en tiers-point, dont le meneau cruciforme encadre quatre remplages flamboyants. Une balustrade, du même style, contourne la base du dernier étage octogone, percé de huit baies en tiers-point et épaulé par huit petits arcs-boutants qui s'appuient sur des pinacles. Le dôme, à huit pans, garni d'écailles, qui forme le couronnement de la tour, porte un lanternon très élégant.

A l'extérieur, la tour-lanterne centrale porte aux quatre angles cette inscription :

𝔖𝔞𝔫𝔠𝔱𝔢 𝔭𝔢𝔱𝔯𝔢 𝔬𝔯𝔞 𝔭𝔯𝔬 𝔫𝔬𝔟𝔦𝔰

Ses pans orientés sont ajourés aux deux étages par des baies jumelles en plein cintre. Des tourelles d'escalier, ornées d'arcatures et amorties par un lanternon, masquent les autres côtés. Une galerie de circulation, bordée par de petites arcades, contourne la base d'une courte flèche octogone ornée d'écailles et de crochets.

ÉGLISE DE SAINT-NICOLAS

On peut faire sur cet édifice les mêmes observations que sur l'église de Saint-Pierre, car il faut attribuer au XIV⁰ siècle la partie haute des cinq travées de la nef, le transept et le chœur avec son déambulatoire ; mais les reprises en sous-œuvre, du XVIe siècle, furent si importantes, que les murs primitifs semblent rajeunis. L'architecte du XVIe siècle conserva une colonne du XIVe siècle, près de la façade, et remonta sur d'anciennes bases les piles rondes de la nef, qui sont reliées par des arcs en tiers-point, avec moulures en pénétration. Les fenêtres hautes en tiers-point et les formerets primitifs sont encore intacts ; mais les voûtes d'ogives et la balustrade, qui court sous les baies, furent refaites à l'époque moderne.

Les nervures des bas-côtés, qui retombent sur une seule colonnette flanquée de culots, et les grandes fenêtres en tiers-point des collatéraux portent l'empreinte du style flamboyant. La lanterne octogone et la coupole nervée, en bois, qui surmontent le carré du transept, ne sont pas antérieures au XVIIe siècle ; mais les pendentifs moulurés et les grosses demi-colonnes des piles d'angle de la croisée, qui rappellent celles du transept de Saint-Pierre-sur-Dives, prouvent l'existence d'une lanterne gothique, malgré tous les remaniements de ses anciens supports. Les voûtes d'ogives des croisillons furent reconstruites en 1665, grâce aux dons généreux de la Charité du Saint-Esprit ; mais les chapiteaux et la balustrade supérieure sont neufs, comme ceux du chevet.

Le chœur, soutenu par douze colonnes isolées dont les chapiteaux à feuillages soutiennent des arcs en tiers-point à cinq tores, conserve ses fenêtres primitives et la trace du passage qui se trouvait au niveau de leur appui. Ses voûtes d'ogives modernes n'offrent aucun intérêt, mais celles du déambulatoire, refaites au XVIIe siècle, sont séparées par des doubleaux du XIVe siècle en tiers-point, garnis de trois tores et soutenus par des demi-colonnes. Les baies jumelles du rond-point portent la trace de remaniements, et l'unique chapelle de l'abside est une œuvre du XVIIe siècle, qui renferme une belle Vierge du XIVe siècle.

A l'extérieur, on remarque des contreforts et une porte en plein cintre, à boudin continu, qui s'ouvrait dans l'avant-dernière travée du bas-côté nord. A l'ouest, au-dessus d'un porche gothique, s'élève un clocher en bâtière du XVIe siècle, ajouré par une baie à meneau cruciforme et par des petits arcs en plein cintre superposés.

*
* *

L'aqueduc, qui se trouve à l'ouest de la ville, n'est pas d'origine romaine, car on n'en trouve aucune mention antérieure à l'année 1282. Ses arcades, au nombre de seize, furent en partie détruites par les Huguenots en 1562 : celles qui subsistent décrivent une courbe en tiers-point et retombent sur six piles carrées. Les armes de la famille des Pesnel, qui fit restaurer l'aqueduc en 1595, sont encastrées dans ses pierres brutes. La conduite et ses branchements alimentaient trois fontaines (1).

On peut encore signaler, à Coutances, dans la rue Geoffroi Herbert, deux maisons du XVIe siècle. L'une conserve une tourelle en briques, dont l'encorbellement repose sur un pilier de granit.

(1) Cf. Quenault (L.) : *Mémoire sur l'aqueduc de Coutances*, dans les *Mém. de la Soc. Acad. du Cotentin*, t. II, p. 335.

QUATRIÈME EXCURSION

SAINT-PIERRE-SUR-DIVES

ÉGLISE

Lesceline, veuve d'un frère du duc Richard II, fonda en 1012, dans le château de Saint-Pierre-sur-Dives, un monastère destiné à des religieuses qui furent remplacées, en 1046, par des Bénédictins, sous la conduite du célèbre abbé Ainard. Maurille, archevêque de Rouen, consacra l'église en 1067. Henri Ier d'Angleterre l'incendia en 1107, mais fit des donations en faveur de l'abbaye. En 1145, l'édifice était en pleine construction, comme en témoigne la lettre bien connue de l'abbé Haimon. En 1255, on travaillait à l'abbaye, « claustrum non bene servatur propter operarios », dit le registre des visites d'Eudes Rigaud. Enfin des travaux importants furent exécutés dans l'église au XIVe siècle et sous l'abbatiat de Jacques de Silly, dans les premières années du XVIe. L'histoire de l'abbaye fournit donc quelques dates pour le monument, ce qui est précieux et rare en Normandie.

L'église comprend une nef de huit travées, bordée de collatéraux et précédée d'une travée entre la base des deux tours de façade; un transept dont le carré est surmonté d'une tour-lanterne et dont chaque croisillon présente, à l'est, une chapelle carrée aujourd'hui transformée en sacristies; un chœur terminé par une abside à cinq pans et entouré d'un déambulatoire qui communique avec cinq profondes chapelles, entièrement détachées les unes des autres. Au croisillon sud est accolée une belle salle capitulaire.

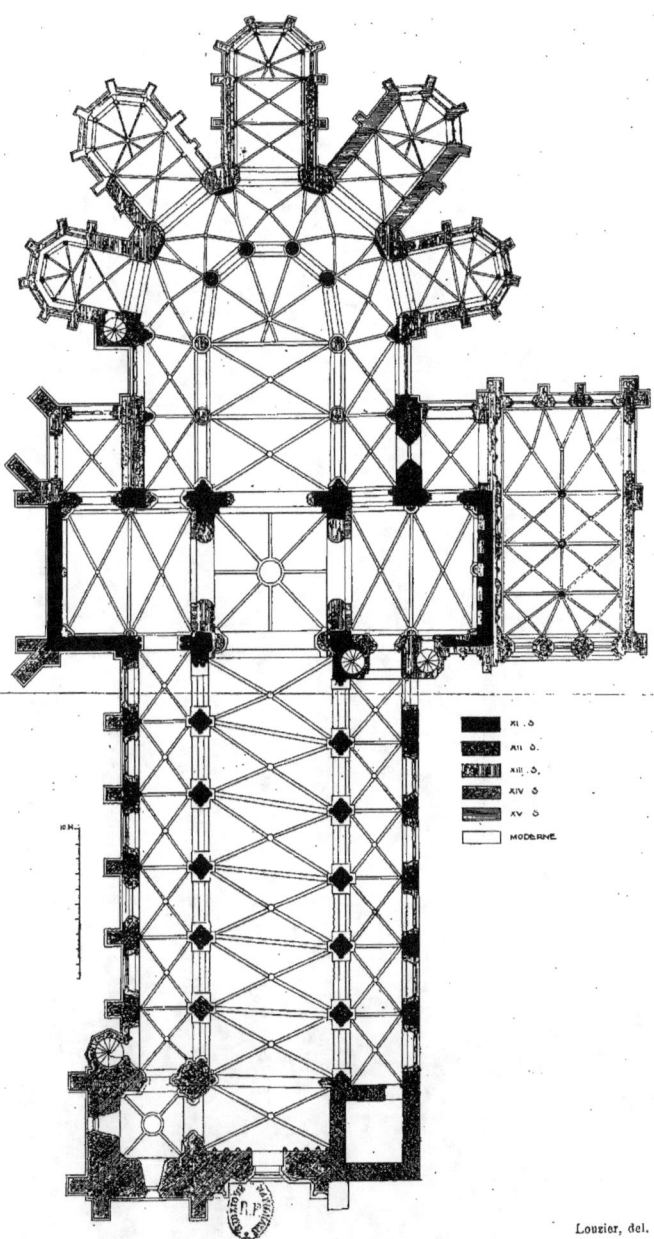

Plan de l'église de Saint-Pierre-sur-Dives.

Que reste-t-il des constructions primitives de l'abbé Ainard? Le noyau et certains ressauts dans les quatre piles, souvent renforcées, de la tour-lanterne ; les arrachements des maçonneries de la nef auprès de ces piles, et enfin le bas des murs des deux croisillons. De l'église d'Haimon subsistent des parties plus importantes : la tour du sud ; les premières assises des piles de la nef et, sans doute, le bas des murs des collatéraux ; l'arc communiquant du bas-côté au croisillon nord ; quelques-unes des colonnes du chœur ; les murs du déambulatoire et l'amorce des chapelles. A une époque beaucoup plus avancée du XIIe siècle appartient l'arc d'entrée de la chapelle ouverte sur chaque croisillon, qui n'est pas antérieure au début du siècle suivant.

Au XIIIe siècle, on éleva les grandes arcades et le triforium de la nef, les fenêtres et les voûtes des collatéraux. On doubla les piles du carré pour porter la tour-lanterne et on les étrésillonna; on modifia les croisillons pour les harmoniser avec la nef. On rebâtit aussi le chœur. On reprit les voûtes du déambulatoire, en ajoutant les chapelles, dont quelques-unes ont été refaites postérieurement. Tous ces travaux devaient être finis en 1255, époque où, d'après le texte d'Eudes Rigaud, il semblerait que les ouvriers s'étaient transportés dans le cloître. Au XIVe siècle, on ajoute la façade, la tour nord, la travée comprise entre les deux tours ; on renforce les contreforts extérieurs du côté nord de la nef et du croisillon. Vers l'an 1500, toutes les voûtes et les fenêtres hautes de la nef et du chœur furent complètement rebâties.

Nef. — La tour sud ne communique avec l'église que par une petite porte, bouchée aujourd'hui, et ouvrant sur le collatéral. Le parement des murs reste nu. Le rez-de-chaussée de la tour nord, au contraire, est percé de deux grands arcs aux archivoltes nombreuses, qui s'appuient sur des colonnettes entourées de moulures ; ils s'ouvrent sur le collatéral et sur la travée avant la nef. Deux fenêtres éclairent le dessous du clocher ; elles sont très ébrasées ; mais la coupe spéciale des pierres permet cependant de les rétrécir à l'extérieur. Le mur de fond de la façade est décoré d'arcatures subdivisées en arcatures secondaires avec quatre-feuilles dans le tympan et bandeau de feuillages. Au-dessus, s'ouvre une grande fenêtre, du XIVe siècle également, avec remplage régulier. Les trumeaux de chaque côté de cette fenêtre et la partie comprise entre son arc et un arc beaucoup plus large, dessiné d'un bout à l'autre du mur sous le formeret, ont reçu une décoration de moulures appliquées, figurant des arcatures, des cercles quadrilobés, des trilobes et d'autres motifs qui annoncent l'avènement prochain du flamboyant. La voûte est une œuvre du XVIe siècle, comme dans la nef.

La nef compte huit travées ; mais les supports ne sont pas en face les uns des autres. En effet, tous les doubleaux coupent obliquement la ligne d'axe de l'édifice. Peut-être trouverons-nous tout à l'heure, une explication de cette particularité que l'on remarque aussi dans un grand édifice de l'Angleterre, à Beverley.

Les piles de la nef sont de plan cruciforme ; quatre demi-colonnes sont appliquées sur les quatre faces et quatre quarts de colonnes sont logés dans les angles. Ce plan est une preuve d'ancienneté que confirment encore les traces, trop frustes, des bases au côté sud de la nef ; on peut penser qu'il remonte à l'église du XIIe siècle. Les assises inférieures des piles ont été gardées lors de la reconstruction du XIIIe siècle. D'ailleurs, le changement d'appareil est visible. On s'est donc contenté de continuer ces piles quand on a élevé la nef actuelle au XIIIe siècle. C'est de cette époque que datent les chapiteaux qui présentent deux très larges feuilles sur les demi-colonnes. Une feuille semblable orne les quarts de colonne. Le tout, sauf la demi-colonne, face à la nef, qui monte jusqu'aux voûtes, est couvert d'un seul et même tailloir polygonal, plat et saillant: c'est un bandeau et un chanfrein.

Les grandes arcades sont en tiers-point avec double archivolte. L'angle des claveaux externes est décoré d'un boudin dégagé par une gorge. L'archivolte intérieure consiste en deux boudins dégagés de même et séparés par un arc très large, à fond plat. Les sommiers de cet arc intérieur restent droits au-dessus des tailloirs; la courbe ne commence qu'à partir du cinquième claveau. Au contraire, les deux boudins d'encadrement prennent leur courbe dès le tailloir. Cette disposition rappelle celle des arcades de l'hémicycle de Saint-Étienne de Caen.

Au-dessus des grandes arcades court un bandeau, interrompu par la colonne partant de fond et destinée aux voûtes. Le triforium a l'apparence d'une tribune simulée. C'est une baie plein cintre subdivisée en deux lancettes. Les supports sont, de chaque côté, deux colonnettes et au milieu, une seule colonnette. Sous les tailloirs ronds, les crochets des chapiteaux paraissent cassés, mais la régularité même de ces cassures montre que cette décoration peu gracieuse est intentionnelle. Les lancettes sont simplement chanfreinées, comme la moulure interne de l'arc d'encadrement. L'écoinçon reste vide. Derrière ces arcs, une large voussure repose sur deux linteaux. Sous ces linteaux devait se faire primitivement la communication d'une travée à l'autre, au moyen d'un passage mural assez prolongé, puisque les baies du triforium laissent, de chaque côté de la colonne des voûtes, un large trumeau.

Un bandeau de quatre-feuilles creux marque l'étage des fenêtres et la fin des constructions du XIIIe siècle. Les fenêtres sont placées en arrière d'une étroite voussure que borde un encadrement continu sur bases à bouteilles. Elles ont trois meneaux et des remplages flamboyants. On y remarque des débris de vitraux anciens. Elles ont été bâties en même temps que les voûtes. Ces voûtes sont de simples croisées d'ogives dont les nervures prismatiques pénètrent directement dans le fût de la colonne unique, prolongée à cet effet entre les fenêtres. Les clefs ornées et les claveaux les plus rapprochés ont conservé leur peinture ancienne. Elles portent les armes de l'abbé Jacques de Silly.

Les collatéraux sont voûtés d'ogives. Le profil des nervures est un boudin aminci entre deux gorges. Du côté des murs latéraux les ogives retombent sur une mince colonnette avec chapiteau à crochets et tailloir rond. La gorge, qui sépare les deux tores inégaux de la base, est ornée de perles. Un cordon marque la base des fenêtres. Intérieurement les fenêtres sont encadrées de deux colonnettes et d'un arc tangent à la partie supérieure du formeret très surbaissé. A l'extérieur, au contraire, la fenêtre consiste en une lancette subdivisée en deux lancettes secondaires. Le sommet de l'arc est situé à un niveau plus élevé que le sommet du formeret ou de l'encadrement intérieur. La forme particulière donnée à la voussure de l'ébrasement rachète la différence. Il faut convenir d'ailleurs, que l'effet obtenu n'est pas des plus heureux. La voûte, les colonnes et les fenêtres datent du XIII° siècle, comme la nef, mais le mur lui-même pourrait bien remonter au siècle précédent, autant que le badigeon permet d'en juger. Au collatéral nord, certaines fenêtres ont conservé de curieux panneaux de vitraux, du XIII° siècle également, mais restaurés. Ils représentent des donateurs de vitraux offrant leur don eux-mêmes à leur saint protecteur. Les noms sont inscrits au-dessous.

Revenons maintenant à la travée de la nef, la plus voisine du carré du transept. Au nord, au lieu d'un arc brisé, il n'y a qu'un demi-arc venant buter contre la pile du carré. Dans ce massif on a retrouvé, du côté du collatéral, deux colonnes jumelles qui portaient de ce côté la première arcade de l'église du XII° siècle avec leurs chapiteaux dégagés des maçonneries. Au sud, l'arc est complet, mais son support, du côté du carré du transept, est séparé du carré par un large massif de maçonnerie qui renferme l'escalier de la tour-lanterne et remonte partiellement, d'après le caractère de son appareil, à l'église primitive. Ici nous pouvons peut-être expliquer pourquoi les piles de la nef ne sont pas en face l'une de l'autre. L'architecte du XIIe siècle calcula la même ouverture pour toutes les grandes arcades de la nef; et de fait, si on mesure leur largeur de pile en pile ou, pour la dernière travée nord, depuis la dernière pile jusqu'aux colonnes jumelles plaquées contre le carré du transept, l'ouverture est constante ; mais, dans la plantation des piles, au côté sud de la nef, il omit de tenir compte de ce grand trumeau compris entre le carré du transept et la travée la plus voisine.

A l'extrémité de la nef, il y a donc quelques traces de constructions plus anciennes : c'est, au sud, la maçonnerie de l'escalier et une toute petite baie; au nord, c'est une petite colonnette située contre le pilier du carré. Elle supporte encore quelques claveaux recoupés par les quatre-feuilles gravés du bandeau supérieur. C'est le seul témoin d'une suite d'arcatures qui devaient orner le haut de la nef de l'église du XIIe siècle. Cette église n'aurait eu en élévation que deux étages : les grandes arcades, puis les arcatures au-dessus ; car, entre deux, il n'y a pas de place pour une tribune. L'église de Sainte-Marguerite-sur-Mer, près de Dieppe, offre un exemple analogue.

Carré du transept. — C'est la partie la plus remaniée de l'église. Les piles actuelles se composent d'éléments ajoutés successivement pour prévenir des mouvements que rien n'a arrêté, puisque naguère encore, l'arc d'entrée du chœur menaçait ruine.

L'église primitive de l'abbé Ainard devait comporter une tour-lanterne. Cette tour était supportée par des pilastres à ressauts, tels que l'on en distingue encore une partie du côté de l'entrée du chœur. La largeur des joints, la rudesse du travail ne laissent pas de doute sur l'âge de ces fragments. Peut-être une demi-colonne était-elle plaquée contre les larges pilastres encadrant aujourd'hui l'entrée du chœur : ils présentent des traces de bûchage. Cette démolition a dû être faite au XIII⁰ siècle quand on leur appliqua un encorbellement destiné à recevoir un gros massif demi-cylindrique liaisonné avec les maçonneries antérieures, comme le prouvent quelques moellons faisant saillie. Ces demi-cylindres couronnés d'un chapiteau décoré d'un rang de crochets, reçoivent un arc en tiers-point du XIII⁰ siècle. Ces nouveaux supports n'ont pas été prolongés jusqu'au sol, de façon à ne pas gêner la vue. Pour placer plus aisément les stalles, à une époque bien plus récente encore, on a coupé le bas du pilastre primitif pour le faire reposer sur un arc bandé en diagonale et construit avec des matériaux qui paraissent anciens.

A l'entrée de la nef, où l'on craignait moins de nuire à la perspective, les massifs demi-cylindriques descendent jusqu'au sol. Le bas est caché par de grandes compositions classiques avec pyramides simulées, attributs, consoles, entablement, etc., élevées par les derniers religieux à la gloire de leur premier abbé.

Pour les arcs latéraux, on voulut plus de solidité encore ; on les rétrécit davantage : ce ne sont pas de simples grosses demi-colonnes appareillées qui doublèrent les pilastres primitifs, mais aux colonnes s'ajoutent de longs massifs de maçonnerie, surmontés également d'un bandeau de crochets. Par surcroît de précaution, on les étrésillonna à mi-hauteur par un arc couvert d'une bâtière de pierre ; les moulures pénètrent directement dans le corps des gros piliers. Il y a dans ces pénétrations directes un exemple curieux de précocité, comme à Langrune, car ces étrésillons appartiennent au XIII⁰ siècle. Entre leurs moulures on retrouve l'arc plat caractéristique des grandes arcades de la nef et aussi des quatre grands arcs de la croisée. Enfin, pour achever l'analyse de ces piliers, il faut dire que, du côté des croisillons, on les doubla encore au XIV° ou au XV° siècle d'un large parement de maçonneries. Le dessin donné ci-contre de la pile sud-est permettra de discerner facilement tous ces remaniements. La tour-lanterne est voûtée d'une

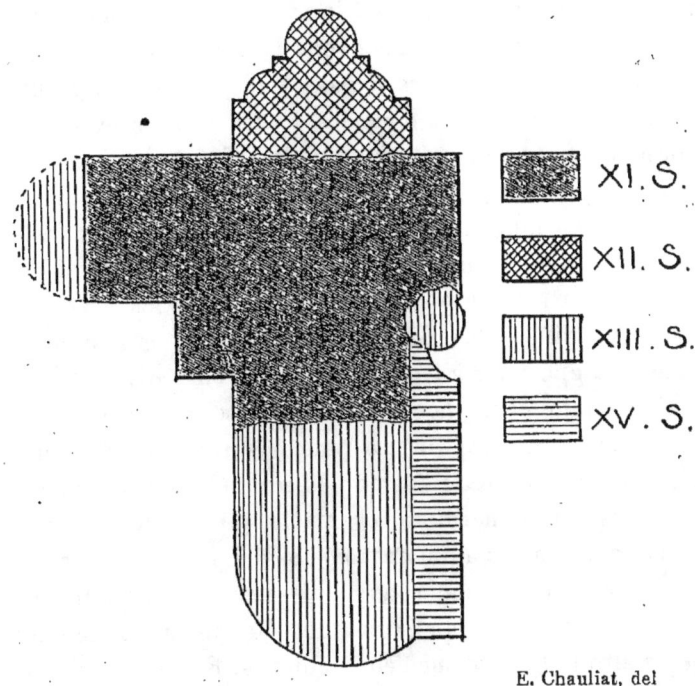

E. Chauliat, del

Pile sud-est de la croisée.

voûte à huit branches. Elle comprend deux étages de baies, disposées deux par deux sur chaque pan, avec passage dans les pieds-droits; les colonnes des encadrements et celles de la voûte ont des chapiteaux et des tailloirs ronds.

Croisillons. — Le bras sud du transept vient d'être l'objet d'une restauration qui a fait réapparaître d'intéressants vestiges de la construction primitive. Ses deux croisées d'ogives datent du XIII° siècle, comme les fenêtres hautes subdivisées en deux lancettes et le triforium, identique à celui de la nef. Les parties hautes sont dans le style de celles de la nef ; elles donnent l'idée de ce qu'était cette nef avant la réfection des voûtes, au XVI° siècle.

A la grande fenêtre du fond, les meneaux viennent d'être rétablis. Au rez-de-chaussée, de grosses demi-colonnes, dans les angles et au milieu de chaque face, sont surmontées de chapiteaux avec tailloirs à pans qui portent de grandes arcades en tiers-point plaquées contre le mur. Elles sont aussi contemporaines de celles de la nef. Les demi-colonnes ont été appliquées postérieurement, contre des murs plus anciens : au mur de fond et à l'ouest, elles passent devant des arcatures bouchées et arasées ; elles se placent devant les arcs ou sur les pieds-droits. On a donc ici deux constructions différentes. Le bas des murs et ses arcatures peuvent appartenir à l'église consacrée en 1067.

Sur le mur ouest, la communication se fait par un arc du XIV° siècle. A l'est, il y a plusieurs remarques à faire : d'abord, à l'entrée du déambulatoire, subsiste une portion de grosse maçonnerie du XI° siècle qui permet de croire qu'un collatéral, ou au moins une absidiole, longeait le chœur dès cette époque ; puis sous le tiers-point décoratif de la seconde travée, on distingue, de côté, un arc plein cintre assez étroit et porté sur deux colonnes. Faut-il y voir l'indice d'une seconde absidiole, ce qui serait d'ailleurs assez conforme aux plans romans de la Normandie? Mais cet arc a été bouché et ses pieds-droits interrompus, dès l'extrême fin du XII° siècle, pour percer dans le mur un autre arc, large et assez bas.

Une cloison de bois le ferme aujourd'hui. Les pieds-droits sont ébrasés sur les deux faces, ce qui indique l'entrée d'une chapelle. Ils comportent, pour la partie interne des archivoltes, deux colonnes jumelles ; elles sont accostées de chaque côté de trois minces colonnettes logées dans les ressauts des ébrasements. Les bases sont munies de griffes, les chapiteaux décorés de belles acanthes comparables aux chapiteaux français de la cathédrale de Lisieux ; le tailloir comprend un bandeau, un tore et un cavet. Ici on rencontre des influences venues de l'Ile-de-France, en passant par Lisieux peut-être, pour se répandre un peu plus loin, dans quelques édifices des alentours. La chapelle est de forme rectangulaire et de date un peu postérieure, comme le montre le profil de sa croisée d'ogives.

Le croisillon sud avec sa chapelle est identique à celui du nord, mais il n'a pas été restauré. On y juge bien que le dernier renforcement des piliers du carré est postérieur au XIII° siècle, car les maçonneries viennent recouvrir les demi-colonnes de l'angle. Dans le mur de fond est creusé un bel enfeu du XIV° siècle. La communication avec le collatéral de la nef se fait par un arc plein cintre, porté sur des colonnes jumelles qui remontent à l'église de 1145. L'entrée du déambulatoire a été refaite au XIV° siècle.

Chœur. — Le chœur comprend deux travées droites et une abside pentagonale. Des colonnes cylindriques soutiennent les grandes arcades. A partir de ces arcades, la construction est semblable à celle de la nef : même tracé des arcades, même triforium, même bandeau de quatre-feuilles, mêmes voûtes rebâties par l'abbé Jacques de Silly. Dans les fenêtres hautes, il y a des traces de vitraux. Les supports des grandes arcades ne sont pas tous du XIII° siècle. De chaque côté du carré du transept, les piles reproduisent en plan, la moitié de celles de la nef. Elles doivent, pour leur partie inférieure du moins, dater aussi du XII° siècle. Il en est de même des quatre colonnes de l'abside. Leur base formée de deux tores inégaux et aplatis, les griffes qui recouvrent les angles du socle rappellent les bases de la nef de Lisieux, remontant à 1181. Ici, le travail paraît plus ancien ; on doit sans doute le faire dater de l'église rebâtie sous l'abbatiat d'Haimon. Mais en ce cas, la présence de colonnes monocylindriques supposerait dès cette époque, l'existence d'un déambulatoire. Le fait est rare et cependant, il est réel, car l'étude du rond-point actuel confirme l'hypothèse.

Les voûtes du déambulatoire ont été reconstruites au XIIIe siècle, mais les supports engagés dans les murs sont plus anciens. Dans la partie droite, ils présentent une demi-colonne sur pilastre et deux quarts de colonne, du type des piliers de la nef. A la première travée sud, on distingue les restes d'un arc plein cintre sur deux colonnes. On ne peut admettre que cette baie éclairait seulement une absidiole ou un collatéral définitivement arrêté après la deuxième travée droite. Les colonnes de l'abside ne s'expliqueraient pas dans ce cas. D'ailleurs, dans la partie tournante du déambulatoire, nous trouvons encore les restes de celui du XIIe siècle. Entre chaque chapelle, un large pilastre est flanqué de deux demi-colonnes et le tout est compris sous une même imposte. Les bases de ces colonnes présentent soit un petit tore sur un plus gros tore en quart de rond, soit un lourd talon, ce qui dénote une époque antérieure au XIIIe siècle et confirme l'existence d'un déambulatoire. Ce déambulatoire primitif devait même être bordé de chapelles : aujourd'hui encore, dans la première chapelle nord, existent un pan de maçonnerie et une porte sous linteau, avec arc de décharge en plein cintre, dont l'âge n'est pas douteux.

Les fenêtres de la dernière travée droite du déambulatoire datent du XIIIe siècle. Au nord, l'archivolte est décorée de feuillages où les crochets sont parfois remplacés par des têtes.

Les chapelles sont toutes très profondes et entièrement séparées l'une de l'autre. Elles s'ouvrent sur le déambulatoire par un large arc brisé qui repose sur les massifs du

XIIe siècle. L'intrados est décoré de deux moulures parallèles : un retour arrondi, contre le pied-droit, leur sert de cul-de-lampe, comme aux fenêtres des chapelles de Saint-Étienne de Caen. A la chapelle de l'axe seulement, ces moulures sont soutenues par des culots en forme de tête. La chapelle d'axe comprend deux croisées d'ogives et une abside à cinq pans. Une colonnette partant du sol porte les doubleaux et les ogives. C'est sur le bandeau qui règne à mi-hauteur du mur que reposent les colonnettes des formerets. De même, à l'abside, éclairée de cinq lancettes, les colonnes disposées sur les angles d'un massif triangulaire sont détachées du mur de fond pour laisser devant les fenêtres un passage, comme dans les chapelles du déambulatoire de Bayeux. Un linteau, partant de ce groupe de colonnettes jusqu'au mur, forme une baie par où s'établit la communication d'une travée à l'autre, mais pour l'abside seulement, car les murs de la partie droite restent pleins.

Les ogives ont pour profil un tore aminci entre deux gorges. Sous la boiserie de l'abside est cachée une piscine géminée. La chapelle voisine, au nord-est, a été presque entièrement rebâtie, sauf le mur de la partie droite vers le nord. On l'a rétablie sur ses fondations anciennes, telle qu'elle était au XIIIe siècle, avec une première travée sexpartite et un chevet à cinq pans. Le système de voûtement et le plan sont les mêmes à la chapelle placée symétriquement au sud-est, mais elle a été reconstruite au XVe siècle et toutes ses moulurations et nervures sont prismatiques. Elle conserve des fragments de vitraux anciens relatifs à saint Sébastien.

Enfin, les deux premières chapelles au nord et au sud, qui appartiennent également au XIIIe siècle, n'ont qu'une simple croisée d'ogives précédant leur abside pentagonale; mais à l'une, les colonnes ne sont pas détachées de leur massif et un passage est pratiqué derrière elles; à l'autre, au contraire, les colonnes sont détachées et il n'y a pas de passage.

Le chœur de Saint-Pierre-sur-Dives a conservé son magnifique pavage du XIII° siècle, fait de carreaux émaillés, du dessin le meilleur et le plus varié. C'est un grand cercle divisé en quatre quartiers par deux bandes se croisant sur le centre et qui sont peut-être plus récentes. Chacun des carreaux est taillé en trapèze régulier pour pouvoir constituer neuf cercles concentriques, de plus en plus grands. « Des cerfs passants, des chimères, des lions ou des léopards, des aigles à deux têtes, des fleurs de lis, des palmettes ou des rinceaux réguliers décorent chacun des carreaux. Les figures sont noires sur fond jaune, ou jaunes sur fond noir, et on a disposé les carreaux de façon à faire alterner les fonds ». Comme cette rose est inscrite dans un carré, les écoinçons présentent des carreaux d'un décor identique.

Sous la tour-lanterne, on remarque des stalles, hautes et basses, avec miséricordes variées. Le fond consiste en panneaux trilobés d'aspect encore gothique ainsi que le dais continu, en demi-berceau ; il est surmonté d'une galerie ajourée avec petits pinacles. Néanmoins l'œuvre est de la première moitié du XVI° siècle, comme le prouvent les miséricordes et surtout les belles parcloses terminales, portant des arabesques, des rinceaux et quatre statues. Les armes de l'abbé Jacques de Silly donnent la date du travail. La grande croix qui occupe le fond de l'abside est attribuée sans motif à Jean Goujon. C'est l'œuvre d'un sculpteur d'Argentan.

Extérieur. — A la façade, la tour du sud comprend cinq étages séparés par des cordons et légèrement en retrait les uns sur les autres. Il n'y a aucun contrefort. A partir du premier étage, une colonnette est engagée dans chacun des angles de la construction. Le rez-de-chaussée forme une base pleine et sans ornement. Le premier étage, assez bas, présente des arcatures plein cintre ; elles ont une seule archivolte soutenue par une colonne engagée de chaque côté d'un pied-droit auquel leur tailloir sert d'imposte. Au deuxième étage, plus élevé, il y a deux archivoltes et les supports donnent un groupe d'une demi-colonne, sur pilastre, flanquée de deux colonnes de moindre diamètre. Le troisième étage, de proportions plus élancées, n'a plus que quatre arcatures ; mais les archivoltes, au nombre de trois, sont portées par des groupes de cinq colonnes.

Enfin, le cinquième étage et dernier est percé d'une seule baie en arc brisé, tandis que les autres sont en plein cintre. Trois colonnettes en retrait de chaque côté, portent les trois archivoltes, et au fond, les deux arcs de subdivision. Le support commun de ceux-ci consiste en deux colonnettes distinctes, mais réunies cependant par le tailloir et par de petits étrésillons. Le tailloir des colonnes d'encadrement se continue en bandeau jusqu'aux colonnes d'angle, autour desquelles il fait bague. Au-dessus et au-dessous de ce bandeau, de chaque côté de la fenêtre, est plaqué un oculus décoratif. Ce genre d'ornement se trouve à la tour de Colleville-sur-Mer. La corniche est « beauvaisine ».

La flèche assez courte présente un léger renflement. Un boudin couvre les arêtes ; les pans sont décorés de larges bandes d'imbrications séparées par d'étroites lignes horizontales. Les lucarnes, de très petite proportion, comprennent quatre colonnettes et deux arcs brisés en retrait sous une toiture à double versant. Les clochetons sont simplement des bouts de flèche à huit pans posés directement sur la plate-forme. La sculpture des chapiteaux, la mouluration des archivoltes dénotent une œuvre de la seconde moitié du XIIe siècle.

La partie centrale de la façade est du XIVe siècle. Elle s'élève entre deux contreforts carrés dont les petits pinacles, posés sur leur angle, montent jusqu'à un bandeau régnant à la naissance du pignon.

La porte, encadrée de colonnettes et d'archivoltes garnies de feuillages, est couronnée d'un petit gâble avec un trèfle et d'autres motifs dans les écoinçons. De même, le tympan, aujourd'hui nu, était couvert d'un remplage dont on distingue les amorces. De chaque côté, la porte est accostée d'une arcature en lancette trilobée que surmonte un trèfle aux côtés convexes; le tout est encadré dans un gâble surhaussé. De semblables arcatures garnissent le bas des contreforts.

La grande fenêtre repose sur de minces colonnettes sortant d'un glacis assez rapide; un cordon de feuillage monte entre deux de ces colonnettes et se continue de même parmi les éléments de l'arc brisé et surhaussé.

Le remplage est flamboyant. Au milieu du glacis, on a collé à la même époque une petite niche de même style. La fenêtre est comprise dans un encadrement rectangulaire; de chaque côté et dans les écoinçons, des moulures forment des arcatures, des cercles avec redents de quatre-feuilles et de trèfles. Le bandeau, couvert de larges feuillages, marque la naissance des rampants à crochets entre lesquels est inscrite une fenêtre simulée; elle est subdivisée en deux et en quatre lancettes, avec un cercle polylobé et deux quatre-feuilles dans les tympans.

Les étages de la tour du nord correspondent à ceux de la façade. Les contreforts présentent les mêmes glacis et les mêmes pinacles. Le bas est percé d'une petite fenêtre. Au-dessus, de grandes arcatures décoratives, en lancettes subdivisées, avec arcs trilobés et trèfles, sont plaquées contre le mur jusqu'à une ligne de quatre-feuilles, gravés au niveau du pignon de la façade. Sur ces quatre-feuilles, un nouveau bandeau, formé de feuillages séparés et alternés, commence l'étage supérieur de la tour, un peu plus jeune que la partie inférieure. C'est encore une construction du type de la tour de Saint-Pierre de Caen et dont la description serait à peu près identique; mais la flèche est absente.

Sur les bas-côtés épaulés de contreforts, les fenêtres en arc brisé sont divisées en deux lancettes chanfreinées. Au nord, s'ouvre une jolie porte en plein cintre, sans tympan, bordée de boudins continus. De chaque côté de l'ébrasement trois minces colonnes portent une triple archivolte. Les bases à griffes comprennent deux tores inégaux séparés par une gorge perlée. Les chapiteaux rappellent, mais en plus fin ceux de la nef. L'archivolte interne présente des bâtons brisés en losange; celle du milieu des boudins et des gorges; la troisième des bâtons brisés affrontés et séparés par une baguette. Le tout est encadré d'un arc de feuillages réguliers et partiellement détachés du fond. Le caractère de cette dernière décoration rappelle le style des chapiteaux. Il est difficile de croire cependant à des reprises pour ces deux éléments, car les bâtons brisés ont été encore employés au début de l'époque gothique en Normandie.

Les contreforts, ajoutés au XIVe siècle et plus tard, comme ceux du croisillon nord, ont été allongés et couronnés de bâtières concaves, avec fleurons et crochets, pour servir de culées aux arcs-boutants, lorsque l'on a refait les parties hautes et les voûtes de la nef. L'encadrement des fenêtres est, à l'extérieur comme à l'intérieur, formé de moulurations prismatiques, mais la corniche en dents de scie et quatre-feuilles creux, plus ancienne, a sans doute été réemployée. On la retrouve aux croisillons, qui sont bien du XIIIe siècle, et aussi au chœur. Ce dernier ne diffère pas de la nef. Les chapelles sont assises sur un large empattement; leurs angles sont flanqués de contreforts à deux glacis. Les fenêtres en lancette n'ont d'autre encadrement qu'un chanfrein sur leurs pieds-droits et leur arc.

La tour-lanterne comprend deux étages. Le premier est épaulé par de petits contreforts; il est percé sur chaque face de deux baies chanfreinées. L'étage suivant s'élève sur un glacis. Une colonnette est logée dans les angles. Chaque face présente quatre arcatures : deux lancettes pleines, vers les extrémités; deux arcs brisés au milieu, sudivisés en deux lancettes. Les arcs reposent sur des colonnettes contemporaines, ainsi que les moulures des archivoltes, de la nef du XIIIᵉ siècle. Une rosace creuse décore les écoinçons, et une corniche de quatre-feuilles obtenus par le même procédé règne à la base de la toiture. A l'angle sud-ouest est accolée une tourelle polygonale avec flèche de même.

Salle capitulaire. — Au chevet du croisillon sud et plus loin vers l'est, s'étend une très belle salle capitulaire, de la première moitié du XIIIᵉ siècle. Elle est malheureusement dans un état de dégradation lamentable et les objets hétéroclites qu'elle renferme la déshonorent. La porte par où l'on entre aujourd'hui est une ouverture toute moderne. Il faut aller jusqu'au fond de la salle pour trouver l'entrée primitive. C'est une porte plein cintre flanquée de deux baies de même forme. Ces arcs reposent sur de nombreuses colonnettes avec bases de deux tores inégaux et gorge perlée : deux colonnes jumelles reçoivent la mouluration interne des archivoltes avec leurs boudins et leurs gorges.

Les chapiteaux, d'un beau caractère, rappellent ceux des arcs ouverts sur les chapelles carrées des croisillons. Aussi peut-on attribuer cette porte aux dernières années du XIIᵉ siècle ou aux premières du siècle suivant : la salle capitulaire barlongue doit être un peu plus jeune. D'ailleurs, c'est la préexistence de la porte qui a commandé la disposition des voûtes d'ogives. Le bas de cette salle est entièrement décoré d'arcatures trilobées, reposant sur des culs-de-lampe. Un gros boudin, séparé par une gorge d'un plus petit boudin, donne à ces arcatures un profil que l'on retrouve un peu plus tard, à Bayeux ou à Bernières, dans les galeries ajourées. Un fleuron ornait les redents ; sur le mur du fond, les écoinçons étaient décorés de sculptures.

Un bandeau feuillagé qui court au-dessus de ces arcatures marque l'étage des fenêtres et porte les culs-de-lampe de la voûte. Les ogives retombent sur une file de trois colonnes dans l'axe de l'édifice, mais, à cause de la présence d'une porte dans ce même axe, il était impossible de bander un doubleau depuis le mur d'entrée jusqu'à la première colonne. Aussi deux branches, qui limitent un voûtain triangulaire, partent de ce mur pour aller se rejoindre sur la première colonne. De chaque côté, on voit une croisée d'ogives irrégulière.

Cette disposition a été imitée à l'autre extrémité de la salle. Seulement, comme on disposait de plus d'espace, on a fait un doubleau en Y. Les deux branches de cet arc vont buter contre le mur de fond et délimitent un petit formeret. Le siège de l'abbé devait se trouver sous ce formeret à l'endroit où est pratiquée l'entrée actuelle. De part et d'autre, on voit deux croisées d'ogives irrégulières, tandis que quatre croisées rectangulaires recouvrent la partie centrale de la salle. Le profil des ogives est un boudin entre deux cavets. Les deux tores des doubleaux sont séparés par une gorge. Toutefois, avant la travée de fond, un nouveau boudin élégi de deux cavets s'ajoute à ces moulures.

Sous les formerets des trois premières travées, des lancettes géminées, portées par trois groupes de colonnettes et réunies sous un même tailloir, figurent des fenêtres simulées. Elles n'ont jamais été ouvertes, puisque la salle est comprise entre le croisillon de l'église et les bâtiments du monastère, mais tout le fond du chapitre, qui avance sur l'alignement des autres constructions, était éclairé sur trois faces : à droite et à gauche par des fenêtres analogues aux autres, beaucoup plus larges toutefois. Le remplage est porté par plusieurs groupes de colonnes. Dans le mur du chevet, le doubleau en Y correspond à trois formerets ; sous celui du milieu, plus étroit, la fenêtre n'avait pas de remplage ; de chaque côté, au contraire, il semble qu'il y ait eu deux lancettes surmontées d'un grand oculus. Le mur étant très épais, l'ébrasement est profond; à l'extérieur, on ne voyait que trois étroites fenêtres plein cintre.

Le pignon est épaulé de contreforts sur les angles sud-est et de deux autres contreforts, plus étroits, entre les fenêtres : ils se terminent par un long glacis. A ce niveau, trois petites lancettes sont percées dans l'axe des fenêtres inférieures. Le haut du pignon est éclairé d'ouvertures sans caractère.

Les bâtiments de l'abbaye, reconstruits au XVIIe siècle, sont divisés en de nombreuses demeures.

Halles. — Les halles de Saint-Pierre-sur-Dives forment trois nefs de charpente, dont l'immense toiture à deux versants descend, de chaque côté, à deux ou trois mètres du sol. Deux pignons de pierre arrêtent les deux extrémités de l'édifice. Celui du nord, qui est le plus ancien, est épaulé par quatre contreforts, appareillés, tandis que le parement du mur est de moellon. Trois portes y sont ouvertes. Les pieds-droits soutiennent des arcs brisés, chanfreinés, à deux rangs de claveaux. Au-dessus de la porte centrale, plus large, on voit deux lancettes dont l'ébrasement vers l'intérieur commence par un trilobe. Le pignon peut remonter au XIIIe siècle. Celui du sud n'est pas antérieur au XVe. Un contrefort est établi dans l'axe. Une porte se trouve à la droite; une autre au sud-ouest du pignon. Deux baies rectangulaires, avec accolade figurée dans le linteau, flanquent le contrefort. Les lucarnes latérales sont modernes. A l'intérieur, toute la charpente est faite de bois simplement équarris. Les fermes portent sur de grands poteaux, mais à une époque postérieure, on a ajouté des poteaux intermédiaires et des sablières destinées à renforcer les appentis latéraux.

Manoir. — Saint-Pierre-sur-Dives possède encore une maison appelée cour L'Eleu qui date de la fin du XVe siècle; elle était décorée de contreforts, avec pinacles sur les angles, et de croisées de pierre encadrées de moulures se continuant en cordon. A l'entrée de la route de Lisieux, le manoir d'Harmonville présente un excellent modèle de petite construction du commencement du XVIIe siècle. On y remarque des portes et des fenêtres à bossages, de hautes lucarnes dans la toiture et de grandes cheminées dont l'appareil est en damier de pierres et de briques.

LISIEUX

Lisieux, *Noviomagus Lexoviorum, Lexovium,* fut rebâtie au IVe siècle sur l'emplacement occupé par la ville actuelle. La cité romaine était assise à deux kilomètres au nord-ouest de l'agglomération moderne. De nombreux vestiges y furent découverts à partir du XVIIIe siècle.

L'enceinte gallo-romaine de Lisieux a entièrement disparu. On sait cependant que, comme d'habitude, elle se rapprochait de la cathédrale. L'évêque Herbert (1026-1050) fit abattre une partie des murailles pour agrandir son église. L'enceinte du moyen âge et de l'époque moderne a également disparu aux XVIIIe et XIXe siècles. Il en subsiste cependant quelques tours, notamment, sur le boulevard Pasteur, la tour Lambert qui comprend deux étages voûtés d'ogives sur culs-de-lampe. Commencée en 1491, elle porte les armes du cardinal Le Veneur et fut réparée en 1587.

ARCHITECTURE RELIGIEUSE

CATHÉDRALE

L'évêque Herbert commença en 1035 une cathédrale qui fut achevée par son successeur Hugues d'Eu. En 1136, la ville étant assiégée par Guillaume Plantagenet, un incendie détruit cet édifice. L'évêque Arnould entreprend une reconstruction. A sa mort, en 1181, la nef, le transept et une partie du chœur étaient terminés. L'évêque Jourdain du Hommet, qui siégea jusqu'en 1218, l'aurait achevé; mais en 1226 un incendie, qui n'aurait attaqué que les combles, provoque quelques réparations. C'est à cette époque, dit-on, que Guillaume de Pont-de-l'Arche aurait élevé les chapelles

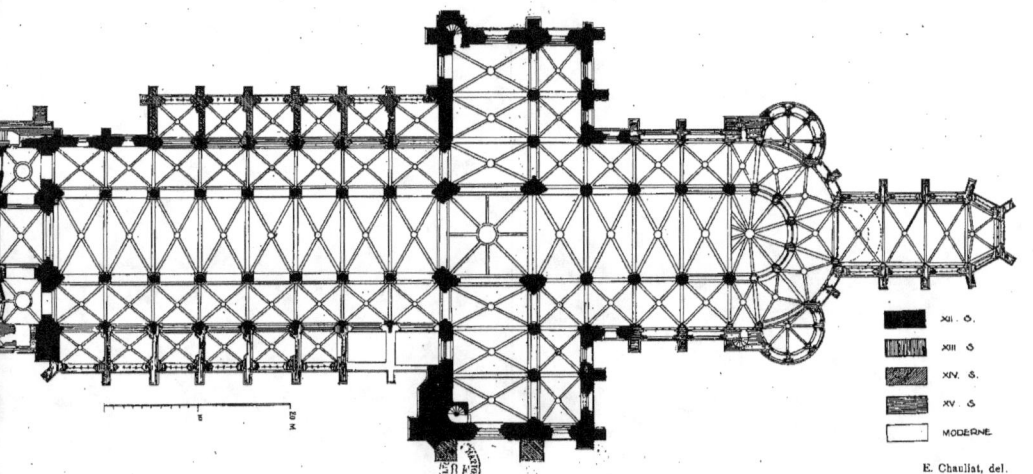

Plan de la Cathédrale de Lisieux.

du déambulatoire et les deux tours. Certaines de ces dates sont à retenir ; d'autres ne s'appliquent peut-être pas très exactement aux parties de l'édifice déjà citées ; néanmoins elles constituent des points de repère qui ont aussi leur utilité ; il est possible de les interpréter.

Deux tours, avec salle au rez-de-chaussée, flanquent une première travée qui précède une nef de huit travées, bordée de chaque côté d'un collatéral et d'une suite de chapelles. Le carré du transept est surmonté d'une tour-lanterne. Les croisillons sont munis d'un collatéral à l'est. Le chœur comprend quatre travées droites et un chevet en hémicycle. Sur le déambulatoire s'ouvrent deux chapelles demi-circulaires et dans l'axe, une longue chapelle de trois travées terminée par une abside à trois pans.

Le soubassement des tours, remanié d'ailleurs au XIIIe siècle, appartient à la construction commencée en 1149. Il en est de même de la nef, du transept et de la partie basse du chœur, jusqu'au chevet exclusivement. Toutes ces portions se placent très bien vers 1181. Le chœur se serait élevé assez lentement à partir de cette date et la tour-lanterne, non prévue dans le plan primitif, aurait suivi ; mais il est difficile de penser qu'en 1218 le chevet en hémicycle, le déambulatoire et les chapelles rayonnantes fussent déjà achevés. Ces morceaux sont homogènes et, certainement, les chapelles n'ont pas été bâties après coup. Le déambulatoire avait un plan très régulier : il présentait trois chapelles, y compris celle de l'axe, remplacée au XVe siècle, mais qui a existé, semblable aux autres, comme nous le verrons. Toute cette dernière partie de la cathédrale pourrait donc s'accorder plutôt avec la date de 1226. Enfin, l'achèvement aurait eu lieu par la façade et les tours, dont l'une a été bâtie à la fin du XVIe siècle.

Nef. — En entrant dans l'église, on se trouve sous la voûte de la tribune d'orgues. Cette voûte a été refaite au XVIe siècle. Les supports sont anciens : ce sont des colonnes placées dans les angles de larges massifs. Des grands arcs intermédiaires communiquent avec le rez-de-chaussée des tours et avec la nef.

De chaque côté, ces arcs sont brisés, leur intrados reste plat. L'appareil des pilastres, couronnés d'impostes, est grand, les joints assez larges. Néanmoins, rien ne semble antérieur au XIIe siècle. A cette même époque appartient le rez-de-chaussée des deux tours, mais les murs ouest présentent des décrochements et des reprises : on y a établi en effet, au XIIIe siècle, des arcs formerets et dans les angles, on a logé des colonnettes pour supporter la voûte actuelle. Cependant, ces salles étaient précédemment voûtées, car on y distingue encore quelques colonnes de l'époque antérieure, surmontées des colonnes du XIIIe siècle. La communication avec les collatéraux s'établit également par de grands arcs sur pieds-droits, remontés au XIIIe siècle, comme le prouve la sculpture des impostes. Toutes les bases des massifs règnent avec celles des colonnes qui correspondent à la voûte sous la tribune, à l'arc de communication avec la nef et au premier doubleau avant cette nef.

La tribune, occupée par l'orgue, a été voûtée au XIIIe siècle, comme les salles du rez-de-chaussée des deux tours. Les colonnes de l'étage inférieur sont, au contraire, du XIIe siècle. Leur base, en effet, est munie de griffes sur un tore assez aplati, séparé du tore supérieur par une gorge entre deux filets. Une bague entoure le fût. Le chapiteau est orné de feuilles d'acanthe, peu détachées et dont les bords sont tout découpés. Le tailloir comprend deux petits bandeaux portés par un large cavet que soutiennent d'autres filets en retrait. Le cavet s'orne de palmettes. L'arc brisé ouvrant sur la nef est également décoré. Les claveaux restent plats à l'intrados. Le caractère de la sculpture et des profils exceptionnel en Normandie, rappelle bien plus l'architecture de l'Ile-de-France. La cathédrale de Lisieux est, dans toutes ses parties de la fin du XIIe siècle, beaucoup plus française que normande. La nef permet d'en juger à première vue.

Les grandes arcades sont supportées par des colonnes monocylindriques. Les socles sont bas et carrés, avec angles abattus; de larges griffes en volutes y rattachent le premier tore des bases. Ce tore est aplati, séparé du tore supérieur excessivement mince, par une petite gorge entre deux filets. Les chapiteaux présentent deux ou trois rangs de larges feuilles appliquées tout contre la corbeille. Le plus souvent, ces feuilles, terminées par un enroulement, paraissent simplement épannelées. Quand elles sont sculptées, elles ont leurs bords dentelés et leurs côtes gravées de points en creux, comme dans les chapiteaux français de l'église de Champagne (Seine-et-Oise), par exemple. Le tailloir est carré, avec angles abattus. Un bandeau assez large est porté directement sur la corbeille. Au-dessus s'étagent des doucines très peu saillantes. Les arcades n'ont qu'une seule archivolte. Tout l'intrados reste plat; un boudin entre deux cavets décore simplement les angles et une mince moulure pourtourne le bord extérieur des claveaux. Nous sommes loin des profils normands. Ce même caractère se retrouve dans les chapiteaux et les archivoltes des parties supérieures.

Sur le tailloir, trois hautes colonnes montent recevoir les retombées des voûtes. Une première bague orne ces colonnes. Une seconde coïncide avec le cordon qui sert d'appui au triforium. Le triforium comprend un large arc brisé encadrant deux arcs secondaires. Le tympan reste plein.

Une colonne assez forte avec chapiteaux à crochets et tailloir carré est destinée aux deux arcs. De plus, cette colonne paraît avoir été doublée de deux petits fûts secondaires dont on voit les traces. De chaque côté, deux colonnettes d'inégal diamètre supportent l'arc d'encadrement et les arcs de subdivision. Ce triforium a tout à fait l'apparence d'une tribune. Les baies sont aujourd'hui bouchées, mais il ne semble pas qu'elles se soient jamais ouvertes en réalité, sur de véritables tribunes. En effet, si l'on monte dans le comble en appentis des bas-côtés, on ne voit pas trace de voûte ni de supports. Aucun pavement ne recouvre les voûtes des collatéraux; par conséquent, il n'y a guère de circulation praticable à ce niveau ; il faut admettre que ces baies donnaient simplement sous le comble du collatéral. Pareille disposition se retrouve dans l'Ile-de-France, à l'église de Beaumont-sur-Oise notamment. Lors de la restauration moderne du transept, quand on a abattu la cloison de pierre élevée dans les baies du triforium, on a cru devoir la remplacer par une cloison de bois peinte en rouge. A partir du triforium, les trois colonnes du doubleau et des ogives sont appliquées sur un dosseret flanqué d'autres fûts servant aux formerets. Une bague qui entoure toutes ces colonnes rejoint le tailloir des colonnes du triforium.

Au-dessus de ce triforium, un nouveau bandeau marque l'étage des fenêtres hautes, au niveau du tailloir des trois principales colonnes de la voûte. La colonne du formeret monte plus haut. Sous le formeret, la grande fenêtre en arc brisé est encadrée d'une archivolte et de deux colonnettes annelées; le tailloir de leurs chapiteaux se continue en bandeau carré.

Les doubleaux de la nef présentent aussi de larges claveaux à fond plat, avec boudins dégagés sur les angles. Les ogives ont un filet entre deux tores et deux cavets. Les clefs prouvent que ces voûtes ont été refaites au XVIe siècles, mais sur des sommiers anciens : après le cinquième ou sixième claveau, on distingue la reprise.

Dans les collatéraux, les supports consistent, latéralement en trois colonnes annelées, traitées comme celles qui viennent d'être décrites. Les doubleaux rappellent ceux de la nef. Les ogives s'ornent d'un boudin entre deux cavets.

Ces voûtes décèlent quelques inexpériences de construction : l'ogive devant tomber entre l'arcade de la nef et le doubleau du collatéral ne trouve pas toujours sa place. A la première travée du collatéral nord, l'architecte, d'un côté, a mis dans le pilier une colonne de plus qu'il ne fallait, et de l'autre côté, l'ogive n'a pas reçu son support particulier. Cette travée et la suivante sont intéressantes, car elles montrent que le collatéral était primitivement éclairé par une grande fenêtre en arc brisé dont l'archivolte était portée par deux colonnes annelées. La bague, ici comme ailleurs, consistait en un tore accompagné de deux filets et séparé par deux gorges de deux autres tores plus petits. Dans toutes les autres travées, les murs ont été défoncés et on a pratiqué entre les contreforts prolongés une suite de chapelles.

Les chapelles du nord sont les plus anciennes, comme l'indiquent leurs colonnes et même les bases de certains remplages. Elles remontent au XIVe siècle, ainsi que les premières du collatéral sud. Les autres appartiennent au XVe siècle, sauf les deux dernières, modernes et sans aucun caractère. C'était la bibliothèque du chapitre. Sur le mur ouest on voit cependant un reste de baie ancienne.

Transept. — Le carré est formé de quatre grands arcs brisés dont l'intrados, comme d'habitude, demeure plat. Un boudin entre deux cavets décore les angles ; d'autres moulures, de même genre et de médiocre saillie, garnissent le reste de l'archivolte. L'intrados repose sur une haute demi-colonne qui part du fond et occupe la face principale de chaque pilier. A l'entrée du chœur, cependant, les deux colonnes portent sur une console placée de chaque côté contre le parement du pilastre, au niveau du chapiteau des grandes arcades du chœur. Pour la même raison de perspective, un petit culot reçoit aussi l'une des colonnettes qui correspondent aux moulurations externes du grand arc.

Mais ici encore, on trouve des hésitations : dans l'angle des piles ouest, donnant sur le carré, on remarque des colonnes supplémentaires qui ne portent rien et qui ne servent pas à la voûte de la tour-lanterne. Du côté du chœur, au contraire, il a fallu loger la colonnette d'angle de la tour entre les tailloirs de deux supports secondaires des grands arcs. Ces observations permettent de supposer que la tour-lanterne n'était pas prévue dans le plan primitif.

Le carré du transept dont les profils sont identiques à ceux de la nef se rattache à l'école de l'Ile-de-France, où la tour-lanterne n'est pas en usage. Le style de la tour-lanterne elle-même est tout autre à l'extérieur et même à l'intérieur. Comme le chevet, la tour-lanterne est normande. Sa voûte à huit branches repose sur quatre colonnettes dans les angles et sur quatre colonnettes appliquées au milieu de chaque face. Elles partent d'un cordon qui règne au-dessus des grands arcs.

Ce cordon s'incurve légèrement pour encadrer le haut de l'arc du chœur, dont la dernière moulure en forme de glacis fut peut-être refaite. De chaque côté de la colonnette centrale, les faces de la tour sont décorées d'un groupe de trois arcatures subdivisées en deux lancettes. Une colonne sur pied-droit, flanquée de deux colonnettes, et une colonnette commune, pour les lancettes, supportent les archivoltes. Un oculus est percé dans le tympan ; des trèfles garnissent les écoinçons. Au-dessus de ces arcatures, des fenêtres éclairent la lanterne géminées. Elles sont encadrées de boudins continus et de colonnettes recevant une archivolte de trois boudins séparés par des gorges.

Les deux croisillons sont de même longueur et voûtés de trois croisées d'ogives. La partie orientale, bordée d'un collatéral, est absolument identique à celle de la nef ; on peut en outre remarquer les ressemblances qui existent ici entre les cathédrales de Lisieux et de Laon.

Du côté occidental, le mur est plein ; les colonnes des

voûtes viennent s'y appliquer sur de larges consoles ornées de plusieurs rangs d'acanthes. Elles sont analogues à celles de l'arc d'entrée du chœur et placées à un même niveau.

Au rez-de-chaussée est percé l'arc donnant sur les collatéraux. Dans le croisillon sud, près de cet arc, s'ouvre une jolie porte en arc brisé portant sur quatre colonnettes annelées. Elle desservait une salle, remplacée aujourd'hui par les deux chapelles modernes de l'extrémité du collatéral et où l'un des murs conserve un reste de baie, contemporain de cette porte. Dans le croisillon nord, près du mur de fond, une porte plus simple a été bouchée; elle reliait la cathédrale au palais épiscopal. Au-dessus de cette porte, un bandeau s'étend jusqu'à l'entrée du collatéral, en accusant deux fenêtres largement ébrasées entre deux archivoltes et quatre colonnettes annelées. Ces fenêtres ont été aveuglées lors de l'établissement des chapelles de la nef. A la dernière travée du croisillon sud et seulement à celle-là, à cause de la présence de la salle ci-dessus mentionnée, existait une fenêtre semblable. On en voit encore les traces dans une tribune qui occupe le fond du croisillon. Le dessous de cette tribune possède un très beau plafond à caissons du XVIe siècle.

Au niveau de l'archivolte des fenêtres on aperçoit les consoles qui soutiennent les trois colonnes du doubleau et des ogives de chaque travée. Entre ces colonnes court une petite galerie d'arcatures : ce sont plutôt de petites baies rectangulaires séparées par de larges pieds-droits et encadrées d'une archivolte en arc brisé ; le tympan reste plein. Le tailloir des deux colonnettes engagées se continue en cordon sur les pieds-droits. Ces arcatures éclairent un passage très étroit, pratiqué dans l'épaisseur du mur et couvert d'une voûte en berceau, sur couchis.

Au-dessus, le mur demeure nu dans tout le reste de sa hauteur jusqu'à un cordon, de niveau avec les tailloirs des colonnes de la voûte. Sous les formerets s'ouvrent les fenêtres ; quatre colonnes annelées soutiennent leur double archivolte. En voyant ce double encadrement, on peut se demander s'il n'en était pas de même à la nef. Une seule archivolte sur deux colonnes subsiste aujourd'hui, mais n'est-ce pas l'effet des travaux de l'évêque Léonor de Matignon qui, au XVIIe siècle, voulut agrandir les fenêtres et les rendre plus claires? Les formerets n'ont pas de support spécial; leur moulure se retourne en guise de cul-de-lampe sur le cordon qui marque la base des fenêtres. Les doubleaux présentent deux tores séparés par une gorge, les ogives un seul tore entre deux cavets. Les voûtes paraissent donc contemporaines de celles du chœur, mais tout le reste du croisillon est néanmoins du XIIe siècle : il en est de même des murs de fond. Ceux-ci diffèrent un peu en élévation.

Au-dessus de la tribune moderne du croisillon sud court une série d'arcatures subdivisées en arcatures secondaires, et portées sur des groupes de trois colonnettes ou sur des colonnettes simples. Les claveaux supérieurs de ces arcatures viennent se loger, comme si la place avait manqué, jusque dans le bas des trumeaux qui séparent les baies d'une deuxième galerie, semblable à celle du mur occidental, mais à un niveau un peu supérieur.

Enfin, tout le haut du mur jusque sous le formeret est éclairé par trois fenêtres en arc brisé. Leurs archivoltes sont portées, de chaque côté, par trois colonnettes ; aucun support n'est commun aux trois fenêtres. Celle du milieu est plus élevée sans que son arc soit surhaussé; il en résulte que les chapiteaux de ses colonnettes ne sont pas au niveau de ceux des baies latérales. L'aspect est un peu gauche, mais il n'y faut voir aucune reprise. Les arcs décroissants du pignon de Saint-Père-sous-Vézelay offrent un exemple analogue.

Dans le croisillon nord, le rez-de-chaussée renferme deux enfeus. Le soubassement de l'un présente cinq têtes inscrites dans des médaillons circulaires. Des palmettes ornent les écoinçons. Ces têtes, d'une très belle sculpture, paraissent Renaissance à première vue, mais les couronnes à cabochons, les bandeaux fleuronnés qu'elles portent indiquent plutôt un travail de la fin du XIIe siècle, bien remarquable pour la Normandie où la sculpture est si rudimentaire. On se demanderait, surtout en considérant la tête du milieu, si l'on ne se trouve pas en présence d'œuvres inspirées par un modèle antique. Dans le fond de l'enfeu, ont été appliqués deux bas-reliefs du XIIIe siècle, figurant des chevaliers, l'épée et le bouclier au côté. Le second enfeu est également en plein cintre. Le coffre reste nu. Des carreaux émaillés remplacent la statue disparue. Au fond, les sculptures forment deux registres : dans le bas, des anges assis, deux par deux, portent des phylactères. Dans le haut, deux anges tiennent sur des linges une petite figure qui représente l'âme du défunt emportée au ciel. Ces bas-reliefs sont peut-être un peu plus anciens que les chevaliers du premier enfeu, mais ils sont aussi d'un très beau caractère, particulièrement dans les draperies. Il est bien douteux que ces œuvres aient été exécutées par un Normand. Par contre, devant cet enfeu, une statue tombale, replacée sur un socle moderne, a toute la gaucherie des travaux de la région pendant le XIIe siècle. Elle représente un ecclésiastique revêtu de la chasuble et muni d'une crosse, mais sans mitre. Malgré l'absence de cet ornement, cette statue ne doit pas être antérieure au milieu du XIIe siècle.

Dans l'angle nord-ouest, un petit escalier dessert les passages pratiqués dans les murs. Il est formé d'une voûte hélicoïde qui renferme des fragments plus anciens, portant des traces de sculpture et de peinture.

Au dessus des enfeus, à la place des arcatures du croisillon sud, deux grandes fenêtres sont encadrées d'archivoltes et de trois colonnettes de chaque côté ; ces colonnes ne sont que très peu en retrait dans l'ébrasement ; elles sont espacées sur le mur ainsi que les archivoltes, de façon à le garnir davantage. L'arc est bordé d'étoiles à quatre branches en relief. Le passage de circulation, venant du mur occidental, continue ensuite sur le mur de fond, d'où il gagne le triforium de l'autre côté; mais il est éclairé seulement par une petite baie vers chaque extrémité et par deux baies au milieu. Un cordon, continuant les tailloirs, s'étend de l'une à l'autre de ces baies semblables à celles qui ont été décrites. Enfin, au dernier étage, trois fenêtres sont percées, comme au croisillon sud.

Chœur. — Le chœur se compose de quatre travées droites et d'un chevet en hémicycle. On a dit parfois que les deux premières travées seules, étaient l'œuvre d'Arnould à qui on attribue la construction de la nef et du transept, tandis que les deux suivantes auraient été bâties plus tard avec l'hémicycle. Cette opinion est contestable.

En effet, les colonnes et les grandes arcades des quatre travées droites sont semblables entre elles et pareilles à celles de la nef — on peut voir encore dans l'enclos de la cathédrale les chapiteaux anciens remplacés lors de la restauration. Le plan comprenait donc ces quatre travées. Néanmoins, dans l'élévation des autres étages, il y a quelques légères différences à mesure que l'on se rapproche du chevet: les colonnes de la voûte cessent d'être annelées; leur tailloir prend la forme arrondie. De même, les colonnes du triforium sont plus fines, leur tailloir devient octogone; l'arc des lancettes est formé de boudins parallèles; le tympan est percé d'un trèfle fleuronné. Enfin, à partir de la seconde fenêtre haute, on remarque sous l'archivolte, une nouvelle moulure en boudin qui repose sur deux petits culs-de-lampe appliqués au tailloir des colonnettes. Tout ceci n'indique pas un allongement dans le plan, mais seulement une certaine lenteur dans l'exécution.

Par contre, le chevet a un caractère bien spécial. La naissance de sa courbe avance sur l'alignement des murs de la partie droite du chœur. On s'en rend compte en considérant le parement de chaque côté des colonnettes du dernier doubleau. Le chevet est une œuvre normande du genre des chevets de Saint-Étienne de Caen ou de Bayeux.

Les supports des grandes arcades le prouvent : ce sont deux fûts l'un derrière l'autre, avec colonnettes accolées dans les angles de chaque côté. Les arcades sont très aiguës et leur décoration se compose de boudins et de gorges profondes. A l'intrados, on compte cinq boudins parallèles entre gorges. Sur le tailloir des colonnes, une colonnette s'élance jusqu'aux retombées des voûtes. Le triforium, de mêmes proportions que celui de Bayeux, présente deux lancettes reposant sur une colonne centrale et sur deux autres colonnettes en retrait de celles qui portent l'arc d'encadrement. Le tympan est percé d'un quatre-feuilles fleuronné. Au-dessus, un bandeau de quatre-feuilles gravés coïncide avec le chapiteau, à corbeille et tailloir rond, des colonnes portant les branches d'ogives.

Les formerets partent de la moulure qui surmonte le bandeau gravé. Leur boudin continu dégagé par une gorge borde complètement l'encadrement intérieur de la fenêtre qui se compose de deux boudins parallèles sur deux colonnettes avec chapiteaux à crochets et tailloir carré. La baie externe est une simple lancette. En avant, court la galerie de circulation qui passe à travers les ébrasements. Un boudin entre deux cavets se profile sur les ogives. Les quatre branches du fond dépassent la clef et vont buter contre le doubleau, suivant la disposition bien connue. Le chœur possède encore des stalles, sans dossiers, de la fin du XIVe siècle.

Déambulatoire. — Les deux premières travées du déambulatoire appartiennent aux constructions de la fin du XIIe siècle ; elles sont identiques aux collatéraux de la nef. Les deux autres travées, la partie tournante et les chapelles, sauf celle de l'axe, élevées en même temps que le chevet, sont normandes comme l'abside.

Dans les deux dernières travées, les supports contre les murs sont des groupes de cinq colonnes, à tailloirs ronds; ils reçoivent le doubleau, les ogives et le formeret. Des arcatures sur colonnettes, avec mouluration de boudins et de gorges, occupent tout le bas des murs, jusqu'au niveau des baies géminées, encadrées intérieurement d'archivoltes et de colonnettes, mais à l'extérieur, ce sont de simples lancettes. Il n'y a pas de passage de [circulation réel, puisqu'un glacis descend de l'extérieur vers l'intérieur, mais l'effet produit est à peu près le même.

La travée qui commence le demi-cercle du déambulatoire, très étroite, est couverte d'une croisée d'ogives à peu près rectangulaire. Le mur est décoré d'une fenêtre, aveugle et pour cause : elle est placée devant la tourelle qui, dans l'école normande, s'élève au point où le déambulatoire prend sa courbe. A l'entrée des chapelles, les piliers sont formés d'un faisceau circulaire de colonnes réunies par des gorges profondes. Le tailloir commun porte à la fois les doubleaux et les ogives du déambulatoire, le doubleau d'entrée de la chapelle et ses deux premières ogives.

Ces chapelles sont de forme demi-circulaire. Sans compter les deux petites nervures qui vont de la clef jusqu'au doubleau d'entrée, elles sont voûtées de six branches d'ogives. Les quatre branches du fond reposent, chacune, sur une colonnette appliquée contre le mur du pourtour. Les colonnettes divisent la chapelle en cinq parties : les deux parties les plus rapprochées de l'entrée sont ornées, au-dessus de l'étage inférieur, d'une fenêtre avec remplage simulé. Dans les trois autres s'ouvrent les véritables baies. Ici encore nous retrouvons les dispositions de Bayeux ou de Saint-Pierre-sur-Dives. La colonne des voûtes s'applique sur l'angle d'un mince pilier triangulaire qui est flanqué de deux colonnes accolées et de deux demi-colonnes détachées, pour le formeret et l'encadrement intérieur de la baie. Au fond, la fenêtre est une simple lancette. Le passage n'est que simulé, car les massifs des colonnettes se rattachent complètement au mur du fond. Les profils de ces chapelles sont les mêmes que ceux du déambulatoire ; cependant, aux ogives, on remarque de petits tores à rainure. Les deux travées comprises entre les chapelles latérales et celle de l'axe sont semblables aux travées droites du déambulatoire.

Les piliers qui encadrent la chapelle de l'axe sont analogues à ceux de l'entrée des deux autres chapelles, ce qui implique l'existence au XIIIe siècle d'un petit hémicycle pareil aux deux autres. Ce plan, extrêmement régulier, indique par surcroît, qu'il ne faut pas voir dans les deux chapelles actuelles une adjonction postérieure. La chapelle de l'axe a été rebâtie et allongée par l'évêque Cauchon. Sur un banc établi devant ses trois travées droites s'élèvent les colonnes des voûtes et celles des arcatures qui décorent tout le soubassement. Ces arcatures sont trilobées et les écoinçons remplis de sculptures, maigres et sèches, comme aux chapiteaux sous tailloir octogone. Les bases reposent sur des socles en bouteille. Il en est de même aux colonnes, groupées par cinq, pour les nervures de la voûte. Les fenêtres présentent trois meneaux droits et des remplages flamboyants. Le chevet à trois pans est éclairé par trois fenêtres. Il n'y a pas d'arcatures dans le bas, mais au sud, une jolie piscine et au nord, deux grands bas-reliefs plus anciens. Sous certaines arcatures de la nef, on voit aussi de petits bas-reliefs figurant des chanoines priant la sainte Vierge.

Extérieur. — Quatre contreforts, deux sur les angles et deux intermédiaires, divisent toute la façade en trois parties inégales. La porte centrale est si mutilée qu'il n'en reste rien : sauf, dans l'ébrasement, quelques socles qui dénotent le début du XIIIe siècle. La grande fenêtre a été très restaurée. Trois colonnettes de chaque côté, séparées par des gorges feuillagées, portent trois archivoltes légèrement brisées. Le remplage consiste en trois lancettes formées par des meneaux à feuillages. Des rosaces occupent les écoinçons de cette fenêtre jusqu'à une galerie reliant les deux tours et derrière laquelle de grandes arcatures, plaquées contre un mur, cachent le pignon. A droite et à gauche, s'ouvrent deux portes semblables et d'une disposition particulière.

Des colonnettes en délit, espacées, excessivement minces, portent des archivoltes à ressauts, décorées de quatrefeuilles creux, de boudins ou de grands crochets de feuillages refouillés. Un bandeau analogue réunit les chapiteaux, d'un côté à l'autre, sous le tympan. Ce tympan encadre un arc trilobé derrière lequel montent comme les pieds-droits d'une fenêtre. Les colonnettes des archivoltes sont séparées de l'ébrasement tapissé d'arcatures dont les colonnes alternent, en arrière, avec celle des archivoltes. Des quatrefeuilles creux ornent le reste de l'ébrasement. Quant à la porte elle-même, elle est percée dans un petit arc brisé ouvert sous le bandeau du tympan. Les écoinçons présentent aussi une décoration gravée.

Des rosaces en relief, de dimension décroissante, garnissent au contraire les écoinçons du grand arc d'encadrement, jusqu'à un bandeau feuillagé qui se retourne sur les contreforts pour marquer l'étage de hautes arcatures décoratives, subdivisées en lancettes; elles occupent les deux côtés de la façade jusqu'à la naissance des tours. De même, d'étroites arcatures sont appliquées sur les contreforts amortis par de petits gâbles pleins, avec rosace, sous des bâtières assez aiguës. Ces amortissements sont de niveau avec un glacis, tout couvert d'imbrications, sur lequel s'élèvent les tours. La tour nord est du type bien connu: quatre arcatures, deux plus grandes, subdivisées et ouvertes; deux étroites; colonne aux angles. La tour sud a été refaite en 1579, comme l'apprend une inscription. Elle a trois étages, et l'architecte, qui était un archéologue précoce, a imité une tour romane. La flèche à huit pans, avec crochets sur les arêtes, est munie, sur les quatre pans diagonaux, d'épaulements terminés par des frontons.

Les arcs-boutants de la nef s'appuient sur de longues et étroites culées. Une colonne soulage l'arc à sa butée contre le mur. Les fenêtres sont encadrées d'une archivolte portée sur deux colonnettes dont le tailloir se continue en cordon. Une corniche à modillons règne à la base du toit. La même description s'applique au mur oriental des croisillons et aux parties droites du chœur; mais les culées des arcs-boutants sont amincies par un glacis imbriqué, comme à l'abside. Tout ce chevet a été très restauré. Ses fenêtres sont encadrées de boudins continus. Un gros contrefort sépare l'abside de la partie droite du chœur; un escalier y est logé. Les fenêtres du déambulatoire et des chapelles sont bordées de moulurations continues, tandis que celles du bas-côté du transept sont semblables aux fenêtres de la nef. Il en est de même des deux fenêtres ouvertes au bas du croisillon nord. Une corniche beauvaisine surmonte le déambulatoire, au sud.

Le chevet du croisillon nord est flanqué de contreforts, plus épais à l'angle nord-ouest, à cause de l'escalier. Ils se terminent par des tourelles à huit pans qui sont décorées de deux étroites arcatures sur chaque pan et terminées par une flèche. A l'extérieur, les fenêtres hautes de ce croisillon forment trois lancettes très simples et complètement séparées. Le croisillon sud a été épaulé au XVe siècle, par deux énormes contreforts, réunis, à la naissance des rampants du pignon, par un grand arc qui porte une galerie couverte formée d'arcs sur de nombreuses colonnettes. Par derrière, on distingue encore le pignon primitif et les deux flèches qui l'accostent. Entre les deux contreforts, une porte s'ouvre entre trois colonnettes de chaque côté de l'ébrasement. Au-dessus, quatre arcatures subdivisées rappellent celles de l'intérieur ; puis vient une série de petites arcatures sur colonnettes, séparées par des pieds-droits ; enfin les trois fenêtres, traitées comme à l'intérieur.

La tour centrale est épaulée par deux étroits contreforts sur les angles. Les deux baies de chaque face sont séparées par une arcature aveugle divisée en deux lancettes. Une arcature plus étroite décore les extrémités des faces. Des quatre-feuilles creux occupent les écoinçons. Le tout est recouvert d'un toit d'ardoise.

ÉGLISE SAINT-JACQUES

La première pierre de cette église, œuvre de l'architecte Guillemot de Samaison, maître-maçon de Lisieux, fut posée en 1496. L'édifice aurait été achevé en cinq ans. Néanmoins, il ne fut consacré qu'en 1540. Il comprend un long vaisseau de dix travées, une abside à trois pans et deux collatéraux terminés par un mur plat.

La tour qui précède la nef est soutenue par quatre gros piliers ondulés, avec filets au point de rencontre des ondulations.

Les colonnes sont cylindriques. Elles reposent sur des socles polygonaux et n'ont point de chapiteaux. Les moulurations prismatiques des grandes arcades pénètrent directement dans le fût des colonnes. Les profils en sont très accusés et vigoureux. Il n'y aurait aucune séparation entre le chœur et la nef, si, entre la sixième et la septième travée, la colonne n'était remplacée par un pilier à quatre ondulations. Ce pilier renferme, du côté nord, un escalier ; l'autre est également grossi par raison de symétrie. Tous deux marquent l'entrée du chœur et montent aux voûtes : ils interrompent le triforium. Sur les autres colonnes, au niveau de la pénétration de la moulure externe des grandes arcades, un cul-de-lampe feuillagé porte un faisceau de nervures prismatiques qui se ramifient au-dessus du triforium pour constituer les doubleaux et les ogives de la voûte.

Le triforium et les fenêtres sont réunis dans un même ensemble : un arc brisé, dont les claveaux servent de formeret à la voûte, reçoit un remplage flamboyant porté par quatre meneaux ; mais la partie supérieure, seule, est vitrée. Au-dessous, un bandeau indique le triforium composé de quatre arcatures trilobées, assez hautes, et de deux demi-arcatures : elles sont encadrées entre les prolongements des pieds-droits et des meneaux. Enfin, au bas de ce triforium, une galerie de soufflets et de mouchettes est comprise entre deux bandeaux qui se continuent, comme le premier, jusqu'au support des voûtes ; l'encadrement de la fenêtre et du triforium laisse un petit trumeau de chaque côté, entre les fenêtres et le faisceau des nervures des voûtes.

L'abside est percée de deux étages de fenêtres. Les trois baies inférieures occupent presque toute la largeur de chaque pan ; elles sont placées dans un encadrement carré dont la moulure supérieure porte un bandeau. Ce bandeau reçoit une petite galerie ajourée courant devant les trois fenêtres hautes qui sont décorées de remplages variés ; dans leur ébrasement, est pratiquée, de chaque côté, une petite baie qui permet de passer d'une fenêtre à l'autre, derrière la galerie. Les voûtes sont de simples croisées d'ogives. Les clefs et le haut des voûtains sont ornés de grands rinceaux dont la peinture a été rafraîchie. Cette décoration date de la seconde moitié du XVIe siècle. Elle diminue d'importance de travée en travée, pour obtenir sans doute un effet de perspective. De même, le sol de l'église va en montant vers le chœur.

Les collatéraux sont voûtés comme la nef. Les nervures reposent sur les colonnes isolées et sur des piles dont les bases sont à différents niveaux.

Entre chaque pile s'ouvrent des chapelles peu profondes; des culs-de-lampe supportent leur croisée d'ogives. Plusieurs fenêtres de ces chapelles ont conservé des parties de vitraux traités de différentes manières. A la première travée sud après le clocher, il convient de citer le vitrail entier des miracles de saint Jacques.

Au chœur, de notables portions des vitraux sont anciennes; au nord de la nef, on admire toute une belle fenêtre figurant la grande prostituée de Babylone (*Apoc.*, XVII, 1-6). Ce vitrail est composé comme un grand tableau; il a tout à fait rompu avec la tradition du moyen âge, représentée par les petites scènes des miracles de saint Jacques.

En débadigeonnant l'église, on a retrouvé, sur les colonnes, plusieurs peintures placées autrefois devant des sépultures, notamment à la dernière colonne au sud avant le chœur — c'est une Trinité — ainsi qu'à une autre colonne de ce même côté.

Extérieur. — La tour, flanquée de gros contreforts, n'a jamais été terminée; elle est couverte d'un toit d'ardoise.

A l'alignement des chapelles, les culées des arcs-boutants sont étroites et surmontées de deux pinacles. Elles portent une gargouille. D'autres gargouilles évacuent les eaux des combles latéraux; elles se projettent dans l'axe des fenêtres au bas d'une galerie ajourée où figurent des coquilles de Saint-Jacques.

Les fenêtres des chapelles sont décorées de fleurons. Celles de l'abside et du fond des collatéraux ont de simples moulures prismatiques, comme les fenêtres hautes de la nef, qui s'ouvrent entre les contreforts sur lesquels viennent s'appliquer les arcs-boutants. Chaque contrefort se termine par un petit pinacle qui interrompt la galerie courant à la base du grand comble.

Saint-Jacques de Lisieux présente la plus grande ressemblance avec l'église de Pont-l'Évêque.

L'église de Saint-Désir est une construction du XVIIIe siècle, d'aspect assez agréable à cause du mélange de la brique et de la pierre. Cette église a fait partie d'une abbaye dont les bâtiments montrent quelques vestiges plus anciens. On y garde différents objets d'orfèvrerie du XVIIIe siècle.

C'est à la chapelle de l'hospice que l'on peut voir les ornements dont se servit saint Thomas Becket lors de son passage à Lisieux. Très intéressants et bien conservés, ils comprennent une aube, une chasuble et trois dalmatiques.

ARCHITECTURE CIVILE

MAISONS ANCIENNES

Les maisons de bois sont encore très nombreuses à Lisieux. Il en est de particulièrement remarquables ; aucune n'est dépourvue d'intérêt. Les décrire toutes demanderait un volume. Mais, comme elles se ramènent à quelques types, il suffira peut-être de rappeler sommairement leurs caractères communs, les traits qui appartiennent plus spécialement à chaque époque et d'indiquer ensuite les hôtels ou les groupes de maisons qui méritent davantage de retenir l'attention.

Il y a deux façons de construire en bois : par empilage et par assemblage. Le premier de ces deux systèmes n'est guère visible dans l'ouest de la France, peut-être parce qu'il ne reste pas d'édifices assez anciens pour représenter cette méthode un peu primitive. Cependant, comme l'a observé M. de Caumont, une maison de la rue aux Fèvres se rattacherait à ce type. Éclipsée par ses voisines, plus riches et plus sculptées, elle n'est pas aussi appréciée qu'elle le mériterait. C'est le Manoir Formeville, au n° 35. Son pignon et l'arc qu'il encadre sont portés sur des consoles en saillie. De chaque côté, la toiture se continue en appentis et toute cette façade est protégée par des planches horizontales formant recouvrement de l'une sur l'autre. Le système de construction n'apparaît qu'à l'encorbellement au-dessus du premier étage : toutes les têtes de poutres, très rapprochées, débordent au dehors d'une sablière sur laquelle elles semblent simplement posées, comme dans la construction par empilement. Un autre encorbellement sur de grandes consoles abrite le rez-de-chaussée. Cette maison ne présente aucune sculpture qui puisse indiquer son âge. Faut-il l'attribuer à la fin du XIV° ou au XV° siècle ?

La construction par assemblage est trop connue pour être décrite : on sait que toutes les pièces qui la composent sont solidaires les unes des autres, soit par des pénétrations, soit par des liens formés à l'aide de membres secondaires ; le tout est chevillé en bois, car, dans les constructions normandes d'alors comme dans celles que l'on a élevées jusqu'à nos jours, le fer n'avait aucun emploi. C'est seulement quand cette cage de charpente était entièrement dressée que l'on s'occupait du remplissage des murs, soit par de gros moellons, comme on l'a vu à Bayeux, soit, ce qui est beaucoup plus fréquent, par de la terre ou du plâtre, remplacé dans le pays de Lisieux par de petits carreaux plats, se présentant la tranche tournée vers l'extérieur. Leur couleur chaude et la variété de leurs lignes, disposées comme des parquets en point de Hongrie ou autrement, produisaient un effet des plus heureux ; malheureusement il en reste peu d'exemples à Lisieux même.

On sait aussi quels sont les éléments principaux de la construction par assemblage et par encorbellement : comment les pièces principales de la construction sont précisément celles où s'applique de préférence la décoration, de telle sorte que celle-ci souligne la structure même au lieu de chercher à la dissimuler. Sur les poteaux corniers s'ajoutent des pilastres décoratifs. La tête de poutre, saillant sur les poteaux, reçoit une décoration, ainsi que la console qui part du poteau et vient soulager l'extrémité de cette poutre. Les sablières posent sur les bouts de poutres ; leur dessous, visible d'une poutre à l'autre, se couvre de moulures ou d'élégants rinceaux qui accusent l'étage en encorbellement. La répétition des poteaux, des têtes de poutres saillantes et des sablières se produira autant de fois qu'il y aura d'étages jusqu'au pignon ou au comble.

Chacun des petits potelets secondaires qui constituent les divisions verticales entre lesquelles se fait le remplissage est susceptible, lui aussi, d'être décoré. Même les pièces obliques ou entre-croisées qui relient les poteaux d'angle aux sablières ou qui raidissent les poteaux secondaires, sont, par leurs combinaisons, un élément de décoration. Parfois l'allège des fenêtres forme une pièce horizontale sous laquelle se trouvent des potelets distincts de ceux qui ont cette allège pour base; souvent aussi, elle est appliquée extérieurement, d'un bout à l'autre de la façade, sans faire partie intégrante de la construction : en réalité, les allèges véritables ne sont pas saillantes, mais comprises d'un potelet à l'autre, car c'est l'écartement de ces potelets qui donne l'ouverture des fenêtres : celles-ci ne sont qu'un manque de remplissage.

Enfin, il faut faire remarquer que les maisons de bois se présentent de deux façons : elles peuvent avoir le pignon sur rue pour façade ; les murs gouttevots sont alors mitoyens. En d'autres cas, c'est le mur goutterot qui fait façade et les pignons sont mitoyens. Le premier type est le plus usuel dans les villes du Nord. A Lisieux, l'un et l'autre sont également répandus. D'ailleurs la présence de très grandes lucarnes sur le versant du toit qui abrite la façade, donne parfois un aspect rappelant jusqu'à un certain point celui des maisons à pignon sur rue. Enfin, dans certains pays, les murs mitoyens sont en matériaux durs, ce qui était préférable au point de vue des incendies. A Lisieux comme à Rouen, tout est de bois.

Il reste maintenant à examiner brièvement quels sont les éléments décoratifs les plus répandus du XVe au XVIIe siècle.

Au XVe siècle et dans la première partie du XVIe (car la plupart des maisons de Lisieux, d'apparence flamboyante, ne remontent pas au delà du XVIe siècle), les demeures les plus riches ont leurs poteaux principaux décorés de petites colonnes qui vont rejoindre les petites statuettes dont la place s'est trouvée toute indiquée contre les consoles. Les têtes de poutres présentent des figures humaines ou monstrueuses. Autour des sablières s'enroulent des torsades ou des rinceaux dont les deux bouts se terminent dans la gueule de monstres qui paraissent vouloir les avaler. Les potelets figurent de petits pinacles avec fleurons et bases en bouteille; le corps du pinacle, carré ou, le plus souvent, rond, est couvert d'écailles ou de torsades. Dans les constructions plus simples, les têtes de poutres restent nues; les sablières sont seulement moulurées; les consoles se terminent par un petit culot plat et triangulaire. Ce même petit culot se remarque fréquemment sur les poteaux et les potelets, qui ont été pris dans une pièce de bois d'un fort équarrissage.

La partie supérieure, moins profondément entaillée, présente une sorte de console longue et plate terminée par le culot.

De même, le pied du poteau forme une saillie amortie par un glacis ; dans le milieu du glacis, on a réservé aussi un très mince petit pinacle ou contrefort. Ces ornements ont un profil qui permet de les attribuer à la fin de l'époque gothique ; cependant ce caractère serait insuffisant pour dater une maison. La simplicité, la facilité d'exécution et la logique de ces profils les ont fait goûter très longtemps. Dans la rue du Pont-Mortain, une grande demeure bâtie dans cet esprit porte sur l'un des poteaux la date de 1594 ; mais peut-être a-t-elle été rajoutée après coup.

Enfin, dans les maisons plus simples, les culots et les petits contreforts sont supprimés. Les poteaux n'ont plus que le renflement de la console et du pied. Ce renflement seul subsiste dans les constructions rurales plus grossières.

Quand le XVIe siècle s'avance, la décoration se modifie. Les statuettes disparaissent. Les rinceaux des sablières deviennent plus réguliers. Les consoles s'ornent de chutes de fruits. Les poteaux prennent la forme de pilastres classiques et les potelets ressemblent à des balustres. En même temps, les encorbellements deviennent de moins en moins saillants : on arrive ainsi à la dernière époque des maisons de bois. Au XVIIe et au XVIIIe siècle, les pans ne présentent plus de retraits ; mais les lignes verticales, les jambes de force et la variété des dispositions adoptées pour les étrésillonnements, entre les poteaux, donnent encore une valeur à ces travaux des charpentiers.

Ajoutons enfin que leur pittoresque provient aussi en grande partie, de l'emploi de bois équarris à la main. Les déformations conservées intentionnellement, les différences de largeur provenant de l'économie de bois ou de main-d'œuvre, l'emploi judicieux de bois courbes pris aux dépens de pièces ayant naturellement cette forme, tout donne à ces maisons, si simples soient-elles, un aspect de sincérité et de solidité qui les rend de prime abord, supérieures aux « maisons normandes », répandues à profusion sur les côtes de Normandie et même ailleurs. Celles-ci ont beau multiplier les toitures les plus invraisemblables et les encorbellements les plus audacieux ; la rigidité, la régularité et la minceur de leurs bois débités à la machine et associés entre eux à grand renfort de clous, les rendront bien souvent de médiocres copies, pour ne pas dire des caricatures, des modèles qu'elles prétendent imiter. Certaines même, poussant plus loin l'imposture, ne sont que des constructions de briques habillées d'un revêtement de plâtre et de planches. Le soleil et le vent de mer se chargent de rétablir la vérité.

Rue aux Fèvres. — Cette rue est celle qui a davantage conservé son caractère ancien. Presque toutes les maisons y sont du XVe et du XVIe siècle. Sans compter la maison, construite par « empilement » et déjà décrite, — le Manoir Formeville, — on y remarque les deux maisons les plus richement ornées de toute la ville. Tous les potelets sont décorés. Les poteaux sont chargés d'hommes sauvages et de sirènes. Un singe sous un oranger doit être l'ancienne enseigne. Une grande lucarne, également toute sculptée, coupe le versant du toit.

Les sablières sculptées montrent que, malgré leur apparence gothique, ces maisons ne sont pas antérieures au XVIe siècle. En effet, le dessous des sablières du rez-de-chaussée porte des rinceaux et des médaillons. Une porte a conservé son accolade et ses panneaux. L'autre s'ouvre sur une allée qui conduit à la cour. On y peut voir l'aspect intérieur d'un grand et riche logis, car la construction a été respectée, comme à la façade : poteaux à pinacles, potelets et sablières s'y présentent de même. La haute lucarne, très intéressante par son assemblage, est encore couronnée d'un de ces épis de terre cuite vernissée devenus si rares. Sur le côté s'étend un long corps de logis où les remplissages sont faits de carreaux rouges (n°s 19-21).

Maison de la rue aux Fèvres, à Lisieux.

A la suite viennent plusieurs maisons à pignon et, à l'angle de la place Victor-Hugo, une maison Renaissance avec grosses colonnes cannelées et consoles d'acanthes.

Place Victor-Hugo. — Le côté sud de cette place présente encore un groupe assez important : d'abord des maisons du XVIIe siècle sans encorbellements. Puis le n° 52, de la Renaissance, avec porte en accolade sur pilastres de bois et rinceaux sur les sablières. Le n° 48, du même type, avec comble et lucarne, Renaissance également ; les encorbellements sont peu saillants, les pilastres sont ornementés dans le style de la Renaissance normande. Les monstres des extrémités des sablières sont remplacés par des rinceaux ; des chutes de fruits garnissent les poteaux et les encadrements des fenêtres. Le n° 44 ; le 42, du XVIe pareillement, avec oves, cannelures et chapiteaux corinthiens.

Au nord, on peut signaler un long corps de logis à deux étages, avec poteaux et potelets renforcés à leur tête, et croix de Saint-André.

En sortant de cette place pour aller vers l'église Saint-Jacques, on se trouve :

Place de la Halle-au-Beurre. — A droite, un hôtel du XVIe siècle sans encorbellements est remarquable par la régularité de ses pilastres et de ses consoles ornées d'acanthes. Sur les trois lucarnes de façade, des épis paraissent tout neufs.

A gauche, un groupe de maisons commence la **rue au Char**. La première a un pignon et une façade latérale. Elle n'est pas sculptée et peut remonter à la fin du XVe siècle. La suivante a été endommagée. Enfin la troisième a des potelets larges et très rapprochés ; l'allège des fenêtres même, est supportée par des potelets. Les encorbellements sont très saillants et les sablières fortement moulurées.

Rue de la Paix. — A l'entrée, du côté de l'église Saint-Jacques, une longue maison de la fin du XVe siècle est assez basse. Deux autres demeures présentent de très jolies portes en accolade flanquées de hauts pinacles. Une façade offre des bardeaux. Enfin, à l'extrémité vers la Grande-Rue, la rue de la Paix, très étroite, est bordée de belles maisons d'angle, principalement celle du sud-ouest, d'un grand aspect de solidité : la partie renforcée des consoles et des poteaux est terminée par de petits culots ou par des moulures. De petits pinacles sortent du glacis inférieur des potelets.

Au poteau cornier, un écusson est fruste aujourd'hui.

Grande-Rue. — A l'extrémité, vers la route de Paris, une maison assez petite conserve des sablières chargées de rinceaux encore gothiques. Un hôtel beaucoup plus important se voit à l'entrée de la rue au Char ; les poteaux sont décorés de pinacles fleuronnés et le remplissage est fait de carreaux.

Un groupe très curieux forme le coin de la Grande-Rue et de la place Victor-Hugo. C'est d'abord un logis, très long, peu élevé, présentant pignon d'un côté et lucarnes à la suite ; l'encorbellement est excessivement saillant. Vient après une très haute maison d'angle, avec pignon principal sur la place Victor-Hugo ; mais sur la Grande-Rue la lucarne a été doublée par un demi-pignon : si bien que le tout figure un second pignon. Ces pignons sont couverts en bardeaux. Les poteaux principaux sont seuls renforcés. Des croix de Saint-André étrésillonnent le bas des potelets plats. Enfin les deux maisons voisines, de la place Victor-Hugo, ont deux pignons trilobés et deux étages en encorbellement.

En face, au coin de la rue du Parvis, on ne peut plus citer que pour mémoire une maison très ancienne et des plus pittoresques, remplacée naguère par une construction de briques.

Au 47, les consoles, sous les têtes de poutres, portent des écussons. Le 49 a de petits potelets du XV° siècle. Le 51 montre de jolis balustres du XVI° siècle. Sur la place de la Cathédrale : le 77, de la Renaissance, sans encorbellements ; le 79, belle et grande maison de solide construction, avec deux lucarnes sur le comble. La maison d'angle de la Grande-Rue et de la place a été retravaillée à une époque postérieure, mais on y voit encore des têtes curieuses de la première moitié du XVI° siècle.

En suivant la Grande-Rue, on trouverait d'autres maisons plus ou moins intéressantes. Aucune n'est aussi considérable que :

Rue du Pont-Mortain. — La maison de la fleur de lys, haute de trois étages. La date de 1594 sur un des potelets a peut-être été ajoutée.

Rue du Marché-aux-Chevaux, rue d'Ouville, rue de Caen, rue d'Orbiquet. — Il faudrait encore signaler d'autres maisons qui se recommandent par leur aspect pittoresque plutôt que par des mérites particuliers.

Enfin à côté de ces constructions de bois, on peut mentionner rue Paul-Banaston une maison de pierre. Deux grands arcs plein cintre sur corbeaux, soutiennent le bas de la façade, tandis que sur le côté, une tour carrée porte des glacis qui marquent les étages. C'est une œuvre du XIV° ou du XV° siècle.

PALAIS ÉPISCOPAL

Le palais épiscopal a été, depuis la réunion des diocèses de Bayeux et de Lisieux, affecté à divers services. Il a perdu sa chapelle du XIII° siècle, à deux étages. Les constructions actuelles datent surtout du XVII° siècle. L'évêque Philippe

Cospeau édifia l'aile longeant la place. Les chaînages de pierre au milieu de murs de briques en indiquent la date : 1640 environ. L'aile sur la cour est due à l'évêque Léonor de Matignon. On voit ses armes dans la belle rampe en fer forgé de l'escalier. Trois appartements méritent d'être signalés : la salle synodale, aujourd'hui tribunal ; la chambre rouge (salle du conseil), elle a conservé un portrait du duc de Bourgogne sous le costume romain, et enfin la chambre dorée, ainsi nommée à cause de la richesse de sa décoration qui est demeurée, comme au XVIIe siècle, chargée de sculptures et de moulures. Des peintures garnissent les caissons du plafond, le dessus des portes et le manteau de la cheminée.

L'aile principale de l'évêché, construite aussi à la fin du XVIIe siècle par M. de Matignon, donnait sur les jardins en terrasse. Elle a été détruite en 1808.

BIBLIOGRAPHIE. — Hurel : *Le cicerone de Saint-Pierre ou Recherches historiques sur Saint-Pierre-sur-Dive et son abbaye*, 1840, in-8°. — Richomme : *Notice sur l'église et l'abbaye de Saint-Pierre-sur-Dive et sur les associations pieuses pour la construction des églises au XIIe siècle*, Falaise, 1858, in-8°. — Denis (Abbé) : *L'église de Saint-Pierre-sur-Dive en 1145*, Caen, 1867, in-8°. — Pépin (J.) : *Saint-Pierre-sur-Dive*, Caen, 1879, in-8°. — Travers (É.) : *L'église de Saint-Pierre-sur-Dive*, dans la *Normandie monumentale*.— Mabillon : *Annales ordinis Sancti Benedicti*, t. VI. — Ramé : *Le pavage de l'église de Saint-Pierre-sur-Dive*, dans les *Annales archéologiques de Didron*.— Bois (L. du) : *Histoire de Lisieux, ville, diocèse et arrondissement*, Lisieux, 1845, 2 in-8°. — Formeville (H. de) : *Histoire de l'ancien évêché-comté de Lisieux*, Lisieux, 1873, 2 in-8°. — Quicherat (J.) : *Extrait de deux registres de fabrique présentant le compte des travaux faits à la cathédrale de Lisieux*, dans Basin : *Histoire de Charles VII*, 1859, t. IV. — Vasseur (Ch.) : *Études historiques et archéologiques sur la cathédrale de Lisieux*, dans le *Bull. Soc.. Antiq. de Normandie*, 1882. — Pannier : *Note sur des découvertes faites dans l'église Saint-Pierre de Lisieux*, dans le *Bulletin Monumental*, 1865. — Laporte (M. de) : *Sur un caveau* *funéraire de l'église Saint-Pierre de Lisieux*, dans le *Bull. Soc. Antiq. de Normandie*, 1874. — Marie (Abbé) : *Notices sur la cathédrale, sur l'église Saint-Jacques et sur les maisons anciennes de Lisieux*, dans la *Normandie monumentale*.

CINQUIÈME EXCURSION

ROTS

L'église de Rots, qui appartenait à l'abbaye de Saint-Ouen de Rouen, fut brûlée en 1105 par Henri Ier. Elle comprend une nef sans voûte ni collatéraux, suivie d'une travée voûtée qui renferme une tourelle intérieure. Le carré du transept est surmonté d'une tour-lanterne; les deux croisillons sont vastes. Le chœur n'a qu'un petit chevet plat; il commence immédiatement après le carré. Rien ne semble antérieur à l'incendie de 1105; tout au plus pourrait-on songer à la tourelle intérieure dont l'appareil plus primitif n'est pas en liaison avec la travée qui la contient. En tout cas, cette tourelle est la partie la plus ancienne de l'église; elle a précédé la construction de la nef que l'on peut placer au second quart du XIIe siècle, pour la partie inférieure. On ajouta ensuite à cette nef un chœur dont il reste la travée avant le transept. Mais, dès le début du XIIIe siècle, en même temps que l'on construisait la partie supérieure et le mur de fond de la nef, on substituait à l'ancien chœur un projet beaucoup plus vaste : après la travée d'avant-chœur, conservée, on plantait les piles de la tour-lanterne, reprise à diverses époques jusqu'au XVe siècle, et on élevait les grands croisillons, voûtés postérieurement. Soit faute d'argent, soit pour une autre cause, les proportions du chœur restèrent très exiguës.

Intérieur. — Le bas de la nef est décoré d'arcatures assez basses qui portent sur des colonnettes et sont disposées quatre par quatre. Chaque groupe est séparé de l'autre par un pilastre dont l'imposte n'est que la continuation du tailloir des deux colonnettes qui le flanquent.

Le bandeau des tailloirs surmonte un cavet très peu prononcé.

Les chapiteaux, extrêmement variés, conservent des palmettes, des entrelacs, des feuilles, des volutes, plus rarement des figures; l'un représente deux monstres affrontés; un autre, deux hommes qui se tiennent. On n'y voit guère de godrons, sinon peut-être au troisième à partir du mur de fond, côté sud. De ce côté, le dernier groupe, à l'est, est formé de trois arcatures seulement : l'arcature du milieu est beaucoup plus grande, à cause d'une porte, bouchée depuis. L'archivolte, décorée de têtes plates très variées, est entourée d'une gorge où se détachent des étoiles à quatre branches, en relief, comme des têtes de clou, et dans l'axe, une petite tête. Le bas du mur de fond est décoré de même. L'arcature de la porte est plus grande; elle est séparée de ses voisines par des pieds-droits. Sous la dernière arcature, au sud, à moitié caché par les boiseries, on remarque un gros linteau sculpté en méplat d'un oiseau inscrit dans un arc. Ce linteau ornait la porte de l'escalier logé dans une des tourelles de façade.

Au-dessus des pieds-droits qui séparent les arcatures, de petits culots coniques sont placés symétriquement, deux par deux. Plusieurs d'entre eux, notamment ceux qui sont fixés dans le mur de fond, semblent anciens. Ruprich-Robert ne paraît pas avoir eu de doutes sur leur authenticité; aussi a-t-il cru pouvoir conclure de ces culots à l'existence d'un projet de voûte; sur la planche qu'il a donnée de cette nef, il indique le tracé de ces voûtes supposées : « La ligne ponctuée coupant la fenêtre (actuelle)... semble indiquer qu'une voûte a dû reposer sur ces culs-de-lampe, ce qu'il est pourtant bien difficile d'expliquer à cause de l'insuffisance des résistances. Ce doit être là un projet abandonné ». La ligne ponctuée, en effet, n'a d'autre existence que celle que lui a donnée le graveur. Au-dessus des arcatures, les murs intérieurs ont été repris au XIII⁰ siècle; on n'y peut donc distinguer aucun arrachement d'une voûte antérieure.

De plus, la hauteur du mur est restée ce qu'elle était au XII⁰ siècle, comme l'extérieur le prouve. On ne voit pas trop pourquoi on aurait monté ce mur si haut pour une voûte dont les reins demeuraient, dans l'hypothèse indiquée par le dessin, à un niveau considérablement plus bas.

Les culots seuls, comme l'a fait observer M. Ruprich-Robert, sont insuffisants pour faire croire à une voûte, à supposer qu'ils soient tous anciens.

Un cordon marque l'étage des fenêtres.

La nef avait été abandonnée depuis les guerres de religion. Elle fut utilisée de nouveau au XVIII⁰ siècle. On y perça des ouvertures sans caractère; mais les fenêtres du XIII⁰ siècle se voient encore. Leur arc brisé, profilé d'un boudin, repose sur deux colonnettes engagées, avec tailloir carré. Au mur de fond, deux grandes lancettes, encadrées comme les fenêtres, sont séparées par un pied-droit. Dans l'ébrasement, des baies sous linteau établissent la communication avec l'escalier d'angle et relient les deux lancettes à travers le pied-droit central: ce pied-droit est même percé de deux petites et étroites lancettes géminées éclairant le passage. Un oculus chanfreiné se place entre les deux fenêtres.

La travée comprise entre la nef et le transept a subi des remaniements. Les supports de l'arc d'entrée ont pour plan, une demi-colonne sur pilastre flanqué de deux quarts de colonne. Pareil support, aujourd'hui sans utilité, se retrouve à l'angle nord-est. A l'angle sud-est, il n'en existe pas, car une tourelle d'escalier de forme barlongue et plus ancienne en occupe l'emplacement. A l'ouest, une petite porte est surmontée d'un linteau taillé en fronton, avec retour sur les extrémités pour porter un arc de décharge plein cintre. Au-dessus et sur l'autre face, entre deux gros bandeaux chanfreinés, la construction, d'assez grand appareil, est interrompue par une curieuse décoration sculptée : ce sont trois arcatures d'un côté, deux de l'autre, évidées dans la pierre, ainsi que les colonnettes qui les portent. Deux personnages en bas-relief garnissent le fond de deux d'entre elles : un homme tient à la main une hache et paraît cacher sous son manteau deux petits personnages dont on ne voit que les jambes ; dans l'arcature voisine, un évêque bénit et tient une crosse.

L'aspect général s'y prêtant, on a voulu voir dans cette sculpture un sarcophage réemployé, mais il faut remarquer que l'ensemble n'est pas pris dans une seule pierre. Au contraire, des joints sont bien visibles. En outre, le travail n'a pas l'antiquité qu'on lui attribue parfois : il n'en faut pas juger d'après les personnages : on sait l'inhabileté persistante des Normands à traiter la figure humaine. Il faut plutôt considérer le dessin des arcatures avec joints simulés, les palmettes qui garnissent certains écoinçons, les colonnes dont les bases présentent deux tores inégaux. Elles ne sont pas antérieures au XIe siècle. On peut admettre, au plus, que cette tourelle a été respectée lors de la reconstruction qui suivit l'incendie d'Henri Ier, et plus tard, lorsque l'on planta, pour faire un avant-chœur, les supports déjà décrits.

Dans l'angle de ces supports et des murs est logée une colonnette sur cul-de-lampe ; le tailloir — un bandeau, un onglet, un chanfrein — est de niveau avec celui du pilastre voisin et porte une voûte qui fut exécutée vraisemblablement vers la fin du XIIe siècle. La croisée actuelle est moderne, mais le départ de l'une des branches est resté ancien : c'est un gros tore accosté de deux tores plus petits et sur lesquels paraissent enfilés toute une suite d'anneaux. A l'entrée du chœur de Morienval, de petits disques empilés sur un doubleau produisent le même effet.

Les deux fenêtres latérales, en lancette, très ébrasées, sont entourées d'un boudin et encadrées d'une archivolte portant sur deux colonnettes avec chapiteaux à crochets peu prononcés et base de deux tores inégaux. Elles semblent avoir été percées dans le mur, après coup : en effet, pour en dégager le glacis, on a abattu et supprimé un bandeau saillant qui continuait la mouluration des tailloirs.

Le carré du transept s'ouvre par un grand arc brisé dont l'archivolte intérieure est ornée de trois boudins inégaux. Les supports consistent en une demi-colonne sur pilastre, flanquée de deux colonnettes engagées. Du côté du carré, deux autres colonnes engagées en retrait de chaque côté, portent des archivoltes supplémentaires. Leurs claveaux restent nus. La composition des trois autres arcs du carré est la même : boudins inégaux à l'intrados, archivoltes à ressaut sans moulurations. Dans l'arc ouest, six chapiteaux à godrons ont été réemployés; ils conservent des traces de peinture. Les quatre arcs datent du XIIIe siècle. Leurs supports comprenaient pour chaque retombée une demi-colonne et des colonnes engagées en retrait, mais le poids de la tour-lanterne ayant, comme d'habitude, produit des tassements, on reprit au XVe siècle les deux piles ondulées de l'entrée du chœur.

La tour-lanterne avait déjà été réparée, avant la restauration moderne qui lui a rendu ses voûtes; la preuve en est dans certaines colonnettes flamboyantes qui encadrent plusieurs fenêtres. Elle présente deux étages de baies : toutes ont un passage à travers leurs pieds-droits, mais les premières sont en anse de panier et les secondes en lancettes.

Les croisillons, contemporains de la partie haute de la nef, étaient éclairés de fenêtres semblables à celles de la nef. On en voit encore les traces. Au mur oriental du croisillon nord, l'une d'elles est même très bien conservée. Les voûtes, maladroites et sans formerets, sont d'époque assez moderne. Cependant, ces croisillons avaient dû être voûtés une première fois, postérieurement d'ailleurs à leur construction primitive. En effet, les culots qui supportent la voûte actuelle paraissent bien de la seconde moitié du

XIII⁰ siècle, par leurs larges crochets saillants et leur forme en entonnoir coudé. Les chapelles ouvertes sur les croisillons sont récentes; cependant celle du croisillon nord a été rétablie sur des fondations du XV⁰ siècle.

Le chœur n'est qu'un chevet peu profond, couvert d'une croisée d'ogives. Le mur de fond est éclairé par une grande fenêtre dont les remplages ont été refaits. Les murs latéraux sont percés de deux lancettes.

Extérieur. — La façade est flanquée de deux tourelles carrées dont l'une renferme un escalier. La porte en plein cintre, accompagnée de deux arcatures, est décorée comme à l'intérieur. L'un des chapiteaux figure une corbeille de vannerie. Au-dessus, deux lancettes et un oculus appartiennent au XIII⁰ siècle. Il en est de même du sommet des tourelles, percé d'une baie en plein cintre sur chaque face et coiffé d'une flèche à quatre pans, avec imbrications et boudins sur les arêtes.

Le mur nord de la nef est nu. Le mur sud est très décoré. Les contreforts, larges et plats, sont doublés d'un contrefort moins élevé. Tous deux ont un socle chanfreiné qui continue celui qui règne tout autour de l'édifice. Les colonnettes des trois arcatures intermédiaires sont élancées. Leur base présente deux tores séparés par une gorge. Les chapiteaux sont comme à l'intérieur, mais le tailloir lui-même est orné de rinceaux. L'archivolte conserve des têtes plates entourées de billettes alternées. Un cordon court au-dessus de ces arcatures. A l'endroit où existait la porte visible de l'intérieur, il n'y a pas d'arcatures. On ne voit pas non plus d'arcatures sur la partie correspondant à la travée avant le carré; le haut du mur a été repris, sans doute au moment où on a ouvert la fenêtre.

Le long des croisillons on voit encore les fenêtres du XIII⁰ siècle. La lancette, reposant sur deux colonnettes engagées, est entourée d'un rang de dents de scie. Dans cet encadrement, la baie proprement dite s'ébrase assez profondément ; son arc, creusé dans un linteau, est surbaissé. Au chevet, quelques pierres avec gravures, indiquent un réemploi. Le bas de la chapelle du croisillon remonte au XVe siècle, comme le contrefort d'angle de ce même croisillon et la partie supérieure du clocher.

L'étage inférieur du clocher est décoré d'arcatures sur culs-de-lampe, de la fin du XIIIe siècle. Un bandeau de trèfles gravés les surmonte; il embrasse même la tourelle d'escalier, carrée jusque-là. L'étage supérieur est percé de deux baies sur chaque face : elles sortent d'un glacis très rapide; l'intrados de leur voussure est agrémenté de redents polylobés. Un bandeau de feuillage court à la base de la flèche d'ardoise et autour de la tourelle devenue octogone. La galerie de quatre-feuilles est moderne.

NORREY

L'église de Norrey dépendait de l'abbaye de Saint-Ouen de Rouen. Diverses légendes prétendent expliquer la construction d'un édifice aussi important dans un petit village. Elles ne peuvent servir pour dater avec précision cette église qui s'explique suffisamment par la richesse de la contrée voisine. Elle comprend une nef sans collatéraux, des premières années du XIIIe siècle; puis, au milieu de ce même siècle, on éleva un transept dont le carré forme tour-lanterne; deux croisillons avec chapelle à l'est; un chœur de deux travées droites, terminé par une abside à sept pans, et entouré d'un déambulatoire qui communique avec deux chapelles.

Nef. — La nef n'a jamais été voûtée. Un bandeau qui s'incurve en arc surbaissé, pour border le haut de deux

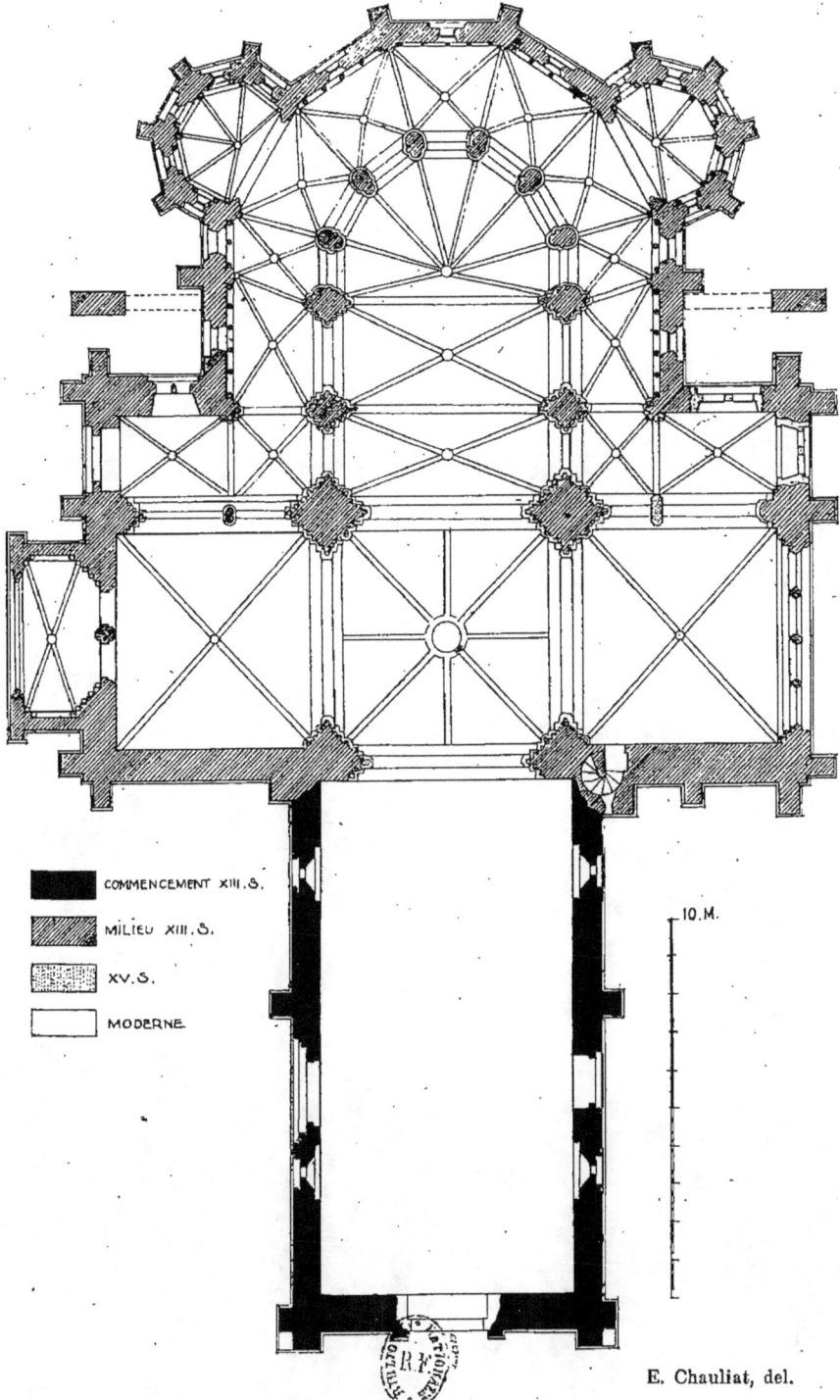

Plan de l'église de Norrey.

E. Chauliat, del.

- COMMENCEMENT XIII. S.
- MILIEU XIII. S.
- XV. S.
- MODERNE

portes, aujourd'hui bouchées, reçoit les colonnettes de l'encadrement des fenêtres dont le tailloir carré supporte une archivolte brisée. La fenêtre elle-même est profondément ébrasée. Une petite piscine trilobée, formée de grosses moulures en boudin, a été percée dans le mur sud, au moment où l'on construisait le chœur. Deux lancettes de même forme que les précédentes et un oculus, avec remplage du XVe siècle, éclairent le mur de fond de la façade.

Le reste de l'église, du milieu du XIIIe siècle, est la réduction d'une très grande église : le chœur a de grandes arcades, un triforium, des fenêtres hautes avec passage intérieur. Tous les profils sont extrêmement fins et, de plus, il y a partout une richesse d'ornementation végétale, peu commune en Normandie; la sculpture de figures n'en est pas non plus absente. Mais le tout est dans des proportions réduites. A voir une photographie de l'église de Norrey, on croirait pour ainsi dire, que l'édifice a les dimensions d'une cathédrale. Entrant dans le monument lui-même, on est tout surpris de la réalité.

Carré du transept. — Le carré du transept et la tourlanterne reposent sur quatre grands arcs en tiers-point. Les chapiteaux qui se trouvent à l'entrée du chœur sont placés à un niveau plus élevé, mais le plan des supports reste le même. Les trois archivoltes sont en retrait; à l'intrados, deux boudins amincis, parallèles, sont dégagés par des gorges; puis, viennent des claveaux plats et enfin des claveaux ornés d'un boudin entre deux gorges. L'arc correspond exactement aux supports qui présentent une demi-colonne accostée, de chaque côté, de deux colonnettes en retrait. Toutes ces colonnes sont séparées par de doubles gorges avec filet vertical intermédiaire. Les demi-colonnes supportant l'archivolte interne ne descendent pas jusqu'au sol. Elles reposent sur des culs-de-lampe en forme de petits personnages aux attitudes contournées. Les deux tores inégaux des bases encadrent une gorge décorée de perles, de bâtons brisés ou de petites étoiles. Les chapiteaux présentent de beaux crochets épanouis sur des corbeilles rondes. Le tailloir est carré, sauf à la demi-colonne sur cul-de-lampe où il est polygonal ; il a pour élément principal la grosse moulure en larmier, si caractéristique du gothique normand. L'église de Norrey, par le plan de ses piles, par sa mouluration, par sa sculpture, est un exemple achevé de ce style.

Les supports particuliers à chaque arc font partie d'une pile régulière en losange, dont les côtés coupent diagonalement les angles du carré, comme à Langrune. Entre les grosses demi-colonnes, on a donc, sur la diagonale, quatre colonnes et leurs gorges, sans compter une colonnette de même diamètre qui monte recevoir les voûtes de la tour-lanterne.

Un cordon en larmier court au-dessus des grandes arcades. Au milieu de chaque face, un cul-de-lampe porte une mince colonnette. Les chapiteaux à crochets et les tailloirs ronds soutiennent la voûte de la tour-lanterne, à huit branches autour d'un trou de cloche. Les formerets ont leurs courbes inégales, comme à Langrune. Sur chaque face, il y a deux étages de baies disposées de chaque côté de la colonne du milieu : d'abord ce sont trois hautes arcatures en lancette avec pieds-droits chanfreinés ; derrière, est pratiqué un passage de circulation. Puis, une baie en lancette que subdivise un meneau vertical étrésillonné de deux meneaux transversaux. Dans l'ébrasement passe une deuxième galerie de service.

Chœur. — Le chœur comprend deux travées droites et une abside à sept pans. Les deux premiers pans de l'abside sont, à vrai dire, dans l'alignement des murs du chœur, mais comme ils sont réunis à l'abside par leurs supports et par un même système de voûtes, ils en font partie. Les piles des travées droites sont composées comme celles du carré : une demi-colonne plus forte et deux colonnes en retrait reçoivent, de chaque côté, les archivoltes. Des gorges et des filets verticaux dégagent ces colonnes en faisant autour d'elles des ombres profondes. Du côté du déambulatoire, trois colonnettes portent les retombées des voûtes, comme vis-à-vis de la nef où la plus saillante est légèrement en amande. Les tailloirs et les chapiteaux semblables à ceux du carré, sont tous de même niveau, excepté bien entendu pour les trois colonnes de la voûte. La première travée est plus étroite que la seconde; aussi l'arcade est-elle en lancette plus aiguë, mais l'une et l'autre présentent trois archivoltes accusées par des boudins et des gorges; à l'intrados, il y a deux boudins.

A l'abside, les supports changent. Le premier, de chaque côté, ressemble par moitié à ceux de la partie droite et à ceux du chevet. Ceux-ci sont deux colonnes, l'une derrière l'autre, flanquées de petites colonnettes. Le chapiteau est orné de deux rangs de crochets ou de feuillages recourbés, de forme convexe. Les arcades en lancettes suraiguës ne marquent plus le retrait des archivoltes : elles reçoivent une série de boudins et de gorges, un peu confus, comme à Lisieux ; néanmoins, un boudin plus saillant correspond aux colonnettes. Sur le tailloir des colonnes, un petit cul-de-lampe terminé en « entonnoir coudé », porte la colonnette de la voûte.

Au-dessus des grandes arcades, un bandeau marque la base du triforium : ses trèfles aux angles fleuronnés, évidés devant un fond creux, sont remplacés, pour les cinq derniers pans de l'abside, par des feuillages réguliers.

Le triforium se compose d'une suite d'arcatures : trois à la première travée droite, quatre à la seconde, et deux pour les autres. Vers les extrémités, ces arcatures s'appuient sur deux colonnettes en retrait. Pour les retombées communes, trois colonnettes sont disposées sur les angles d'un petit massif triangulaire. Les bases assez plates débordent des socles. Les tailloirs sont polygonaux, avec moulure en larmier. Les archivoltes sont doubles ; chacune d'elles est formée d'un gros boudin entre deux gorges ; mais, comme la lancette externe n'est pas concentrique avec celle d'arrière, l'effet produit est assez disgracieux. Le boudin externe est entouré d'un petit tore dont les extrémités se recoupent sur le tailloir de la colonnette la plus saillante : exemple de précocité que nous retrouverons aux voûtes du déambulatoire.

Un nouveau bandeau de trèfles gravés ou de feuillages, pour le fond de l'abside, règne avec les chapiteaux des colonnes de la voûte. Ces chapiteaux ont trois tailloirs arrondis, dont l'un en amande pour les travées droites. La colonnette unique des pans de l'abside présente un tailloir polygonal. Les fenêtres en lancette sont encadrées d'un boudin continu : une galerie de circulation passe à travers leurs pieds-droits. Un boudin entre deux gorges et deux filets se profile sur les ogives et les doubleaux. Les formerets n'ont qu'un boudin qui, aux retombées, vient se confondre avec le filet des nervures. Les clefs sont feuillagées.

Déambulatoire. — La première travée seule est rectangulaire. La seconde est déjà sur plan trapèze, afin de laisser, sur le pourtour extérieur, un champ plus vaste à la décoration si riche dans toute cette partie de l'édifice. A cause de la forme donnée à la précédente travée, la troisième est particulièrement petite. Devant la quatrième, de chaque côté, s'ouvre une chapelle pentagonale. Enfin, les trois travées du fond sont régulières ; il n'y a pas de chapelle dans l'axe.

De chaque côté, la première travée du déambulatoire communique avec la chapelle du croisillon. Aussi, deux arcs, inégaux d'ailleurs, mais avec support intermédiaire commun, encadrent cette chapelle et le déambulatoire, comme on le verra tout à l'heure. Le pilier placé à l'angle de la

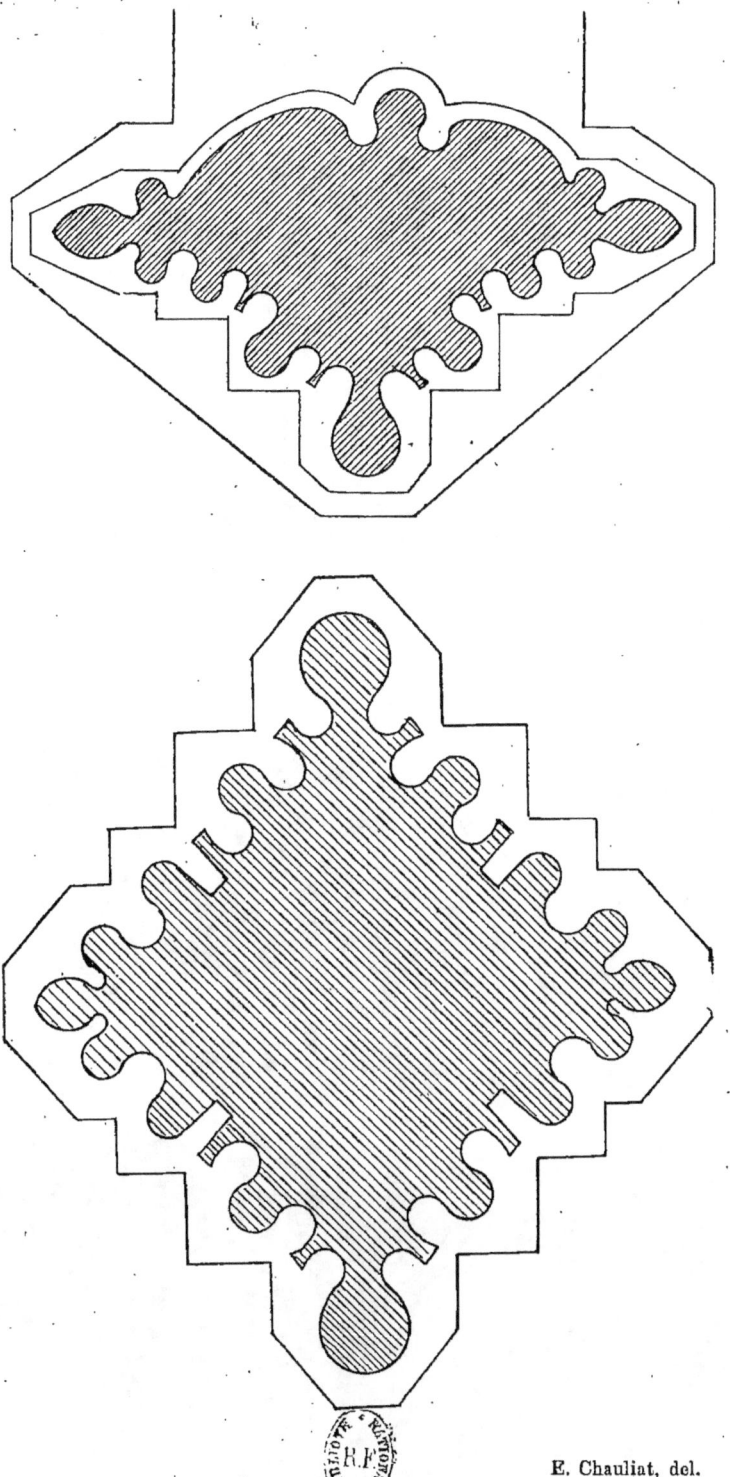

Église de Norrey.

Plan des piles du chœur.

chapelle et de la seconde travée du déambulatoire, se compose de colonnettes groupées sous un seul tailloir rond, comme au déambulatoire de Saint-Étienne de Caen. Ailleurs, sauf à l'entrée des chapelles, ce sont des colonnettes isolées sous un tailloir octogone. Ces colonnettes reposent sur un banc de pierre qui fait le tour du déambulatoire et sert de premier socle aux arcatures décorant tout le soubassement. Les colonnettes des arcatures sont en délit; elles ont une base de deux tores inégaux sur un socle polygonal. La corbeille du chapiteau est ronde ; le tailloir polygonal.

L'arc, profilé d'un gros boudin aminci, est en tiers-point ; il encadre, un peu en arrière, un trilobe tracé par un boudin. Ce boudin est presque entièrement détaché du fond, comme on le voit aux pointes des redents. Les écoinçons sont remplis par des trèfles allongés dont les lobes sont décorés d'une feuille. Au-dessus des arcatures, court un très riche bandeau : à certaines travées, ce sont des rinceaux de feuillages où se jouent des chimères ; à d'autres se déroulent des scènes, telles que le Massacre des Innocents, l'Adoration des Mages. Il est curieux de voir combien le sculpteur qui savait habilement traiter ses feuillages, refouillés par le dessous — était malhabile aussitôt qu'il s'agissait de figures humaines.

Un artiste du XVe siècle n'aurait pas travaillé plus finement; cependant le bandeau n'est pas postérieur au milieu du XIIIe siècle. Les petits personnages, si grossiers qu'ils soient, sont instructifs à ce point de vue : le haubert de maille avec capuchon de même, le casque bas et cylindrique indiquent le règne de saint Louis. Le fauteuil où est assis Hérode mérite d'attirer l'attention.

Au-dessus de ce bandeau, chacun des pans les plus larges du déambulatoire — un de chaque côté et les trois du fond — a reçu une décoration de trois lancettes inégales. Elles montent presque sous le formeret de la voûte ; toutes les trois sont formées de boudins continus ; mais celle du milieu, percée d'une fenêtre, est encadrée d'une archivolte sur deux colonnettes engagées entre deux gorges. Aux trois pans du fond, la décoration est plus soignée. L'archivolte s'orne de feuilles régulières, refouillées en dessous et tangentes par leur pointe : elles ont été taillées dans un claveau dont l'épannelage était rectangulaire. Dans la travée d'axe, les deux lancettes aveugles sont, de haut en bas, remplies de beaux rinceaux détachés et de onze têtes, peut-être les apôtres. Aux autres pans, l'arc seul de la lancette est occupé par un petit personnage jouant d'un instrument de musique, les pieds appuyés sur des rinceaux ou sur une chimère. Un trèfle garnit les écoinçons entre les lancettes. Tous les boudins des voûtes sont amincis ; les ogives n'en présentent qu'un ; les doubleaux, plusieurs. Aussi des pénétrations se produisent-elles sur les retombées communes. Les clefs à feuillages sont petites.

A l'entrée des chapelles, les piliers, composés de trois colonnes séparées, avec tailloir polygonal, reçoivent une ogive du déambulatoire, une des ogives de la chapelle et l'arc d'entrée dont l'intrados est garni de deux boudins parallèles. Un bandeau divise ces chapelles en deux étages : il consiste en feuillages réguliers ou même, à un pan, en une suite de têtes dont l'une est à l'envers. A chacun des cinq pans de la chapelle correspond une lancette sur boudins continus. L'une des chapelles a conservé son autel ancien. La table de pierre déborde d'un massif triangulaire qui supporte le milieu de la dalle, les deux extrémités sont soutenues par deux colonnettes détachées.

Croisillons. — Le croisillon nord, bien que très dégradé par des infiltrations, est le mieux conservé. Sur le mur du fond, une série de hautes arcatures trilobées avec trèfle aux écoinçons, porte un bandeau de feuillage. Derrière ces arcatures, il y a un passage, non de niveau, mais sur un double escalier dont les marches montent vers le milieu du mur : à cause de la présence du portail contre le pignon de ce croisillon. Sur le bandeau de feuillage s'ouvrent une baie en tiers-point et deux lancettes. L'un des côtés de l'arc de ces lancettes fait partie du formeret.

Le mur occidental était percé d'une grande fenêtre presque entièrement bouchée ; néanmoins on peut voir qu'elle avait double remplage, constitué par des lancettes entrecroisées. Le remplage intérieur était réuni au remplage extérieur par des étrésillons, comme à une fenêtre de la cathédrale de Durham. Au bas, une galerie ajourée indique le passage mural. Dans le mur oriental sont ouverts, comme nous l'avons vu, deux arcs inégaux. L'un est en plein cintre et donne sur une chapelle ; l'autre est en lancette et correspond au déambulatoire. Les moulurations sont les mêmes : à l'intrados, trois boudins en amande.

De chaque côté, les supports présentent une demi-colonne et des colonnes en retrait. Les demi-colonnes reposent sur des culs-de-lampe. Il en est de même des deux colonnettes qui flanquent le support commun consistant en deux colonnes, l'une derrière l'autre. La chapelle est voûtée d'une croisée d'ogives rectangulaire. Une lancette avec remplage régulier, éclaire le mur de fond ; elle est accostée de deux arcs trilobés purement décoratifs ; une autre fenêtre est placée sous le formeret nord. Tous les encadrements sont de boudins continus dégagés par des gorges.

Un tiers-point encadre les arcs inégaux. Dans le tympan, deux oculus polylobés éclairent le passage menant du croisillon jusqu'au triforium. Au-dessus, dans la lunette de la voûte, se trouvent une baie trilobée dans un plein cintre et, de chaque côté, deux petites baies aveugles avec rosace au tympan.

Le croisillon sud présente les mêmes dispositions ; mais, au mur de fond, il n'y a qu'une grande fenêtre dont les remplages ont été refaits. Des deux arcs inégaux, le premier est brisé, le second en anse de panier surhaussé; ils datent, ainsi que leur support polygonal, du XV⁰ siècle, époque où l'on a remanié la chapelle. On y remarque une fenêtre rectangulaire divisée par un meneau central ; dans chacune de ces parties, un arc trilobé est surmonté d'un trèfle.

Extérieur. — La façade est percée d'une porte moderne. Peut-être, primitivement, n'y en avait-il aucune. Cette particularité se rencontre en plusieurs églises de la région, quand des portes s'ouvrent sur les murs de la nef: c'est précisément le cas ici. La porte nord est en arc surbaissé. L'angle des claveaux est creusé d'une gorge peu profonde. Les pieds-droits présentent deux minces colonnettes avec chapiteaux carrés. Cet arc est encadré d'une double archivolte en arc brisé et de quatre colonnes disposées deux par deux, dans le retrait de deux pieds-droits. Les chapiteaux sont à feuilles d'eau. Le tailloir se continue sur le pied-droit. L'archivolte inférieure conserve encore des têtes plates. Les claveaux supérieurs sont décorés, sur l'angle d'un boudin, d'une gorge et d'une moulure arrêtée par deux têtes. Une rosace en creux garnit le tympan.

La porte sud est dans le même genre, mais plus simple. Ces portes remontent au début du XIII⁰ siècle, comme la nef. Les fenêtres en lancette sont encadrées d'une archivolte avec boudins et gorges, reposant sur deux colonnettes dont le tailloir se prolonge sur le mur pour recevoir les dernières moulurations de l'archivolte.

Le pignon du croisillon nord est percé de trois fenêtres inégales; elles sont partiellement bouchées; leur archivolte retombe sur des colonnettes. Au bas s'ouvre un porche finement sculpté et couvert d'une haute toiture de pierre à deux versants; sur chacun d'eux, une petite lucarne de pierre est ajourée d'un oculus. Dans l'angle très aigu de ce toit est inscrite une lancette, très aiguë également : c'est l'arc d'entrée du porche; elle repose, de chaque côté, sur trois colonnettes séparées par des gorges. Les moulures intérieures se composent de deux boudins et d'une large gorge centrale toute remplie de feuillages refouillés en dessous. Un bandeau de feuillage coupe l'extrémité du pignon et supporte une niche trilobée.

A l'intérieur, ce porche est voûté d'ogives. Les quatre colonnettes d'angle portent sur un banc de pierre qui reçoit aussi des arcatures garnissant le bas des deux murs latéraux. Au-dessus, on voit deux niches et leurs dais. Enfin, dans la lunette, à l'est, de petites figures paraissent sortir d'un oculus, et tout en haut, un petit oculus ajouré correspond à la lucarne extérieure. Au côté ouest, la disposition est la même, avec des rinceaux et sans personnages.

Sur l'ébrasement du portail, il y a trois colonnes de chaque côté : elles portent les moulurations d'une large archivolte bordée extérieurement d'un rang d'étoiles à quatre pointes, en relief. L'élément principal était une gorge remplie de feuillages réguliers, tangents par leurs pointes et évidés dans un claveau carré, comme au déambulatoire. Dans cet arc s'inscrivaient deux lancettes, étroites et hautes, tracées en laissant au compas la même ouverture que pour la grande lancette. Elles reposaient sur un trumeau. Leur tympan restait plein, la pointe de chaque lancette étant occupée par le dais d'une niche. Des rinceaux ou des feuillages gravés en creux décoraient le reste des tympans. Entre les deux lancettes, l'écoinçon recevait aussi une niche dont le socle formait le dais d'une niche inférieure placée sur le trumeau.

Cet ensemble n'est peut-être pas d'un goût très sûr; il est intéressant pour prouver l'habileté et surtout la précocité des profils et de la sculpture décorative en Normandie, car rien n'est postérieur au XIIIe siècle dans ce porche. Le croisillon sud n'offre aucun intérêt.

Le comble en appentis des chapelles de chaque croisillon est porté sur des arcs de pierre que l'on retrouve aussi dans la toiture du déambulatoire. Les fenêtres du chœur sont de simples lancettes, avec boudins continus et gorges. Au-dessus, à la base des combles, court un double bandeau : d'abord des trèfles creux, particulièrement ornés au chevet — un fleuron agrémente chaque redent ; — puis des feuillages réguliers en relief. Ce bandeau embrasse aussi deux petites tourelles sans clochetons, placées à la naissance du chevet : toujours à l'imitation des grandes églises normandes. Un arc-boutant singulièrement placé vient retenir les murs qui ont bouclé au droit des tourelles. Cet arc-boutant fut établi après coup. La culée n'est pas à l'aplomb des contreforts du déambulatoire; aussi a-t-il fallu étayer cette culée elle-même par un second arc-boutant dont la culée forme un massif entièrement détaché de l'église; il est planté entre le croisillon et le déambulatoire.

Les deux autres arcs-boutants qui épaulent le chevet sont placés obliquement par rapport aux poussées qu'ils devraient neutraliser plus ou moins efficacement. On a pensé leur donner un peu plus de solidité en les reliant, au sud du moins, par deux étrésillons, aux toitures de pierre qui couvrent les chapelles rayonnantes.

De petits contreforts terminés par une bâtière flanquent les pans du déambulatoire et les angles des chapelles. Ils sont coupés à mi-hauteur par un glacis en larmier; sa projection très saillante est celle du glacis des fenêtres; dans les parties pleines il se continue en cordon jusque sur les chapelles des croisillons. Les pieds-droits et les arcs des fenêtres, entourés d'une petite moulure, sont simplement chanfreinés, sauf à une partie de la chapelle nord et à la travée droite du déambulatoire, de ce même côté : les fenêtres y sont encadrées de boudins continus, de colonnettes, d'archivoltes avec feuillages réguliers évidés en dessous. Le bas des murs est décoré d'arcatures. Toute cette partie a été très restaurée, mais dans l'angle de la chapelle et du déambulatoire la sculpture est mieux conservée : on voit même, au départ d'une archivolte, de petits personnages ; le chapiteau d'une des arcatures est historié.

La demi-pyramide polygonale qui couvre cette chapelle a été rétablie d'après les premières assises qui seules, subsistaient. Les pans sont tout couverts d'imbrications. A la chapelle sud, la pyramide est ancienne ; des boudins garnissent les arêtes ; les assises font recouvrement de l'une sur l'autre. L'intérieur est creux. Ici comme à Audrieu ou à Saint-Nicolas de Caen, on peut se demander quel était le but de ces pyramides. Assurément, l'adaptation à un colombier n'est venue que postérieurement. Est-ce pour renforcer les culées des arcs-boutants ? L'effort serait hors de proportion avec le mince résultat obtenu par un étrésillonnement latéral.

La tour-lanterne, du type connu, rappelle beaucoup celle de Langrune : mêmes arcatures inégales sur le soubassement ; mêmes arcatures à l'étage, deux grandes et ouvertes, deux petites et aveugles ; même colonnette aux angles. La flèche à huit pans, avec imbrications et boudins sur les angles, est inachevée ; un toit d'ardoise la couvre. Les lucarnes sont petites ; elles présentent deux archivoltes en retrait ; une flèche les couronnait. Les clochetons, tout petits, paraissent de date postérieure ; ils n'affleurent pas les pans de la tour : chacune de leurs faces présente deux lancettes sous un gâble fleuronné.

SECQUEVILLE-EN-BESSIN

L'église de Secqueville appartenait à l'abbaye de Saint-Étienne de Caen. En 1105, pendant le siège de Bayeux, Robert Fitz-Hamon, baron de Creully et partisan du roi Henri, s'étant réfugié dans la tour de l'église, comme le raconte Robert Wace, ses adversaires y mirent le feu.

« M. l'abbé Adam, rapporte M. de Caumont, m'a assuré qu'avant de faire réparer les piliers qui supportent cette pyramide, il avait encore vu sur eux les traces du feu de 1105 ». La nef, les deux collatéraux, la tour centrale et les deux croisillons peuvent en effet remonter aux dernières années du XIe siècle. Le chœur et ses bas-côtés ne sont que du XVIIe siècle, sauf le mur du chevet qui date du XVe siècle.

La nef, dont le lambris est moderne, n'a jamais été voûtée; elle comprend quatre travées. Les grandes arcades en plein cintre portent sur des piliers flanqués de deux demi-colonnes pour supporter l'archivolte inférieure des grandes arcades; l'archivolte supérieure retombe sur la face du pilastre. Ces piliers reposaient sur un socle commun; la base des colonnes était un simple glacis. La partie supérieure a été tellement grattée que son ornementation a presque disparu; néanmoins on aperçoit encore de grosses volutes sur les chapiteaux.

Le tailloir devait se continuer sur la face du pilastre. Les piliers sont minces et les arcs sont larges pour l'époque. L'absence complète des voûtes sur la nef et sur les bas-côtés a permis cette disposition. Le milieu de l'intrados des archivoltes inférieures est en blocage. Les claveaux étaient ornés d'un réseau d'étoiles à quatre branches. Sur les écoinçons on distingue encore une ornementation courante de petites imbrications ou de denticules très peu profonds : c'est le prototype de la décoration qui couvre le bas de la nef à la cathédrale de Bayeux.

Les fenêtres ne sont pas dans l'axe des grandes arcades. Leur baie en plein cintre est encadrée d'une archivolte non moulurée qui repose sur deux colonnettes engagées.

Les bas-côtés n'ont reçu qu'un simple appentis relevé vers l'angle des croisillons, afin de ne pas couper l'arc de communication avec le transept. Le long des bas-côtés, des fenêtres ont été percées à différentes époques. Les ouvertures primitives étaient en plein cintre, petites et très ébrasées.

L'arc donnant sur le carré du transept est d'ouverture plus étroite que la nef : ses deux rangs de claveaux,

V. Ruprich-Robert, del.

Nef de Secqueville.

couverts d'étoiles à quatre branches, sont entourés d'une moulure en bandeau chanfreiné. Les claveaux intérieurs reposent de chaque côté sur une demi-colonne semblable à celles de la nef. Entre l'extrados de cet arc et le mur latéral de la nef se voit, mais au sud seulement, une arcature aveugle en plein cintre. Elle est creusée dans un linteau orné et porte sur deux colonnettes engagées, avec chapiteau à volutes et tailloir en biseau.

Quel est le rôle de cette arcature? Elle a toujours été aveugle, car le fond est en liaison avec le reste des maçonneries; on ne voit pas d'ailleurs quelle utilité elle aurait présentée par rapport à la tour. Elle règne absolument avec les arcatures identiques qui décorent, au même niveau, le mur extérieur du croisillon sud. N'aurait-on pas monté ce même mur avant la nef et en même temps que le carré? On aurait, par inadvertance, continué la décoration plus loin qu'il ne le fallait.

Les quatre arcs du carré sont semblables; ils reposent sur des demi-colonnes appliquées contre des pilastres. Des supports de même forme reçoivent l'arc placé entre les collatéraux et les croisillons. Les deux grandes piles occidentales, bien qu'elles soient composées de quatre groupes de demi-colonnes et de pilastres, sont irrégulières en plan : le carré du transept est plus étroit que la nef. Aussi, les pilastres de l'arc triomphal sont-ils plus allongés que les autres et les supports des arcs latéraux ne se trouvent pas sur l'alignement de ceux de la grande nef.

Les deux croisillons sont actuellement voûtés d'ogives. Le croisillon nord est éclairé par une grande fenêtre du XVe siècle. Le mur de fond du croisillon sud ayant été rétabli, on a restitué deux fenêtres en plein cintre, mais la restauration s'est arrêtée à ce niveau. Cependant, au-dessus des voûtes actuelles, existent encore les fenêtres hautes: une dans le mur de fond, deux de chaque côté. Les croisillons non voûtés avaient, comme à l'extérieur, la même élévation que la nef. On peut approcher de ces fenêtres en montant sur les voûtes d'ogives par un petit escalier dont la porte est placée à l'extrémité occidentale du collatéral nord. Il est enfermé dans une tourelle de pierre, excessivement mince, contemporaine, sans doute, du chœur actuel.

Ce chœur fut construit au XVIIᵉ siècle en remplacement d'un autre chevet dont le mur de fond a seul subsisté. Les moines de Saint-Étienne, fidèles à leurs goûts archéologiques, ont essayé de copier le style de la nef. Primitivement, l'église possédait une abside et deux absidioles ; on en a retrouvé les traces en pratiquant des fouilles lors de la restauration. Ruprich-Robert en a indiqué les courbes par une surélévation du sol du chœur et par des arrachements de pierre non ravalée, à l'entrée des deux collatéraux.

Extérieur. — La partie de la façade correspondant à la grande nef est flanquée de quatre contreforts doublés. Une porte sans aucun caractère s'ouvre au centre, mais on peut se demander si cette ouverture n'est pas purement moderne. En Normandie plusieurs églises sont dépourvues de porte à l'ouest, quand il y en a une au sud, comme c'était ici le cas. La porte méridionale actuelle est refaite sur l'emplacement d'une porte plus ancienne. Sur l'un des contreforts se voient des caractères, incomplets, il est vrai, mais suffisants cependant pour que l'on puisse lire le commencement d'une épitaphe fort ancienne :

◇ KL AVGVS OB[iit]......

Au-dessus de la porte de la façade, est percée une fenêtre avec faux joints et étoiles à quatre branches.

Les contreforts reposent sur un socle rectangulaire, sans redents : un glacis en écoinçon rachète les angles formés par le doublement du contrefort. Il en est de même aux murs latéraux.

Le mur du bas-côté nord a été repris; le mur du collatéral sud présente des débris de modillons; une fenêtre primitive subsiste; c'est, à l'extérieur, une simple fente.

Une suite d'arcatures continues décore les deux murs de la nef, en retombant sur des colonnettes accouplées, deux à deux, sous le même tailloir. Les chapiteaux sont tous ornés de volutes. Au nord, l'archivolte des arcatures reste nue: au sud, elle est décorée d'étoiles à quatre branches. En outre, de ce côté, l'arc de la baie de la fenêtre percée sous certaines de ces arcatures, est lui-même chargé d'un motif sculpté. La corniche est formée d'arcs, évidés dans des linteaux, sur des modillons variés.

Le croisillon sud est flanqué sur les angles de contreforts doublés qui montent jusqu'aux rampants du comble. Le contrefort central a été rétabli lors de la restauration, ainsi que les deux fenêtres ouvertes de chaque côté. Mais au-dessus, règne un rang d'arcatures anciennes qui s'appuient sur un bandeau de billettes. Leurs colonnettes s'engagent dans un pilastre décoré d'étoiles à quatre branches. Le tailloir commun sert d'imposte. Les arcs, creusés dans des linteaux, sont tout couverts de damiers, comme à Ouistreham, ou d'étoiles creuses. Cette décoration se prolonge au-dessus des arcs; elle se continue sur les contreforts d'angle et sur les murs latéraux du croisillon. On voit sur ces murs, des arcatures correspondant à celles du pignon, mais d'ouvertures très inégales. Les supports sont les mêmes: le linteau reste plat; l'arc seul est garni d'une mouluration très peu profonde.

Le croisillon nord ne présente aucune de ces décorations gravées en creux; il n'a pas d'arcatures sur le pignon. Au-dessus de la grande fenêtre gothique, on distingue seulement une baie toute simple. Un léger glacis marque la naissance des rampants du comble. A l'ouest, la corniche à billettes repose sur des modillons.

Église de Secqueville-en-Bessin.
Tour centrale.

Au chevet, sur le mur de fond du collatéral sud, une fenêtre trilobée, du XVe siècle, est inscrite dans un rectangle de pierre.

La tour centrale, très effritée, a été presque entièrement rebâtie. Elle comprend un soubassement et trois étages jusqu'à la plate-forme de la flèche. De minces contreforts s'appliquent deux par deux, sur chaque angle. Les bandeaux chanfreinés qui divisent les étages se retournent sur ces contreforts. Le premier étage présente, sur chaque face, trois larges arcatures. Les supports sont, de chaque côté, deux colonnes en retrait ; deux groupes de trois colonnes reçoivent les retombées communes. Sous l'arcature du milieu, une baie est ouverte.

Au second étage, on voit encore trois arcatures, mais elles sont plus étroites et n'ont qu'une seule archivolte ; un pied-droit sépare les colonnes engagées, de chaque côté. Une baie, longue et étroite, est percée sous chacune d'elles. Le troisième étage n'a plus que deux baies, assez larges, encadrées par une double archivolte sur deux colonnes en retrait, de part et d'autre. Des modillons variés soutiennent la corniche plate. Aucune des archivoltes n'est moulurée. Les chapiteaux sont ornés de volutes. Cette tour est donc contemporaine de la nef et des croisillons.

La flèche à huit pans avec bandes striées, imbrications et boudins sur les angles ne date que du XIIIe siècle. Les lucarnes sont flanquées de trois minces colonnettes en délit portant, de face, deux arcs brisés, et de côté, un seul arc. De petites baies carrées s'ouvrent sous leur petite flèche à quatre pans. Les clochetons ont été rétablis à l'époque moderne, d'après les arrachements anciens.

Château de LASSON

Le château de Lasson, dont les murs englobent des constructions plus anciennes, date en grande partie du second quart du XVIe siècle. La façade consiste en deux corps de logis dans le prolongement l'un de l'autre. Celui de droite est un peu plus élevé. Celui de gauche, plus bas, est légèrement en saillie sur le précédent. Le corps de logis de droite est flanqué lui-même, sur la droite, d'un petit pavillon carré, remanié au XVIIIe siècle, qui comprend un rez-de-chaussée et un étage. Chaque corps de logis est percé de baies très espacées. Ces fenêtres se superposent à chaque étage et forment une double élévation, avec pilastres et entablements. Les pilastres sont décorés de rinceaux et de losanges. Entre les deux fenêtres du rez-de-chaussée, mais plus près de celle de gauche, la porte s'ouvre entre deux pilastres sous un fronton demi-circulaire. Des rinceaux et un vase surmontent le fronton flanqué de deux pilastres, minces et élevés. Au-dessus du premier étage se trouve une frise très importante.

Elle offre d'abord des moulurations dans le sens de la longueur, puis une sorte de bahut décoré de médaillons et de losanges. Les deux lucarnes du comble coupent ce bahut; elles sont placées dans l'axe des fenêtres et terminées par un fronton demi-circulaire. Entre les lucarnes et sur les deux côtés, une galerie ajourée cache la naissance du comble; elle présente des rinceaux dans des encadrements carrés.

La paroi latérale de la saillie du deuxième corps de logis est richement ornée d'un arc-boutant purement décoratif. La culée rectangulaire occupe l'angle de ce deuxième bâtiment. Au-dessus d'un haut soubassement, des pilastres, accolés et décorés de rinceaux, portent un autre pilastre, placé d'angle par rapport à la masse de la culée. Des candélabres, comme ceux de Saint-Pierre de Caen, y sont appliqués. Un amortissement à plusieurs retraits la couronne. L'arc-boutant en quart de cercle, avec contre-courbe au-dessus, vient buter sur un petit massif placé contre le pignon du premier bâtiment d'où sort une cheminée monumentale, décorée de pilastres et de bandeaux.

Sous l'arc-boutant, une fenêtre, assez étroite et encadrée de deux pilastres, éclaire la partie saillante du deuxième corps de logis dont la façade ne comprend qu'un étage surélevé. Les deux fenêtres principales sont encadrées par des pilastres : ils sont analogues aux précédents, mais leur première partie est très surhaussée afin de décorer le soubassement de la construction, où sont percées une petite fenêtre et une porte qui est entourée d'une archivolte demi-circulaire avec rinceaux.

Une fenêtre paraît avoir été pratiquée postérieurement, entre les deux fenêtres principales. Une quatrième fenêtre se trouve sur la gauche, dans une portion de la façade formant avec le reste une inflexion, très peu marquée d'ailleurs, pour rejoindre une tourelle placée à l'origine d'une aile qui fait retour. Une frise très moulurée, surmonte le deuxième corps de logis ; elle supporte une galerie pleine qui a pour dessin des losanges dans des panneaux. La tourelle octogone présente une galerie semblable et se termine par une petite lanterne.

Dans l'intérieur du château, on remarque une grande salle voûtée d'ogives dont les nervures chanfreinées retombent sur un pilier central, de la fin du XVe siècle sans doute. Un salon a conservé sa décoration du XVIIe siècle. Le plafond à caissons et la cheminée sont dignes d'attention. La salle à manger circulaire, avec colonnes, date du XVIIIe siècle.

M. Palustre attribue à Hector Sohier la construction du château de Lasson et il a interprété cette inscription en quatre langues, gravée sur la façade :

SPERO LACON BY ASSES PERLEN

Église et clocher de ROSEL

L'église de Rosel, intéressante surtout par le clocher du XIIe siècle qui flanque le côté sud, comprend un chœur à chevet plat, de la fin du XIIIe siècle, voûté de deux croisées d'ogives, et une nef : elle est plus large que le chœur et partiellement voûtée. Sur le mur méridional un cordon supporté par des modillons carrés appartient au clocher qui, autrefois, s'ouvrait sur la nef. A l'extérieur, le chœur, du côté sud, était percé d'une jolie porte du XIIIe siècle, en arc surbaissé sur deux colonnettes. Au mur nord de la nef, on lit sur un linteau placé à l'envers au-dessus d'une porte comme une inscription gothique : *Pax regat intrantes*, à la porte romane de l'église de Huppain.

Le clocher comprend trois étages et une flèche. Il est épaulé de contreforts amincis par un très étroit glacis au niveau des bandeaux qui séparent les étages. Les contreforts sont de pierre appareillée, tandis que les quatre murs sont de moellon, à l'étage inférieur du moins.

Cet étage reste nu, sauf une petite baie sous un arc évidé dans un linteau : elle éclaire la salle du rez-de-chaussée à l'intérieur. L'étage suivant, beaucoup moins élevé, comporte trois hautes arcatures en plein cintre, sans aucune mouluration sur les pieds-droits et les claveaux. Le dernier étage, entièrement appareillé, est décoré de trois arcatures inégales. Une colonnette appliquée contre chaque contrefort et deux groupes de deux longues colonnettes sous un même tailloir portent chaque archivolte, décorée d'un motif qui est une interprétation très simplifiée de têtes plates. Les chapiteaux présentent des volutes aux angles ; les bases consistent en un glacis. L'arcature du milieu abrite une longue baie.

Des modillons réguliers, sans figures, portent, de concert avec les contreforts, la flèche à quatre pans. Des boudins s'appliquent sur les angles. Un fleuron la termine. Sur chaque pan une petite lucarne rectangulaire est surmontée d'un comble de pierre, aux versants légèrement concaves; un fleuron amortit l'angle des rampants. Ces lucarnes sont du XV° siècle. Toute la flèche est-elle aussi peu ancienne ? Si elle a été refaite à pareille époque, on peut estimer qu'elle remplace une couverture analogue.

A l'intérieur, un escalier, sur une voûte hélicoïdale en couchis, s'applique dans l'angle sud-ouest : le rez-de-chaussée communiquait avec la nef par un arc à claveaux plats ; l'imposte des pilastres ne se retourne pas. On a ajouté dans les quatre angles de courtes colonnettes sur console dont le chapiteau est orné de feuilles. Elles portent une voûte d'ogives. Le boudin des nervures se détache sur un claveau élégi de deux cavets. Cette voûte a été relancée après coup : Ruprich-Robert, dans le dessin de ce clocher, a restitué une voûte d'arêtes. La planche est très instructive, car elle fait ressortir la grande ressemblance qui existe entre ce joli clocher et celui, plus important, de Basly.

C'est dans le cimetière de cette paroisse que repose M. Bouet, architecte, l'un des plus zélés collaborateurs de M. de Caumont.

ABBAYE D'ARDENNE

L'abbaye d'Ardenne, ordre de Prémontré, fut fondée en 1121 par Ayoul du Marché, bourgeois de Caen, et Asceline sa femme. Dès 1138, Richard de Gloucester, évêque de Bayeux, y consacre une église. Le cartulaire de l'abbaye donne la date de celle qui existe maintenant : elle fut commencée en 1250.

Les lieux réguliers ont été détruits vers 1830. On a conservé les bâtiments agricoles ; ce n'est pas la partie la moins curieuse de l'abbaye. Ils forment aujourd'hui une exploitation distincte. L'église elle-même et un corps de logis du XVIIe siècle constituent une autre ferme qui a son accès particulier, dans la seconde cour de l'abbaye.

PORTE ET GRANGE

La porte principale, du XIIIe siècle, présente l'un des meilleurs et plus anciens exemples de ces grandes entrées placées devant les monastères ou les manoirs importants. C'est un corps de logis rectangulaire, dont le comble à double versant est arrêté, de chaque côté, par deux pignons aigus. Trois contreforts amincis par deux glacis épaulent la façade. Ils forment des divisions inégales ; la grande porte est percée à droite ; puis, entre les deux contreforts les plus rapprochés, s'ouvre une porte secondaire.

La porte charretière est en plein cintre. Les trois archivoltes en retrait sont garnies sur les angles de boudins entre deux cavets ; un rang de billettes entoure l'archivolte supérieure. De simples pilastres en retrait, avec imposte, reçoivent les retombées de l'arc. La porte bâtarde surbaissée, entourée d'un boudin continu, est encadrée d'une double archivolte en lancette, reposant sur quatre colonnettes ; une corniche en dents de scie court à la base du toit.

Derrière les portes on passe sous deux croisées d'ogives. Les deux baies intérieures ont leur archivolte garnie simplement d'un rang de claveaux chanfreinés sur deux colonnes. Les contreforts disposés comme à la façade, montent jusqu'à la corniche en dents de scie. Sous cette corniche, trois baies éclairent un premier étage; elles sont rectangulaires, mais leur linteau simule deux arcs trilobés.

Dans la cour subsistent des bâtiments dont les contreforts indiquent l'âge ancien. Sur la gauche s'élève la grange, divisée en trois nefs par deux files de hauts et minces piliers ronds, qui portent, de chaque côté, neuf arcs en tiers-point. Une moulurarion circulaire remplace le chapiteau. Les claveaux des deux archivoltes sont chanfreinés. Les murs latéraux soutenus par ces arcades soulagent la portée considérable de la charpente. « Les deux ailes qui accompagnent la nef centrale sont inégales en largeur et en hauteur. Le côté le plus étroit ne correspondait à aucune porte. On y accédait seulement par la nef centrale et quand celle-ci était pleine, les charrettes entraient dans le bas-côté le plus large ». « En surélevant le mur latéral et en rétrécissant le bas-côté dont il formait la clôture, on retrouvait en hauteur l'espace économisé en largeur... il n'y avait nul besoin de trois issues parallèles ». Les deux pignons accusent cette irrégularité; l'un des deux rampants descend beaucoup plus bas que l'autre. Deux contreforts, amincis par deux glacis, correspondent à la nef centrale. La porte principale est en arc surbaissé avec claveaux moulurés; les pieds-droits ne sont pas ornés. Dans le haut du pignon sud, deux petites lancettes sont percées. La porte ouverte au sud, dans le mur de fond du bas-côté, ressemble à la porte principale ; des contreforts épaulent l'angle de la construction. A l'angle est du pignon, un pan coupé sur le contrefort facilitait le passage des charrettes. Au haut de ce pignon, un petit clocheton permettait de suspendre une cloche, pour régler l'ordre des travaux, sans doute. La grange et la porte d'Ardenne ressemblent beaucoup à celles du prieuré de Saint-Vigor, près Bayeux.

ÉGLISE

L'église consiste actuellement en une grande nef de huit travées, fermée par un mur droit et flanquée de deux collatéraux peu élevés.

Les deux murs de la nef ne sont pas parallèles sur toute leur longueur. Les piles courtes et cylindriques sont cantonnées de quatre minces colonnettes. Les chapiteaux, avec crochets et tailloir rond, de ces colonnettes sont de niveau avec la corbeille du fût, sauf à la colonnette face à la nef qui monte recevoir les voûtes. Les grandes arcades en lancette sont décorées d'une quantité de tores amincis et de gorges. Au-dessus des grandes arcades, un cordon court à la base des fenêtres percées dans un mur très épais et encadrées d'une archivolte en arc brisé qui porte sur deux colonnettes engagées avec chapiteau à crochets et tailloir carré. Ces longues baies montent jusqu'au sommet du formeret, mais elles n'occupent pas toute la lunette de la voûte. Elles laissent, de chaque côté, un large trumeau devant le passage de circulation qui traverse les ébrasements par des baies sous linteau. En avant, la galerie consiste en quatre-feuilles inscrits dans des cercles ou en arcatures trilobées. La colonne unique, qui porte les ogives, doubleaux et formerets, se termine par un chapiteau à crochets, avec corbeille et tailloir ronds. Les voûtes ont, pour la plupart, été refaites en bois, au XVIe siècle, comme le prouvent les clefs pendantes. La nef d'Ardenne présente donc un nouvel exemple d'élévation à deux étages, sans triforium. Elle donne une idée exacte de ce que pouvait être celle de Saint-Pierre de Caen au XIIIe siècle. Il y a entre ces deux nefs de très grandes ressemblances.

Les collatéraux sont voûtés d'ogives. Le profil est un boudin aminci entre deux gorges. Cependant, au nord, certains claveaux sont simplement chanfreinés.

Aujourd'hui, l'église se termine par un mur plat éclairé de lancettes, mais de chaque côté, on remarque des groupes de colonnes portant les archivoltes d'un arc moins élevé que le doubleau. Cet arc montre que l'église est réduite à sa nef. Précédemment elle avait un chœur et peut-être même un transept, comme on peut le supposer d'après certaines particularités de l'extérieur.

Extérieur. — La façade est la partie la plus intéressante de l'édifice. La portion correspondant à la grande nef est comprise entre deux tourelles octogones, privées de leurs flèches et renforcées, sur les faces principales, par de minces contreforts qui sont amortis, à leur extrémité supérieure seulement, par deux glacis.

La porte, très ornée, occupe presque tout le bas de la façade dont le mur a été renforcé pour permettre le ressaut des archivoltes. De chaque côté, l'ébrasement comprend, à partir du fond, un pilastre carré et trois colonnes. Derrière ces colonnes, des arcatures sont plaquées sur l'ébrasement même. Leurs colonnes alternent en perspective avec les précédentes, comme à l'église d'Ussy ou aux portails secondaires de Lisieux. L'imposte des pilastres et les chapiteaux de ces colonnes sont au même niveau ; ils présentent le même décor de crochets fleuris. Les pilastres reçoivent aujourd'hui un arc surbaissé moderne.

Peut-être y avait-il un linteau supporté par un trumeau central, ou bien encore un premier arc surbaissé formant un tympan en croissant : on a déjà vu la persistance de cette tradition romane. En tout cas, les deux premières colonnes reçoivent une archivolte légèrement surbaissée qui est profilée de boudins entre des gorges profondes. Aux colonnes voisines répond une archivolte de grands crochets feuillagés : ils sont évidés deux par deux, aux dépens d'un épannelage carré et restent tangents par leurs pointes, comme à Norrey; cette deuxième archivolte est en lancette. La troisième, creusée de gorges séparées par des boudins, est de même dessin; elle est entourée d'une mouluration de petits feuillages. Enfin, le tout est encadré dans des claveaux plats, affleurant le plan des deux écoinçons, et portés sur des consoles qui se placent dans les angles des tourelles; ces consoles sont décorées de chimères. Un bandeau de feuillage court au-dessus de l'arc surbaissé formant la première archivolte : deux belles chimères à têtes humaines occupent les petits écoinçons entre cet arc surbaissé et le bandeau. Au-dessus de ce bandeau, un tympan supérieur renferme une niche trilobée sur colonnes engagées qui est accostée de deux anges à genoux.

La grande fenêtre s'élève sur le large glacis qui surmonte le bas de la façade. De chaque côté, deux colonnes avec chapiteaux à crochets et tailloirs carrés portent une double archivolte, de boudins et de gorges, dont la lancette est entourée d'une dernière mouluration sur deux culs-de-lampe en entonnoir. L'intérieur de la fenêtre a été modifié au XVe siècle par un bandeau de feuillage qui la coupe en deux parties superposées: des arcatures aveugles, trilobées, avec des écussons dans les écoinçons; puis au-dessus, une rose à huit lobes principaux subdivisés en soufflets et mouchettes.

Entre les deux tourelles court une galerie située en avant des deux rampants à crochets du pignon: c'est une série de quatre-feuilles surmontés de trèfles, comme à la cathédrale de Bayeux. Un gâble mince et élevé couronne chacun de ces motifs; les rampants des gâbles sont décorés de pointes de diamant avec un petit oculus intermédiaire.

A droite et à gauche de la partie centrale de la façade, un demi-pignon correspond au comble en appentis des collatéraux. De chaque côté s'ouvre une porte, et, au-dessus, une fenêtre qui est, non dans l'axe de la porte, mais plus rapprochée des tourelles octogones.

Une lancette en boudin continu forme la porte. Elle encadre un arc surbaissé. La rosace du tympan est entourée de nombreuses archivoltes avec boudins et gorges sous de minces colonnettes : entre ces colonnettes, de simples fûts jouent un rôle semblable à celui des arcatures de la porte principale. Les fenêtres sont également en lancette et encadrées d'une double archivolte, sur quatre colonnettes engagées à angle droit dans les ressauts de l'ébrasement.

Les petits contreforts qui flanquent les murs de la nef sont amortis par des gargouilles et des pinacles qui interrompent, à chaque travée, une galerie de trèfles ajourés. Entre les contreforts s'ouvrent les fenêtres ; leur encadrement est simplement chanfreiné. Elles étaient subdivisées en deux lancettes, de même surmontées d'un quatre-feuilles. Des tourelles s'élèvent à l'extrémité orientale de la nef, mais à l'angle nord-est, des arrachements indiquent le départ d'un croisillon. Sur le mur latéral nord, un porche a dû exister.

Dans la cour de l'église, un corps de logis du XVIIe siècle garde un joli pavillon. La toiture d'ardoise est posée sur une charpente offrant des contre-courbes ; elle se termine par des épis de plomb. Ce pavillon abritait une entrée de l'abbaye ; la voûte intérieure est couverte d'une tardive croisée d'ogives.

BIBLIOGRAPHIE. — Longuemare (P. de) : *Étude sur le canton de Tilly-sur-Seulles*, Caen, 1907. — Pommeraye (Dom) : *Histoire de l'abbaye royale de Saint-Ouen de Rouen.* — Le Hardy (G.) : *Notice sur Rots*, dans la *Normandie monumentale.* — Do : *Excursion archéologique à Rots*, dans le *Bull. Soc. Antiq. de Normandie, 1862.* — Édeline (l'abbé) : *Norrey et son histoire.* — Lavalley (Gaston) : *Notice sur Norrey*, dans la *Normandie monumentale.* — Vanel (G.) : *Notice sur Secqueville*, dans la *Normandie monumentale.* — Hippeau : *Histoire de l'abbaye de Saint-Étienne de Caen.* — Hettier (Ch.) : *Notice sur Lasson*, dans la *Normandie monumentale.* — Palustre : *La Renaissance en France.* — Neuville (M. de) : *Note sur une ins-*

cription du château de Lasson, dans le *Bull. Mon.* —Buret (A.) : *Note sur une inscription du château de Lasson*, dans le *Bull. Soc. beaux-arts de Caen.* — Huard (F.) : *Notice sur Rosel*, dans la *Normandie monumentale*. — Caumont (A. de) : *Note sur l'abbaye d'Ardenne*, dans le *Bull. Mon., 1842.* — Liot (E.) : *Excursion à l'abbaye d'Ardenne*, Caen, 1890, in-16. — Longuemare (P. de) : *Notice sur Ardenne*, dans la *Normandie monumentale*.

FALAISE

La ville de Falaise est placée dans un site très pittoresque, sur le penchant d'un plateau qui descend d'un côté vers un ravin et remonte, de l'autre, en un grand escarpement de rochers. Le château est bâti sur le point le plus élevé. Falaise était, au Xe siècle, la capitale de l'Hiémois, *Oximiensis pagus*. Le duc Richard construisit les remparts et le château. Guillaume le Conquérant y naquit en 1027. La ville fut assiégée au début du XIIe siècle par l'impératrice Mathilde; elle subit encore deux sièges au XVe siècle : en 1417 et en 1450. Elle traversa enfin, dans la seconde moitié du XVIe siècle, une période très troublée.

ÉGLISE DE GUIBRAY

L'église Notre-Dame-de-Guibray, fondée à une époque reculée, dans le célèbre faubourg de Falaise, reçut de nombreuses libéralités de la part de la reine Mathilde. Elle comprend actuellement une nef de six travées, bordée de collatéraux; un carré de transept surmonté d'une tour centrale; deux croisillons; un chœur de deux travées, terminé par une abside en hémicycle et flanqué de deux collatéraux de même longueur, avec absidioles à l'extrémité.

C'est le plan complet d'une église romane normande. Ruprich-Robert attribue toutes les parties basses de l'édifice à une même époque, bien que l'église soit légèrement désaxée. L'irrégularité provient sans doute de travaux commencés à la fois par les deux extrémités ou de la conservation d'un carré de transept dont il est impossible de se rendre compte aujourd'hui. Le bas de la nef, les murs des collatéraux, les croisillons, le chœur et ses collatéraux remontent à l'extrême fin du XIe siècle ou au commencement du XIIe, mais le haut des piles, les grandes arcades et les murs de la nef ne sont que du XIIIe. Le chœur et le carré du transept, à l'intérieur, ont été complètement défigurés au XVIIIe siècle. Au XIXe siècle, une restauration, où le plâtre joue un grand rôle, est venue ajouter à l'édifice des embellissements qui en ont encore altéré le caractère primitif.

La nef comprend cinq travées. Les piles présentent un massif cruciforme cantonné de quatre demi-colonnes et de quatre colonnes engagées. Les bases ont disparu. Ce plan est celui des piles de Saint-Gervais de Falaise, que l'on attribue au XIe siècle, mais ces piles ont été remontées au début du XIIIe siècle, vers 1208, sans doute, date de la consécration de l'église. On les a couronnées alors de chapiteaux décorés de larges feuilles d'eau. Les tailloirs paraissent avoir été retravaillés. Seule, la colonne face à la nef monte directement recevoir les retombées des voûtes, sur un chapiteau à crochets et tailloir rond. Les grandes arcades en tiers-point n'ont d'autre mouluration qu'un très mince chanfrein à l'angle de chacune des deux archivoltes. Il n'y a pas de triforium. Le mur reste plein, comme à Saint-Gervais. Un bandeau, au niveau du tailloir des chapiteaux de la voûte, marque l'étage des fenêtres. Les voûtes ont été refaites en plâtre à l'époque moderne.

Le chapiteau de la demi-colonne appliquée contre la pile nord-ouest de la tour et servant à la dernière travée de la nef, offre des sculptures grossières : des hommes qui paraissent se manger la moustache. Il est comparable aux chapiteaux les plus anciens de Saint-Gervais ; c'est une preuve que les piles de la nef, dans leurs assises inférieures au moins, comme le plan l'indiquait déjà, sont d'une époque beaucoup plus reculée que ne le feraient supposer la plupart des chapiteaux.

Les collatéraux ont été voûtés au XIIIe siècle. Des groupes de trois colonnes furent lancées contre les murs latéraux ; les fenêtres ont été modifiées à diverses reprises. Les arcatures sont le produit de la plus récente restauration.

Le carré du transept et le chœur ont été affublés d'un placage, dans le goût dorique, qui les rend absolument méconnaissables. Toutefois, au-dessus de la voûte actuelle du chœur, existent des croisées d'ogives, substituées sans doute, à la voûte primitive qui devait être d'arêtes, comme à Saint-Nicolas de Caen.

Les croisillons, bien qu'ils aient été indiscrètement restaurés, sont mieux conservés. Ils communiquent avec les collatéraux de la nef et du chœur par deux arcs plein cintre avec double archivolte, sans mouluration. Le bas est garni d'arcatures refaites, où quelques bases, néanmoins, paraissent anciennes. « La présence de colonnes engagées en divers endroits de la muraille, et aujourd'hui sans utilité », décelait, comme M. L. Régnier l'a fait ressortir, « l'intention d'élever des tribunes de pierre, telles qu'à Saint-Étienne de Caen et dans plusieurs églises normandes de l'époque romane ».

La colonne appliquée contre le mur de fond est des plus suspectes, ainsi que les deux longues fenêtres ouvertes de part et d'autre : à l'extérieur, en effet, on voit les traces d'une très grande baie, du XVIIIe siècle probablement. Cette colonne et les deux fenêtres ont donc été rétablies après que l'on eut bouché cette baie, lors de la restauration de l'édifice. Chacun des croisillons est couvert d'une voûte d'arêtes barlongue. Est-elle primitive ? C'est l'opinion, autorisée, de M. Régnier : « A l'objection que les voûtes des croisillons ne sont pas anciennes, nous répondrons que si ces parties de l'église n'étaient pas parvenues jusqu'à nous telles qu'elles ont été conçues par l'architecte du XIIe siècle, celui du XIXe n'eût pas manqué d'y introduire une voûte en plâtre à nervure, semblable à celle de la nef ». Mais entre le XIIe et le XIXe siècle n'y a-t-il point place pour le XVIIe ou le XVIIIe siècle, époques où l'on aimait assez à fabriquer des voûtes d'arêtes? Si celles des croisillons de Guibray sont réellement anciennes, pourquoi leurs départs coupent-ils le cordon de billettes qui décore le haut des croisillons. Il est vrai que ce cordon pourrait avoir été rajouté à l'époque moderne. Ce serait encore un emploi abusif du plâtre, comme aux bas-côtés du chœur.

Les deux travées de chacun de ces collatéraux sont couvertes de voûtes d'arêtes séparées par un doubleau. Le doubleau repose sur une colonne placée contre les murs latéraux et sur la pile commune aux deux travées du chœur. Cette pile est de plan identique aux piles de la nef. Certains chapiteaux présentent de petits personnages. Les absidioles sont voûtées en cul-de-four; elles sont ornées de deux rangs d'arcatures, moins refaites que celles des murs latéraux. Au sud, l'une des deux colonnes de l'arc d'entrée est très éloignée de la première colonnette des trois arcatures supérieures. Au nord, au contraire, les deux colonnes jumelles sont très rapprochées de celle de l'arcature.

Le pavement de l'église conserve plusieurs pierres tombales. L'Assomption, de stuc, qui occupe tout le fond de l'abside, a été parfois attribuée à Guillaume Coustou. L'église possédait des bas-reliefs en albâtre anglais aujourd'hui conservés à la bibliothèque de la ville.

Extérieur. — La partie principale de la façade est épaulée par deux contreforts assez plats. Elle est percée d'une porte, derrière un vaste porche; au-dessus s'ouvre une grande fenêtre en tiers-point. Le porche comprend, parallèlement à la façade, trois arcs en tiers-point surbaissé, et un de chaque côté. A l'intérieur, on remarque des groupes de colonnes qui ne s'accordent pas avec la voûte actuelle. La porte est « encadrée par six colonnettes et décorée de bâtons brisés et d'élégantes palmettes d'acanthe ». Des fûts secondaires se placent déjà entre les colonnes principales. Cette porte est du XIIe siècle avancé, de même que la fenêtre. L'archivolte, garnie de bâtons rompus, repose sur deux colonnettes engagées.

Le collatéral nord a conservé des baies en plein cintre, avec boudin et colonnettes engagées. Les arcs-boutants ajoutés au XVe siècle ont leurs culées surmontées de deux pinacles de hauteur inégale. La culée la plus rapprochée du croisillon nord reçoit un second arc-boutant, plus décoratif qu'utile ; il paraît étayer l'angle de ce croisillon. Les pignons des croisillons sont épaulés de contreforts plats et doubles. Les deux grandes fenêtres ont été établies à l'époque moderne, mais sur les côtés, subsistent des baies anciennes : leur archivolte en plein cintre, non moulurée, repose sur deux courtes colonnettes engagées.

La circonférence de l'abside est divisée en cinq parties par de hauts contreforts. Tout le soubassement reste nu. Deux pilastres flanquent les contreforts ; ils montent, au-dessus du premier cordon, recevoir l'archivolte d'une grande arcade où vient s'inscrire une seconde archivolte, portée sur deux colonnettes engagées. Chaque archivolte est décorée d'un boudin sur l'angle des claveaux ; l'archivolte supérieure est entourée d'un cordon de billettes. Au milieu de cet encadrement s'ouvraient les fenêtres, beaucoup plus étroites et sans mouluration.

L'étage suivant a été entièrement défiguré au XVIIIe siècle. Entre chaque contrefort s'appliquaient deux hautes arcatures. Les claveaux plats portent sur de minces colonnettes, mais la corniche ne repose pas immédiatement au-dessus de ces arcatures. Les contreforts servent de supports à une colonnette annelée, très élevée, dont le chapiteau remplace l'un des modillons de la corniche. Cet étage, un peu insolite, semble néanmoins ancien, comme l'indiquent les traces des colonnettes annelées et leurs chapiteaux. La corniche est formée de modillons très variés ; elle est au même niveau que celle des croisillons et de même style.

Les murs des collatéraux du chœur ont été restaurés. Les absidioles présentent trois fenêtres séparées par des contreforts. Les fenêtres plein cintre sont encadrées de deux colonnettes et d'une archivolte, avec boudin sur l'angle et moulures de billettes à l'extérieur. Ces contreforts sont assez particuliers : ils sont doublés, mais leur couronnement, au lieu d'être un glacis plus élevé et un glacis plus bas, consiste en trois glacis : l'un tourné vers le mur de l'abside ; les deux autres tournés vers la partie centrale du contrefort. On obtient ainsi l'aspect d'un faisceau de trois petits contreforts couronnés par un pilastre, qui monte jusqu'à la corniche faire office d'un modillon. Les autres corbeaux sont variés.

La tour centrale présente deux étages. La partie inférieure, décorée d'une colonne engagée sur les angles et de traces d'arcatures, sur la tourelle, à l'angle nord-ouest, est plus ancienne que l'étage suivant. Les pans sont percés d'une petite baie du XVe siècle, avec arc trilobé et redenté à l'intérieur. Chaque face est surmontée d'un pignon arrêtant une double bâtière, avec clocheton d'ardoise à l'intersection. Ce genre de clocher est fréquent en Champagne et rare en Normandie.

ÉGLISE SAINT-GERVAIS

L'église Saint-Gervais aurait été consacrée en 1126, mais comme l'a prouvé M. Régnier, il y a eu confusion et cette date s'applique à un autre édifice. Elle conserve seulement des parties de la fin du XIe siècle. Son plan comprend une nef de cinq travées, bordée de collatéraux et de chapelles ; deux croisillons ; un carré de transept, surmonté d'une tour centrale; un chœur entouré d'un déambulatoire et de chapelles.

Le mur sud de la nef remonte à la période primitive, de même que la porte pratiquée dans la façade. Le mur nord de la nef est du XIIIe siècle. La nef a reçu à cette même époque sa voûte actuelle. Le collatéral nord est du XIIIe siècle également, mais les chapelles ne sont que du XVe siècle, comme les voûtes des deux croisillons. La tour centrale est restée du XIIe siècle, mais le carré du transept a été repris en sous-œuvre au début du XVIe siècle, quand on a construit le chœur et le déambulatoire.

La porte primitive existe dans la chapelle servant de baptistère. L'arc, du côté de la nef, est orné de moulurations flamboyantes, mais par derrière, on voit une archivolte décorée de boudins assez plats et de gorges peu profondes qui repose sur deux colonnettes portant des chapiteaux à volutes. Cette porte dénote un âge reculé, la fin du XIe siècle sans doute.

Les piles sud de la grande nef sont de plan identique à celles de la nef de Guibray. Les bases ont disparu, sauf au troisième pilier : une base présente deux cavets peu prononcés. Ce profil serait peut-être insuffisant pour dater ces piles du XIe siècle, mais les chapiteaux viennent montrer qu'elles ne peuvent guère être postérieures à ce siècle : leur corbeille est décorée de volutes ou de petites figures d'hommes et d'animaux, très rudimentaires. Les deux derniers piliers ont été repris en sous-œuvre au XVe siècle et à la fin du XVIe. Les grandes arcades ont partout conservé leurs deux archivoltes ; les claveaux n'ont reçu aucune décoration. Les traces de peinture que l'on y remarque sont d'âge postérieur. La demi-colonne face à la nef monte jusqu'aux voûtes actuelles. Elle se continue, même le long du mur, derrière ces voûtes, jusqu'à la naissance du comble. L'église n'était donc pas destinée, en principe, à être voûtée : c'est encore une preuve de son ancienneté. Aujourd'hui, les croisées d'ogives, formées d'un tore aminci entre deux gorges, reposent sur un chapiteau incrusté dans ces colonnes. Quelques-uns de ces chapiteaux sont contemporains du milieu du XIII° siècle, comme la voûte ; mais d'autres, munis de deux prolongements latéraux, indiquent qu'avant celle-ci, a dû exister une première voûte d'ogives plus lourde. « Peut-être même faut-il attribuer à l'ébranlement causé par la chute de cette première voûte, établie dans la seconde moitié du XII° siècle, la nécessité de rebâtir entièrement la partie septentrionale de la nef ».

La partie méridionale ne possède ni tribune ni triforium. Le mur, comme à Guibray, reste nu, au-dessus des grandes arcades, jusqu'à un bandeau, aujourd'hui coupé par le départ des voûtes et sur lequel reposaient les fenêtres hautes, encadrées d'une archivolte et de deux colonnettes.

C'est aussi une élévation à deux étages que présente le mur nord de la nef : elle rentre ainsi dans le type des églises d'Ardenne ou de Saint-Pierre de Caen.

Les piles de forme cylindrique sont cantonnées d'une colonnette de chaque côté, et de deux groupes de trois colonnettes réunies par des gorges. Les chapiteaux et les tailloirs en larmier sont tous au même niveau, sauf pour les trois colonnettes face à la nef : elles montent jusqu'aux voûtes et portent trois chapiteaux à crochets munis de tailloirs ronds. L'archivolte en tiers-point est profilée de boudins et de gorges ; deux boudins parallèles retombent sur les colonnettes simples accolées au fût principal. Au-dessus des grandes arcades s'ouvrent les fenêtres, longues et hautes ; elles sont encadrées d'une archivolte sur deux colonnettes engagées. L'ébrasement est profond, mais les pieds-droits ne paraissent pas avoir été percés de passages. La communication se faisait, néanmoins, par une petite ouverture donnant sur le comble du bas-côté et placée sous chaque fenêtre ; car ces baies restent pleines dans leur par-

V. Ruprich-Robert, del.

Saint-Gervais de Falaise.
Travées de la nef.

tie inférieure. Une galerie ajourée du XVIᵉ siècle passe devant leur appui.

Le collatéral nord appartient, en partie, comme le côté voisin de la nef, à la première moitié du XIIIᵉ siècle. Les voûtes reposent sur les grands piliers et sur des groupes de trois colonnes, avec chapiteaux à crochets et tailloirs ronds. Le profil est un tore aminci entre deux gorges. Ces voûtes, toutefois, paraissent un peu plus anciennes que celles de la nef. A la première travée après la façade, une fenêtre, dont l'archivolte en tiers-point est portée par deux colonnettes, montre comment le collatéral était éclairé avant l'adjonction des chapelles qui datent de la fin du XVᵉ siècle et du commencement du XVIᵉ. Les voûtes des dernières travées du collatéral ont été refaites à cette époque, avec le collatéral et les chapelles du sud. Certaines chapelles de ce côté semblent même avoir été élevées les premières. Une clef de voûte représente saint Michel.

Le carré du transept porte sur quatre gros piliers ondulés, couronnés d'un bandeau de feuillage. Ils ont été repris au XVIᵉ siècle ; au-dessus de l'arc nord, on distingue des traces de claveaux ayant appartenu probablement au premier étage de la tour. Les deux croisillons, voûtés d'ogives au XVIᵉ siècle, présentent une différence de hauteur avec les arcs du transept. Il a fallu racheter cette différence par un voûtain incliné. Une inscription placée dans l'escalier de la tour indique la date de 1523 : c'est sans doute aussi celle de la construction du chœur.

Le chœur, très désaxé vers le sud, compte trois travées droites et une abside à trois pans.

Les grandes arcades, en arc brisé suraigu, sont creusées de moulures prismatiques qui pénètrent directement dans de gros fûts cylindriques. A la partie droite du chœur, quatre moulures collées contre ces fûts prolongent l'archivolte intérieure des grandes arcades ou reçoivent les nervures des voûtes du chœur et du déambulatoire. Seules,

les deux moulures destinées à ce dernier usage subsistent dans l'abside. Les fenêtres en lancette offrent encore des remplages flamboyants. En avant, une galerie ajourée n'est pas purement décorative, car elle sert de garde-fou au passage pratiqué d'une travée à l'autre par un percement dans les pieds-droits.

Les voûtes de bois simulent des voûtes de pierre. Les formerets et les nervures principales sont décorés, avec un certain luxe, de dentelures et de dorures.

Les chapelles ouvertes sur les parties droites du déambulatoire, offrent des voûtes de différentes combinaisons. L'une d'elles est couverte d'un plafond plat porté sur des arcs et des cloisons ajourés, comme au porche du vieux Saint-Étienne à Caen. Une autre chapelle, revoûtée à une date plus tardive, possède une bizarre clef pendante: c'est une grande croix de Saint-Louis ou du Saint-Esprit.

Le chevet forme trois chapelles peu profondes, n'ayant que trois pans à l'extérieur; elles sont réunies au déambulatoire par une même voûte, comme à Saint-Jean de Caen. Les clefs de ces voûtes sont pendantes; d'autres clefs semblables se voient aux croisements des principales nervures. L'intérieur des arcs est garni de rinceaux Renaissance comme les clefs. Par contre, les dais et les niches qui occupent les angles formés par la rencontre des murs des chapelles sont encore flamboyants.

L'église a conservé des fragments de vitraux, de belles pierres tombales du XVIe siècle, consacrées à plusieurs membres de la famille Morel, et des stalles de la même époque; les parcloses sont ornées de personnages à mi-corps.

Extérieur. — La façade, récemment dégagée, est épaulée par deux tourelles carrées; elles remontent partiellement à la construction primitive, comme la porte, aujourd'hui cachée par une chapelle dont le toit de pierre est en appentis.

Au-dessus, s'ouvre une grande fenêtre plein cintre. Les archivoltes, décorées de bâtons brisés, reposent sur quatre colonnettes. Le pignon, refait à une date moins ancienne, est flanqué de deux clochetons octogones, percés de baies très étroites et surmontés de flèches avec petits crochets sur les arêtes. A la première travée du collatéral nord, on distingue encore une fenêtre contemporaine de ces clochetons. Les murs de la nef sont soutenus de contreforts analogues à ceux des absidioles de Guibray. Les modillons variés et le haut de ces contreforts portent la tablette de la corniche. Les fenêtres, en plein cintre, s'ouvrent sous une archivolte de claveaux plats montée sur deux colonnettes engagées.

La première chapelle longeant le collatéral sud est remplacée par un porche voûté d'ogives. L'arc, entouré de feuillages et de moulurations continues, est flanqué de deux contreforts et de pinacles. Au-dessus, un gâble ajouré présente, en sa partie centrale, une niche et un dais. Les rampants sont décorés d'une dentelure de petits arcs. Les fenêtres des chapelles sont bordées, sur leur arc, de crochets flamboyants. Une galerie de même style court tout le long de ces chapelles. Elle est interrompue par des pinacles; de chaque côté se projettent des gargouilles très saillantes. Une galerie analogue à la précédente cache la base des combles des croisillons. A l'angle ouest du croisillon sud, s'élève une tourelle octogone; on y remarque une petite fenêtre cruciforme.

Le chœur est, à l'extérieur, très richement décoré. Les pans de l'abside sont chargés d'un lacis de mouchettes. Les fenêtres sont entourées de fleurons et de crochets. Une galerie très ajourée court à la base du comble. Elle est interrompue par de hauts pinacles qui terminent les contreforts. Sur ces contreforts viennent s'appliquer les arcs-boutants, à double volée. Leur culée externe, très allongée, est surmontée de deux pinacles réunis par une arcade ajourée. Les reins de l'arc-boutant portent une suite de petites arcatures qui servent de support à la partie supérieure de l'arc-boutant : c'est un étrésillon de pierre tout hérissé de petits arcs trilobés et de gros fleurons.

Une galerie de bâtons écotés entre-croisés, se voit encore le long des chapelles sud, mais elle n'existe plus autour des chapelles du chevet, dont les contreforts sont décorés de pinacles ; sur la face des culées qui séparent les chapelles on voit des niches avec dais flamboyants.

La tour, large et assez élevée, ne possède qu'un seul étage. Chaque face est décorée de quatre arcatures plein cintre : deux ouvertes et deux aveugles. Des groupes de colonnettes portent les archivoltes en retrait. Ces archivoltes ne présentent pas de boudins, mais seulement des bâtons brisés et des frettes crénelées. Une colonnette est engagée dans les angles de la construction. La corniche est à modillons. Entre les arcs, une moulure figure des chevrons, comme aux tours de Saint-Étienne de Caen ou de Saint-Contest. Ce clocher est couvert d'un toit d'ardoise « en hache », flanqué à sa partie supérieure de quatre lucarnes de bois et d'ardoise.

ÉGLISE DE LA TRINITÉ

Cette église, comme celle de Saint-Gervais, appartient à différentes époques.

Elle comprend une nef, précédée d'un porche triangulaire, aujourd'hui transformé en chapelle et deux collatéraux ; le collatéral nord seulement est bordé de chapelles ; le collatéral sud n'a reçu qu'une chapelle. Le carré du transept est flanqué de deux croisillons. Le chœur et l'abside à trois pans sont entourés d'un déambulatoire : les deux parties courbes sont occupées par un escalier qui mène à une chapelle d'axe : cette chapelle est placée au-dessus d'une rue que l'on n'a pas voulu détourner en allongeant l'église ;

c'est ce qui explique cette curieuse disposition dont l'abside de Triel (Seine-et-Oise) offre un autre exemple.

La nef et les collatéraux ont été commencés en 1438, suivant une inscription gravée dans le mur de fond du collatéral nord. Les chapelles de ce dernier côté sont du XVIe siècle, comme le porche qui remplace la première. Le transept, partie la plus ancienne de l'édifice, remonte à la première moitié du XIIIe siècle. Le chœur et le déambulatoire ont été commencés en 1510, d'après une autre inscription.

Les supports de la nef consistent en un massif cylindrique, flanqué, de part et d'autre, de deux colonnettes et de deux groupes de trois colonnettes. C'est un plan analogue à celui des piles du XIIIe siècle à Saint-Gervais, mais ici, les détails étant de style flamboyant, les colonnettes présentent des filets; elles sont réunies entre elles par des ondulations. En outre, de chaque côté des trois supports servant à la voûte, on a placé deux colonnettes analogues qui, au niveau de l'archivolte externe des grandes arcades, s'aplatissent dans le nu du mur. A partir de ce point, une très légère saillie seule rappelle leur existence.

Les grandes arcades sont en lancette suraiguë, comme d'habitude à cette époque en Normandie. Leurs moulurations prismatiques pénètrent directement dans le fût, prolongé à cet effet au-dessus des chapiteaux qui sont décorés de feuillages et de petits bas-reliefs figurant des scènes de l'Évangile ou de la légende des Saints.

Au-dessus de ces arcades, deux cordons, interrompus par les colonnes de la voûte, arrêtent la galerie ajourée qui est placée devant les fenêtres. L'encadrement de ces fenêtres présente une moulure qui sort de deux bases à bouteilles établies sur le cordon supérieur. L'ébrasement est assez profond et percé de baies de communication. Un bandeau feuillagé, formant cinq ondulations, couronne les supports venus du sol, leur sert de chapiteau et reçoit les ogives, doubleaux et formerets des croisées de la voûte.

Au mur de fond de la nef, l'ancien porche, transformé en baptistère, est couvert d'une voûte sur plan triangulaire. Les fenêtres ont conservé des fragments de vitraux anciens.

La chapelle ouverte sur le collatéral sud est voûtée de deux croisées d'ogives. Le doubleau intermédiaire est porté sur un joli cul-de-lampe en forme de dais. Les chapelles du collatéral nord ont, pour voûte, des berceaux décorés de caissons et soutenus par des doubleaux très rapprochés.

L'arc ouest du carré du transept appartient au XIIIe siècle; il est plus bas que la nef : dans les deux angles compris entre les pieds-droits de cet arc et les murs latéraux de la nef, on remarque une petite colonne avec chapiteau et tailloir rond qui porte les colonnettes, du XVe siècle, destinées à la voûte. Primitivement, elle devait servir à la voûte de la nef du XIIIe siècle, remplacée par celle qui existe aujourd'hui. La trace du formeret de cette voûte est peut-être visible dans le mur, au-dessus de l'arc d'entrée du carré.

Les quatre arcs de la croisée en tiers-point reposent de chaque côté, sur deux colonnes jumelles, flanquées de deux colonnes en retrait. L'archivolte interne est séparée en deux parties par une large et profonde rainure, presque un arc à fond plat, comme à la nef de Saint-Pierre-sur-Dives : chacune des deux parties porte sur l'une des colonnes accouplées. L'angle extérieur des claveaux est orné d'un boudin entre deux gorges; il en est de même à l'archivolte supérieure. L'un des deux tores des bases forme cuvette, comme à Ouistreham. Les chapiteaux, à crochets ou à feuilles convexes, sont très normands. Certains ne présentent qu'une corbeille lisse. Entre les supports des arcs, monte la colonnette recevant les quatre branches principales de la voûte du carré; les quatre autres branches reposent sur une courte colonne soutenue par un cul-de-lampe dans l'axe des grands arcs.

Les croisillons sont couverts de deux voûtes d'ogives. Celui du nord est le mieux conservé.

Le doubleau intermédiaire et les ogives voisines portent sur une haute colonne venant de fond. A droite et à gauche de cette colonne s'ouvrent deux arcs en tiers-point : l'un donne sur le déambulatoire ; l'autre sur une chapelle, disparue lors de l'agrandissement du chœur ; leurs archivoltes reposent sur une colonne plus grosse, flanquée de deux colonnes moindres. Ces deux arcs sont du XIIIe siècle : on peut donc en conclure que l'église d'alors présentait déjà un déambulatoire et deux chapelles disposées comme celles des croisillons de Saint-Pierre-sur-Dives.

Au-dessus de ces arcs, des baies profondément ébrasées occupent tout le formeret ; elles descendent plus bas que le chapiteau de la colonne des voûtes. Le pied-droit derrière cette colonne est percé d'un passage pour établir une communication entre les deux baies.

Au dehors, le mur de fond est éclairé de trois hautes lancettes séparées. A l'intérieur, l'agencement plus compliqué donne l'apparence de deux étages de baies. L'encadrement des trois lancettes figure un arc très surhaussé, supporté par des demi-colonnes appliquées contre les pieds-droits. Au niveau de leurs chapiteaux on a bandé un arc formant pont à travers chaque lancette. Ce n'est pas un pont simulé, car les pieds-droits des lancettes sont percés pour donner accès à cet étroit passage bordé d'une galerie ajourée du XVe siècle. Le mur ouest du croisillon présente des traces de baies analogues à celles de l'est. Il en est de même au croisillon sud, moins bien conservé.

Les piliers du chœur sont cylindriques ; on vient de les garnir, en guise de chapiteaux, d'ornements Renaissance rétablis, paraît-il, d'après des vestiges anciens. Les piliers de l'abside sont plus élevés que ceux de la partie droite du chœur: à cause de l'exhaussement du sol. Les grandes arcades suivent cette progression ; leurs moulures prismatiques reposent sur le tailloir polygonal du pilier. Le triforium, très important, comprend de hautes arcatures trilobées et fleuronnées inscrites dans des encadrements rectangulaires. Au bas, court une galerie dont les motifs réguliers appartiennent plutôt à la Renaissance. La voûte est de bois, comme à Saint-Gervais.

La première partie du déambulatoire est bordée de petites chapelles rectangulaires. L'une d'elles, au nord, conserve l'inscription qui donne la date de toute cette partie de l'église. Les travaux furent commencés en 1510. Des détails Renaissance se mêlent à l'ornementation flamboyante. Néanmoins, les dais appliqués au pourtour du déambulatoire sont gothiques. De chaque côté de l'abside, le déambulatoire contient dans toute sa largeur un escalier qui monte vers la chapelle centrale. Cette chapelle est à trois pans. Sur la porte du tabernacle du grand autel est fixé un bas-relief d'albâtre anglais.

Extérieur. — Contre la façade est appliqué un porche triangulaire. Ses deux arcs, aux moulurations continues, sont bouchés. Des niches, avec dais et culs-de-lampe, garnissent l'éperon, dans l'axe de l'édifice. Deux fenêtres en lancette très aiguë s'ouvrent dans les murs de fond des collatéraux : leur décoration se compose de crochets et de fleurons flamboyants. A chaque angle de ces murs, s'élève un gros clocheton polygonal, avec gâbles et flèches. Celui du sud-est est flamboyant; celui du nord paraît plus ancien.

Une galerie ajourée court à la base des combles de la nef. Les fenêtres ont perdu leurs remplages. Les culées de la plupart des arcs-boutants sont couronnées de deux pinacles inégaux, l'un derrière l'autre. Sur le collatéral nord, un porche Renaissance remplace la première chapelle. C'est, dit M. Palustre, « une œuvre d'une originalité puissante », percée de deux grands arcs plein cintre, l'un au nord, l'autre à l'ouest. De nombreuses colonnettes supportent l'archivolte de l'arc.

Ce sont aussi des faisceaux de colonnettes qui dissimulent la masse des contreforts d'angle. Ces fûts, ornés de candélabres, sont placés sur différents plans. La partie supérieure des contreforts a reçu un couronnement cylindrique, décoré de mascarons et de guirlandes de fruits, qui s'amortit par un entablement circulaire et un vase. Entre les deux contreforts, une frise porte une galerie de petits arcs séparés par des colonnes. Au-dessus et au milieu de cette galerie, un grand encadrement rectangulaire, formé de deux colonnes et d'un fronton, est destiné à une horloge. De chaque côté se déroulent de grands rinceaux ajourés : leur élément principal est constitué par de belles chimères. Le dessous du porche est couvert d'une voûte à caissons. La porte est divisée en deux baies par un trumeau central. Le tympan est décoré de deux arcs et d'un grand médaillon. Ce porche a été bâti entre 1530 et 1540, d'après M. Palustre.

La date de 1539 se lit sur l'une des deux grandes culées, Renaissance également, qui épaulent les deux derniers arcs-boutants de l'abside. Ce sont d'importantes compositions architecturales, d'un beau caractère, avec pilastres, candélabrés, baies richement encadrées et percées dans le massif de la culée, médaillons et rinceaux. Les dais qui ornent la partie basse de ces culées sont encore gothiques : ils sont du même style que le reste du chœur et du déambulatoire où la Renaissance se fait moins sentir qu'à l'intérieur. Les deux derniers pans du déambulatoire, avant la chapelle absidale, présentent chacun deux fenêtres séparées par des pinacles. Au-dessous, une voûte surbaissée laisse passage à la rue.

Le pignon du croisillon nord, très simple, est du XIIIe siècle, ainsi que ses contreforts terminés par des bâtières ou des glacis. Un petit porche s'ouvre sur le collatéral sud. Les chapelles du bas-côté nord présentent des remplages réguliers, divisés par des meneaux droits et par des entablements simulés.

ÉGLISE SAINT-LAURENT

Cette église, située de l'autre côté du val d'Ante, comprend des parties de différentes époques. La nef et le chœur sont les morceaux les plus anciens. La nef peut remonter à la fin du XIe siècle avec ses murs en arête de poisson. Les contreforts sont appareillés. L'un d'entre eux est percé d'une petite baie plein cintre, comme à Meuvaines et à Écajeul. La porte en plein cintre, sans tympan, est entourée de deux colonnettes avec chapiteau à volutes et d'une archivolte qui présente un boudin, une gorge, un rang de billettes et une bordure d'étoiles à quatre branches. Un clocher-arcade, à deux baies, fut ajouté au XVe siècle. Le chœur, défiguré par diverses adjonctions, date de l'extrême fin du XIIe siècle.

HOTEL-DIEU

L'ancien Hôtel-Dieu, non loin de la Trinité, offre en façade des bâtiments du XVIIIe siècle; mais, sur la gauche, une vaste construction, qui, en dernier état, servait de chapelle, remonte à la première moitié du XIIIe siècle. C'est, en réalité, la grande salle des malades; elle est d'autant plus intéressante que les hôpitaux anciens de Caen et de Bayeux ont disparu au cours du siècle dernier. Cette salle forme un vaste rectangle divisé en trois nefs égales, voûtées d'ogives. Les piliers se composent d'un massif cylindrique, cantonné de quatre colonnettes: c'est le plan des piliers de Chartres. Les socles suivent le plan des piliers, de même que les tailloirs arrondis. De beaux et simples crochets ornent les chapiteaux. Les doubleaux, assez larges, ont leurs claveaux chanfreinés. Le profil des ogives donne un boudin entre deux gorges.

CHATEAU

Le château de Falaise occupe l'extrémité d'un plateau escarpé relié à la ville sur un côté seulement. Il a conservé son enceinte, vaste et très allongée. A l'ouest se dresse encore le donjon, assis sur les masses abruptes de rochers qui surplombent le val d'Ante.

Enceinte. — Elle s'étend, dans sa plus grande longueur, de l'est à l'ouest. Le front est, le plus petit, était séparé de la ville par un fossé sec bordé de tours rondes. A l'angle de ce front et de la courtine méridionale, se trouve la porte ouverte entre deux tours sous un grand arc brisé. Le front sud forme une ligne droite; il a été dérasé: ce n'est plus qu'une terrasse. Les tours y sont rares, car l'escarpement naturel du terrain en constituait la principale défense. Le fond du vallon, de ce côté, était rempli par un étang aujourd'hui desséché.

Vers l'angle sud-ouest, existait une deuxième porte, à un niveau inférieur. Différentes défenses garnissaient l'angle lui-même, notamment une grosse tour ronde, demi-circulaire, presque entièrement démolie et appelée Tour de la Reine. L'escarpement rocheux sert aussi de base au donjon: bâti sur la partie de l'enceinte la plus élevée et la mieux défendue naturellement, entre le front ouest et le côté nord. Ce dernier côté est concave, car il suit le bord du plateau. A sa jonction avec le front est, une grosse tour ronde fortifiait ce point dangereux; elle était construite à l'extrémité d'un angle saillant : un second rempart intérieur réunissait, par derrière cette tour, les deux tours voisines. L'ensemble constituait donc une fortification sur plan triangulaire qui remontait, comme le reste de l'enceinte, au XIIIe siècle. On en distingue encore les traces au delà des bâtiments du collège situés dans la basse-cour du château, où subsiste encore une chapelle, de la seconde moitié du XIIe siècle. C'est une construction rectangulaire, flanquée de contreforts plats. Une torsade court sur les trois faces de l'édifice, entoure les contreforts et sert de base aux fenêtres au nombre de trois dans le mur du chevet ; elles sont en plein cintre et encadrées d'un boudin continu comme les fenêtres latérales. La corniche est à modillons. Sur l'angle du pignon surhaussé, se dresse une croix antéfixe du XIIIe siècle. L'intérieur a été très remanié : on y trouve néanmoins des supports composés d'une demi-colonne sur pilastre flanqué de deux quarts de colonne.

Donjon. — Le donjon et la tour dite de Talbot sont séparés de la cour du château par un fossé profond.

Le donjon est une masse rectangulaire ; il est épaulé par de larges contreforts, doublés par un second contrefort; il sort d'un glacis qui fait le tour de toute la construction.

« Audacieusement posé, comme le dit M. Régnier, au bord de rochers à pic, il répond bien, par son aspect puissant et solide, à la majesté de ce piédestal naturel. Sa maçonnerie en blocage est cachée par un revêtement de pierre très soigneusement appareillé, ou, en quelques endroits de l'étage supérieur, par des moellons disposés avec régularité en arête de poisson. Il est accompagné, à l'ouest, d'une construction secondaire, affectant également la forme d'un rectangle, presque contemporaine du bâtiment principal, et qui fut ajoutée, ainsi que l'a fait observer M. de Caumont, dans le but évident de couvrir une plate-forme de rocher dont les assiégeants eussent pu, en cas d'assaut, faire un usage avantageux. A l'angle sud-est, on remarque un autre rectangle saillant, mais de dimensions beaucoup moins considérables et qui, lui, fit partie du plan primitif. Cette dépendance renferme deux étages dont l'un, le plus élevé, servait de chapelle particulière aux habitants du donjon ».

Un cordon mouluré décore le dernier étage du donjon, réduit en hauteur depuis le XVIIIe siècle. Précédemment il comptait, paraît-il, un étage de plus. Le caractère de l'appareil et des maçonneries démontre que le donjon ne peut pas être du XIe siècle, mais seulement du XIIe. Les fenêtres plein cintre percées au dernier étage actuel en sont aussi une preuve. Elles sont divisées, sur le parement extérieur, en deux baies géminées. Le chapiteau de la colonnette centrale présente des entrelacs et d'autres ornements d'un style avancé.

« La porte principale du donjon de Falaise est au premier étage, du côté oriental. Elle était garnie d'un vantail qui faisait pont-levis sur la tour creuse ou trappe, construite en dehors à cet effet. Le pont, abaissé, formait le palier de l'escalier en pierre indiqué de ce côté et garanti par quelque ouvrage avancé. Cet ouvrage a disparu, mais l'entrée primitive se discerne encore au premier étage ».

L'accès actuel est une ouverture moderne. « Dans l'ébrasement de la porte ancienne se trouve un escalier conduisant aux étages supérieurs et, près de celui-ci, un autre escalier descendant dans les magasins du rez-de-chaussée et débouchant sur la face interne du trumeau central ». Mais cette descente est-elle primitive ?

En est-il tout à fait de même au donjon d'Arques, avec qui celui de Falaise présente de grandes ressemblances ? M. L. Régnier les a fait ressortir. « Comme à Arques, l'étage inférieur n'avait d'autre accès que par les appartements placés au-dessus et une épaisse muraille partageait en deux l'espace intérieur, jusqu'aux étages supérieurs qui étaient occupés par le commandant de la place ». Dans l'une des deux parties de l'étage inférieur subsiste un gros massif carré qui peut avoir servi à soulager la portée du plancher.

Ruprich-Robert a donné une courte description de l'intérieur du donjon : « Au rez-de-chaussée, à gauche, — non loin du massif central, — est la citerne ; à gauche de celle-ci et du massif carré sont deux poteaux (*pilastres*) qui supportent sans doute une traverse destinée à recevoir l'engin servant à monter de l'eau de la citerne. En haut et à droite, un cachot dont l'entrée est placée au sommet de la voûte ; puis, une grande cheminée en forme de niche, restaurée aujourd'hui ; la chapelle avec escalier descendant dans une salle basse ; à droite, une troisième salle en saillie sur le donjon, portant un corps carré desservi probablement par une échelle et conduisant à une poterne qui communique avec les rochers de la colline... Enfin, dans le petit angle rentrant, sont des latrines ». La dernière partie de cette description s'applique au bâtiment collé à la partie ouest du donjon. On y remarque aussi une cheminée. Les fenêtres ont été agrandies au XVe siècle. La fenêtre située entre le donjon et la cheminée a été transformée en porte pour conduire à une courtine fortifiée au bout de laquelle on trouve la tour dite de Talbot.

C'est à M. Régnier que revient l'honneur d'avoir découvert l'âge véritable de cette belle tour. On en attribuait la construction à l'époque de l'occupation anglaise. Notre savant confrère s'est demandé s'il ne fallait pas y voir plutôt une addition faite par Philippe-Auguste après la reddition de la forteresse, en 1204, selon un parti pris dont le roi a laissé d'autres exemples à Gisors, à Verneuil, à Issoudun : « Il est impossible, en effet, de ne pas être frappé de la ressemblance des dispositions de la tour Talbot avec celles du donjon de Dourdan et de la tour Jeanne d'Arc, à Rouen, œuvres authentiques de Philippe-Auguste. Les dimensions et les proportions sont tellement analogues dans toutes ces constructions qu'on peut les croire élevées d'après une inspiration commune. L'utilité de défendre les approches sud-ouest du grand donjon avait dû frapper au plus haut point le roi, qui ne négligeait rien pour augmenter la résistance de ses forteresses ». Une enquête de 1247, qui constate que Philippe-Auguste s'était emparé sans indemnité du jardin de Jeanne La Porcelle « quando fecit fieri quandam magnam turrem in castro dictæ Falesiæ », est venue confirmer le bien fondé de cette heureuse hypothèse.

La tour cylindrique comprend cinq étages desservis par des escaliers à vis, pratiqués dans l'épaisseur des murailles. Le premier, le troisième et le cinquième étage sont couverts de six branches d'ogives avec claveaux chanfreinés. Les deux autres étages ne possèdent qu'un plafond de bois. « Un puits cylindrique est creusé à même la muraille jusqu'à la hauteur de l'un des derniers étages ». L'étage supérieur renferme une cheminée.

A l'extérieur, le parement de la partie supérieure est moderne « jusqu'à trois mètres en contre-bas des encorbellements » destinés aux mâchicoulis. « A partir de ce point, une autre zone d'environ quatre mètres a été bâtie au XVIe siècle » (Ruprich-Robert).

—

L'enceinte de la ville n'a pas disparu tout entière. Du côté du val d'Ante existe encore la porte des Cordeliers. L'arc brisé, formé de claveaux chanfreinés, est flanqué d'une tour dont la partie inférieure peut également remonter au XIIIe siècle, comme l'arc lui-même.

MAISONS ANCIENNES

Dans la rue qui mène à cette porte, une maison, comprise entre deux pignons de pierre, présente une façade en pan de bois. Le rez-de-chaussée, modernisé, est de pierre. Les deux étages en encorbellement présentent une quantité de petits potelets avec consoles et culs-de-lampe triangulaires. Ces potelets sont très courts parce que chaque étage est divisé en toute sa longueur par deux pièces transversales : l'une répond à l'allège des fenêtres ; l'autre formait linteau au-dessus de ces fenêtres.

Dans la rue de la Trinité, une grande maison, portant pignon sur rue et formant plusieurs encorbellements, est toute couverte de bardeaux.

Enfin, la rue qui conduit à Guibray, a conservé une petite maison dont la tourelle d'escalier sert d'auvent au-dessus de la porte, suivant la coutume si répandue en Bourgogne : on en trouve à Caen un autre exemple.

BIBLIOGRAPHIE. — Langevin : *Recherches historiques sur Falaise*, 1814, in-12. — Galeron : *Histoire et description de Falaise*, 1830, in-8°. — Brébisson (A. de) et Desnoyers : *Statistique de l'arrondissement de Falaise*, 1830, 3 in-8°. — Mériel : *Histoire de Falaise*, 1889, in-16. — Bourgeois (Paul) : *Album falaisien*, 1860, in-4°. — Régnier (L.) : *L'Association Normande à Falaise, notes d'un excursionniste*, dans l'*Annuaire Normand*, 1892. — Ruprich-Robert : *Le château de Falaise. Rapport à Son Exc. M. le Maréchal Vaillant, 1864.* — Beaurepaire (E. de) : *Notices sur les églises de Falaise*, dans la *Normandie monumentale*. — Braquehais : *Le château de Falaise*, Ibid. — *L'âge de la tour Talbot au château de Falaise*, dans l'*Annuaire Normand*, 1907, p. 478.

TABLE DU GUIDE

CAEN — Pages.

Église de la Trinité.	2
Église de Saint-Étienne et abbaye aux hommes	18
Église Saint-Nicolas	48
Église Saint-Sauveur-au-Marché	56
Église Saint-Gilles	60
Église Saint-Pierre	64
Église Notre-Dame-de-Froide-Rue ou Saint-Sauveur	77
Église Saint-Jean	81
Église du vieux Saint-Étienne	87
Église de Vaucelles	98
Autres églises	100
Château	101
Hôtels	105
Maisons	114

BAYEUX

Cathédrale, chapitre et palais épiscopal	132
Chapelle du Séminaire	158
Église Saint-Patrice	162
Maisons anciennes	163

OUISTREHAM

Église	171

BERNIÈRES

Église	177

LANGRUNE

Église	191

DOUVRES

Clocher et église	199

FONTAINE-HENRY

Château	202
Chapelle	205
Église	206

THAON

Église	207

SAINT-CONTEST

Église	217

TABLE DU GUIDE

LESSAY
Église 227

COUTANCES
Cathédrale 232
Église Saint-Pierre 252
Église Saint-Nicolas 255
Aqueduc 257

SAINT-PIERRE-SUR-DIVES
Église et abbaye 258
Halles 276
Manoir 276

LISIEUX
Cathédrale 278
Église Saint-Jacques 294
Maisons anciennes 297
Palais épiscopal 305

ROTS
Église 308

NORREY
Église 314

SECQUEVILLE
Église 325

LASSON
Château 332

ROSEL
Clocher et église 334

ARDENNE
Abbaye et église 335

FALAISE
Église de Guibray 343
Église Saint-Gervais 348
Église de la Trinité 354
Église Saint-Laurent 360
Hôtel-Dieu 360
Château 361
Maisons anciennes 365

Caen. — Impr. H. DELESQUES, rue Démolombe, 34.

www.ingramcontent.com/pod-product-compliance
Lightning Source LLC
Chambersburg PA
CBHW070610230426
43670CB00010B/1472